愛することを教えてくれたあなた、今やあなたを忘れることを教えて

離婚の心理学
Handbook of Divorce: Causes, Consequences, and Coping

— パートナーを失う原因とその対処 —

加藤 司 著

ナカニシヤ出版

はじめに

　「離婚したあなた」「離婚を決意したあなた」「離婚するかどうか迷っているあなた」「結婚したあなた」「結婚しようとしているあなた」「交際中のあなた」「両親の仲が悪いあなた」，そして「結婚に関心のあるあなた」，そんなあなたに本書を贈(おく)ります。

　本書では，感動するような離婚物語を紹介したり，失恋や離婚で傷ついたあなたの「こころ」を癒(いや)すような優しい言葉をかけたりはしません。その代わりに，「何が原因で，別れることになるのか」「ふたりの関係を続けるためには，どのようにすれば良いのか」「別れて傷ついてしまったら，どうすれば良いのか」などの疑問に答える科学的データが描かれています。科学的だと言っても，誰にでも理解できるように，平易な言葉で書かれています。時には，誰も理解できないようなジョークが含まれていますが……。

　離婚に関する書物には，中立でない立場から書かれたものが多く，データを歪(ゆが)めて紹介されたりしています。読者に誤解されないためにも，あえて言いますが，筆者はフェミニストでも，マスキュリスト（男性優位論者）でもありません。この問題について，筆者は特定の思想など持っておらず，あくまで，科学的データをもとに，説明しています。読者にも，純粋な気持ちで本書を読み進めることを希望します。純粋な気持ちで本書に目を向けるならば，きっとステキな発見があるでしょう。

　最後に，本書を執筆するにあたって，高圧的な態度によって，半ば強制的に文献収集を手伝わされた東洋大学の太幡直也先生，同志社大学の福田美紀先生，人の良さにつけ込んで，文献のコピーをさせられた長崎大学の谷口弘一先生に，ひそかにお礼申し上げます。

著　者

目　　次

はじめに　i

第1章　ふたりの関係を終わりにするという事は・・・・・・・・1

第1節　3組に1組が離婚する日本　1
❶離婚が頭をよぎる　❷夫婦の何割が離婚しているのか　❸日本は離婚大国なのか　❹人間の愛は4年で終わる？　❺失恋の経験

第2節　離婚があなたを苦しめる　12
❶離婚して良かった　❷離婚が精神と身体を蝕む　❸離婚したら，あなたはどうなる

第3節　みじめな男たち　19
❶別れの口笛は妻から　❷離婚した男に助けはない　❸男性に不利な離婚条件　❹失恋をして傷つくのも男性か

第4節　別れたあとのふたりの関係は　22
❶別れたあとのふたりの関係　❷子どもの養育をめぐって　❸失恋後のふたりの関係

第2章　なぜ離婚してしまうのか・・・・・・・・・・・・・27

第1節　不満だらけの結婚生活は　28
❶不満の多い妻たち　❷低下する結婚生活満足感

第2節　こんな人物は離婚をする　34
❶離婚する性格　❷タバコを吸う人物　❸うつ病　❹やはり学歴は重要　❺似たもの夫婦

第3節　運命は結婚前に決まっている　43
❶若くして結婚すると　❷乱れた性行為の末には……　❸同棲というママゴトの行く末

第4節　日常生活に潜む離婚の原因　50
❶私の話を聴いて　❷結婚生活を続けたいという気持ち　❸カネの切

れ目が縁の切れ目　❹妻から相談された時，夫に相談する時，配偶者を思いやる　❺夫の自分勝手なレジャーが離婚を招く　❻子どもが夫婦に不満をもたらす　❼セックスが合わなくて私から離れた

第5節　妻が結婚生活を崩壊させる　72
❶妻が働く事の危険性　❷経済的自立　❸「働きたい」という本当の意味　❹ストレスの増加　❺性役割観　❻不平等感と結婚生活の満足感　❼家事の分担と不平等感　❽再び，なぜ，妻が働くと離婚の危険性が高まるのか

第6節　親が離婚すれば子どもも離婚する　95
❶両親が離婚すると　❷親が離婚すると，なぜ子どもも離婚するのか　❸離婚は遺伝する　❹結婚に満足できるかどうかも遺伝　❺離婚ホルモン　❻離婚遺伝子

第3章　浮気でもしてみなさいよ・・・・・・・・・・・・・・・103

第1節　新しい雄牛理論は正しいのか　103
❶男性は浮気をする生き物なのか　❷もう少し，詳しく見ると　❸なぜ，新しい雄牛理論を信じるのか

第2節　なぜ，浮気をするのか　109
❶浮気をする人物とは　❷浮気の原因となる夫婦生活　❸あなたの遺伝子が原因なのよ　❹浮気は繰り返される

第3節　浮気をすればどうなる　117
❶そもそも浮気とは何か　❷浮気によって「こころ」が傷つく　❸嫉妬する　❹どのような形で浮気がばれたのか　❺浮気がばれて離婚する事に

第4章　別れないためには・・・・・・・・・・・・・・・・・126

第1節　なぜ，別れてしまうのか　126
❶離婚原因をまとめてみると　❷社会的交換理論　❸アタッチメント理論　❹別れの段階理論　❺危機理論

第2節　コーピングによって離婚を理解する　141
❶夫婦にとって最も重要な事は何か　❷ストレス解消方法，それがコーピング　❸これが離婚を防ぐメカニズムだ　❹今一度，なぜ，コーピン

グなのか

第3節 コーピングによって離婚を防ぐ　152
❶話し合うのか,話を避けるのか　❷対立を深める　❸パートナーを思いやる　❹自分の考えを言う　❺気分を変える　❻ユーモア　❼何が問題だったのか　❽コーピングの多様な姿　❾ふたりでストレスに立ち向かう

第4節 奇跡のコーピング,離婚を9割の確率で予測する　174
❶夫婦の会話観察システム　❷離婚する夫婦の特徴　❸離婚につながる7つの原則　❹ゴットマンの夫婦療法

第5節 暴力によって解決しようとする　183
❶暴力というコーピング　❷暴力的コーピングによる離婚　❸暴力的コーピングの恐ろしさ

第6節 浮気をされたら,どうすればいいのか　191
❶女性は浮気を男性の責任にする　❷パートナーを取っちめる　❸あなたは「許す」「許さない」？　❹結局どうすればいいの？

第7節 これぞ,最新,お勧めのコーピング　196
❶研究の成果を鵜呑みにしてはいけません　❷究極のコーピング,その名は解決先送りコーピング　❸パートナーを許し,パートナーに謝る　❹専門家に頼むとしたらどうすれば……　❺新しい時代を迎えた夫婦療法　❻究極のコーピングをまとめると

最終章　離婚から立ち直るためには・・・・・・・・・・・・・・・215

第1節 立ち直る方法,それもコーピング　215
❶失恋と離婚に対するコーピング　❷失恋や離婚から立ち直るコーピングの方法

第2節 ストーカー行為というコーピング　221

第3節 新しい恋が離婚の苦痛から解放する　224
❶新しい異性との出会い　❷再婚の現状　❸再婚はうまくゆかない　❹別れたパートナーとの関係　❺結婚しないという結婚

引用文献　231

索　引　263

第1章　ふたりの関係を終わりにするという事は

> ただその男を愛していないから離婚するというのは，ただ愛しているから結婚するという事と同じくらい馬鹿げている。
>
> ザ・ザ・ガーボル（Zsa Zsa Gábor）

　冒頭の名言は，ハンガリー出身の女優ザ・ザ・ガーボルの言葉です（Brainy Quote, no date）。ザ・ザ・ガーボルも離婚を経験しています。彼女の名言には，「離婚による影響が大きく，十分に考え離婚を決断すべきである」という意味が込められている，と読者は思うかもしれません。しかし事実は違うようです。彼女はハリウッドのセレブ女優で，離婚を何度も繰り返した離婚のベテランです。ホテル王のコンラッド・ヒルトンとも離婚をしています。そして，こんな事も言っています。「私は優れたハウスキーパー（主婦）ですの。だって，離婚するたびに，ハウスをキープするんですもの」。ザ・ザ・ガーボルは，離婚するたびに財産を手にしたため，自分は素晴らしい主婦だ，とユーモアを交えて話しているのです。この話を聞くと，冒頭の名言の意味は大きく変わります。彼女くらいの離婚のベテランには，離婚による影響は，私たちが想像している事とは違う意味を持つのかもしれません。

第1節　3組に1組が離婚する日本

　1961年にアメリカで公開された『荒馬と女』という映画があります。マリリン・モンローの遺作として知られています。この映画では，マリリン・モンローが演じるロズリンが，離婚をするためにネバダ州のリノという町にやってきます。映画はそのネバダ州リノでの物語です。リノでは，わずかの期間，滞在すれば，容易に離婚する事ができるため，離婚を望む多くの男女がリノにやって来ます。そのため，リノは離婚都市とよばれています。ロズリンも，そのためにリノ

へ行ったのです。離婚するために，全米から多くの男女がやって来るのですから，全米には離婚したい男女が大勢いるのでしょう。また，離婚している男女も大勢いるはずです。まず，離婚の現状について説明します。

■ 1　離婚が頭をよぎる

(1) 離婚をどのように思っているか

そもそも，私たちは，離婚について，どのように思っているのでしょうか。既婚者を対象に，2005年にわが国で行ったインターネット調査（DIMSDRIVE, 2006）があります（およそ7,000名が対象）。離婚は，「絶対にしてはいけない」と回答した男女は7.3%，「しない方が良いが，仕方がない」と回答した男女は75.1%，「まったく問題ではない」と回答した男女は11.1%でした。わが国では，多くの男女が，離婚は仕方のない事だと容認しているようです。

(2) 離婚を考えた事のある夫婦は

どの程度の夫婦が，実際に離婚を考えた事があるのでしょうか。わが国で行ったインターネット調査（DIMSDRIVE, 2006）では，離婚を考えた事が「よくある」あるいは「たまにある」と回答した人は44.5%で，「ない」と回答した人は51.3%でした（離婚経験のない初婚の夫婦が対象）。なお，残りの4.2%は「わからない」あるいは「答えたくない」という回答です。図1-1にはさらに詳しいデータがありま

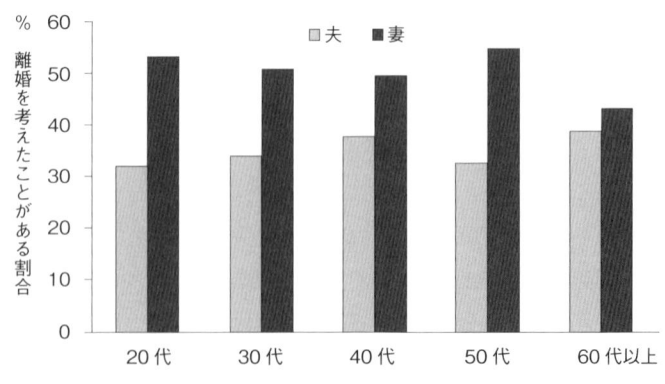

図1-1　離婚を考えたことがある男女の割合

注　離婚経験のない初婚の夫婦4,303名を対象に「よくある」あるいは「たまにある」と回答した男女の割合である。DIMSDRIVE（2006）のデータをもとに作成した。

す。この図を見ると、明らかに、男性より女性の方が離婚を考えた事があるようです。別の調査でも、男性より女性の方が離婚を考えていると報告されています（第一生命経済研究所, 2006b; エコノミスト編集部, 2005; 明治安田生活福祉研究所, 2006b など）。

2 夫婦の何割が離婚しているのか

(1) わが国の普通離婚率

図1-2は、戦後のわが国の離婚率の推移を示したものです（厚生労働省大臣官房統計情報部, 2008）。戦後直後の1947年から1951年ころまでの離婚率は1.00‰前後でしたが、その後、離婚率はゆるやかに低下し、1963年には戦後最低の0.73‰となりました。その後、徐々に増加し、2002年には戦後最高の2.30‰を記録したのち、再び下降しています。2007年現在では2.02‰（推定値）です。

ここで、離婚率について、少し理解してほしい事があります。図1-2の離婚率は、ある年に届けが出された離婚件数を、その年の人口で割った比率の事で、普通離婚率あるいは粗離婚率といいます。通常、以下のような式で計算し、人口1,000名あたりの離婚件数で表します。単位はパーセント（％）ではなく、パーミル（‰）を使う事が一般的です。普通離婚率は、厚生労働省が毎年発表している「人口動態統計」によって知る事ができます。

$$普通離婚率（‰） = （年間離婚件数 \div 人口） \times 1,000$$

たとえば、「人口動態統計」（厚生労働省大臣官房統計情報部, 2008）では、2006年のわが国の普通離婚率は2.04‰であり、1,000名中2組が離婚した事になります。

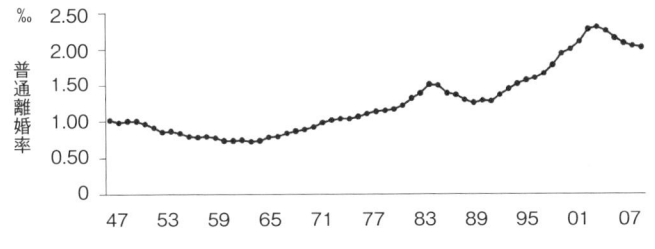

図1-2 普通離婚率（‰）の年次推移

注 横軸の数値は西暦であり千と百の位を割愛した。人口動態調査（厚生労働省大臣官房統計情報部, 2008）のデータをもとに作成した。

「1,000人中2組しか離婚しないとは,日本の離婚率は低いなぁ」と思うかもしれません。しかし,この普通離婚率の母数である人口には,生まれたばかりの赤ん坊から,年老いた老人,すべての日本人が含まれています。私たちが知りたい離婚率は,結婚した夫婦のうち,何組が離婚するかという事であり,普通離婚率と私たちが知りたい離婚率との間にはズレがあります。

(2) 有配偶離婚率

普通離婚率のほかに,有配偶離婚率があります。有配偶離婚率は,夫あるいは妻の年齢階級別の離婚者数を,夫あるいは妻の年齢階級別有配偶者人口で割った比率で,以下の式によって計算します。

$$有配偶離婚率(‰) = \frac{夫・妻の年齢階級別の離婚者数}{夫・妻の年齢階級別有配偶者人口} \times 1,000$$

つまり,有配偶離婚率では,ある年齢の離婚者数を,その年齢で結婚している人口で割った比率です(年齢構成が異なる集団間でも比較する事ができるように,有配偶離婚率を標準化した標準化有配偶離婚率が用いられる事もあります)。たとえば,「人口統計資料」(国立社会保障・人口問題研究所, 2008)では,2005年の夫の有配偶離婚率は5.86‰,妻の有配偶離婚率は5.90‰と報告しています。この値は,2005年に結婚している男性1,000名に対して,2005年に5.86名の男性が離婚届けを提出した事を意味します。さらに詳しく見てみましょう。図1-3は,わが国の有配偶離婚率の推移を,年代別にしたものです(国立社会保障・人口問題研究所, 2008)。男女ともに,1980年ころから,急速に,有配偶離婚率が上昇しています。加えて,男女ともに,19歳以下,20歳から24歳の有配偶離婚率が,ほかの年齢層より,極端に高い事がわかります。19歳以下の2005年の有配偶離婚率は,男性では43.34‰,女性では69.65‰,20歳から24歳の2005年の有配偶離婚率は,男性では46.91‰,女性では45.41‰です。最も高い値であった2005年の19歳以下の女性の有配偶離婚率は69.65‰ですから,1,000名のうちおよそ70名が離婚した事になります。

有配偶離婚率を計算するためには,男女別,年齢別の有配偶者人口(既婚者数)に関するデータが必要です。このデータは,皆さんも参加している「国勢調査」によって知る事ができます。「国勢調査」は5年に1度しか行わないため,次に,私たちが知る事のできる有配偶離婚率は2010年になります。

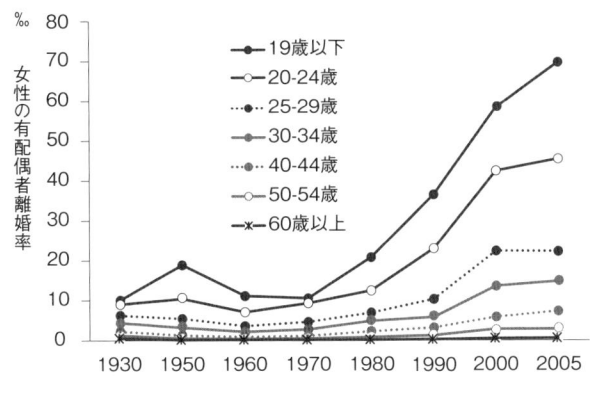

女性

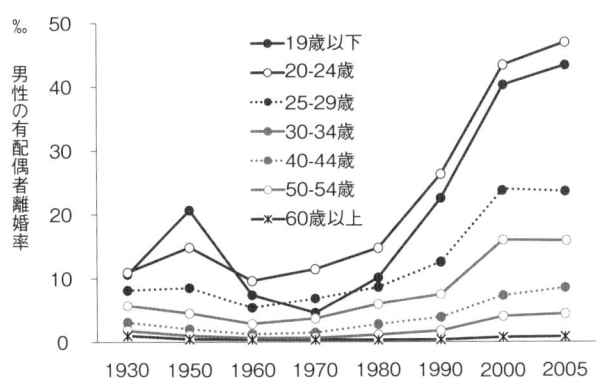

男性

図1-3 年齢別の有配偶者離婚率 (‰)
注 35歳から39歳, 45歳から49歳, 55歳から59歳のデータは便宜上割愛した。人口統計資料 (2008) のデータをもとに作成した。

(3) 離婚率を知る事の難しさ

有配偶離婚率は,「結婚した夫婦のうち, 何割の夫婦が離婚するのか」という私たちの素朴な疑問に対して, 十分な解答を与えてくれているでしょうか。もう少し, 私たちが知りたいと思っている離婚率について考えてみましょう。

この問題を理解するためには, まず, 結婚コーホートについて理解する必要が

あります。結婚コーホートとは，同一年に婚姻届を提出した集団を意味します（コーホートは，ある一定の時期に，生涯で重大な同一の出来事を体験した集団の事です）。たとえば，2000年に婚姻届を提出した男女は，同一の結婚コーホートになります。実は，私たちが知りたい離婚率は，ある年代の結婚コーホートの離婚率なのです。つまり，○○年に結婚した夫婦のうち，生涯を通じて（あるいは○○年以内に），何パーセントの夫婦が離婚するのか，という事です。そのためには，分子と分母は同一集団（同一の結婚コーホート）でなければなりません。

先に紹介しましたが，2005年の19歳以下の女性の有配偶離婚率は69.65‰でした。この数値は，2005年に離婚した19歳以下の女性の離婚数を，2005年に結婚している19歳以下の女性人口で割った値を1,000倍したものです。2005年に離婚した女性（分子）と，2005年に結婚している女性（分母）は，同一集団ではありません。有配偶離婚率では，分母と分子の結婚コーホートが違うのです。私たちが知りたい2005年の離婚率を知るためには，2005年に結婚した夫婦がいつ離婚したのか，結婚した夫婦のその後を，追跡し続ける必要があります。2010年になって，ようやく，2005年に結婚した夫婦が，5年間で離婚する割合を求める事ができます。20歳で結婚し，寿命が80歳だとすると，2005年の生涯離婚率（寿命が尽きるまでの離婚率）を知るためには，2065年まで待たなければなりません。一方，2005年に知る事のできる生涯離婚率は，1945年以降に結婚した夫婦のデータです。私たちが知りたい離婚率を知るためには，ずいぶん長い時間がかかるのです。

(4) マスコミによれば，3組に1組が離婚する？

大衆誌や離婚相談の案内などでは，「3組に1組が離婚する」という言葉が飛び交っています。最も高い値であった19歳以下の女性の有配偶離婚率（2005年）でさえ，離婚は100名のうち7名でした。マスコミが発表している離婚率のデータ源は，お役所が公表している普通離婚率や有配偶離婚率のデータ源と同一です。では，なぜ，マスコミは「3組に1組が離婚する」と伝えるのでしょうか。実は，マスコミでは，ある年の離婚件数をその年の婚姻件数で割った値を用いているのです。たとえば，2006年の離婚件数は25万7,475件，2006年の婚姻件数は73万971件です（厚生労働省大臣官房統計情報部，2008）。25万7,475÷73万971の値は0.352237ですから，35.22%が離婚した事になります。マスコミが騒ぐように，3組に1組が離婚するとなります。

しかし，有配偶離婚率と同様に，分子（離婚した人）と分母（結婚した人）の集団が

異なるため，マスコミの離婚率もまた，私たちが知りたい数値ではありません。離婚率が高くなるほど話題性が高くなるため，普通離婚率や有配偶離婚率ではなく，マスコミはこの離婚率を用いるのです。皆さん，マスコミにだまされてはいけません。

(5) 離婚の研究方法

結婚した夫婦が離婚するかどうか，毎年，その夫婦を調査し続けるという研究方法を縦断的研究といいます。縦断的研究は，同一の研究対象に対して，時間的間隔をあけ，複数回データを収集する方法です。次の章では離婚の原因について考えますが，たとえば，「わがままな人物は離婚しやすいかどうか」という問題を縦断的研究によって調べようとします。まず，わがままかどうかの性格測定をしたのち，その人物が離婚するかどうか，一定期間追跡調査します。そして，離婚した夫婦と離婚していない夫婦との間で，わがままな人物がどちらに多く含まれているか分析します。私たちが知りたい離婚率も，結婚した夫婦が離婚したかどうかを追跡し続けるという縦断的研究によって知る事ができます。

このような縦断的研究に対して，横断的研究という方法があります。横断的研究は，異なる集団間でデータを比較する方法です。先ほどのわがままな人物が離婚しやすいかどうかという問題の場合，横断的研究では，結婚を継続している男女と，離婚をした男女を集め，わがままな人物が，どちらの集団に多いかを調べます。しかし，この方法では，わがままだから離婚したのか，離婚したからわがままになったのか，まったくわかりません（厳密に言えば，縦断的研究でも，わがままだから離婚をしたという因果関係について言及する事はできません）。横断的研究では因果関係を推測する事が困難なのです。厚生労働省が公表している「国勢調査」や「人口動態統計」なども，横断的研究によって得られたデータです。たとえば，「人口動態統計」は，毎年公表されていますが，特定の夫婦が次の年には結婚生活を継続しているかどうかは調べていないため，特定の夫婦がいつ離婚したかどうかまではわかりません。

(6) 実際の離婚率は？

現在，わが国では，夫婦生活を何十年にもわたって調査した縦断的研究は行われていません。そのため，私たちが知りたい離婚率を知る事はできません。もし，今すぐ，大規模な縦断的調査が始まったとしても，私たちが知りたい離婚率

表 1-1 結婚した年代別のわが国の離婚率（%）

結婚した年	1年後	5年後	10年後	15年後	20年後
2002年	1%	12%	21%	26%	30%
1990年	1%	9%	17%	—	—
1980年	1%	7%	11%	14%	17%

注　離婚率（%）は結婚した夫婦のうち離婚した夫婦の割合を示す。Raymo et al.（2005）のデータをもとに作成したが，—はデータが示されていなかったこと意味する。

を知るころには，私の寿命は尽きているでしょう。

そこで，厚生労働省が公表している横断的データを用いて，少しでも，私たちの知りたい離婚率に近い値を算出しようと，様々な計算方法が提唱されています。それらの計算方法は複雑なので，ここでは紹介しませんが，ある研究者（Raymo et al., 2005）の推定では，2002年に結婚した夫婦が，結婚生活20年未満に離婚する確率は，少なく見積もっても0.30だと報告しています（詳しいデータは表1-1を参照）。つまり，わが国では，少なくとも3組に1組が離婚するというのです。偶然にも，マスコミの離婚率と近似していますが，離婚率の算出根拠と算出方法がまったく違います。

■3　日本は離婚大国なのか

わが国の離婚率は，ほかの国と比較して高いのでしょうか，それとも低いのでしょうか。多くの国で公表されている人口データから算出できる離婚率は普通離婚率です。そこで，主要国の普通離婚率を表1-2にまとめました。離婚大国といわれているロシア（4.42‰）やアメリカ（3.60‰）と比べると，日本の普通離婚率（2.04‰）は随分低いように思えます。ロシアやアメリカだけでなく，隣国である韓国（2.90‰），イギリス（2.80‰），ドイツ（2.59‰），フランス（2.09‰）などヨーロッパの主要国の普通離婚率よりも低いのです。

離婚大国であるアメリカでは，古くから，離婚に関する多くの縦断的研究が行われ，より正確な離婚率が報告されています。それらの報告では，結婚した夫婦のほぼ2組に1組（40%から50%）が離婚すると試算されています（Bramlett & Mosher, 2001; Cherlin, 1992; Ganong et al., 2006; Teachman et al., 2006）。先に説明しましたが，わが国では，結婚した夫婦のおよそ30%が離婚するわけですから，実質的な離婚率を比較しても，わが国の離婚率は低いといえます。

表1-2 普通離婚率の国際比較

国名	離婚率（‰）	調査年	国名	離婚率（‰）	調査年
ロシア	4.42	2004	スウェーデン	2.24	2004
ウルグアイ	4.33	2004	フランス	2.09	2004
アメリカ	3.60	2005	**日本**	**2.04**	2006
デンマーク	2.92	2004	オランダ	1.91	2004
韓国	2.90	2004	中国	1.28	2004
イギリス	2.80	2003	シンガポール	0.78	2004
ドイツ	2.59	2004	イタリア	0.73	2004

注　人口統計資料集（2008）のデータをもとに作成した。

　しかし，国家間で，離婚率を単純に比較する事はできません。離婚率を比較する時に，忘れてはならない事があるからです。それは法律と宗教です。容易に離婚できる法律を持つ国では離婚率が高くなり，離婚が容易に許されない法律を持つ国では離婚率が低くなります。戒律によって離婚を禁じている宗教もあります。ですから，わが国の離婚率が低いとは，一概に言う事はできないのです。

4　人間の愛は4年で終わる？

　「男女の愛は4年で終わる」という言葉を耳にした事のある読者がいると思います。この言葉は，文化人類学者のフィッシャー（H. E. Fisher）によるものです。フィッシャーは，国連統計局による世界62の国や地域の離婚に関するデータから，結婚後4年目に離婚する国や地域が最も多いと述べています。そして，この4年という結婚期間は，太古の人類から受け継がれてきた生物学的な宿命によって決められていると結論づけています。少し詳しく言うと，フィッシャーは次のように考えたわけです。狩猟や採集をしていた太古の人類は，自分たちの子孫を残すために，男女がお互いにパートナー関係を結ぶようになりました。女性は子育てに専念し，男性は子どもを守り，食べ物を運ぶ事で，ふたりの子どもが生き残る可能性が高まるからです。そして，子どもがひとりで生きてゆけるようになると，多様な子孫を残すために，別のパートナーを探そうとします。子どもが育つまでには4年程度かかるため，その間，パートナー関係を結ぶ必要があります。つまり，4年で離婚する事と，子育てにかかる期間が4年間である事は偶然ではなく，生物学的に，人類には4年で離婚するメカニズムが備わっているとい

うわけです。

　実際に，離婚の危険性は，結婚した直後の数年間が最も高く，結婚生活を重ねるにつれ，徐々に低下する事が知られています（Amato & Cheadle, 2005; Jalovaara, 2001; Lillard et al., 1995; Ono, 1998; Schoen et al., 2006; Thornton & Rodgers, 1987 など）。たとえば，アメリカの全国規模の調査（Clarke, 1995）では，結婚2年後，3年後の離婚率が最も高く，それ以降，急速に離婚率が低下すると報告しています（1990年データ）。図1-4からその様子がわかります。しかし，オランダの大規模調査（Kalmijn et al., 2007）では，少し違う結果が報告されています（12万人が対象で1989年から2000年の調査）。この調査では，結婚して1年以内の離婚率を基準（1.00）とした場合，2年目ではその0.70倍，3年目では0.61倍，4年目では0.54倍，5年目では0.34倍，6年目0.38倍，7年目0.40倍，8年目0.37倍……と変化しています。つまり，結婚したその年の離婚率が最も高く，結婚後5年程度まで離婚率は急速に落ち込み，そこからは一定の離婚率を保つわけです。オランダでは，フィッシャーが主張しているように，結婚後4年で離婚するわけではなく，結婚した直後の離婚率が最も高いのです。

　フィッシャーの「男女の愛は4年で終わる」という説について，少し考えてみましょう。仮に，子育てに必要な期間が4年間であり，それに対応した年月が男女の関係継続期間だとするならば，結婚から離婚までの期間が4年間なのではなく，男女がともに生活をしている期間が4年間となるはずです。気持ちが離れて

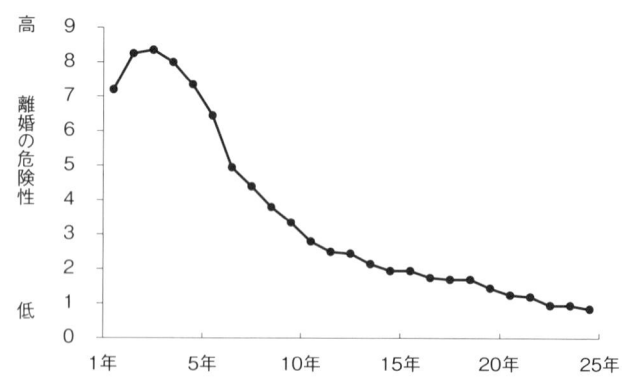

図1-4　結婚期間別の離婚の危険性（アメリカの場合）
　　注　Clarke（1995）の分析した数値に基づき作成した。

から離婚に至るまでに多くの時間を要する場合も考えられますから，実際には，ふたりの気持ちが終わりを迎える時期は，4年よりはるかに短いと考えるのが妥当です。フィッシャーは，男女の関係継続期間を結婚や離婚という現代社会の制度に置き換えてしまったのです。「男女の愛は4年で終わる」という説が正しい事を主張するならば，結婚期間が4年である事ではなく，男女の恋愛期間が4年間である事を証明しなければならないのです。

仮に，フィッシャーが言うように，男女の愛は4年前後で終わるとしても，そのようなメカニズムが生物学的に人類に備わっているという事を，科学的に実証した研究は見られません。科学者として，フィッシャーの考えは，かなり飛躍していると言わざるをえないでしょう。

■ 5　失恋の経験

愛し合うふたりの関係は，夫婦関係だけではありません。愛し合うふたりの別れも，離婚だけではありません。失恋という形もあります。わが国の失恋の現状について，少しお話しします。

まず，現代青年の失恋経験について，専門学校生，短期大学生，大学生を対象にした研究について紹介します（2000年から2003年に実施）。この研究（加藤，2008b）では，学生に，これまで経験した最も辛かった失恋経験を思い出させるという作業をさせています。そして，1,170名の学生のうち，失恋経験のある学生は79.1％（925名）である事がわかりました。この失恋経験には片思いも含まれていますが，およそ8割の学生が失恋を経験しているわけです。

次に，初めての交際が続いた期間の調査結果について紹介します。この調査

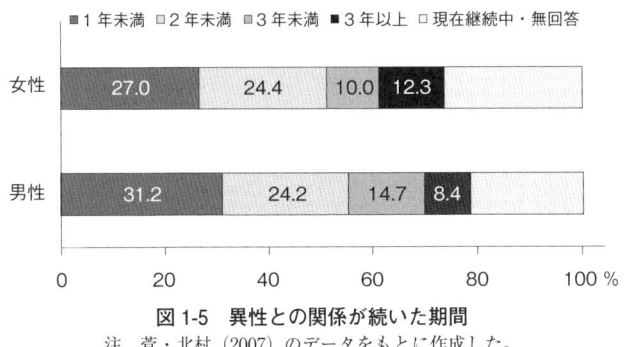

図1-5　異性との関係が続いた期間
注　菅・北村（2007）のデータをもとに作成した。

（菅・北村, 2007）では，初めて付き合った異性と関係が続いた期間について，1,409名の男女に質問しています。その結果が図1-5です。交際期間が1年未満だった女性は27％，2年未満の女性は24.4％，交際期間が1年未満であった男性は31.2％，2年未満の男性は24.2％でした。男女の初めての恋は，多くの場合，2年以内で終わりを迎える(むか)えるようです。

第2節　離婚があなたを苦しめる

　熟年離婚という言葉がありますが，熟年離婚に対して，「夫がリストラされたり，夫が定年退職したりした時に，妻が夫に三行半(みくだりはん)をたたきつける」というイメージが私にはあります。つまり，妻は，辛(つら)い日常生活にひたすら耐え続け，夫の収入が途絶えた時や，夫が退職金を得た時に，別れを言いわたします。そして，夫は，何が原因だったのか理解できず，途方に暮れ，持家やマンションを妻に譲(ゆず)りわたし，狭い賃貸アパートで，話し相手もいない孤独な老後を過ごすのです。私のイメージする熟年離婚は，辛い日常生活から解放された妻の立場にたてば肯定的なものになります。しかし，途方に暮れている夫の立場にたてば否定的に映ります。このように離婚の影響には「肯定的側面」と「否定的側面」があります。本節では，離婚の肯定的側面と否定的側面について考えてみましょう。

1　離婚して良かった

　本章の冒頭で紹介した女優ザ・ザ・ガーボルの名言「ただその男を愛していないから離婚するというのは，ただ愛しているから結婚するという事と同じくらい馬鹿げている」は，まさに，離婚の肯定的側面の象徴的な例です。

(1) 離婚が幸せにする

　ザ・ザ・ガーボルのように，戦略的に恋愛を考えている場合は別として，一般的に，離婚する事によって，幸せになるケースは，どのような場合でしょうか。すぐに考えつく例として，結婚生活がうまくいっていない場合があります。研究者たちも同じような仮説をたてました。つまり，問題を多く抱えている夫婦では，離婚したあと，精神的に健康になるという仮説です。

　たとえば，18歳以上が参加したカナダの大規模調査のデータを用いた研究があ

ります (Wheaton, 1990)。この調査では，離婚した男女の 1979 年から 1981 年までの不安や抑うつ（うつ病ではないが，人より気持ちの落ち込みの程度が激しい症状）の変化と，離婚する以前の結婚生活で，どの程度問題を抱えていたかを調べました。その結果，結婚生活の問題が少なかった男女では，離婚後に不安や抑うつが増加していたのに対して，結婚生活に問題を抱えていた男女では，離婚後に不安や抑うつが減少していました。別の研究でも，問題を抱えた夫婦が離婚すると，精神的に健康になる事が報告されています (Aseltine & Kessler, 1993 など)。

(2) 離婚がうつ病を癒す

　離婚する事によって，うつ症状が改善されたという報告もあります。たとえば，離婚や別居がうつ病患者の症状に及ぼす影響について，44 名のうつ病患者を対象にした研究があります (Cohen et al., 2007)。うつ病患者は，調査時点で，うつ症状が見られていない患者 (22 名) と，うつ症状が見られている患者 (22 名) にわけられました（どちらも，病院に通院しているうつ病患者です）。その後，離婚あるいは別居をしたかどうかによって，うつ症状が変化するかどうか調べました。まず，「うつ症状が見られていた患者」では，離婚あるいは別居した患者 12 名のうち 11 名で，うつ症状が改善されました (91.7%)。一方，離婚しなかった患者 10 名のうち 4 名で，うつ症状が改善されました (40.0%)。しかし，「うつ症状が見られていなかった患者」では，離婚あるいは別居した患者 11 名のうち 8 名が，うつ病を再発しました (72.7%)。一方，離婚しなかった患者 11 名のうち 6 名が，うつ病を再発しました (54.5%)。つまり，「うつ症状が見られていた患者」の多くは，離婚すると症状が改善し，「うつ症状が見られなかった患者」の多くは，離婚するとうつ病が再発してしまうという事です。

(3) 離婚して幸せか，不幸せか

　離婚する事で，精神的に健康になったという研究報告はわずかで，しかも，いずれの研究も，そのような傾向は部分的にしか報告されていません。少し古い研究ですが，「離婚して，幸せになったかどうか」を調べたカリフォルニア州（米国）の研究があります (Wallerstein, 1986)。この研究では，10 年間にわたって，離婚した夫婦にインタビューを続けました。両者ともにより幸せになった夫婦は 10% でした。逆に，両者ともに悪化した夫婦は 20% でした。どちらか一方のみが幸せになった夫婦（もう一方は変化なし）は 63% で，どちらか一方のみが悪化した夫婦（もう

一方は変化なし）は8%でした。離婚して，ふたりともに幸せになるというのは，限られた場合だけのようです。次は，離婚が招く不幸について考えてみます。

■2 離婚が精神と身体を蝕む

そもそも，別れるという事は，その関係から得ていた恩恵を失うという事です。私たちは，恋人関係や夫婦関係から様々な恩恵を受ける事で，精神的，身体的健康を保っています (Burman & Margolin, 1992; Kiecolt-Glaser & Newton, 2001; Proulx et al., 2007)。たとえば，厚生労働省が実施している「出生動向基本調査」（国立社会保障・人口問題研究所，2006a）では，結婚の利点として「精神的安らぎの場が得られる」「子どもや家族をもてる」「愛情を感じている人と暮らせる」「社会的信用や対等な関係が得られる」「親や周囲の期待に応えられる」などを挙げています。つまり，離婚をするという事は，このような貴重な恩恵を失ってしまう事なのです。

(1) 離婚というストレス

離婚はどの程度ストレスになるのでしょうか。私たちの人生において，滅多に経験する事のない，とても強いストレス源を「ライフイベント」といいます。ある研究者は (Holmes & Rahe, 1964)，このライフイベントのストレス強度を，LCU得点とよばれる値によって数値化しました。LCU得点は，経験したストレスに適応するため，必要とするエネルギーの総量です。簡単に言えば，値が高いほど，元気になるための精神的負担が大きい，という事です。LCU得点は，「結婚」を基準（50点）にし，0点から100点の範囲を取ります。表1-3は，ライフイベントのLCU得点をまとめたものです。この表を見ると，離婚のLCU得点はほかのライフイベントと比較してとても高く，離婚から回復するためには，必要とする精神的負担がとても大きい事がわかります。

表1-3 離婚のLCU得点（ストレスの強度）

ライフイベント	ホームズ	勤労者	ライフイベント	ホームズ	勤労者
配偶者の死	100	83	失業	47	74
離婚	**73**	**72**	性生活の困難	39	49
夫婦別居	65	67	夫婦の口論の変化	35	48
結婚	50	50	妻の就職（退職）	26	38 (40)

注　Holmes & Rahe（1964）及び夏目ら（1987）のデータをもとに作成した。

(2) さらなるストレスをよぶ

離婚は強いストレスになるだけではなく，離婚から派生した様々なストレスを生みます（Garvin et al., 1993; Lorenz et al., 1997 など）。たとえば，離婚の調停，経済的状況の変化，転居，子どもの養育，人間関係の変化などです。つまり，離婚は，それまで得ていた恩恵を失うと同時に，さらなる悲劇を経験する事になるのです。

(3) 精神への影響

離婚によって，精神的にダメージを受ける事は容易に想像がつきます。具体的に言えば，うつ病や不安障害などの精神的疾患への罹患率が高くなったり（Blazer et al., 1994; Bruce, 1998; Chatav & Whisman, 2007; Davies et al., 1997; Vaus, 2002; Wade & Cairney, 2000 など），精神的に不健康になったり（Demo & Acock, 1996; Doherty et al., 1989; Forste & Heaton, 2004; Gallo et al., 2003; Garvin et al., 1993; Gerstel et al., 1985; Joung et al., 1997, 1998; Marks, 1996; Mastekaasa, 1994a; Rodgers & Power, 1999; Stack & Eshleman, 1998 など），自尊心（Doherty et al., 1989; Marks & Lambert, 1998 など），自己受容感（Marks, 1996; Marks & Lambert, 1998 など），仕事に対する満足感（Forste & Heaton, 2004 など），幸福感（Aldous & Ganey, 1999; Marks & Lambert, 1998; Mastekaasa, 1994b; White, 1992 など），人生の目的（Marks, 1996 など）などが低下したり，孤独感（Gerstel et al., 1985; Joung et al., 1997; Kiecolt-Glaser et al., 1988 など），不安（Gallo et al., 2003; Garvin et al., 1993 など）などが高まったりする事が知られています。特に，離婚する事によって，抑うつの程度が高まる事が知られています（Aseltine & Kessler, 1993; Cotton, 1999; Demo & Acock, 1996; Gallo et al., 2003; Garvin et al., 1993; Kiecolt-Glaser et al., 1988; Kim & McKenry, 2002; Marks & Lambert, 1998; Menaghan & Lieberman, 1986; Lorenz et al., 1997; Ross, 1995; Simon & Marcussen, 1999; Umberson & Williams, 1993; Williams & Dunne-Bryant, 2006 など）。

およそ5,900名のアメリカ人を対象に，初婚の離婚者が精神疾患にかかる危険性について調査した研究があります（Kessler et al., 1998）。図1-6は，結婚している男女が精神疾患にかかる危険性を基準（1.0）とした場合，離婚した男女が精神疾患にかかる危険性を数値化したものです。たとえば，離婚した男女がうつ病にかかる危険性は，結婚している男女の1.7倍になります。躁病（気分が異常かつ持続的に高くなり，不眠，誇大的，多弁，注意が散漫になったりする）の場合は，男性離婚者では3.3倍，女性離婚者では4.8倍です。不安障害の場合，男性離婚者では2.3倍，女性離婚者では1.4倍です。PTSD（心的外傷後ストレス障害：自然災害，大事故，強姦や虐待などの強いストレスを経験したのちに発生する精神障害）の場合は1.6倍です。

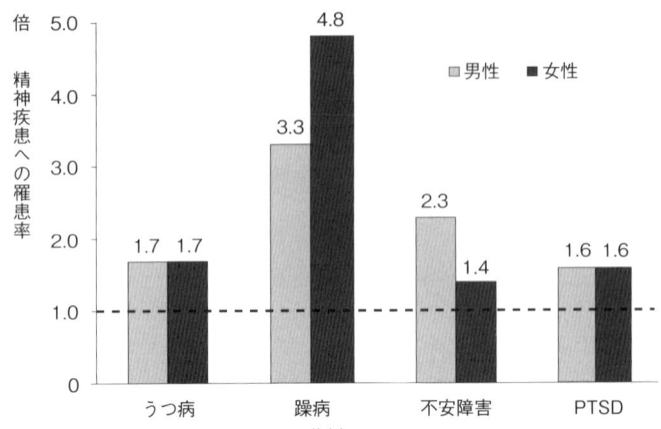

図 1-6　離婚者の精神疾患の罹患率（既婚者を 1.0 とした場合）
　注　Kessler et al.（1998）のデータをもとに作成した。

(4) 行動への影響

　「離婚が原因で自殺するのは，女性ではなくて男性だ」という話を耳にした事がないでしょうか。これは，フランスの社会学者であるデュルケーム（E. Durkheim）の言葉です。デュルケームの仮説は，科学的なデータに十分裏打ちされたものではありませんでした。そのため，この仮説が正しいかどうか，多くの研究者たちが研究を重ねてきました。そして，離婚率は，女性の自殺率ではなく，男性の自殺率と関係がある事が報告されました (Kposowa, 2000; Kposowa et al., 1995; Messner et al., 2006; Rossow, 1993; Trovato, 1987 など)。たとえば，わが国の自殺率と離婚率を用いた研究 (Chandler & Tsai, 1993) では，男性の場合，離婚率が高いほど自殺率が高く，女性の場合，離婚率が高いほど自殺率は低くなる，と報告しています（データは 1980 年）。しかし，女性でも，離婚が自殺につながるという報告があります (Fernquist & Cutright, 1998; Rogers, 1995; Stockard & O'Brien, 2002; Yang, 1992 など)。また，わが国のデータを用いた研究 (Stack, 1992) でも，自殺に影響を及ぼすいくつかの要因を考慮に入れて分析すると，自殺と離婚には関連性が見られない，という報告があります。なぜ，男性だけが離婚をすると自殺するのか，明確な説明と，その説明が正しい事を裏づける十分なデータが必要のようです。よくある説明のひとつが，「結婚によって得をするのは，女性ではなく男性だ」というものです。しかし，この説明は間違いです。その事は次の章で説明します。

(5) 身体への影響

　一般的に，離婚すると死亡率が高くなる事が知られています (Cantor & Slater, 1995; Gove, 1973; Kposowa, 2000; Martikainen et al., 2005; Rogers, 1995; Zick & Smith, 1991 など)。スウェーデンで行った 44,000 名の調査 (Hemström, 1996) では，婚姻形態と死亡率との関係を分析しています。図 1-7 はその結果をまとめたものです。図は，結婚している男女の死亡率を基準 (1.0) とした場合，「離婚した男女」「別居している男女」「配偶者が死亡した男女」「再婚した男女」，それぞれの死亡率を表しています。離婚している男性の死亡率は，結婚している男性の死亡率と比較して，2.5 倍高い事がわかります。離婚している女性の死亡率は，結婚している女性と比較して，1.6 倍高い事がわかります。

　また，死因に関しても，結婚している男女より，離婚している男女は，心疾患，循環器系や呼吸器系の疾患，糖尿病，肝硬変，消化器系の疾患，事故などによって，死亡する危険性が高い事が報告されています (Martikainen et al., 2005; Rogers, 1995 など)。

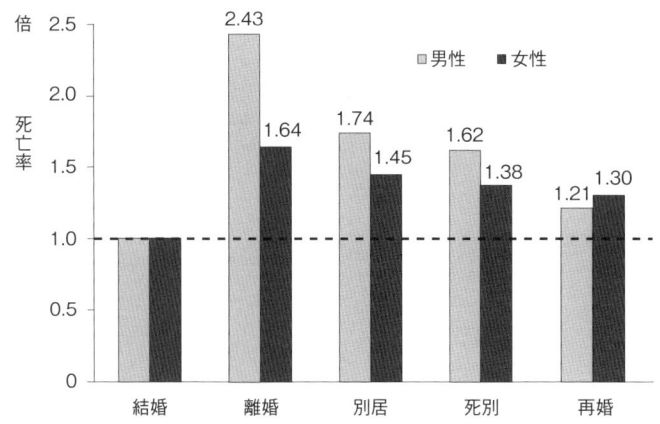

図 1-7　結婚を基準 (1.0) とした場合の死亡率
　　注　Hemström (1996) のデータをもとに作成した。

■ 3　離婚したら，あなたはどうなる

　離婚と再婚に関するバージニア縦断研究 (Hetherington, 1993, 2003) では，144 の家庭を対象に，2 年以上にわたって研究を続けてきました。この研究では，離婚後

の適応状態として「向上する男女」「まあ良い男女」「孤独な能力ある男女」「探し求める男女」「自由奔放な男女」「敗北する男女」の6つのパターンを見つけています。離婚した男女を，この6つのいずれかに分類し，その割合を示したものが図1-8です。この図では，離婚してからの年月別（1年と10年以上），そして性別にわけています。

①向上する男女　「向上する男女」は，離婚によって生活が向上した男女です。再婚した場合は，以前より，より良い結婚生活を送ります。このパターンに分類された女性の割合は，男性の2倍程度です。また，離婚してから時間が経つほど，このパターンが増えるようです。

②まあ良い男女　「まあ良い男女」は，離婚になんとかうまく対応できた男女です。「向上する男女」ほどではありませんが，生活を改善するために努力し，新たな友人を作ろうとし，十分ではないかもしれませんが，なんとかうまく適応しています。このパターンも男性より女性に多く観察されています。離婚して10年後には，40%程度の男女にこのパターンが見られるようになります。

③孤独な能力ある男女　「孤独な能力ある男女」は，離婚後，それぞれの専門分野で成功を収めるような男女です。「向上する男女」との大きな違いは，再婚に消

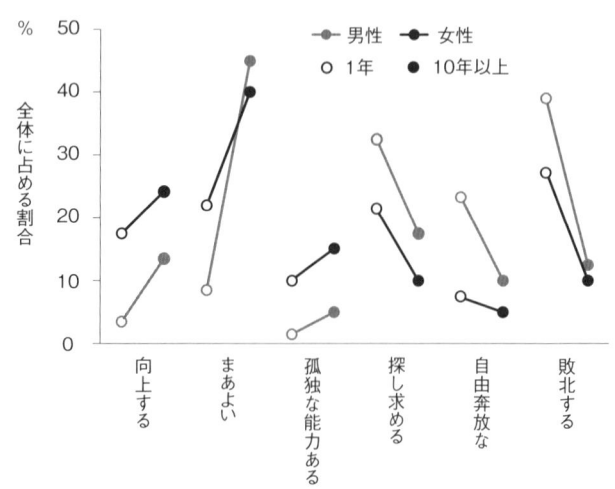

図1-8　離婚してからの期間別，離婚後の適応状態

注　データ数は離婚1年後（男性116名女性121名），10年以上（男性216名女性238名）である。Hetherington（2003）のデータをもとに作成した。

極的であるという点です。結婚生活の失敗から，再婚には慎重になります。この
パターンはあまり多く見られませんが，「向上する男女」や「まあ良い男女」のよ
うに，男性より女性で多く観察され，離婚してからの時間が経つほど増加します。

④**探し求める男女**　「探し求める男女」は，離婚後できる限り早く新しいパート
ナーを見つけようとする男女です。このパターンでは，女性より男性により多く
観察されています。また，離婚してからの時間が経つにつれ低下します。

⑤**自由奔放な男女**　「自由奔放な男女」は，流行りの身なりをし，異性との出会
いを求め，バーに通い，ゆきずりの性行為を求めるような男女です。社会的責任
感が低く，反社会的行動がよく観察されます。このパターンも，「探し求める男
女」と同様に，女性より男性により多く見られ，離婚してからの時間が経つにつ
れ少なくなります。

⑥**敗北する男女**　「敗北する男女」は，離婚によって打ちひしがれ，落胆し，落
ち込んでいる男女です。新しい異性を探そうとする気力も出ません。離婚後1年
では，男性のおよそ40%が，このパターンに分類されています。このパターンも，
「探し求める男女」や「自由奔放な男女」と同様に，女性より男性により多く見ら
れ，離婚してからの時間が経つにつれ低下します。

第3節　みじめな男たち

　離婚をして，気が滅入ったり，病気になったり，いつまでも離婚の影に脅かさ
れるのは，男性でしょうか，それとも，女性でしょうか。結論から言うと，それは
男性です (Buehler, 1987; Chiriboga & Cutler, 1977; Gove, 1972; Rogers, 1995; Sweeney & Horwitz,
2001 など)。たとえば，離婚したカップル60組を対象に，カリフォルニア州（米国）
で行った調査があります (Wallerstein, 1986)。この研究では，10年間にわたって，離
婚したカップルにインタビューを続けました。離婚して幸せになった男性の割合
が32%だったのに対して，女性の割合は55%でした。一方，離婚して不幸せにな
った男性の割合は46%であったのに対して，女性の割合は40%でした。つまり，
離婚の悪影響を受け続けるのは，女性より男性です。なぜでしょうか。その理由
について，いくつかの側面から考えてみましょう。

■1　別れの口笛は妻から

　当然の事ですが，離婚の主導権を持つ側と持たない側では，立場が大きく違います。離婚の主導権を持つ側では，「どのように離婚の話をしようか」「いつ話を切り出そうか」など，離婚前に悩みます。一方，主導権を持たない側は，離婚後に悩みます。離婚を切り出す側は，あらかじめ，離婚に対して備える事ができますが，離婚を切り出される側は，その用意ができません。そのため，一般的に，離婚したあとの適応状態が良好なのは，主導権を握(にぎ)っている側です (Amato & Previti, 2003; Buehler, 1987; Thiriot & Buckner, 1991; Wallerstein, 1986; Wang & Amato, 2000 など)。失恋の場合も同じです (Davis et al., 2003; Mearns, 1991; Perilloux & Buss, 2008; Smith & Cohen, 1993; Sprecher et al., 1998 など)。

　夫と妻の話に戻(もど)すと，離婚の主導権は妻にあります (Clarke-Stewart & Bailey, 1989; Kalmijn & Poortman, 2006; Kincaid & Caldwell, 1995; Pettit & Bloom, 1984; Wallerstein, 1986; Zeiss et al., 1980 など)。離婚の話を切り出し，話を進めてゆくのは，夫ではなく妻だというわけです。たとえば，離婚した男女208名を対象にしたアメリカでの調査 (Amato & Previti, 2003) では，離婚を望んでいた男性が53％であったのに対して，女性では70％でした。これらの話をまとめると，夫には離婚の主導権がないために，離婚後に否定的な影響を受け続ける事になります (Braver et al., 2006)。

■2　離婚した男に助けはない

　離婚の影響を緩和する要因として，ソーシャルサポートが知られています。「ソーシャルサポート」は，他者からの精神的，物理的な支援を意味します。たとえば，話を聞いてくれたり，心配してくれたり，金銭や物品などの援助をしてくれたり，手助けをしてくれたり，必要とする情報や知識を与えてくれたりする事です。通常，家族や友人，周囲の人々からのサポートは，離婚で傷ついた「こころ」を癒(いや)してくれます。たとえば，離婚した男女を対象にした21の研究から，離婚した男女にとって，周囲のサポートは，適応的な状態を促(うなが)し，不適応状態を緩和する事が明らかにされています (Krumrei et al., 2007)。

　しかし，離婚によって，これまで得ていたサポートを失ってしまいます (Albeck & Kaydar, 2002; Colburn et al., 1992; Marks, 1996; Parks & Adelman, 1983; Umberson et al., 1996 など)。その原因のひとつに，妻と夫の交友関係が重複している事が考えられています。つまり，妻と夫の友人の多くが重なっているために，離婚すると，男女ともに多くの友人を失ってしまうのです。

問題は，女性より男性は，離婚によって失うサポートが多い事です。そのために，男性は，離婚後にサポートが得られにくいのです（Albeck & Kaydar, 2002; Gerstel, 1988a; Keith, 1986 など）。たとえば，アメリカ北東部で，離婚した男女 104 名を対象にした面接調査があります（Gerstel, 1988b）。その調査では，「現在の友人が，離婚する前から続いている友人であるのか，離婚したあとできた友人であるのか」尋ねています。そして，離婚以前からの友人がしめる割合を計算すると，女性では 80％が，男性では 65％が離婚以前の友人でした。つまり，男性は離婚によって多くの友人を失っているという事です。そのために，離婚以前からの友人の割合が少なくなるのです。

■3　男性に不利な離婚条件

　欧米では，女性より男性の方が，親権，子どもに会う権利，財産分与などの法的な離婚条件に不満を抱いている事が知られています（Braver et al., 2006）。特に，子どもの養育権に対する不満が強いようです。通常，別れた夫婦のうち，養育権を持たない側の不満感が高い事が知られていますが（Maccoby et al., 1990 など），欧米では，子どもの養育権は通常母親が獲得するため，女性より男性の方が子どもの養育に対して不満が高いのです（Bonach et al., 2005; Buehler et al., 1985; Madden-Derdich et al., 1999 など）。たとえば，シカゴ（米国）の面接調査（Goldsmith, 1980）では，離婚した白人夫婦 129 組を対象に，子どもの養育について質問しています。そして，不満を抱いていた割合は，父親では 51％であったのに対して，母親では 19％でした。

　このように，子どもの親権に関して，不利な状況に追い込まれる事が，離婚後の男性の適応に否定的な影響を及ぼします。子どもを奪われた落胆ぶり，そこから回復するためにどれほど多くの時間が必要か，容易に想像できるでしょう。女性より男性の方が，離婚によって傷つき，そこから立ち直れない最大の理由は，子どもの親権だといわれています。

■4　失恋をして傷つくのも男性か

　離婚した場合は，女性より男性の方が否定的な影響を受け続けるという事はわかりましたが，失恋した場合はどうでしょうか。結論から言えば，男女に違いはありません。たとえば，失恋によるショックの程度や落ち込みの程度について，男女の違いを調べた研究がありますが，多くの研究で，男女に差を見つける事ができませんでした（Choo et al., 1996; Davis et al., 2003; Frazier & Cook, 1993; 加藤, 2007b;

Simpson, 1987; 和田, 2000 など)。

　また，失恋からの回復期間にも，男女の違いは報告されていません。たとえば，わが国の学生（専門学校生，短期大学生，大学生）が，失恋から回復するために要した期間について，2000 年に調査をした研究があります（加藤, 2005b）。表 1-4 は，そのデータを再分析した結果です。数値だけを見れば，失恋からの回復期間に男女差があるように思われますが，それは誤差の範囲内で，男女に違いは見られません。

表 1-4　失恋からの回復期間

回復期間	1ヶ月以内	2ヶ月から6ヶ月	7ヶ月から12ヶ月	13ヶ月から24ヶ月	25ヶ月以上
男性	37.4%	21.4%	15.5%	15.0%	6.4%
女性	48.5%	23.5%	11.0%	8.8%	5.2%

注　加藤（2005b）のデータ（425 名）を用いて再分析した結果である。

第 4 節　別れたあとのふたりの関係は

　アニメ『名探偵(たんてい)コナン』に登場する探偵の毛利小五郎は，妻の妃(きさき)英理と別居生活が 10 年間続いています。今日は，ふたりの初デート記念日です。

獣医の男性：「けっこう期待していたんだけど。……胸の大きく開いたその服。そんな格好(かっこう)，いつもはされていなかったから。猫にかこつけて，僕に会いに来たんじゃないのかってね。……ちがうかな」
妃英理　　：「あの，これはその……」
獣医の男性：「初デート記念？　その時の格好を」
妃英理　　：「ええ。……実は今日，……あの人（毛利小五郎）を，食事にでも誘おうと思っていましたのよ。この格好で会えば，笑って仲直りできるんじゃないかって。……でも，……この計画はご破算にしなくちゃなりませんね。……本人（毛利小五郎）は，そのような化石のような思い出，きれいさっぱり忘れてしまっているんでしょうけれどね」

場面変わって，飲み屋で酔いつぶれている毛利小五郎をのぞきこんで，

友人　　：「……さっきまで，携帯電話とにらめっこしていたのに……それにしても，なんなんだ，この格好(かっこう)は。まるで，どっかにでも，デートに出かけるみたいだなあ。」

『名探偵コナン』474話「妃英理弁護士の恋」

ふたりは，たまに会っても，お互いの悪口を言い合っています。しかし，妻の妃英理は，「男を近づけないための虫よけ」と理由をつけて結婚指輪をはずしません。『名探偵コナン』では，離婚ではなく別居ですが，別れたあとも，なお，相手を思い合う関係もあるようです。本節では，別れたあとの，ふたりの関係についてお話しします。

■1　別れたあとのふたりの関係
(1) パートナーと和解する
　アメリカの大規模調査（NSFH）によるデータ（1987年から1988年実施）を用いた分析（Bumpass et al., 1991）では，別居したカップルのうち，40%は少なくとも1度は和解し，18%は2度以上和解していました。また，和解する夫婦が別居する期間は短く，別居後に和解した夫婦のうち，45%が1ヶ月以内に和解しており，95%は1年以内に和解していました。別の研究（Wineberg, 1994）でも，初婚の場合，およそ40%が和解に成功すると報告しています。別れたあと，1年以内が和解のチャンスのようです。

(2) パートナーとコンタクトを取る
　コネティカット（米国）の離婚2年後の夫婦を対象にした調査（Masheter, 1991）では，離婚した265名のうち82%が，もと配偶者と時折会っていました。また，50%の男女が少なくとも月に1度，25%の男女が少なくとも週に1度，もと配偶者と会っていました。15年以上連れ添(そ)った夫婦の離婚後の関係について調べた研究もあります（Goodman, 1993）。離婚した男女31名のうち，毎日のようにコンタクトを取っている男女は6.5%，週に1,2度コンタクトを取っている男女は12.9%，月に1,2度コンタクトを取っている男女は25.8%，年に数度コンタクトを取っている男女は22.6%でした。

(3) 別れた後は友人

離婚後，ふたりはどのような関係になったか，およそ1,800名のオランダ人を対象にした研究があります (Fischer et al., 2005)。この調査では，離婚後のふたりの関係を，「友好的な関係」「敵対的な関係」「関係がない」にわけています。敵対的な関係の割合は，離婚後2年間までは58%でしたが，その後，22%（3年から10年後），9%（10年以降）と低下しています。一方，15%（2年未満），33%（3年から10年後），58%（10年以降）と，ふたりの関係が続かなくなってしまいます。

この調査では，別れたふたりの間に，どのようなやり取りがあったのかについても尋ねています。その結果をまとめたものが図1-9です。別れてから2年未満では，70%以上の割合で電話のやり取りが見られ，ほぼ40%の男女がふたりで会っていました。しかし，時間が経つにつれ，ふたりのやり取りがなくなってゆきます。その一方で，別れて10年以上経っても，25%以上の男女が電話をかけていました。

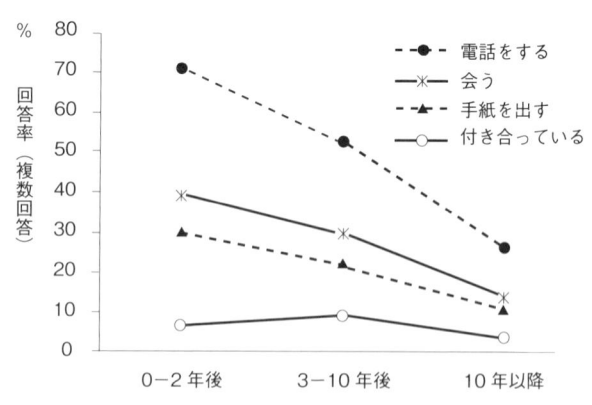

図1-9 離婚後のふたりのコンタクトの変化
注 Fischer et al. (2005) のデータをもとに作成した。

■2 子どもの養育をめぐって

別れたふたりに子どもがいる場合といない場合では，その後のふたりの関係は大きく異なります。たとえば，子どもがいると，離婚後，ふたりのコンタクトが増える事が知られています (Fischer et al., 2005など)。子どもを育てなければならないため，ふたりが望もうが望まなかろうが，コンタクトの機会が増えるからです。

子どものいる夫婦が離婚したのち，その子どもの養育を分担している夫婦をコペアレントといいます。北米では，コペアレントに関する研究が進んでいて，多くの研究が報告されています。たとえば，16歳以下の子どもがいる夫婦を対象にした研究（Maccoby et al., 1990）が，カリフォルニア州（米国）で行われました。その研究では，別れた夫婦のコペアレント関係（協力的か，敵対的か）と，子どもの養育権（母親にある，父親にある，どちらにもある）によって，別れた夫婦の子どもの養育に関する満足感が異なるかどうか調査しています。その結果が図1-10です。縦軸は子育ての満足感を示しており，黒いバーが母親の満足感，灰色のバーが父親の満足感を意味しています。ふたりの関係が協力的で，子どもの養育権がふたりにある場合，母親，父親ともに，満足感が最も高い事がわかります。敵対的な関係の場合は，養育権が母親にあると父親の満足感が低くなり，養育権が父親にあると母親の満足感が低くなる事がわかります。

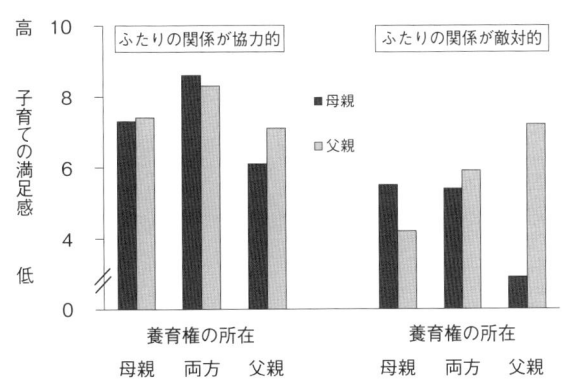

図1-10　コペアレント関係と満足感との関係
注　Maccoby（1990）のデータをもとに作成した。

■3　失恋後のふたりの関係

　失恋後のふたりの関係に関する実証的な研究はほとんどありません。そのため，ほとんど何もわかっていない，というのが現状です。わずかですが報告されている研究では，失恋後，ふたりが友人関係を続けられるかどうかは，恋愛関係が芽生える以前に，友人としての付き合いがあったかどうかに左右されるようで

す（Schneider & Kenny, 2000 など）。つまり，恋に落ちる前に，友人関係が成立していたカップルでは，ふたりの関係が終わりを迎えた(むか)あとも，友人関係を継続できる可能性が高いわけです。

　そのほかに，サウス・ウエスタン大学（米国）の大学生 386 名を対象に，失恋後のふたりの関係を左右する要因を調べた研究があります（Busboom et al., 2002）。この研究では，親密だったころ，もと恋人から得ていた恩恵が多いほど，別れたあとも，もと恋人と良好な関係を築いている事が明らかになりました。

第2章　なぜ離婚してしまうのか

あんなに愛し合ったふたりが別れるなんて。理由もなく，別れるわけはありません。別れるには何らかの原因があるはずです。離婚の原因について調べた民間のアンケート調査があります（明治安田生活福祉研究所, 2006b）。そのアンケートでは，既婚者を対象に，「将来，離婚の原因として考えられる事」という質問をし，図2-1のような回答を得ています（複数回答）。夫婦ともに「性格の不一致」（男性の50.0%，女性の57.4%）の回答が最も多く，次いで「配偶者の浮気」（男性の25.5%，女性の42.4%）の回答が多く見られます。

アメリカの大規模調査（MILC）による研究（Amato & Previti, 2003）では，離婚を経験した男女に，離婚の理由を尋ねています。離婚の理由（自由回答）として，女性の場合，「浮気」（25.2%），「気が合わない」（19.1%），「酒とドラッグ」（13.7%）と続き，男性の場合，「気が合わない」（19.5%），「浮気」（15.6%），「コミュニケーション

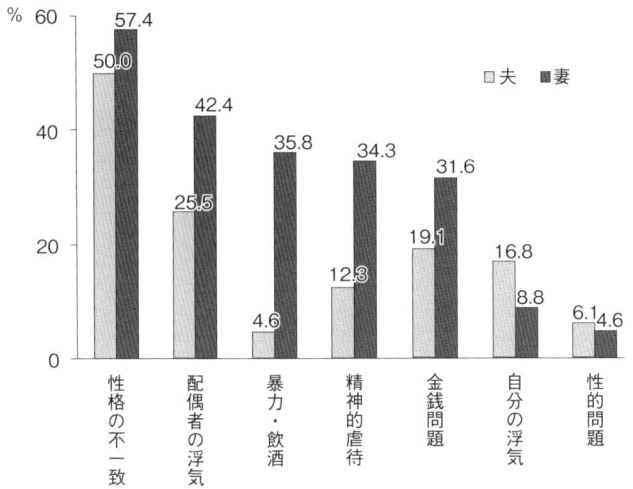

図 2-1　将来の離婚理由（複数回答）
注　データ数は342名である。明治安田生活福祉研究所（2006b）のデータをもとに代表的な回答のみをまとめた。

不足」(13.0%) と続いています。離婚の原因はここに挙げたものだけではありません。さあ，離婚の原因についてより詳しく考えてみましょう。

第1節　不満だらけの結婚生活は

「……不満というのは，旦那があまりにも幼稚でだらしないという事です……私が家事をしている時でも，自分は寝そべってテレビを見ていて，手伝うっていう考えがないみたいです……」。インターネットでは，結婚生活に対する不満や愚痴が山のように書き込まれています。そこから，多くの夫婦が結婚生活に何らかの不満を持っている事が，容易に推測できます。

結婚生活に不満を抱き続ける事は，離婚原因のひとつです。実際，多くの研究によって，結婚生活に不満を抱いているほど，離婚の危険性が高まる事が知られています (Blair, 1993; Bouchard, 2006; Broman, 2002; Bui et al., 1996; Buunk, 1987; Carrère et al., 2000; DeMaris, 2000; Dush et al., 2008; Gager & Sanchez, 2003; Gottman & Levenson, 1992, 2000; Halford & Osgarby, 1993; Jacobson et al., 1996; Kalmijn, 1999; Kiecolt-Glaser et al., 2003; Kurdek, 2005; Lawrence & Bradbury, 2007; Previti & Amato, 2004; Rogers, 2004; Rogers & White, 1998; Sayer & Bianchi, 2000; Schoen et al., 2006 など)。

1　不満の多い妻たち
(1) 夫と妻の不満

図 2-2 は，民間の研究所が 2006 年に実施した，配偶者に対する不満の程度を示したものです (第一生命経済研究所, 2006a)。不満があるかどうかという質問に対して，「たくさんある」あるいは「ある程度はある」と回答した夫が 45.7% であったのに対して，妻は 66.7% でした。明らかに妻の不満が高い事がわかります。わが国の研究では，結婚生活に対する満足感は，夫より妻の方が低い事が報告されています (林ら, 2003; 池田ら, 2005; 稲葉, 2004; 伊藤ら, 2006a; 岩井, 2002; 柏木・平山, 2003 など)。

しかし，アメリカはそうではありません。少なくとも 1990 年初頭までは，結婚生活の不満に関する男女差は見られていません (Major, 1993)。また，1990 年以降，結婚に対する不満感に関する男女差の研究は，ほとんど報告されなくなりました。なぜ，日本とアメリカでは結果が異なるのでしょうか。文化による違いなのでしょうか。実は文化差などではありません。

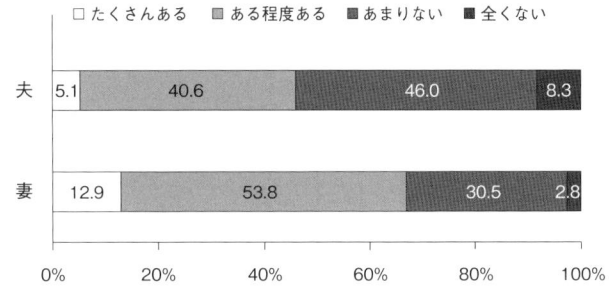

図 2-2　配偶者に対する不満
注　データ数は 763 名である。第一生命経済研究所（2006a）のデータをもとに作成した。

(2) 妻は不満なの

　1972 年，バーナード（J. Bernard）という研究者が，「男性にとっての結婚と女性にとっての結婚」（*his and her marriage*）という名言を残しました。この名言が意味する事を簡単に説明すれば，「結婚生活から得られるものは男女によって異なり，結婚は女性より男性に都合の良い契約である」という事です。この論文が発表されて以降，欧米では，結婚生活は男性と女性のどちらにとって得なのかという議論と研究が行われました。そして，先に説明したように，様々な研究が報告され，その結果，結婚生活の満足度に男女の違いはないという結論に至りました。現在の日本では，バーナードと同じ発想のもと研究を行い，結婚生活で得をしているのは夫であるという結論を導き出しています。

　少し発想を変えて，別の視点から，この問題を考えてみましょう。そもそも，結婚生活に限らず，いろいろな事柄に対して，男性より女性の方が不満を抱きやすい，としたらどうでしょう。もともと，女性は不満を感じやすいのだから，結婚生活に不満を感じて当然です。結婚生活の満足感について，男女で比較する意味がなくなります。心理学や医学の世界ではよく知られている事ですが，男性より女性の方が神経質であり，気分がめいりがちで，うつ病の罹患率（うつ病が発症する割合）が高いのです。また，男性より女性の方が，このようなうつ的傾向によって結婚生活に不満を抱きやすい事も知られています（Whisman, 2001）。つまり，女性はうつ的傾向が高いだけでなく，その症状が原因で，結婚に不満も持ちやすくなるのです。うつ的傾向だけではありません。否定的な精神状態全般も同様に，男性より女性の方が，その否定的な影響を受けやすく，結婚生活に不満を抱きや

すい事が知られています (Proulx et al., 2007)。

このような事から，男性より女性の方が結婚生活に不満を抱いているからといって，女性にとって結婚は不利益だとはいえないのです。実は，北米の研究では，このような問題を考慮に入れた分析をしており，その結果，結婚生活に対する満足感に男女に違いはないと報告しています。しかし，わが国では，このような問題を考慮に入れる事なく研究しているため，さも，結婚生活は女性に損であるかのような誤解を与えています。

2 低下する結婚生活満足感

結婚生活を重ねると，結婚生活に対する満足感は，どのように変化するのでしょうか。私の勝手なイメージですが，新婚生活は幸せですが，生活を重ねるにつれ，相容れない事柄や様々な問題が生まれ，お互いに満足感が低下します。そして，それらの問題を解決する事を通じて，少しずつ，本当の意味でパートナーを理解し，やがて，子どもが旅立つ年齢になるころには，結婚生活の満足感が高くなり始めるのではないでしょうか。

(1) U字仮説

なんと，私のイメージを支持する研究が報告されています。正確に言うと，結婚生活の期間（あるいはライフサイクル）と結婚満足感との関係が，U字型の曲線を描くというのです (Anderson et al., 1983; Burr, 1970; Dush et al., 2008; Gilford & Bengtson, 1979; Miller, 1976; Orbuch et al., 1996; Rollins & Cannon, 1974; Rollins & Feldman, 1970; Smart & Smart, 1975; Spanier et al., 1975 など)。つまり，結婚生活の満足感は，ある一定の年月が経つまで下がり，その後，徐々に回復してゆくわけです（ライフサイクルは，結婚し，子どもが成長し，やがて家を出て，そして，仕事をリタイヤする，という夫婦の人生であり，結婚満足感は，子どもが家を出て，仕事をリタイヤするころまで低下し，そののち，上昇し始めるわけです）。わが国の大規模調査（NFRJ98）では，図2-3（上図）に見られるように，夫と妻ともに，結婚満足度は，結婚して21年から25年まで下がり続け，それ以降，徐々に回復し，U字型の曲線になると報告しています（稲葉，2004）。また，図2-3（下図）は，末の子どもの成長別に，結婚満足感の変化を表したものですが，末の子どもが成人するころまで低下し続け，その後，徐々に回復する様子がわかります。

このような現象は，結婚満足感に関するU字仮説といわれ，多くのテキストで紹介され，幅広く知れわたるようになりました (Laningham et al., 2001)。

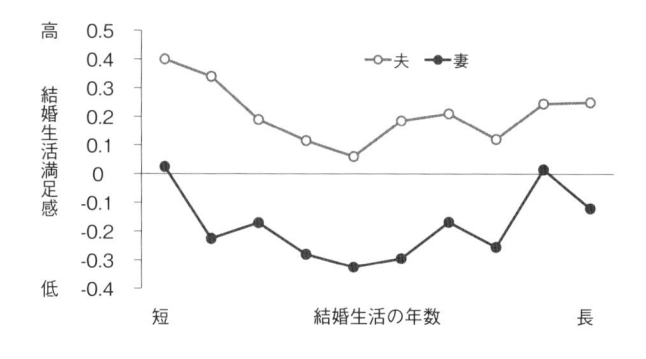

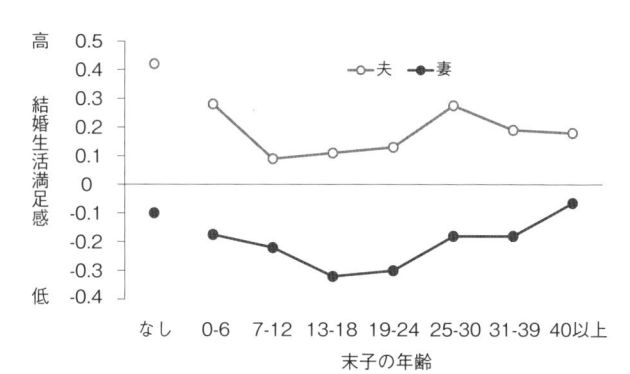

図 2-3　結婚生活満足感の推移
注　稲葉（2004b）のデータをもとに作成した。

（2）U字仮説の問題

　しかし，U字仮説に対して多くの問題点が指摘されています。最も重要な問題は，U字仮説が，横断的研究によって得られたデータである事です。横断的研究とは，比較しようとする集団それぞれからデータを収集する方法です。たとえば，結婚1年後，2年後，3年後……と，結婚期間が異なる夫婦に対して，結婚満足感を調査します。そして，それぞれの年代の満足感を比較します。横断的研究に対して，縦断的研究という研究方法があります。縦断的研究は，同一の研究対象に対して，時間的間隔をあけ，複数回データを収集する方法です。この場合，結婚したばかりの夫婦のみを研究の対象とし，結婚満足感を1年後，2年後，3年後……というように，同じ夫婦に対して，調査を繰り返します。そのため，結婚

生活 50 年間の満足感の変化を知ろうとすると，横断的研究では1度の調査で済みますが，縦断的研究では少なくとも 50 年はかかります (第1章第1節7頁参照)。

U 字仮説が正しいというデータは，1970 年代から 1980 年代にかけて，報告されています。このころは，結婚満足感がどのように変化するのか，という研究が始まったばかりで，時間のかかる縦断的研究ではなく，すぐに結果のわかる横断的研究による成果が報告されていました。やがて，5 年，10 年と，時間を費やした縦断的研究が行われるようになりました。縦断的研究によるデータが報告されると，結婚満足感は，U 字型のような変化をしない事が明らかになり始めました (Laningham et al., 2001)。

(3) 本当はどうなの

現在の研究では，結婚後 10 年以内に，結婚満足感は急速に低下し，その後，じりじりと下がり続けるという考え方が一般的です (Bradbury et al., 2000)。実際，縦断的研究では，結婚満足感は，U 字型ではなく，直線的あるいはL字型のように減少する事が報告されています (Bradbury & Karney, 2004; Caughlin et al., 2000; Davila et al., 1999, 2003; Fisher & McNulty, 2008; Johnson et al., 1992; Karney & Bradbury, 1997; Kluwer & Johnson, 2007; Kurdek, 1998, 2005; Lawrence & Bradbury, 2007; Neff & Karney, 2007; Newton & Kiecolt-Glaser, 1995; MacDermid et al., 1990; Smith et al., 1990; Vaillant & Vaillant, 1993 など)。たとえば，ある研究者 (Kurdek, 1999) が，夫婦 93 組を対象に，10 年間にわたる縦断的調査を行っています。図 2-4 は，妻と夫の満足感が変化している様子をグラフにしたものです。このグラフから，夫婦ともに，結婚して4年の間に満足感は急激に低下し，その後，徐々に低くなっている事がわかります。特に，結婚して2年以内の低下率はとても高い値になっています。また，横断的研究でも，データの問題点を考慮に入れて分析をすると，結婚満足感は，結婚後 10 年の間に急速に低下し，その後，徐々に減少し始める，という報告もあります (Glenn, 1998; Laningham et al., 2001; 永井, 2005 など)。

結婚直前から，新婚期間の満足感の変化について，縦断的な調査をしている研究者もいます (Smith et al., 1990)。この研究では，結婚直前，結婚後6ヶ月，18ヶ月，30ヶ月の，結婚満足感を測定しています。そして，結婚直前の満足感が最も高く，その後，満足感が低下すると報告しています。

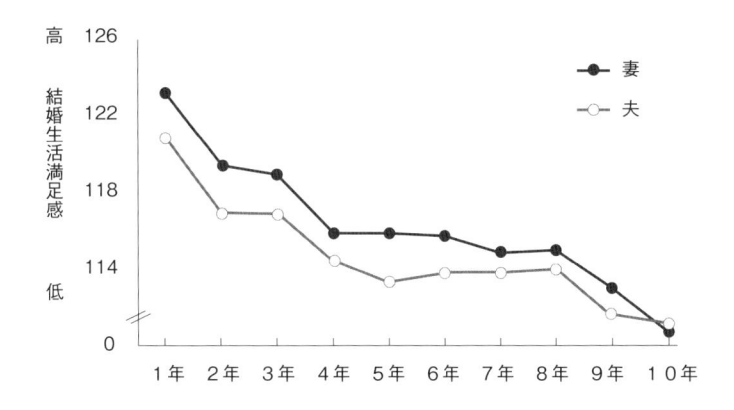

図 2-4　結婚生活満足感の変化
注　Kurdek（1999）のデータをもとに作成した。

(4) まとめると

　現実は私のイメージと異なり，満足感は，結婚直前をピークに，結婚した直後から，数年間のうちに急激に低下し，その後ゆるやかに減少するのです。幸せのピークが結婚直前という事実を知ると，「結婚＝幸せ」は幻想のように思えます。

　その事を暗示しているようなアンケート結果があります。「結婚を漢字1文字で表すとすると，どのような漢字を書くのか」というものです。あなたなら，どのような漢字を書きますか。2005年のインターネット調査（DIMSDRIVE, 2005）では，未婚の男女，結婚を予定している男女ともに「幸」が第一位でした。そして，結婚して1年から4年の既婚者の第一位は「幸」，結婚5年から9年の第一位は「楽」，結婚10年から19年，結婚20年から29年，結婚30年から39年，結婚40年以上の第一位は「忍」でした。結婚生活は，「幸」から「楽」へ転じ，そして，「忍」になるのです。結婚する直前あるいは結婚当初は幸せの絶頂で，やがて，結婚のメリットに気づくものの，その後は，そのメリットを受け続けるために耐え忍んでゆく，という事でしょうか。データが示している結婚満足感の変化と一致しているようです。

　「結婚＝幸せ」は幻想で，結婚生活が「忍」という事ならば，なんだか，悲しい気持ちになります。しかし，以降に紹介する結婚満足感を下げる原因とその対策を学ぶ事で，「結婚＝幸せ」という幻想が現実になるかもしれません。さあ，本書を読み続けましょう。

第2節 こんな人物は離婚をする

　離婚してしまう性格。そんな性格があれば，あらかじめ知りたくはないでしょうか。心理学では，性格を含め，個人に特有の知能，態度，興味，価値観などをパーソナリティとよんでいます。本節ではパーソナリティと離婚との関係について説明します。

■1　離婚する性格

　2005年のインターネット調査（DIMSDRIVE, 2005）では，「恋人と付き合う時に重視する事」「結婚する時に重視する事」について尋(たず)ねています。それらの第一位は，いずれも「性格」でした。この調査では，調査対象を，未婚者，結婚予定者，既婚者，離婚経験者にわけて調べていますが，いずれも第一位は「性格」です。郵送による別のアンケート調査（明治安田生活福祉研究所, 2006b）でも同様に，結婚の条件として重視する事の第一位は，男女とも「性格・人間性の良さ」で，男性の84.1%，女性の81.3%が重要視していると回答（複数回答）しています。

　さらに，別のアンケート調査（第一生命経済研究所, 2006a）では，配偶者に対する不満の原因として，夫婦ともに，「性格全般」が第一位であり，男性の57.9%，女性の47.9%がそのように回答（複数回答）しています。年代別に見ても，調査対象である30代，40代，50代，60代，いずれの年代でも，「性格全般」は，「金銭感覚」「性生活」「家事の負担」「子育ての価値観」などを抑(おさ)え，第一位です。

　性格は，結婚する時の判断になり，配偶者に対する不満の原因となるならば，離婚を決意する時にも，重要なキーワードとなりそうです。

(1) 神経質

　古くから，神経質であると，結婚生活に不満を抱きやすい事が知られています（Barelds & Barelds-Dijkstra, 2007; Botwin et al., 1997; Caughlin et al., 2000; Cook et al., 2005; Davila et al., 2003; Davis et al., 2006; Fisher & McNulty, 2008; Gattis et al., 2004; Holland & Roisman, 2008; Karney & Bradbury, 1997; Kelly & Conley, 1987; Kosek, 1996; Kurdek, 2008; Lavee & Ben-Ari, 2004; Rogge et al., 2006; Russell & Wells, 1994; Shackelford & Buss, 2000など）。また，神経質な人物ほど，離婚の危険性が高くなる事も知られています（Eysenck, 1980; Jockin et al., 1996;

Kurdek, 1993; Richards et al., 1997 など)。皆さんも知っているように，神経質は，不安などの否定的な感情を感じやすい傾向であり，情緒的に不安定で，些細な事にもかかわらず，過剰に反応してしまう性格の事です。このような神経質な人物の結婚生活は，短命に終わってしまうのです。

(2) パートナーの報告

　性格といっても，自分が思っている性格と，パートナーが感じている性格が一致しているとは限りません。そこで，ある研究者 (Watson et al., 2000) が，「誰が評価するのか」という視点と，「誰の性格を評価するのか」という視点によって，4種類の性格を測定しました。つまり，「妻が妻自身の性格を評価する場合」「夫が妻の性格を評価する場合」「妻が夫の性格を評価する場合」「夫が夫自身の性格を評価する場合」の4種類です。そして，性格 (神経質) とふたりの関係の満足感との関係の強さについて分析しました。満足感にも，「妻が評価した妻の満足感」と「夫が評価した夫の満足感」があります。そのため，神経質と関係満足感との関係の強さを表す数値 (相関係数) は，全部で8つになります。図2-5は，その神

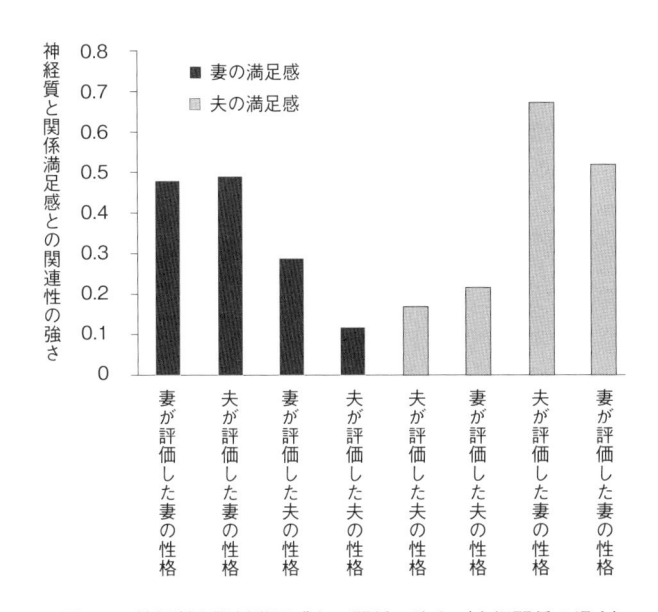

図2-5　神経質と関係満足感との関係の強さ (夫婦関係の場合)
注　数値は相関係数の絶対値で，実際はすべて負の値である。Watson et al. (2000) のデータをもとに作成した。

経質と関係満足感との関係の強さを表したものです。この数値が高いほど，神経質によって，関係満足感が左右されている（神経質であるほど満足感がより低い）事を意味しています。この数値が低い事は，「神経質であるかどうかと，関係に満足感しているかどうかとは，ほとんど関係がない」という事を意味しています。

　妻の満足感（黒いバー）に注目すると，妻自身が評価しようが，夫が評価しようが，妻が神経質である事が，妻自身の満足感に強い影響を及ぼしています。一方，夫の満足感（灰色のバー）に注目すると，夫が評価しようが，妻が評価しようが，妻が神経質である事が，夫の満足感に強い影響を及ぼしています。つまり，妻の満足感も，夫の満足感も，妻が神経質であるかどうかに左右され，妻が神経質であれば，妻も夫も，満足感が低くなるのです。同じような結果が，別の研究でも報告されています（Karney et al., 1994; Newton & Kiecolt-Glaser, 1995）。また，同様の結果が，恋人関係でも報告されています（Watson et al., 2000）。神経質な妻と結婚すると，妻も夫も苦労するようです。

(3) なぜ，神経質だと離婚するのか

　世間一般の，神経質な人物に対するイメージは否定的だと思います。ですから，神経質だと結婚生活が長続きしない理由は，なんとなく理解できそうです。ここでは，神経質が離婚を招く理由について，①コミュニケーションの悪化，②性的満足感の低下を取り上げて説明します。

①コミュニケーションを悪化させる　神経質な人物は，不安を抱きやすく，気分の落ち込みが激しい事が知られています。そのため，神経質な夫婦のコミュニケーションは，神経質でない夫婦よりも，困難を伴います。たとえば，神経質な人物ほど，結婚生活で口論や意見の対立が多い事が知られています（Campbell et al., 2005; McGonagle et al., 1992 など）。つまり，神経質である事は，コミュニケーションの問題を引き起こし，離婚の危険性が高まるのです。

②性生活の問題　神経質であるほど，性的満足感が得にくい事が知られています（Botwin et al., 1997; Davis et al., 2006; Fisher & McNulty, 2008; Shackelford & Buss, 2000 など）。たとえば，オーストラリアの大学生を対象にした研究（Heaven et al., 2000）では，神経質であるほど，性に対する関心が高いにもかかわらず，性的感情を自分でコントロールできず，性生活に満足していない，と報告しています。性的な満足感が低い事は，離婚の危険性を増す事が知られているため（本章第4節69頁参照），神経質によって性的満足感が得られず，その結果，離婚につながるのかもしれません。

オハイオ州（米国）の夫婦72組を対象にした調査（Fisher & McNulty, 2008）では，夫と妻で事情が違うと報告しています。この調査では，夫が神経質であっても，妻が神経質であっても，どちらが神経質であっても，夫の性生活満足感は低下していました。しかし，妻の性生活満足感は，夫が神経質であるかどうかとは関係なく，妻自身が神経質であるほど，低下していました。つまり，夫は妻が神経質であるかどうかに左右されるけれど，妻は夫が神経質であるかどうかには左右されないのです。性生活に満足したいなら，神経質な女性とは結婚しない事です。

(4) 外向性

　神経質に次いで，広く社会に知られている性格に，外向性があります。私たちが知っている外向性の性格は，興味や関心が外に向かっていて，何事に対しても積極的で，活動的，社交的な人物の事だと思います。読者の皆さんは，「このような人物は，結婚生活がうまくいっているに違いない」と思うでしょう。しかし現実は違うかもしれません。少し古い研究ですが，著名な心理学者（Eysenck, 1980）によって，離婚した夫婦と，結婚生活を続けている夫婦の性格を比較した研究があります。その研究では，結婚している夫婦より，離婚した夫婦の方が，外向的だと報告しています。まだ，十分なデータと，十分に妥当な根拠がないため，外向的な人物は離婚すると強く言えません。推測するなら，外向的な人物は，何事にも積極的ですから，離婚にも積極的なのかもしれません。また，外向的な人物には支配的な側面もある事から，その事がふたりの問題となり，離婚の危険性が増すのかもしれません。

(5) そのほかの性格

　性格は神経質と外向性だけではありません。心理学では，基本的な性格として，5つの性格があると考えています。神経質と外向性は，そのうちの2つです。残り3つの性格は，「誠実性」「調和性」「経験への開放性」です。以下，これらの性格と満足感や離婚との関連性について，簡単に説明します。

①**誠実性**　誠実性は，注意深さ，一生懸命さ，計画性，几帳面さ，秩序志向，危険回避，達成努力などを意味する性格です。このような性格の人物は，結婚生活の満足感が高く（Botwin et al., 1997; Cook et al., 2005; Gattis et al., 2004; Kosek, 1996; Shackelford & Buss, 2000; Watson et al., 2000 など），離婚の危険性が低い事が報告されています（Kurdek, 1993 など）。

②**調和性**　調和性は，向社会的行動，他者への愛情，思いやり，協調，礼儀正しさなどを意味する性格です。このような人物は，結婚生活の満足感が高い事が報告されています (Botwin et al., 1997; Cook et al., 2005; Gattis et al., 2004; Holland & Roisman, 2008; Kosek, 1996; Kurdek, 2008; Shackelford & Buss, 2000; Watson et al., 2000 など)。

③**経験への開放性**　聞き慣れない言葉ですが，経験への開放性という性格があります。このような人物は，自己や環境に対する幅広い好奇心，芸術的，創造的，柔軟的，型にはまらない自由主義，知的な性格の持ち主です。このような人物は，結婚生活に対する満足感が高いと報告されています (Barelds & Barelds-Dijkstra, 2007; Botwin et al., 1997; Kosek, 1996; Shackelford & Buss, 2000; Watson et al., 2000 など)。

④**最も影響力の強い性格**　最も結婚生活満足感を左右する性格は，どのような性格なのでしょうか。ある研究者 (Cook et al., 2005) が，5つの基本的性格のうち，どの性格が，最も強く，結婚満足感を左右するのか調査しました。そして，神経質が最も強い影響力を持つと報告しています。どうやら，神経質かどうかが，夫婦関係や恋人関係にとって最も重要なようです。

2　タバコを吸う人物

　離婚をする人物かどうかを見わける最も簡単な方法があります。それは，タバコを吸うかどうかです。結論から言うと，タバコを吸う人物は，吸わない人物よりも，離婚をする危険性が高いのです。実際に，様々な国の喫煙に関する大規模調査によって，タバコを吸う人物の離婚率が高い事が報告されています (Broms et al., 2004; Chandola et al., 2004; Cho et al., 2008; Doherty & Doherty, 1998; Forste & Heaton, 2004; Fu & Goldman, 2000; Fukuda et al., 2005; Lindström et al., 2000; Mastekaasa, 1997; Matthews & Gump, 2002; Nagata et al., 2003; Nystedt, 2006 など)。たとえば，4万1,000名によるわが国の調査 (Fukuda et al., 2005) では，既婚者の喫煙率と比較すると，男性離婚者の喫煙率はその1.9倍，女性離婚者の喫煙率は2.7倍でした。つまり，タバコを吸う男性は吸わない男性の1.9倍，タバコを吸う女性は吸わない女性の2.7倍，離婚率が高いのです。

　では，なぜ，タバコを吸うと離婚の危険性が高まるのでしょうか。様々な理由が考えられますが，そのうちのいくつかについて説明します。タバコが心身ともに悪影響を及ぼす事は言うまでもありません。つまり，喫煙はリスクを伴った行動です。離婚もまた，リスクを伴った行動です。リスクの高い行動をする人物は，別のリスクが高い行動を選択しやすい事が知られています。喫煙者は，リスクを伴った行動を選択しやすい人物ですから，リスクを伴う離婚を選択しやすい

と考える事ができます。

　別の説明もあります。夫婦生活にとって重要な要素のひとつが「思いやり」や「やさしさ」です（本章第4節53頁参照）。喫煙は，喫煙者だけでなく，周りの人々にも，生命に関わる害をもたらし，心身ともに蝕ませます。特に，喫煙者の配偶者や子どもへの影響は測り知れません。つまり，喫煙者は，周りの人々，特に，配偶者や子どもに対する「思いやり」に欠けた人物だといえます。結婚生活を続けてゆくうえで，多くの人々が最も重要だと思っている「思いやり」が，喫煙者には欠けているのです。そのため，喫煙者の離婚率は高くなるというわけです。

■3　うつ病

　パートナーが精神的に問題を抱えている場合もあります。そのような場合，ふたりの関係の継続に，何らかの影響があるのでしょうか。たとえば，精神的な問題のひとつに，うつ病あるいは抑うつ傾向（うつ病ではないが，人より気持ちの落ち込みの程度が激しい症状）があります。これまで，うつ病（あるいは抑うつ傾向）のパートナーを抱える夫婦の満足感に関する多くの研究が報告されてきました。それらの結果は，パートナーの一方あるいは双方がうつ病である場合（あるいは抑うつ傾向が高い場合），結婚生活に対する不満が高くなる事を示しています（Rehman et al., 2008; Whisman, 2001）。

　うつ病（あるいは抑うつ傾向）と満足感との関連性を検証した研究の多くが，妻を対象にしたものです。夫ではなく，妻に注目するには，いくつかの理由があります。一般的に，男性より女性は，うつ症状を表に出すだけでなく，うつ症状を緩和するために，他者に助けを求める事が知られています（Whisman, 2001）。この事は，うつ病患者を対象にした夫婦の研究でも観察されています。つまり，コミュニケーションの最中に，うつ病の夫よりうつ病の妻は，否定的な感情を表に出しやすいわけです（Rehman et al., 2008）。その結果，うつ病の妻を持つ夫婦の結婚満足感が低くなります。うつ病の妻を対象にした研究が多く報告されているのは，うつ病の夫よりうつ病の妻の方が，結婚満足感の低下に強く関わっているからです。

■4　やはり学歴は重要

　結婚に際して，学歴が問題になる場合があります。しかし，「結婚生活に学歴は関係ない」と思う読者がいるかもしれません。「差別的な発言だ」と不愉快に思う読者がいるかもしれません。データこそがすべてを物語っています。偏見を持た

ず，本項を読んでみましょう。

(1) 教育水準と離婚の危険性

多くのデータが，妻の教育水準が高いほど，結婚生活の満足感が高く（Kulik & Rayyan, 2006; Kurdek, 1991; Furdyna et al., 2008; Wilkie et al., 1998 など），離婚の危険性が低い（Fergusson et al., 1984; Graaf & Kalmijn, 2006b; Greenstein, 1995; Hoem, 1997; Kurdek, 1993; Lillard & Waite, 1993; Moore & Waite, 1981; O'Connor et al., 1999; Orbuch et al., 2002; Presser, 2000; Richards et al., 1997; Smock et al., 1999; South, 2001; Spitze & South, 1985; Timmer & Veroff, 2000 など）事を示しています。夫の場合も同様に，夫の教育水準が高いほど，結婚生活の満足感が高く（稲葉, 2004; 木下, 2004; Kurdek, 1991; Wilcox & Nock, 2006），離婚の危険性が低い（Fergusson et al., 1984; Kalmijn et al., 2004; Kurdek, 1993; Ono, 1998; Orbuch et al., 2002; Schoen, 2002; Schoen et al., 2006; South, 2001; South et al., 2001; Teachman, 2003; 山口, 2006）事がわかっています。たとえば，初婚の年齢が30歳以下のアメリカ人を対象にした大規模調査（CPS）では，大学を卒業した夫婦の離婚率を基準（1.0）とした場合，各種学校を卒業した夫婦の離婚の危険性は1.9倍，高校を卒業した男女の離婚の危険性は1.7倍，学歴のない夫婦の離婚の危険性は2.5倍でした（Raley & Bumpass, 2003）。

また，アメリカの大規模調査（NSFG）では，妻の学歴と離婚との関係を，結婚の継続期間別に調べた結果が報告されています（Bramlett & Mosher, 2002）。この研究では，学歴を高校卒業以前，高校卒業，高校卒業以降にわけ，結婚した女性のうち離婚した女性の割合を調べています。その結果が図2-6です。教育水準の違いは，結婚生活が3年ほど経つと，明らかになり始め，高校卒業以前及び高校卒業の学歴を持つ妻の離婚率の高さが目立つようになります。

わが国でも，同じような結果が発表されています。2000年の国勢調査のデータを用いた分析（Raymo et al., 2005）では，大学を卒業した妻の離婚率を基準（1.0）とした場合，高校を卒業した妻の離婚の危険性は1.6倍，中学を卒業した妻の離婚の危険性は2.8倍でした。また，わが国の別の大規模調査のデータ（NFRJ-S01）では，大学以上の学歴を持つ夫の離婚率を基準（1.0）とした場合，高校卒業・高等専門学校卒業・短期大学卒業の夫の離婚の危険性は1.6倍，中学を卒業した夫の離婚の危険性は2.1倍だと報告しています（加藤, 2005a）。このように，教育水準は「離婚するのか，結婚生活を続けるのか」を左右する，とても大きな問題なのです。

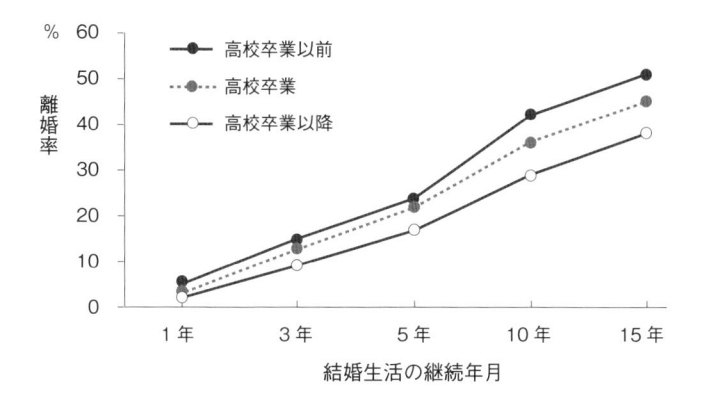

図 2-6 教育水準と離婚率

注　離婚率（%）は結婚した女性のうち離婚した女性の割合である。Bramlett & Mosher（2002）のデータを用いて作成した。

(2) 知能指数

　教育水準ではなく，知能指数が離婚に影響を及ぼすかどうかについて，調査をした研究者たちがいます。その研究者（Holley et al., 2006）たちは，ミシガン州のデトロイト（米国）で行った白人女性のデータ（1962年から1993年実施）をもとに，ウェクスラー式知能検査（最も一般的に使用されている知能検査）によって測定した知能指数の高低と，離婚との関係について分析しました。そして，言語の知能指数が高いほど，離婚しにくい事が明らかになりました。

(3) なぜ……

　なぜ，教育水準や知的能力が低いと，離婚の危険性が高くなるのでしょうか。その解答はとても単純です。教育水準や知的能力が低いほど，結婚後，家庭経済が安定しないからです。収入が低い事は，離婚に直結する事が知られているため（本章第4節55頁参照），教育水準や知的能力が低いと，離婚の危険性が増す事になるのです。ほかにも理由はたくさんあります。たとえば，教育水準が低いほど，パートナーに対して暴力をふるいやすい事も報告されています（Cano & Vivian, 2003; Johnson & Leone, 2005 など）。

「私は短大卒，夫は中学卒。17年前，学歴差を理由に反対する周囲に向かって，人間性の軽視だと反発した。……（夫の）中学成績証明書を開いた時……"オール1"なのだ。

その後，私は母親になった。ふたりの子どもを通じて視野が拡大する。社会と自分自身の間で疑問や葛藤が生じる。……絵本作り，ボランティア，民族差別，情操教育などと関(かか)わる私に向けて……（夫は）『何の得になる？　金になるのか？』……」

『私が離婚した理由』（近代文藝社，1996）より

■ 5　似たもの夫婦

　雑誌などの離婚原因の調査では，「性格の不一致」がいつも上位に挙(あ)げられています。本当でしょうか。性格が同じならば，気が合うかもしれませんが，私個人としては，性格が違うからこそ，一緒に生活をしていて楽しい事があるように思えるのですが……。では，研究の成果をのぞいてみましょう。

(1) 性格の不一致と離婚の危険性

　冒頭の疑問に対する結論は単純です。性格が似ている夫婦ほど，結婚生活に満足しています（Acitelli et al., 1993, 2001; Anderson et al., 2003; Bentler & Newcomb, 1978; Caspi & Herbener, 1990; Gattis et al., 2004; Kurdek, 1993; Luo & Klohnen, 2005; Nemechek & Olson, 1999; Newmark et al., 1977; Russell & Wells, 1991 など）。たとえば，ロス・アンジェルス（米国）の新婚夫婦172組と，カリフォルニア州（米国）のカップル66組を対象にした研究（Gonzaga et al., 2007）では，性格の類似性がその後の結婚満足感に及ぼす影響について調査をしています。その結果，性格が似ているほど，1年後の夫婦関係の満足感が，夫婦ともに高い事がわかりました。つまり，似ている夫婦や恋人ほど別れにくいのです。その意味では，性格の不一致は離婚の原因となりそうです。

(2) 性格が似ていると……

　ふたりの性格が似ていると，なぜ，関係が長続きするのでしょうか。性格が似ている事が，ふたりの関係にとってメリットになる点について考えてみましょう。まず，性格が似ていると，パートナーの事がより理解しやすくなります。また，性格が似ていると，様々な状況で，似たような反応をするため，同じような気持ちを共有しやすい，という利点もあります（Anderson et al., 2003; Gonzaga et al., 2007）。加えて，性格が似ている事によって，コミュニケーションが促進される事も知られています（Blankenship et al., 1984 など）。

(3) 似たような生活習慣

少し変わった「似たもの夫婦」の研究 (Mudar et al., 2001) では，アルコールやドラッグの使用について，新婚夫婦642組を対象にした調査があります。この調査では，アルコールについて「大酒飲みかどうか」「泥酔するほど飲むかどうか」，ドラッグについて「ドラッグを使用するかどうか」を尋ねました。さらに，それぞれの質問に対して，新婚夫婦の回答を「夫婦ともにYes」「夫婦ともにNo」「夫のみYes」「妻のみYes」の4つにわけました。そして，4つのグループ間で，結婚満足感に違いがあるかどうか分析しました。その結果，「夫婦ともにYes」あるいは「夫婦ともにNo」と回答した夫婦は，「夫のみYes」あるいは「妻のみYes」と回答した夫婦より，結婚満足感が高い事がわかりました。つまり，アルコールやドラッグの使用習慣が一致している夫婦ほど，夫婦の結婚満足感が高いという事です。夫婦にとって，「似ている」事はとても重要なのです。

(4) 夫婦は似てくる？

ところで，「仲のいい夫婦は似てくる」といわれる事がありますが，本当でしょうか。アメリカ北東部のニューイングランド地域の夫婦を対象に，20年間にわたって調査が行われました (Caspi et al., 1992)。その調査では，経済，美，社会，政治，宗教などに対する「関心」，そして，貞操観念，婚前交渉の賛否，夫婦間の共有性 (同じ事をしたり，同じものを所有したりする事)，結婚などに関する「意見」を調査しました。その結果，夫婦ともに，「関心」や「意見」は，20年後もほとんど変化していませんでした。また，20年後の「関心」や「意見」は，パートナーの「関心」や「意見」の影響をほとんど受けていませんでした。つまり，「仲のいい夫婦は似てくる」のではないのです。似ている夫婦が別れにくいために，「仲のいい夫婦は似てくる」といわれるのです。

第3節　運命は結婚前に決まっている

「結婚したその瞬間に，ふたりの関係が終わりを迎えるかどうか，わかってしまう」と私が言ったとしたら，皆さんは信じますか。多くの読者が，そんな事は不可能だと思うでしょう。しかし，実は，結婚式を挙げたその時には，ふたりが離婚するかどうかを予測する事ができるのです。

■1 若くして結婚すると

若くして結婚する場合は，離婚に注意しなければなりません。初婚の年齢が若いほど，離婚率が高い事が知られているからです（Amato & Cheadle, 2005; Berrington & Diamond, 1999; Bramlett & Mosher, 2001, 2002; DeMaris, 2000; DeMaris & Rao, 1992; Forste & Heaton, 2004; Greenstein, 1995; Heckert et al., 1998; Hiedemann et al., 1998; Holley et al., 2006; Kposowa, 1998; Moore & Waite, 1981; Raley & Bumpass, 2003; Rose, 1992; Schoen, 2002; Schoen et al., 2006; Smock et al., 1999; Teachman, 2002, 2003; Waite & Lillard, 1991; Wu & Penning, 1997; Zhang & Hook, 2009 など）。たとえば，わが国の大規模な調査（NFRJ-S01）があります（加藤, 2005a）。図2-7は，妻の結婚年齢が24歳から26歳の離婚の危険性を基準（1.00）とした場合の離婚の危険性を表しています。図を見ると，妻の結婚年齢が20歳以下の離婚率は2.52倍，21歳から23歳の離婚率は1.50倍となっています。つまり，24歳から26歳で結婚した妻と比較して，20歳以下で結婚した妻は，2.52倍も離婚する危険性が高いのです。さらに，27歳から29歳の離婚率は0.78倍（24歳から26歳の離婚率との差は偶然の範囲内），30歳以上の離婚率は0.49倍だと報告しています。つまり，24歳から26歳で結婚した妻と比較して，30歳以上の妻の離婚の危険性は半分（0.49倍）になります。

結婚した年齢と離婚との関係を分析した研究では，特に，10代や20代前半で結婚した夫婦の離婚率が，とても高い事が報告されています。では，なぜ，若く

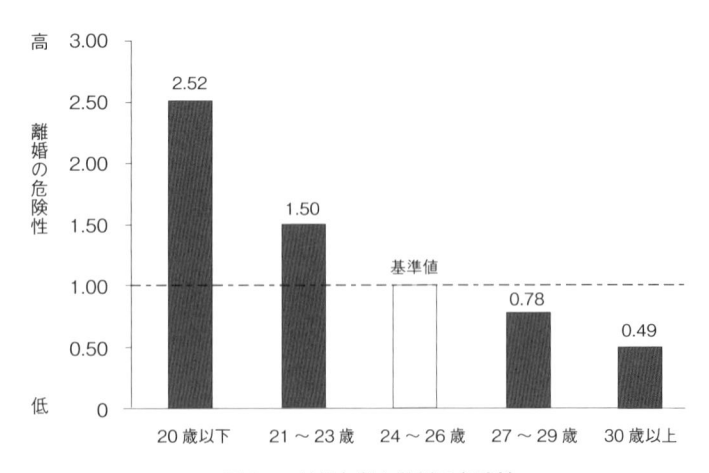

図2-7 結婚年齢と離婚の危険性
注　加藤（2005a）のデータをもとに作成した。

して結婚すると，その結婚はうまくゆかないのでしょうか。様々な理由が考えられますが，若い夫婦は，そうでない夫婦より，浮気，嫉妬，アルコールや薬物といった問題を抱え，そのため，離婚の危険性が高まるのではないかという考え方があります (Rodrigues et al., 2006)。

■ 2　乱れた性行為の末には……

　できちゃった婚という言葉は，わが国では1990年代から使われるようになったようです（一般大衆誌の記事から私が推測した事です）。そして，2000年に，SMAP の木村拓哉と歌手の工藤静香のできちゃった婚が報道されると，それまでの否定的なイメージが薄れ，マスコミでのできちゃった婚の捉え方も変化し始めたようです。現在では，ブライダル業界の戦略などにより「マタニティ・ウエディング」「授かり婚」などともいわれています。

(1) 進む婚前交渉

　2005年に実施した「出生動向調査」(国立社会保障・人口問題研究所, 2006a) によれば，未婚者の男性の58.8%，未婚者の女性の52.1%が，性行為の経験があると報告しています。つまり，男女ともに，少なくとも半数以上が婚前交渉を経験しているわけです（性行為の相手は，必ずしも結婚相手とは限りませんが）。さらに詳しく，未婚者の年齢別，性行為経験率の推移を図2-8にまとめました。この図から，次のような事がわかります。以前は，未婚男性の性経験率は，未婚女性より高かったけれど，2005年では，男女の性経験率の差はほとんど見られません。つまり，婚前交渉が，特に女性の間で進んでいる事がわかります。

　同調査では，「結婚前の男女でも，愛情があるなら，性行為を持ってもかまわない」という考え方に，「賛成か反対か」という質問もしています。この質問に対して，未婚男性の83.7%が「賛成」，未婚女性の82.1%が「賛成」，と回答しています。また，以前に実施した調査結果と比較すると，婚前交渉に「賛成」と回答している未婚者の割合は，徐々に増えています。わが国では，婚前交渉に対して非常に許容的で，その傾向は緩やかに進んでいます。欧米と比較しても，わが国は婚前交渉に許容的です。たとえば，アメリカでの調査の場合 (Smith, 1994)，40%程度しか，婚前交渉に賛同していません (1990年調査)。

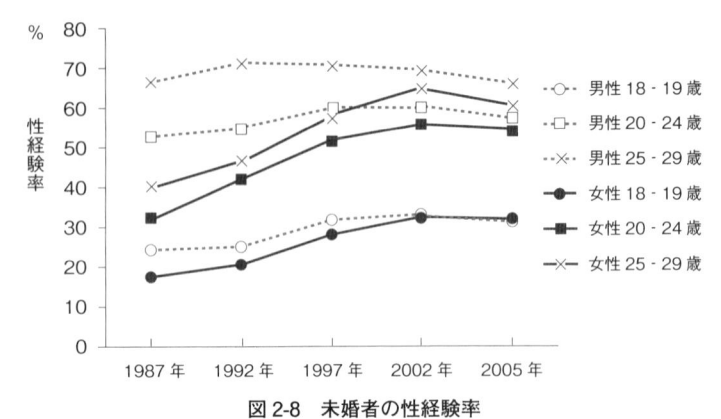

46　第2章　なぜ離婚してしまうのか

図2-8　未婚者の性経験率
注　国立社会保障・人口問題研究所（2006a）のデータをもとに作成した。

(2) なんと80%以上ができちゃった婚

　わが国の「人口動態統計特殊報告」（厚生労働省大臣官房統計情報部，2002）では，できちゃった婚が，第一子にしめる割合は，2000年で26.3%です。1980年では12.6%ですから，ここ20年間で，できちゃった婚の割合が2倍以上になっています。図2-9は，母親の年齢別に，できちゃった婚がしめる割合の時代変化を示したものです。この図から，次のような事が考えられます。①低年齢層で，できちゃった婚の割合が高い。30歳から34歳，35歳以上では，できちゃった婚の割合が10%に過ぎないにもかかわらず，15歳から19歳では81.7%，20歳から24歳で

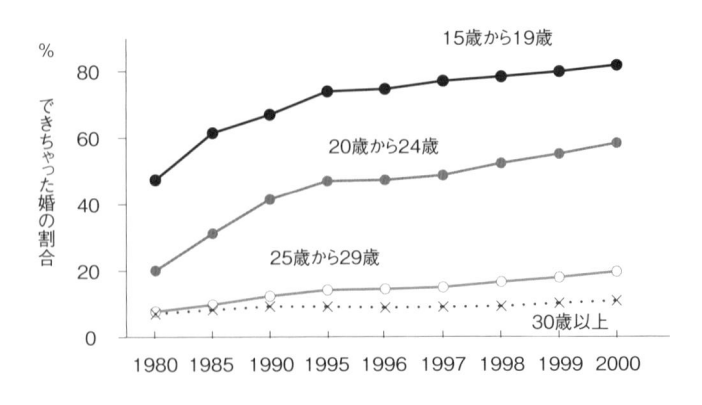

図2-9　できちゃった婚が結婚にしめる割合
注　データの対象は母親である。厚生労働省大臣官房統計情報部（2002）のデータをもとに作成した。

も58.3%ができちゃった婚です（2000年のデータ）。②低年齢層で，できちゃった婚の割合が大幅に増加している。1980年から2000年の20年間で，30歳以上では数％程度しか増えていませんが，15歳から19歳，20歳から24歳では，35％から40％程度，増加しています。なお，ここでいう「できちゃった婚」は，結婚期間が妊娠期間より短い出生（結婚週数＜妊娠週数－3週）の事です。

(3) できちゃった婚は離婚の原因

婚前交渉は，結婚生活に不満をもたらすだけでなく（Kelly & Conley, 1987など），離婚の危険性を増す事にもなります（Heaton, 2002; Kahn & London, 1991; Legkauskas & Stankevičienė, 2009など）。また，結婚前に妊娠したり，子どもが生まれたりすると，離婚率が高くなる事が報告されています（Berrington & Diamond, 1999; Fu & Goldman, 2000; Heaton, 2002; Kahn & London, 1991など）。

たとえば，アメリカの大規模調査（NSFG）のデータ（1995年）を用いた分析（Bramlett & Mosher, 2002）では，できちゃった婚の離婚率の高さを明確に示しています。この調査では，「結婚する前に子どもが生まれた妻」「結婚したのち7ヶ月以内に子どもが生まれた妻」「7ヶ月以降に子どもが生まれた妻」，それぞれの妻が夫と別れた時期について調べています。図2-10は離婚率（離婚した妻のうち夫と別れた妻の割合）と，結婚生活の継続期間との関係です。結婚して15年後に夫と別れた妻の割合は，「結婚以前に子どもが生まれている妻」の場合は60％であるのに対

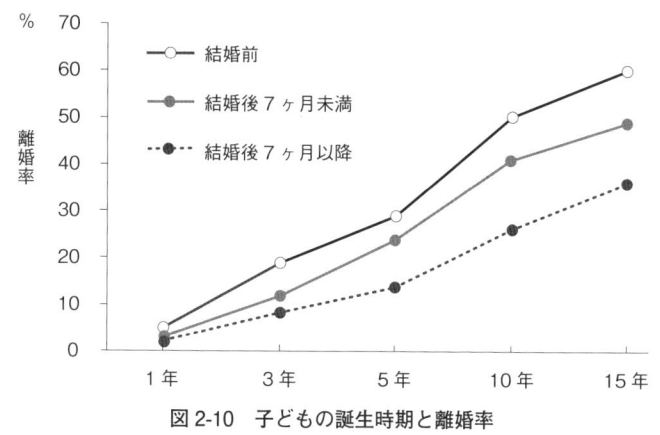

図2-10 子どもの誕生時期と離婚率
注 Bramlett & Mosher（2002）のデータを用いて作成した。

して,「結婚後7ヶ月以降に子どもができた妻」の場合は36%でした。このように,結婚前の性行為は離婚を招くのです。

■ 3 同棲(どうせい)というママゴトの行く末

同棲と言えば,かぐや姫の名曲『神田川』です。一緒に時間を過ごしたいというだけの理由で,未熟な男女が,貧しいながらもふたりで暮らしてゆく。ママゴトのようなふたりの生活。相手を思いやる気持ちが,相手を傷つけてしまう。同棲に対する私のイメージは,「貧困」「希望」「自信」そして「後悔」「自責」「切なさ」……です。同棲について考えてみましょう。

(1) 同棲に対する意識と現状

わが国は,同棲に寛容なようです。初婚の妻を対象にした調査(国立社会保障・人口問題研究所,2006b)では,「男女ともに一緒に暮らすなら結婚すべきだ」という質問に対して,「まったく賛成」あるいは「どちらかといえば賛成」と回答した妻の割合は68.9%でした(2005年実施)。13年前の調査では84.2%でしたから,同棲に対して,ずいぶん寛容になったといえます。

また,わが国の「出生動向調査」(国立社会保障・人口問題研究所,2006a)では,未婚者の同棲経験率は男性の7.9%,女性の7.3%ですが,年々徐々に増加傾向にあると報告しています(2005年実施)。

(2) 同棲と離婚の危険性

結婚する前に同棲すると,お互いの事を十分知る事ができ,ふたりの絆(きずな)を強め,その後の結婚生活をうまく営む機会が得られる,と考える読者がいるかもしれません。民間の調査(第一生命経済研究所,2006c)では,同棲相手と結婚した男女の40%が,「同棲が結婚後の自信につながった」と回答しています。しかし,実際のデータは,結婚前に同棲すると,結婚生活に不満を抱いたり(DeMaris, 1984; Nock, 1995; Stanley et al., 2006 など),離婚の危険性が高くなったりします(Amato, 1996; Bennett et al., 1988; Berrington & Diamond, 1999; DeMaris & MacDonald, 1993; DeMaris & Rao, 1992; Hall & Zhao, 1995; Heaton, 2002; Holley et al., 2006; Kalmijn & Poortman, 2006; Kalmijn et al., 2004; Krishnan, 1998; Legkauskas & Stankevičienė, 2009; Lillard et al., 1995; Poortman & Kalmijn, 2002; Raley & Bumpass, 2003; Schoen et al., 2002; South et al., 2001; Teachman, 2003; Teachman & Polonko, 1990; Teachman & Tedrow, 2008; Thomson & Colella, 1992; Weiss & Willis, 1997; Wu & Penning, 1997 など)。

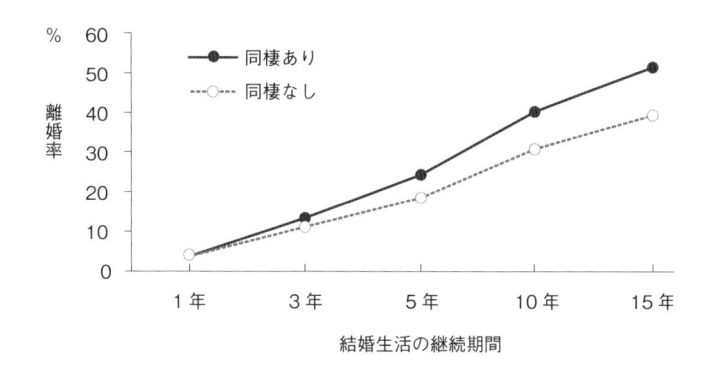

図 2-11 同棲経験と離婚率
注　Bramlett & Mosher（2002）のデータを用いて作成した。

　たとえば，アメリカ中南部の初婚の夫婦を対象にした 2001 年の調査（Stanley et al., 2006）では，同棲経験のない夫婦の離婚率を基準（1.00）とした場合，結婚前に同棲経験のある夫婦の離婚率は 1.60 倍になる事が報告されています。同じ調査では，同棲経験のない夫婦より，同棲をしていた夫婦の方が，夫婦間の口論や言い争いの頻度が高い事も報告しています。イタリアの大規模調査（Rose, 1992）でも，同棲経験のある初婚夫婦の離婚率は，同棲経験のない初婚夫婦の 2.56 倍であると報告しています。

　また，別のアメリカでの大規模調査（NSFG）では，結婚生活を重ねるにつれ，結婚前の同棲経験が離婚に及ぼす影響が，徐々に表れてくる様子が報告されています（Bramlett & Mosher, 2002）。図 2-11 はその離婚率（結婚した妻のうち，夫と別れた妻の割合）を表しています。結婚生活 3 年間は，同棲経験の有無は離婚率とほとんど関係ないようですが，結婚生活を 10 年，15 年と重ねると，同棲経験の影響が離婚に反映されます。結婚生活 15 年では，同棲経験のない妻の離婚率は 39％であるのに対して，同棲経験のある妻の離婚率は 50％を超えています。

(3) 同棲が離婚を招く理由

　それでは，なぜ，結婚前に同棲をすると，離婚しやすくなるのでしょうか。いくつかの理由が考えられます。最も妥当だと考えられる理由のひとつが，同棲経験の有無によって，離婚観が異なるという説明です（Rodrigues et al., 2006; Smock, 2000;

Teachman, 2003)。伝統的な離婚観では，結婚前に同棲する事は許されません。離婚をする事も決して望ましい事ではありません。つまり，結婚前に同棲する夫婦は，伝統的な結婚観を持たず，離婚に対しても寛容なのです。そのため，結婚前に同棲する夫婦は，離婚しやすいという考え方です。また，同棲経験のある男女は，ふたりの間で解決できないような問題が生じた時，離婚をする事が最も良い解決方法だと考える傾向が強い，という報告もあります（Axinn & Barber, 1997）。

　一方，同棲の有無ではなくて，交際期間の長さが，離婚の危険性を高めているという考え方もあります。つまり，同棲経験のある夫婦は，そのような経験のない夫婦より，結婚するまでの交際期間が長く，そのため，同棲経験のある夫婦は，離婚の危険性が高くなるというのです。ある研究（Teachman & Polonko, 1990）では，交際期間の影響を考慮に入れて分析すると，同棲経験の有無と離婚の危険性とには関係がないと報告しています。

第4節　日常生活に潜む離婚の原因

　夫婦にとって，毎日のふたりの時間が重要である事は言うまでもありません。毎日，ドキドキ，ワクワク，胸を時めかせ続ける事は不可能です。個人的な考えで申し訳ないのですが，「平凡な毎日こそが幸せだと思える幸せ」，それが温かいふたりの家庭生活を築き上げるのではないでしょうか。本節では，コミュニケーション，コミットメント，経済状況，サポート，レジャー，子ども，セックスについて，結婚生活の満足感や離婚との関係をお話しします。

1　私の話を聴いて

　コミュニケーションとは，配偶者との間で，何らかの意味のあるメッセージを伝え合う事です。夫婦間のやり取りには，「いつものように，君は美しいよ」「ありがとう。あなた」というような言語的なやり取りだけでなく，じっと妻の目を見つめ，妻も見つめ返す，といった非言語的なやり取りも含まれます。コミュニケーションは，その質によっても分類する事ができます。つまり，肯定的コミュニケーションと否定的なコミュニケーションです。冒頭で説明した言語的なやり取りの例や，非言語的なやり取りの例などが，肯定的コミュニケーションといえます。一方，配偶者を非難したり，愚痴や不満をぶつけたり，そのような言動は

否定的コミュニケーションです。主観的な分類ですが,その影響はまったく違います。本項では,このコミュニケーションと離婚との関係について説明します。

(1) 減ってゆく夫婦のコミュニケーション

六甲山から神戸の夜景を眺め,時間を惜しんで,話をしたふたりであっても,結婚生活を重ねるにつれ,やがて話す事もなくなり,会話が減ってゆく事は,容易に想像できるでしょう。実際,多くの研究によって,結婚生活を重ねるにつれ,コミュニケーションの頻度が低下する事が報告されています(Kurdek, 2005; Stanley et al., 2002 など)。特に,肯定的コミュニケーションの減少が報告されています(Belsky et al., 1985; MacDermid et al., 1990 など)。たとえば,ペンシルヴェニア(米国)の新婚夫婦を対象にした縦断的研究(Huston & Vangelisti, 1991)では,愛情表現をしたり,配偶者を笑わせたり,その日の出来事を話したり,そのような肯定的コミュニケーションが,夫と妻ともに減少すると報告しています。

(2) わが国のコミュニケーションの現状

わが国のインターネット調査(DIMSDRIVE, 2006)では,夫婦のコミュニケーションに関して,「充分足りている」あるいは「足りている」と回答した既婚者は 56.1% であり,逆に,「あまり足りていない」あるいは「全然足りていない」と回答した既婚者は 25.3% でした。また,平日の会話時間は,30 分から 1 時間と回答した既婚者が最も多く 24.8%,休日の会話時間では,2 時間以上と回答した既婚者が最も多く 42.0% でした。皆さんはこのデータをどう受け止めますか。

(3) 結婚生活満足感と離婚の危険性

コミュニケーションの頻度が低くなるほど,結婚生活に不満を抱くようになり(伊藤ら, 2006b, 2007; Kurdek, 2005; 施, 2000; 山口, 2007 など),離婚の危険性が高くなる事が報告されています(Kurdek, 2005 など)。特に,否定的コミュニケーションが,結婚生活の満足感を低下させる事が知られています(Huston & Vangelisti, 1991; Matthews et al., 1996b; Rehman & Holtzworth-Munroe, 2007; Smith et al., 1990; Stanley et al., 2002; Whitton et al., 2007 など)。

たとえば,ペンシルヴェニア(米国)の新婚夫婦を対象にした研究(Caughlin et al., 2000)では,夫と妻,それぞれの否定的コミュニケーションが,結婚 13 年後の結婚満足感に及ぼす影響について調査をしています。否定的コミュニケーション

は，13年後のパートナーの結婚満足感を低下させていました。しかし，13年後の自分自身の結婚満足感には関係がありませんでした。つまり，否定的な態度は，自分自身の満足感に影響しませんが，パートナーの満足感を低下させるのです。あたり前のようですが，改めて，結婚生活はひとりではなく，ふたりで営む事を痛感させられます。

結婚生活はふたりで営む事を痛感する現象に感情伝染があります。「感情伝染」は，自分自身の肯定的な感情や否定的な感情が，パートナーの肯定的感情や否定的な感情に影響を及ぼす事を意味します。感情伝染は，否定的コミュニケーションが，パートナーの結婚満足感を低下させるメカニズムを明らかにするのに役立っています。

(4) パートナーの話を聞く

「どうせ，私の話なんか聞いてくれない。私の事に興味なんかないんだわ……」。インターネットの書き込みには，話を聞いてほしい妻の叫び声が数多く寄せられています。心理学では，自分の事を相手に話す事を「自己開示」といいます。自己開示をするほど，話をした側の結婚生活の満足感が高まる事が報告されています（Dekel et al., 2008; Franzoi et al., 1985; Hansen & Schuldt, 1984; 伊藤ら，2006b, 2007など）。しかし，話を聞いている側の満足感はほとんど変わりません。妻も夫も，自分自身の話を聞いてほしいというわけです。

(5) ふたりの関係について話をする

次は，「自分の事を話す」のではなく，「ふたりの関係について話をする」事について説明しましょう。結婚して2年から5年の夫婦を対象にした面接調査があります（Acitelli, 1992）。その研究では，インタビューの間，夫と妻が，ふたりの関係について話をする時間や頻度などを調べ，次のような事がわかりました。①夫より妻の方が，ふたりの関係について話をよくしている。②ふたりの関係について話をよくする妻は，結婚生活に不満を持っている。③しかし，ふたりの関係について話をする事と，夫の結婚生活満足感とは関係がない。④ふたりの関係について話をよくする夫の妻は，結婚生活に満足している。⑤妻より夫の方が，ふたりの関係について話をよくする夫婦では，妻の結婚生活の満足感は高い。

つまり，ふたりの関係について，妻がよく話をする夫婦では妻の不満が高く，逆に，夫がよく話をする夫婦では，妻の満足感が高いというわけです。妻のご機

嫌を取るためには，ふたりの関係について，夫から積極的に話をする必要があるようです。

■ 2　結婚生活を続けたいという気持ち

恋人関係や夫婦関係でいう「コミットメント」は，自分が関係に関与している程度，ふたりの関係を継続させたいという気持ち，関係を続ける事の魅力，パートナーに対する魅力などを意味します。本項ではコミットメントについて説明します。

(1) コミットメントが低いと……

コミットメントが低いほど，夫婦関係の問題が増えたり (Swensen & Trahaug, 1985 など)，ふたりの関係に不満を感じたり (Adams & Jones, 1997; Boesch et al., 2007; Booth & Johnson, 1988; Givertz & Segrin, 2005; Johnson et al., 1999; 金政・大坊, 2003; Kurdek, 1992, 2006, 2008; LeBeau & Buckingham, 2008; Lehmiller & Agnew, 2007; Perrone & Worthington, 2001; Rusbult et al., 1998; Ryckman et al., 2002; Veroff et al., 1993 など)，別れる危険性が高くなる事が報告されています (Adams & Jones, 1997; Booth & Johnson, 1988; Bui et al., 1996; Etcheverry & Agnew, 2004; Givertz & Segrin, 2005; Lehmiller & Agnew, 2007; Loving, 2006; Rusbult, 1983; Rusbult et al., 1998; Ryckman et al., 2002 など)。

コミットメントは，結婚生活を重ねるにつれ，減少する事が知られています (Belsky et al., 1985; Kurdek, 1992 など)。たとえば，98組の夫婦を対象に，ペンシルヴェニア (米国) で行った研究 (MacDermid et al., 1990) があります。この調査では，子どものいない夫婦を対象に，数ヶ月間の期間をあけて3度，パートナーに対する愛情の程度を，面接によって追跡調査しています。その結果，夫，妻ともに，時間が経つにつれ，パートナーに対する愛情が減少してゆく事がわかりました。愛情は色あせるものなのです。

(2) パートナーを思いやる

夫婦にとって，配偶者を思いやる気持ちが大切だという事は言うまでもありません。30代から60代の既婚者769名を対象にした民間のアンケート調査 (第一生命経済研究所, 2006b) では，「結婚生活に絶対必要なものは何だと思うか」という質問をしています。妻と夫ともに，「思いやり」を挙げる割合が最も高く，全体では78.3％の夫婦が回答していました (複数回答)。

相手を思いやる気持ちは,恋人関係や夫婦関係など,親密な関係にとって重要な要素です。実際,思いやりが低いと,恋人関係 (Busby & Gardner, 2008; Davis & Oathout, 1987; Franzoi et al., 1985; Haugen et al., 2008; Ryckman et al., 2002 など) や夫婦関係 (Allen & Thompson, 1984; Fincham et al., 2002; Paleari et al., 2005; Smith et al., 2008b; Wilkie et al., 1998 など) の満足感が低下したり,離婚の危険性が増したりする事 (Tucker et al., 1998 など) が知られています。また,思いやりの低い男性は,怒りを感じやすく,身体的暴力だけでなく,性的な暴力もふるいやすい事が報告されています (Christopher et al., 1993 など)。

自分自身は思いやりのある人間だと思っていても,配偶者がそのように思っていなければ仕方がありません。オーストラリア南西部のシドニーで行った研究 (Smith et al., 2008b) では,同棲カップル 82 組に対して,思いやりの程度と,ふたりの関係の満足感について調査をしています。思いやりの程度は,自己評価とパートナーによる評価によって得点化しました。その結果が図 2-12 です。図 2-12 は思いやりの程度を表しており,得点が高いほど思いやりが高い事を意味しています。まず,満足感の低いカップルに注目してください。関係に満足していないカップルでは,パートナーの評価より,自分自身の評価が高くなっています。つまり,自分では思いやりがあると思っているけれど,パートナーはそう思っていないわけです。一方,関係に満足しているカップルでは,自分自身の評価より,パートナーの評価が高くなっています。つまり,自分自身で思っている以上に,パートナーは思いやりがあると感じています。

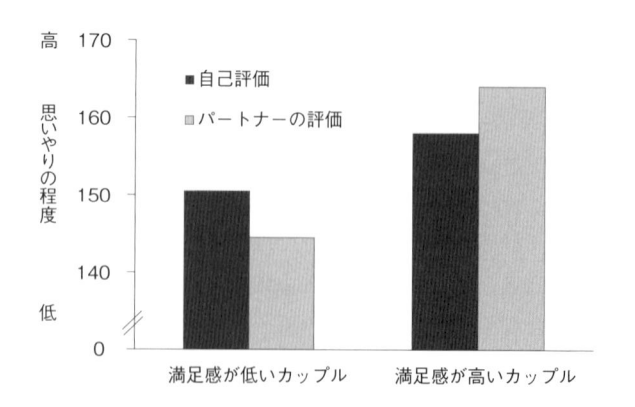

図 2-12 思いやりと満足感との関係
注 Smith et al. (2008b) のデータをもとに作成した。

円満なカップルでは,パートナーは自己評価を上回っていますが,うまくいっていないカップルでは,パートナーの評価は自己評価を下回っているのです。

(3) 夫は私を理解していない

お互いに気心が知れ,ひと言(こと)いえばすべてが理解できる関係を「つうかあの仲」といいますが,夫婦とはこのような関係をいうのではないでしょうか。「配偶者は,自分の思いを言わなくても理解してくれていると思うか」という質問をした調査があります (第一生命経済研究所, 2006a)。そして,「そう思う」「どちらかといえばそう思う」「あまりそうは思わない」「そうは思わない」「わからない」から回答を求めました。「そうは思わない」あるいは「あまりそうは思わない」と回答した割合は,妻では40%を超えていましたが (43.6%),夫では20%程度 (20.3%) でした。妻は,夫が自分を理解していないと思っているようです。

■ 3　カネの切れ目が縁の切れ目

「年収4,000万円以下の男は,(結婚相手として) 眼中にない」(西川史子(あやこ))。ある女医タレントがテレビ番組で語ったひと言です。2007年ころだったでしょうか。バブル時代であれば,彼女を非難する人も少なかったでしょうが,わが国でも経済的な格差が生じ,「負け組」や「勝ち組」などといった言葉が流行していた時代であったため,彼女の言葉はマスコミの話題となり,男性だけでなく,多くの女性から反感を買いました。しかし,彼女の言った事は,そんなにひどい事でしょうか。本項を読み終えるころには,彼女に対する考え方が変わるかもしれません。

(1) やはりカネは必要

「何が幸せなのか」,人によってその回答は違いますが,一般的に,収入が高いほど幸せだという事が知られています。しかも,経済的に貧しい人ほど,その傾向が強い事も知られています (Diener & Biswas-Diener, 2002; North et al., 2008)。つまり,貧しい人ほど,少しでも経済的に豊かである事が幸せだと感じているのです。

結婚生活でも,同じような事がいえます。つまり,家計の収入が低いほど,結婚生活に対する不満が高く (Beach et al., 1993; Bryant et al., 2008; 稲葉, 2004; Kalmijn et al., 2007; Kamo, 1993; Kaufman & Taniguchi, 2006; 末盛, 1999; Tsuchikura, 2006; Wilkie et al., 1998; 大和, 2001 など),離婚の危険性が高いのです (Berrington & Diamond, 1999; Booth et al., 1986; Hoffman & Duncan, 1995; Kposowa, 1998; Kurdek, 1993; Ono, 1998; Schoen, 2002; Smock et al., 1999;

Yeung & Hofferth, 1998 など)。もちろん，夫婦ともに定職に就かず働いていない場合，離婚の危険性が高くなる事は言うまでもありません (Rodrigues et al., 2006)。

たとえば，アメリカの大規模調査 (NSFG) のデータ (1995年実施) を用いた研究があります (Bramlett & Mosher, 2002)。この調査では，家計の収入を$25,000未満 (当時のレートでおよそ250万円)，$25,000から$50,000未満，$50,000以上 (およそ500万円) にわけ，離婚率 (結婚した妻のうち，夫と別れた妻の割合) を調査しました。その結果が図2-13です。結婚して1年が経つころから，収入による離婚率の差が明らかになります。そして，$25,000未満の家計では，結婚生活5年で30%以上の妻が離婚し，10年では5割を超え，15年では65%も離婚をする事になります。

わが国の大規模調査のデータ (NFRJ-S01) でも，同じような結果が報告されています (加藤，2005a)。夫が大企業に勤務している場合の離婚率を基準 (1.00) とした場合，夫が中小企業あるいは自営業の場合の離婚率は1.94倍，農林漁業の場合の離婚率は2.59倍，無職あるいは定職に就いていない場合の離婚率は4.50倍でした。

「おれが稼がないと，生活ができないだろ」と夫が妻に。「幸せは，お金では買えないのよ」と妻。夫の仕事が忙しいと嘆く妻は，多いかもしれません。しかし，その妻の囁きに耳を貸し，夫が給料より妻との時間を選んだとしたら，当面の間，妻との関係は良くなるかもしれませんが，次に待ちかまえている危機は離婚かもしれません。幸せはお金で買う事ができないかもしれませんが，お金がなければ，幸せは得られないのが現実です。

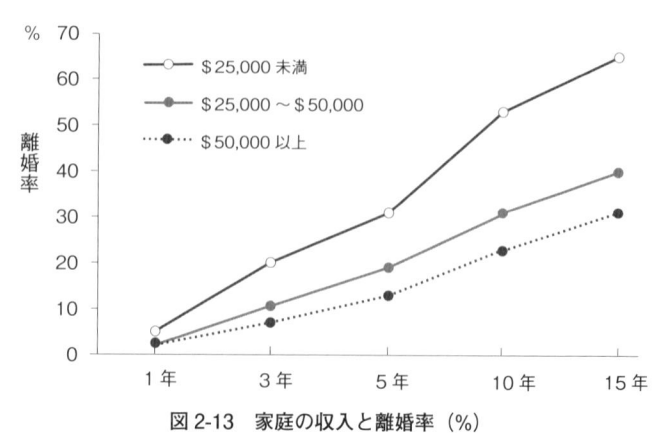

図2-13　家庭の収入と離婚率 (%)
注　Bramlett & Mosher (2002) のデータをもとに作成した。

(2) 経済力の重要性

　家計の収入が，結婚生活にとって，いかに重要であるかは，様々なアンケート調査（第一生命経済研究所，2006b）によって知る事ができます。たとえば，「結婚生活に絶対必要なものは何だと思うか」という質問（複数回答）に対して，既婚者のおよそ67.2%が「経済力」を挙げています。これは，「思いやり」という回答に次いで多い回答です。「経済力」の回答は，男性より女性に多く見られ，年齢を増すにつれ，その割合は高くなっていました。60歳代の既婚女性では，およそ8割が「経済力」を挙げており，「思いやり」の回答を超え第一位でした。夫婦生活を営むうえで，いかに，お金が大切であるかがわかります。

(3) カネがなければ愛は続かない日本

　少し話は違いますが，一般的に，社会の経済状況が悪化すると離婚率が高くなるという現象が知られています。まさしく，「カネの切れ目が，縁の切れ目」というわけです。1950年から1985年にかけて，この失業率と離婚率との関係を調べた研究者がいます（Lester, 1996, 1999）。この研究では，わが国を含め，アメリカ，ベルギー，カナダ，デンマーク，イギリス，アイルランド，オランダ，スウェーデン，台湾，西ドイツを比較しています。その結果，失業率と離婚率との関係が最も強い国が日本でした。つまり，わが国は，失業率が高くなると，ほかの国々と比較して，多くの夫婦が離婚届けを出すのです。わが国は，カネがなければ愛も続かない国なのです。

「経済的困窮。薄給覚悟で結婚した私が間違っていた，とつくづく反省している。『愛があれば……』なんて甘い言葉にまんまとだまされた私は，何て世間知らずだったのかと思う今」（35歳の女性）

　　　　　　　　　　　　　　　　　『私が離婚した理由』（近代文藝社，1996）より

■ 4　妻から相談された時，夫に相談する時，配偶者を思いやる

　　「医師よりも　看護師よりも　あなたの手」　猪又美恵子

　この川柳は，2008年度第3回「いい夫婦川柳コンテスト」で，いい夫婦大賞を受賞した作品です（「いい夫婦の日」をすすめる会主催）。この川柳から，配偶者のサポ

ートが，医師や看護師より重要である様子がよくわかります。

(1) パートナーからのサポート

あたり前の事かもしれませんが，パートナーからのサポートが多いほど，関係に満足し (Brock & Lawrence, 2008; Conger et al., 1999; Cramer, 2004; 李, 2008; Julien et al., 2003; Kulik & Rayyan, 2006; Kurdek, 2005, 2008; Lorenz et al., 2001; North et al., 2008; Spotts et al., 2004a, 2005b; 末盛, 1999; 鈴木, 2007; 大和, 2001 など)，ふたりが別れる危険性が低くなります (Kurdek, 2005 など)。

たとえば，新婚夫婦を対象にした実験 (Pasch & Bradbury, 1998) があります。この実験は，新婚夫婦の一方が，自分自身にとって重要な事柄（変わりたい事）について話をし，もう一方の配偶者が，その内容を受けて話を進めるというものです。先に話をする配偶者が相談をする役割，その話を受けて，さらに話をする配偶者が相談を受ける役割です。10分間この話し合いをしたのち，役割を交換し，さらに10分間，実験を行います。研究者たちは，この話し合いの様子を記録し，相談を受ける役割の言動を，肯定的言動（配偶者を慰めたり，励ましたり，役に立つアドバイスをしたりする），否定的言動（配偶者を非難したり，やる気を失わせたりする）に分類しました。また，相談をする役割の言動も，肯定的言動（問題を明確にしたり，問題に伴う自分の感情を表したり，素直に助けを求めたりする），否定的言動（配偶者を責めたり，配偶者に否定的な感情を表したりする）に分類しました。そして，実験中の言動と結婚生活に対する満足感との関係を分析した結果，次のような事が明らかになりました（表2-1）。①相談を受けた配偶者が，夫であろうと妻であろうと，肯定的言動をするほど，妻の結婚満足感が高い。しかし，夫の結婚満足感とは関係がない。②相談を受けた夫が，否定的言動をするほど，妻も夫も，結婚満足感が低い。一方，相談を受けた妻が否定的言動をした場合，妻自身の結婚満足感が低いが，夫の結婚満足感とは

表 2-1 相談をする，相談を受ける言動が，結婚生活満足感に与える影響

		相談をする側		相談を受ける側	
夫	肯定的言動	関係なし	肯定的言動	妻の満足感が高まる
	否定的言動	関係なし	否定的言動	夫婦ともに満足感を低める
妻	肯定的言動	夫婦ともに満足感を高める	肯定的言動	妻の満足感を高める
	否定的言動	夫婦ともに満足感を低める	否定的言動	妻の満足感を低める

注　Pasch & Bradbury (1998) のデータをもとに作成した。

関係がない。③相談をする妻が肯定的言動をすると，夫婦ともに結婚生活に対する満足感が高く，否定的言動をすると，夫婦ともに結婚満足感が低い。一方，相談をする夫の言動は，夫婦ともに，結婚満足感と関係がない。

　この実験からわかる事は，妻の結婚満足感は，相談を受ける夫の言動及び妻自身の言動に左右されるけれど，夫の結婚満足感は，相談を受ける妻の言動には左右されないという事です。一方，相談をする側の言動に注目すると，妻が相談をする場合に限り，その言動が，夫婦の結婚満足感に影響を及ぼすという事です。満足のゆく結婚生活を過ごすためには，妻から相談を受けた夫は，少なくとも，妻を思いやり，励まし，慰め，温かい言葉をかけなければなりませんが，夫から相談を受けた妻は，そのような必要性はあまりないといえます。また，妻が夫に相談する場合，自分自身の感情を夫にぶつけたり，自分が悩んでいる事を夫の責任にしたりしないように，素直に助けを求める必要があるようです。「夫は，妻から相談された時に，妻を思いやり，妻は，夫に相談する時に，夫を思いやる」，これが夫婦円満の秘訣といえるかもしれません。

(2) 周りのサポート

　次は，パートナーからのサポートではなく，家族や親族，友人などからのサポートについて考えてみましょう。

①ロミオとジュリエット効果　　シェークスピアの『ロミオとジュリエット』の話を知らない人はいないでしょう。モンタギュー家の息子であるロミオと，キャピュレット家の娘であるジュリエットの悲劇です。両家はいがみ合っており，ふたりを別れさそうとしますが，逆に，ふたりの恋はますます燃え上がります。

　この話にちなんで，心理学では，両親など周囲の反対が強いほど，恋は進展するという仮説をロミオとジュリエット効果といいます。ロミオとジュリエット効果は，ドリスコル (R. Driscoll) によって発表されました。ドリスコルら (Driscoll et al., 1972) は，91組の夫婦と49組のカップル (恋人関係) を対象に調査を行いました。そして，両親の反対が強いほど，6ヶ月から10ヶ月後のパートナーに対する愛情の程度が高いと報告しています。しかし，ロミオとジュリエット効果には，多くの批判が集まっています。たとえば，別の研究者たちが同様の研究を行った結果，ロミオとジュリエット効果が見られなかったり，たとえ，そのような効果が見られたとしても，極めて限られた状況でしか観察されなかったりしています (Sprecher et al., 2006)。

②**周囲からの祝福の必要性**　ロミオとジュリエット効果の真偽はともかく，ロミオとジュリエット効果は，あくまで，恋人関係の恋心が進展するかどうかに関するものです。周囲の反対がふたりの幸せにつながるというものではありません。周囲に反対されたロミオとジュリエットの愛は確かに燃え上がったかもしれませんが，最後には自殺してしまい，ふたりは決して幸せにはなりませんでした。

　ふたりが幸せになるためには，周りのサポートは効果的です。実際の研究でも，家族，親戚，友人からのサポートが高いほど，ふたりの関係満足感が高く（Agnew et al., 2001; Beatty, 1996; Booth & Johnson, 1988; Bryant & Conger, 1999; Johnson et al., 2008; Julien & Markman, 1991; Lehmiller & Agnew, 2007; 施, 1999; Suitor & Pillemer, 1994; Timmer & Veroff, 2000 など），ふたりは別れにくい事が報告されています（Agnew et al., 2001; Booth & Johnson, 1988; Bryant & Conger, 1999; Felmlee et al., 1990 など）。たとえば，アメリカ中西部の大学生カップルを対象にした研究（Sprecher & Felmlee, 1992）では，2年以上にわたって，「自分の家族のサポート」「自分の友人のサポート」「交際相手の家族のサポート」「交際相手の友人のサポート」について調査しています。その結果，次のような事がわかりました。①男性の場合，「自分の家族のサポート」や「自分の友人のサポート」が高いほど，2年後のふたりの関係に対する満足感や，交際相手の女性に対する愛情が高い。②女性の場合，「自分の友人のサポート」が高いほど，2年後のふたりの関係に対する満足感や，交際相手の男性に対する愛情が高い。しかし，「自分の家族のサポート」は，2年後の関係満足感や愛情に影響しない。③さらに，男女ともに，「交際相手の家族のサポート」や「交際相手の友人のサポート」は，2年後の愛情や関係満足感に影響しない。

　この調査では，2年後にふたりが別れたかどうかも調査しています。そして，2年後にふたりが別れるかどうかは，男性の家族や友人のサポートに左右されるのではなく，女性の家族や友人のサポートによって決定される事がわかりました。つまり，ふたりが別れるかどうかは，女性の家族や友人が交際に賛成し，サポートしてくれるかどうかに委ねられているのです。交際を続けたい男性は，女性の家族や友人に気に入られる必要があります。

■ 5　夫の自分勝手なレジャーが離婚を招く

　週末は家族でピクニック，夏休みや冬休みには家族で旅行に出かける。理想的な昭和の家庭像かもしれません。レジャー活動と離婚との間には，何らかの関係があるのでしょうか。一般的に，レジャー活動の時間が長いほど，結婚生活

に満足している事が知られています (Claxton & Perry-Jenkins, 2008; Jackson et al., 1985; Zabriskie & McCormick, 2003 など)。また，夫婦ともにレジャー活動をする時間が長いほど，離婚の危険性が低くなる事も報告されています (Bodenmann & Cina, 2005; Hill, 1988 など)。レジャー活動は結婚生活円満の印といえるかもしれません。

(1) 自分だけ楽しんではダメ

　では，なぜ，レジャー活動は結婚生活の満足感を高めるのでしょうか。その前に，少しレジャー活動について考えてみましょう。レジャー活動には，配偶者を置き去りにして「個人として楽しむレジャー活動」と，夫婦ともにひとつの楽しみを「共有するレジャー活動」があります。夫の居ぬ間に，奥様同士でファミレスに出かけたり，付き合いだと言いつつ，休日にゴルフに出かけたりする事は，個人として楽しむレジャー活動といえるでしょう。一方，幼い子どもを両親に預け，夫婦ふたりで温泉旅行に出かける事は共有するレジャー活動といえます。

　個人として楽しむレジャー活動と共有するレジャー活動とでは，結婚満足感に及ぼす影響が異なります。たとえば，中央アメリカに住む夫婦159組を対象に，レジャー活動のタイプと結婚満足感との関連性を調べた研究があります (Holman & Jacquart, 1988)。そして，個人として楽しむレジャー活動の時間が長いほど，夫婦ともに結婚満足感が低くなり，共有するレジャー活動の時間が長いほど，夫婦ともに結婚満足感が高くなると報告しています。つまり，単純にレジャーの時間を増やせばいいのではなく，夫婦共通のレジャーを通じて，夫婦ともに時間を過ごす事が，結婚生活にとって重要なのです。

　わが国でも，夫婦でともに過ごす時間が長いほど，結婚満足感が高いと報告されています (木下, 2004; 山口, 2007 など)。たとえば，ある民間の調査 (明治安田生活福祉研究所, 2008) では，50代，60代の夫婦を対象に，夫婦共通の趣味についてのアンケートをしています。その結果が図2-14です。このアンケートでは，夫婦共通の趣味があるかどうかによって，夫婦を2つのグループにわけています。そして，生活について，「満足」「まあ満足」「どちらともいえない」「やや不満」「不満」のいずれかで回答させました。また，夫婦のコミュニケーションについても，「不満」「まあ十分」「どちらともいえない」「やや不十分」「不十分」のいずれかで回答させました。図2-14を見ると，夫婦共通の趣味を持っている夫婦は，共通の趣味を持っていない夫婦と比較して，コミュニケーションが不十分だと感じており，生活に不満を抱いています。

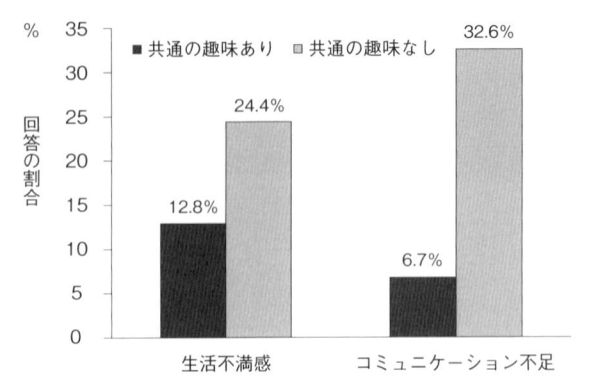

図2-14 共通の趣味の有無と，生活不満感及びコミュニケーション不足

注　回答者の割合は，生活不満感では「不満」あるいは「まあ不満」と回答した割合，コミュニケーションでは「不十分」あるいは「まあ不十分」と回答した割合である。明治安田生活福祉研究所（2008）のデータをもとに作成した。

(2) レジャー活動は妻の趣味に合わせろ

　さらに詳しい調査が，ペンシルヴェニア州（米国）の夫婦73組を対象に行われています。この研究（Crawford et al., 2002）では，レジャー活動の内容の好き嫌いに注目し，「夫婦ともに好きなレジャー活動」「夫は好きだけれど妻は嫌いなレジャー活動」「妻は好きだけれど夫は嫌いなレジャー活動」の3つのタイプに分類しています。そして，レジャー活動の時間（1983年）がその後の結婚生活の満足感（1994年から1995年）に及ぼす影響について縦断的な調査をしました。その結果は以下のようなものでした（表2-2）。①共有し合うレジャー活動の場合，「夫は好きだけれど妻は嫌いなレジャー活動」をすると，妻の結婚満足感が低下する。②夫が個人としてレジャーを楽しむ場合，妻も夫も満足感が低下する。しかし，③妻が個人としてレジャーを楽しんでも，夫，妻ともに，満足感に影響はない。まとめると，妻がひとりでレジャーを楽しんでも問題はないけれど，夫はひとりでレジャーを行ったり，妻の嫌いなレジャーを楽しんだりすると，結婚生活の満足感が低下します。夫は妻のご機嫌をうかがいながら，お互いに関心が持てるレジャーを選択しなければならないわけです。

　同じような結果が，ニュージーランドの研究でも報告されています。この研究（Graaf & Kalmijn, 2006a）では，1,718名の離婚した夫婦に対して，「配偶者のレジャー活動」が離婚の原因であるかどうか尋ねています。「そうである」と回答した前夫の割合が20％であるのに対して，前妻の割合は44％でした。やはり，夫が自由

表2-2 レジャー活動時間と結婚満足感

共有し合うレジャー活動（夫婦でともにレジャー活動を行う）					
夫婦ともにレジャー好き		夫好き・妻嫌い		妻好き・夫嫌い	
妻の満足感	夫の満足感	妻の満足感	夫の満足感	妻の満足感	夫の満足感
—	—	**低下**	—	—	—
夫が個人として楽しむレジャー活動					
夫婦ともにレジャー好き			夫好き・妻嫌い		
妻の満足感		夫の満足感	妻の満足感		夫の満足感
低下		**低下**	**低下**		**低下**
妻が個人として楽しむレジャー活動					
夫婦ともにレジャー好き			妻好き・夫嫌い		
妻の満足感		夫の満足感	妻の満足感		夫の満足感
—		—	—		—

注 —は関係がないことを示している。Crawford et al.（2002）の結果をまとめたものである。

にレジャーをする事を，妻は許さないようです。

　また，レジャー活動に対する夫婦間の回答が，異なっている事も報告されています。ともに過ごしたレジャー活動の時間は，夫と妻では一致しているはずですが，実際には夫と妻の報告が異なっています。たとえば，マサチューセッツ（米国）での調査（Claxton & Perry-Jenkins, 2008）では，夫と比較して妻の方が，共有するレジャー活動の時間を短く回答しています。そもそも，妻は，夫が思っている以上に，共有するレジャー活動の時間を短いと感じているのです。

(3) 結婚すると減少するレジャー活動
　結婚する前には，枚方花火を眺めたり，ディズニーランドのカリブの海賊に入ったり，ラフマニノフ「ピアノ協奏曲第二番ハ短調」を聴いたりしたけれど，結婚してからは，ふたりでレジャーを楽しまなくなった，という話は珍しくはありません。マサチューセッツ（米国）の調査（Claxton & Perry-Jenkins, 2008）では，共有するレジャー活動は，結婚後1年間で，急速に減少すると報告しています。さらに，レジャー活動の減少率と配偶者への愛情について調査したところ，レジャー活動の低下が大きいほど，夫婦ともに，配偶者への愛情が低くなっていました。

(4) どのようなレジャー活動がいいのか

　夫婦共通の趣味を探すには時間がかかります。夫が退職してから，趣味を探したのでは遅いかもしれません。離婚を防ぐには，いち早く，夫婦共通の趣味を持つ必要があります。しかも，妻に沿った趣味をです。

　既婚者を対象に，2006年に行った調査(第一生命経済研究所, 2006a)では，夫婦に共通した趣味があるかどうかという質問をしています。この質問に対して，57.1%の夫婦が「ある」と回答し，「共通の趣味があり，よく一緒にやっている」と回答した夫婦は30.0%でした。また，夫婦共通の趣味の第一位は「旅行」(64.5%)，第二位は「映画・ビデオ鑑賞」(35.0%)，第三位は「温泉めぐり」(34.5%)，第四位は「グルメ（食べ歩き）」(32.7%)，第五位は「ドライブ」(30.2%)でした(複数回答)。特に，第一位の旅行は，50代，60代で70%以上の回答を得ており，年老いても，夫婦共通の趣味として挙げられています。まずは，旅行を夫婦共通の趣味にする事がいいかもしれません。

■ 6　子どもが夫婦に不満をもたらす

　「子はかすがい」という言葉があります。「かすがい」とは，木材をつなぎとめるコの字型の釘の事で，「子はかすがい」という言葉は，子どもがいる事によって，夫婦間の仲が和やかになり，夫婦関係が長く続く事を意味しています。誰もが疑わない事実だと思われますが，はたして本当でしょうか。

(1) 子どもの存在と離婚との関係

　皆さんが想像している通り，子どもがいると，離婚の危険性が低くなります(安藏, 2003; Berrington & Diamond, 1999; Brines & Joyner, 1999; Cherlin, 1977; DeMaris & Rao, 1992; Fu & Goldman, 2000; Graaf & Kalmijn, 2006b; Hall & Zhao, 1995; Heaton, 1990; Holley et al., 2006; Kalmijn, 1999; Kalmijn et al., 2004; 加藤, 2005a; Kposowa, 1998; Lillard et al., 1995; Presser, 2000; Rose, 1992; Schoen et al., 2002, 2006; South & Lloyd, 1995; Wu & Penning, 1997 など)。たとえば，アメリカの大規模調査(PSID)では，子どもの年齢と離婚の危険性との関連性について調べています (Ono, 1998)。子どものいない夫婦の離婚率を基準 (1.00) とした場合，5歳以下の子どもがいる夫婦の離婚率は 0.41 倍，6歳から12歳の子どもがいる夫婦の離婚率は 0.45 倍，13歳から18歳の子どもがいる夫婦の離婚率は 0.62 倍，18歳以上の子どもがいる夫婦の離婚率は 0.22 倍でした。

　わが国でも，同様の結果が報告されています。わが国の大規模調査 (NFRJ-S01)

のデータによれば，子どものいない夫婦の離婚率を基準 (1.00) とすると，0歳から6歳の子どもがいる夫婦の離婚率は 0.64 倍，7歳から 12 歳の子どもがいる夫婦の離婚率は 0.52 倍，13 歳以上の子どもがいる夫婦の離婚率は 0.50 倍でした (加藤，2005a)。これらの調査を見ると，「子はかすがい」という言葉は事実のようです。

(2) 子どもが結婚生活に不満を抱かせる

子どもの存在は離婚の危険性を低下させるようですが，子どもがいる事で，夫婦は幸せになるのでしょうか。2006 年に行ったわが国の調査 (第一生命経済研究所，2006b) では，「子どもを生んで良かったと思うか」という質問に対して，子どものいる男性の 78.9%が，女性の 72.2%が，「とても良かったと思う」と回答しており，「どちらかといえば，良かったと思う」を含めると，96.5%の夫婦が「良かった」と回答しています。

「子どもが生まれて良かったかどうか」という質問の仕方をすれば，誰もが「良かった」と回答するでしょう。しかし，子どもの有無と，結婚生活の満足感との関連性を調べた研究では，そのような結果は得られません。実際，子どもを持つ夫婦は，子どものいない夫婦より，結婚生活に不満を抱いているという報告が数多くなされています (Ball, 1993; Crohan, 1996; Booth & Johnson, 1988; Faulkner et al., 2005; Furdyna et al., 2008; Glenn & McLanahan, 1982; Greenstein, 1996; 李，2008; 稲葉，2004; 釜野，2002; 木村，2004; Kurdek, 1999; MacDermid et al., 1990; Nock, 1995; Shapiro et al., 2000; Stevens et al., 2001; Voydanoff, 2005; White et al., 1986; Wilcox & Nock, 2006; Wilkie et al., 1998; 山口，2006 など)。たとえば，子どもの有無と結婚満足感との関連性を調査した 97 の研究論文のデータを用いて，メタ分析 (いくつかの研究結果をまとめ，ある特定の結論を導き出す研究方法) した結果，少なくとも，2 歳以下の子どもを持つ夫と妻は，子どものいない夫婦より，結婚満足感が低い事が明らかになっています (Twenge et al., 2003)。少なくとも，子どもが幼い時には，子どもの存在はふたりの関係にとって，否定的な作用をもたらすのです (Bradbury et al., 2000)。

実際，子どもが生まれると，夫婦の口論や言い争いが増えたり (Cox et al., 1999; Crohan, 1996; Kluwer & Johnson, 2007; Perren et al., 2005 など)，夫婦のコミュニケーションが減ったり (Perren et al., 2005; White et al., 1986 など)，結婚生活の満足感が低下したりする事も知られています (Cox et al., 1999; Belsky et al., 1985; Kluwer & Johnson, 2007; Lawrence et al., 2007; Meijer & Wittenboer, 2007; Pancer et al., 2000; Perren et al., 2005 など)。たとえば，図 2-15 は，妊娠してから 5 年間にわたり，オランダの夫婦 293 組の満足

感についてまとめたものです (Kluwer & Johnson, 2007)。妻，夫ともに，夫婦関係の満足感が急速に減少している事がわかります。しかし，先に説明したように，時間とともに，結婚生活に対する満足感が低下するため (本章の第1節30頁参照)，図2-15の結果 (満足感の低下) は，子どもの出産が原因だと断定できません。そこで，ある研究者たち (Lawrence et al., 2008) が，新婚夫婦を対象に，子どもが生まれた夫婦と，生まれなかった夫婦の，結婚満足感を1年以上にわたり追跡しました。その結果，時間が経過するとともに，子どもが生まれた夫婦，子どもが生まれなかった夫婦ともに，結婚生活の満足感は減少しましたが，その減少率は，子どもが生まれた夫婦の方が高かったのです。つまり，結婚生活に対する満足感の低下は，夫婦生活が長くなる事が原因ではなく，子どもが生まれた事が原因なのです。

同様の結果がわが国でも報告されています (小野寺, 2005 など)。たとえば，初婚の夫婦を対象に，妊娠8ヶ月から10ヶ月，出産1ヶ月後，出産3ヶ月後，出産9ヶ月後の夫婦の結婚生活の質，結婚生活の肯定的側面，否定的側面を比較した結果，時間の経過とともに，結婚の質や肯定的側面が低下し，否定的側面は増加する事が明らかになっています (伊藤ら, 1998)。欧米だけでなくわが国でも，出産すると夫婦の結婚満足感が低下するのです。

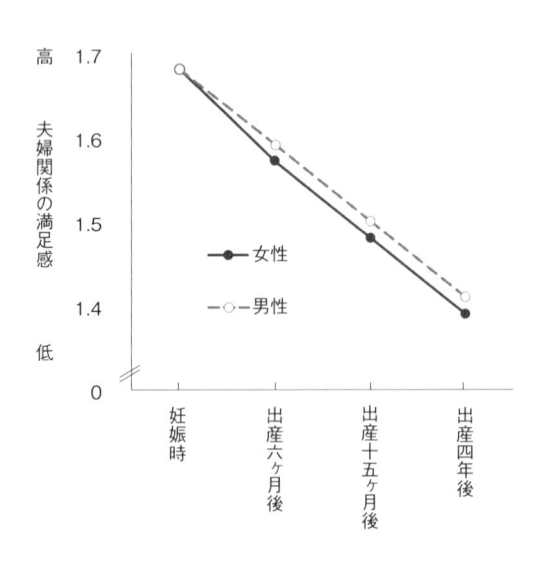

図 2-15 妊娠時から産後の夫婦関係満足感の変化
注 Kluwer & Johnson (2007) のデータをもとに作成した。

(3) なぜ,満足感が低くなるのに,離婚しないのか

 2005年に行ったわが国の調査 (第一生命経済研究所, 2006b) では,「離婚したいと思った事があるか」という質問に対して,子どもがいない夫婦の24.4%が「ある」あるいは「時々ある」と回答しているのに対して,子どもがいる夫婦の32.4%が「ある」あるいは「時々ある」と回答していました (769名の既婚者が対象)。逆に,離婚したいと思った事が「まったくない」と回答した子どもがいない夫婦は44.9%であったのに対して,子どもがいる夫婦では33.1%でした。子どものいる夫婦は,明らかに離婚したいと考えている割合が高いのです。

 まとめると,子どもができると,結婚生活に不満を抱くようになり,その結果,離婚したいと思うようになります。では,なぜ,子どもがいる夫婦は,結婚生活に不満で,離婚したいと思っているにもかかわらず,離婚率は低いのでしょうか。2005年にわが国で行ったインターネット調査 (DIMSDRIVE, 2005) では,離婚を考えた事があるか,離婚経験のない初婚の夫婦1,913名に質問しています。そして,離婚を思い留まらせた理由について質問しています。その第一位が「子どものため」であり,56.7%をしめていました (複数回答)。つまり,子どものいる夫婦は,結婚生活に不満を抱いており,離婚したいと思っているけれど,子どもがいるために離婚できないわけです。「子はかすがい」という言葉の現実の意味は,どうやら,「お互いに離れようとする木材を,コの字型の釘で,無理やり結びつける」という事のようです。

(4) 子どもが満足感を下げる理由

 疑問はまだ残ります。子どもが生まれると,なぜ,結婚満足感が低くなったり,離婚したいと思うようになったりするのでしょうか。いくつかの視点から,この問題について考えてみましょう。

①**育児の負担が増えるから**　そもそも,親になる事は,育児などの負担が増えるという事です。たとえば,あるアンケート調査 (明治安田生活福祉研究所, 2005b) では,子どものいる既婚者に対して,子どもを持つ事のマイナス面について質問しています。マイナス面として,夫の20%,妻の21.6%が「育児の労力が大変」を挙げていました (複数回答)。このように,育児の負担が,結婚生活に不満をもたらすというわけです。

②**自由な時間が減るから**　子どもが生まれると,自由な時間が減るために,結婚生活に不満を持つようになると考えている研究者がいます。たとえば,わが国

の調査 (第一生命経済研究所, 2006a) では, 夫婦共通の趣味があるかどうか, という質問をしています。その結果,「共通の趣味があり, よく一緒にやっている」と回答した, 子どものいる既婚者は26.4%でしたが, 子どもがいない既婚者では48.0%でした。子どものいない既婚者の方が, 夫婦共通の趣味に時間を費やしているのです。同様に, 子どもが生まれると, 夫婦そろって行うレジャー活動の時間が減少する事が報告されています (MacDermid et al., 1990など)。

本節 (60頁) でも説明しましたが, 夫婦ともにレジャーをする時間が減少するほど, 離婚の危険性が高まる事が知られています。つまり, 子どもが生まれる事によって, 夫婦そろってレジャーをする時間が減少し, その結果, 離婚の危険性が高まるのです。

③経済状況が苦しくなるから　先に紹介した子どもを持つ事のマイナス面についての質問 (複数回答) では, 夫の53.7%, 妻の53.7%が「教育費などにお金がかかる」を挙げていました (明治安田生活福祉研究所, 2005b)。実際, 子どもが生まれると家計に対する不満が増す事が知られています (White et al., 1986など)。子どもを育てるにはお金がかかるのです。

④役割葛藤が生まれるから　親になる事は, 新たに親という役割を背負う事です。父親の場合には, 以前より働いて収入を得るという役割が期待されるでしょうし, 母親の場合には, 子どもを育てるという役割が期待されるでしょう。役割というよりは, 責任といった方がいいかもしれません。性別に関係なく, 生活の安定と子育ては, 親の責任として重くのしかかります。このような役割が新たに加わる事によって, これまではたしてきた役割を十分にはたせなくなる可能性があります。たとえば, 育児をしながら, これまで続けてきた仕事と同量の仕事を続ける事は, 容易ではないでしょう。残業を増やしながら, あるいは, 定期の仕事とは別の仕事をしながら, これまで通り, 夫 (あるいは妻) の役割をこなす事は, とても大変な事です。ここでいう役割葛藤とは, 新たな役割とこれまでの役割を両立させようとする事によって生じる精神的な葛藤を意味します。このような役割葛藤が, 結婚満足感を低下させているという考え方があります (Twenge et al., 2003)。実際に, 与えられた役割が重いほど, 夫, 妻ともに, 結婚満足感が低下する事が報告されています (Booth et al., 2005など)。

⑤性的満足感が低くなるから　アメリカの大規模調査 (NSFH) のデータを用いた研究 (Call et al., 1995) では, 妊娠している夫婦や, 幼い子どものいる夫婦は, 夫婦間の性的頻度が低いと報告しています。つまり, 子どもが生まれると, 夫婦の

性行為の頻度が減少し，性的な満足感の低下につながるのです。次の項で説明しますが，性的満足感の低下は，結婚満足感を低める事が知られています。子どもの存在は，性的満足感を低下させ，結果として，夫婦の満足感を低下させるのかもしれません。

❻**過剰に期待するから**　通常，私たちは，子どもの誕生にいろいろな期待をします。この期待が結婚生活に不満をもたらすという考え方があります（Belsky et al., 1986 など）。ある研究（Kalmuss et al., 1992）では，子どもが生まれる事による期待について，出産前の期待と出産 12 ヶ月後の現実経験を比較しています。期待には，一緒にいる時間や一緒に楽しむ時間などの「ふたりの関係」，睡眠時間や身体的健康などの「健康状態」，仕事の満足感や生産性などの「仕事の状態」などが含まれています。調査の結果，「ふたりの関係」「健康状態」「仕事の状態」などの期待は，出産前より，出産後の現実経験の方が低くなる事がわかりました。

また，初婚の新婚夫婦を対象にした研究（Lawrence et al., 2007）では，出産前の期待と，出産前から出産後の結婚満足感の低下率との関係について報告しています。この研究では，赤ん坊の気質がより穏やかだ（泣いたり，ぐずったりしない）と期待しているほど，満足感の低下率が高い事がわかりました。つまり，期待しているほど，出産後の結婚の満足感が大幅に低下するのです。

出産前の夫婦は，子どもが生まれる事に伴って変化する生活に対して，過度に期待しているといえます。しかし，現実はその期待に沿うものではなく，その結果，結婚生活に不満を抱くようになるのです。

■ 7　セックスが合わなくて私から離れた

私がこの原稿を執筆しているころ，たまたま，手にした雑誌『anan』（2008 年 8 月 6 日号）には「最新版 SEX で恋はもっとときめく！」と題する特集号が組まれ，「読者 1044 人のアンケートで判明！　リアルボイス満載の，みんなのセックスレポート 2008」というアンケート調査の結果が 8 頁にわたって掲載されていました。日常会話では，セックスの話題はタブーですが，大衆誌では，セックスに関する特集が組まれ，多くの読者の目に触れています。つまり，多くの読者がセックスに関心を持っているのです。

（1）セックスが離婚の原因になる

心理学や社会学の領域では，性生活に不満があるほど，ふたりの関係に不満

が生じたり (Barling & Macewen, 1992; Birnbaum, 2007; Bodenmann et al., 2007; Buss, 1989; Byers, 2005; Byers et al., 1998; Cupach & Comstock, 1990; Davies et al., 1999; Davis et al., 2006; Dekel et al., 2008; Haavio-Mannila & Kontula, 1997; Henderson-King & Veroff, 1994; Hollist et al., 2007; Humphreys et al., 2008; Katz & Myhr, 2008; Kisler & Christopher, 2008; Long et al., 1996; Perrone & Worthington, 2001; Renaud et al., 1997; Sprecher, 2002 など），離婚の危険性が高くなったりする (White & Keith, 1990 など) 事が知られています。たとえば，アイオワ州（米国）の夫婦283組を対象とした縦断的研究 (Yeh et al., 2006) では，夫婦の性的満足感が高いほど，夫婦関係に対する満足感が高くなり，その結果，離婚の危険性が低くなる事を明らかにしています（1989年から2001年）。さらに，この研究では，夫婦関係の満足感が高い事が，性的満足感を高めるのではなく，性的満足感が高い事が，夫婦関係の満足感を高める事も明らかにしています。

『アエラ』のメール調査（わが国の女性が対象）では，セックスが原因で，相手との関係が悪くなった事があるかどうか質問しています。そして，53%の読者が「悪くなった事がある」と回答しています。本項のタイトルの「セックスが合わなくて私から離れた……」は，『アエラ』の調査対象者の生(なま)の声です (AERA編集部, 2002)。ある研究 (Haltzman et al., 2007, as cited in McCarthy, 2004) では，結婚生活に不満を持つカップルのうち，75%の男女が性的な不満を抱えていると報告しています。このように，夫婦生活を営む上で，性的活動はとても重要です。

(2) 性的な問題

北京(ぺきん)あるいは上海(しゃんはい)に住む中国人424名に対して，性的な問題と満足感との関係を調べた研究があります (Renaud et al., 1997)。この研究では，自分自身が性的問題を抱えている事と，結婚満足感や性生活満足感との間には関係がありませんでした。しかし，パートナーが何らかの性的問題を抱えている場合は，そうではありませんでした。パートナーが性的問題を抱えている場合，性的満足感が低く，特に，夫の場合で，その傾向が顕著(けんちょ)でした。さらに，性的問題の内容別に見てみると，妻が性的興奮不全である場合や，妻がオーガズムを得られない場合には，夫の性的な満足感が低下していました。逆に，夫が性病に感染している場合には，妻の性的な満足感が低下していました。

(3) セックスレス

わが国で行ったセックスレスの調査はわずかですが，既婚者795名を対象にし

第 4 節　日常生活に潜む離婚の原因

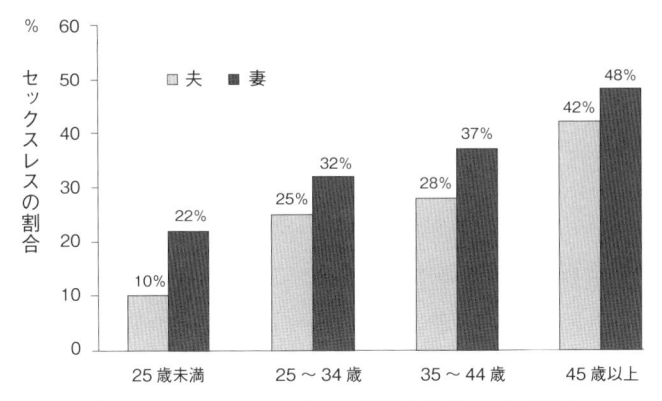

図 2-16　セックスレス（1 ヶ月間性交渉がない）の割合

注　表中の母数（既婚者）には無回答が含まれている（夫では 5%，妻では 10%）。菅・北村（2007）のデータをもとに作成した。

たある調査 (菅・北村, 2007) では，夫の 30%，妻の 38% が，1 ヶ月以上性行為をしていないと回答しています (2006 年実施)。もちろん，年齢によって，この割合は異なります。そこで，図 2-16 に年齢別のセックスレスの割合を示しました（割合は無回答を含めた既婚者のうち 1 ヶ月間性行為のない男女の割合です）。また，2007 年に実施した別の調査 (日本大学人口研究所・世界保健機構) では，ここ 1 年間で性行為が「まったくない」と回答した夫婦は，回答者 (無回答 19.8% を含めた既婚者) のうち，20 代で 7.2%，30 代で 14.4%，40 代で 20.6%，50 代で 37.3% だと報告しています (森木, 2008)。

(4) 満足するセックスとは

性行為の頻度は年齢とともに低下し (Laumann et al., 1994 など)，結婚後急激に減少します (Rao & DeMaris, 1995 など)。しかし，アメリカの調査では，結婚している多くの男女は性生活に満足していると回答しています (Christopher & Sprecher, 2000; Laumann et al., 1994)。単純に，性行為の減少が，性生活の不満につながるわけではないようです。

以下，女性を対象にした『アエラ』のメール調査で，「性的な行為のなかで，あなたが最も好きなのは，どんな行為ですか」という問いに対する回答です (AERA 編集部, 2002)。「セックス後のやさしいキス」(26 歳独身女性)。「ぎゅっと抱きしめてもらう」(33 歳独身女性)。「……夫との日々の出来事の報告や，食事中の『美味しい

第5節　妻が結婚生活を崩壊させる

本節では、「なぜ、女性が働くと、離婚率が増加するのか」という問題を取り上げます。そこで、読者の皆さんにお願いがあります。本書は、客観的データに基づき、多角的視点から、離婚の問題に迫ろうとしています。本節でもその立場は変わりません。この問題に対して、読者の皆さんは、様々な意見を持っていると思いますが、自分自身の考えに左右される事なく、すべての先入観を捨て去り、客観的な視点から、データを読み取ってほしいのです。科学的なデータを示して、太陽が地球の周りを回っているのではなく、地球が太陽の周りを回っている事を説得したガリレオを幽閉した、絶対的な権力を持つローマ教会のように、本書で、科学的なデータを示したとしても、絶対的な権力を持った読者が、その事実を幽閉してしまったのでは、真実はあなたのもとに届きません。

1　妻が働く事の危険性

多くの研究によって、妻の就労が離婚の危険性を高める事が報告されています (Amato & Rogers, 1997; DeMaris, 2000; Greenstein, 1995; Jalovaara, 2001, 2002; Kalmijn et al., 2004; Knoester & Booth, 2000; Ono, 1998; Poortman & Kalmijn, 2002; Schoen et al., 2002; South, 2001; Spitze & South, 1985 など)。たとえば、わが国の大規模調査 (NFRJ-S01) では、妻が仕事に就いていない夫婦の離婚率を基準 (1.0) とすると、妻が定職に就いている夫婦の離婚率はその 1.5 倍でした (加藤, 2005a)。それだけではありません。妻が働く事は、妻自身の結婚生活に不満をもたらす事が報告されています (Erickson, 1993; Furdyna et al., 2008; Wilcox & Nock, 2006 など)。なぜ、妻が働くと、不満を持つようになり、離婚の危険性が増すのでしょうか。まず、様々な角度から、妻が働く事の危険性を紹介します。

(1) 働きたいと願う女性たち

わが国では、多くの女性たちが、社会に出て働く事を望んでいます。たとえば、20代と30代の独身女性に対して、望ましい女性のライフスタイルを調べたアンケートがあります (明治安田生活福祉研究所, 2006a)。回答は「仕事をする、結婚

表2-3 女性が望む女性のライフスタイル（%）

年齢	仕事をする		仕事をしない	
	結婚する	結婚しない	結婚する	結婚しない
20-24歳	72.3	2.1	25.5	—
25-29歳	61.2	4.1	32.7	—
30-34歳	53.2	8.5	34.1	—
35-39歳	51.1	8.5	40.4	—

注　数値は%であり，－は該当回答なしあるいはほとんどいないことを示す。明治安田生活福祉研究所（2006a）のデータをもとに作成した。

する」「仕事をする，結婚しない」「仕事をしない，結婚する」「仕事をしない，結婚しない」から選択させました。その結果，最も多くの回答を得たライフスタイルは「仕事をする，結婚する」で，全体の60%以上の独身女性が選択しました（表2-3）。その傾向は若い独身女性ほど高く，20歳から24歳の独身女性では72.3%が回答していました。「出生動向調査」（国立社会保障・人口問題研究所，2006a）でも，未婚女性の63.6%が，結婚しても仕事をする事が理想的なライフスタイルである，と回答しています。

また，民間のアンケート調査（明治安田生活福祉研究所，2007）では，30代と40代の正規就労者の既婚者を対象に，「いつまで働きたいか」という質問をしています。この質問に対して，「可能な限り」と回答した既婚男性の割合が36.5%であるのに対して，既婚女性の割合は46.4%でした。

多くの女性は働く事を望んでいるのです。それでは，なぜ，女性が働きたいと望んでいるにもかかわらず，その望みが叶うと，不満を持ち，離婚してしまうのでしょうか。本節を読み終えるころには，その謎が解けるかもしれません。

(2) 結婚前に妻が働いていた場合

妻が結婚前に働いていたかどうかも，離婚を左右するようです。図2-17は，初婚のアメリカ人を対象にした大規模調査（NLS）のデータ（1968年から1982年）を分析したものです（Greenstein, 1990）。この図を見ると，結婚以前に仕事をしていなかった女性は，結婚前に仕事をしていた女性（週50時間以上の仕事）と比較すると，離婚率が高い事がわかります。

また，初婚の女性を対象としたイタリアの大規模調査でも，同じような結果を

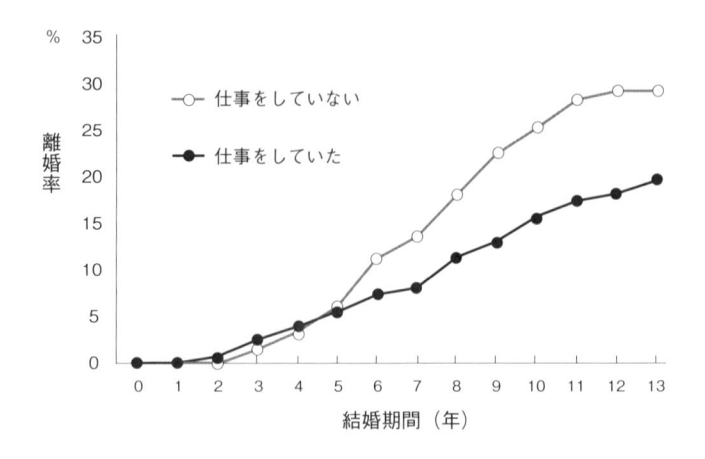

図 2-17　結婚前の女性の仕事が離婚の危険性に及ぼす影響
注　仕事をしていた女性は週50時間以上の仕事である。Greenstein (1990) のデータをもとに作成した。

報告しています。現在働いていない妻の離婚率を基準 (1.00) とした場合，現在働いている妻の離婚率はその 2.09 倍であり，過去に働いていた妻の離婚率は 0.38 倍でした (Rose, 1992)。つまり，働いている妻の離婚の危険性は，働いていない妻のおよそ2倍であるのに対して，過去に働いた事がある妻の離婚の危険性は，働いていない妻のおよそ5分の2なのです。働いていない女性と比較して，働いている女性の離婚の危険性が高い事は，これまでに紹介した通りですが，なぜ，(現在は働いていないが) 働いた経験のある女性の離婚率が低いのでしょうか。働く事が離婚の危険性を高めるならば，以前に働いていた女性の離婚率も高いはずです。

(3) いくつかの疑問点

　私は，ここまで読み続けてきた読者に，2つの疑問をぶつけました。ひとつは，女性は働きたいと思っているにもかかわらず，その望みが叶い，実際に働くと，なぜ，不満を抱くようになり，離婚してしまうのか，という疑問です。もうひとつの疑問は，女性の就労が離婚率を高めるならば，なぜ，(現在は働いていないが) 結婚前に働いた経験のある女性の離婚率が低いのか，という事です。これらの疑問について，「経済的自立」「働きたいという女性の気持ち」「ストレス」「性役割観」「不平等感」などの視点から，考えてみましょう。

■2　経済的自立

「(日本人の女性は) なぜ離婚しないか不思議です。ただひとつ私が考えられる理由は，自分で仕事をする必要がないという事です。離婚したら，自分を食べさせてくれる人を見つけられないと恐れているのでしょう。彼女たちは趣味や旅行に，世界中のほかの女性たちよりたくさんお金を使います。誰がお金を稼いだのでしょう，父親やボーイフレンドや伴侶に依存するのをすぐにやめて，自立しなければ離婚はできない……」。

離婚したフィンランド人女性『私が離婚した理由』（近代文藝社，1996）

(1) 収入を得ると離婚する

　妻の就労が離婚の危険性を増す原因のひとつとして，経済的自立があります。アメリカの大規模調査 (PSID) のデータ (1968年から1985年) を用いた研究 (Ono, 1998) では，$1から$9,000 (当時のレートで230万円程度) の収入を得ている妻の離婚率と比較した場合，$9,000から$18,000 (当時のレートで470万円程度) の収入を得ている妻の離婚率は1.004倍 (この差は偶然の範囲内) でしたが，$18,000以上の収入を得ている妻の離婚率は1.3倍でした。つまり，経済的に独立できるだけの収入を得ると，妻は離婚の決断を強めるのです。これは，経済的に豊かな夫婦の離婚率が高いという事ではありません。先に説明しましたが，経済的に恵まれているほど離婚の危険性は低いのです (本章第4節55頁参照)。それにもかかわらず，妻の収入が高くなると，離婚の危険性が高まるのです。

(2) 経済的自立が離婚を促す

　アメリカでは，共働き夫婦のおよそ25%が，夫より妻の方が高給取りです。夫より妻の収入が高い共働き夫婦の割合は，1981年の調査では16%，1997年の調査では23%ですから，年々，妻の収入が夫の収入を上回る家庭が増えています (U. S. Bureau of the Census, 2005, as cited in Furdyna et al., 2008)。

　驚く事かもしれませんが，家計にしめる妻の収入の割合が高くなると，妻自身の結婚満足感がさらに低下する事が報告されています (Furdyna et al., 2008; Wilcox & Nock, 2006 など)。それだけではありません。離婚の危険性も高くなるのです (Heckert et al., 1998; Sayer & Bianchi, 2000 など)。たとえば，家計にしめる妻の収入の割合と離婚率との関係について，初婚の女性を対象にした，アメリカの大規模調査 (NLS) のデータを用いた分析があります (Greenstein, 1990)。図2-18の横軸は結婚期

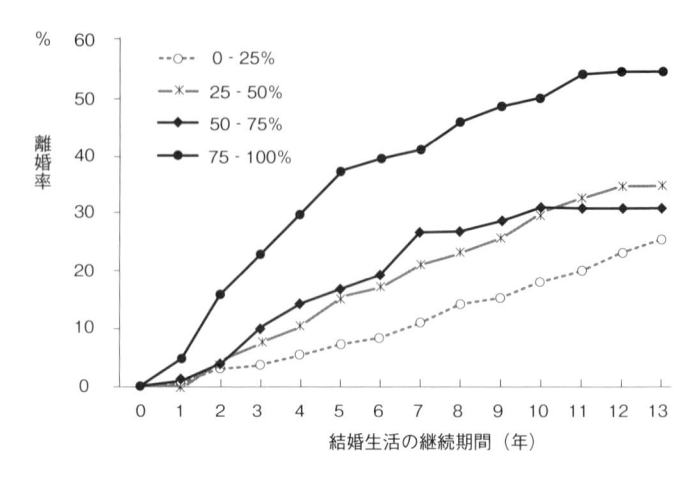

図 2-18　家計に占める妻の収入の割合（%）
注　Greenstein（1990）のデータをもとに作成した。

間を示しており，13年間の結婚期間に関するデータが示されています。家計にしめる妻の収入の割合は，0%から25%，25%から50%，50%から75%，75%から100%の4つに分類しています。図 2-18 を見ると，明らかに，家計にしめる妻の収入の割合が高いほど，離婚率が高い事がわかります。

　話を少し変えて，離婚を思い留(とど)まらせる女性の理由について考えてみましょう。2006年に行ったアンケート調査（第一生命経済研究所，2006b）によれば，「離婚したくともできない理由」として，女性の第一位は「経済的な自立ができない」(65.8%)でした（複数回答）。ちなみに，男性の第一位は「子どもの事」(46.2%)でした。つまり，女性は，経済的な理由によって，離婚する事ができないのです。

　これらの研究が意味している事は，女性が働き，経済的に自立する事ができると，夫は不要になり離婚をするようになる，という事です。このような考え方は，独立仮説とよばれています（第4章第1節132頁参照）。この独立仮説に，先にまとめた疑問を解くひとつのカギがあります。

■3　「働きたい」という本当の意味

　労働の対価として，私たちはお金を得ます。経済的にゆとりのある人を除けば，無給で働き続ける人などいません。生活を営むために働くのです。明日食べる物もない状況ならば，できる限り，働き続けたいと思うでしょうが，経済的に

豊かであるならば，月に1度くらいは休みを取りたいと思うでしょう。つまり，働くという行為は，働く必要性があるかどうかに左右されます。

しかし，経済的に裕福で，働く必要性のない人のなかにも，働いている人がいます。このような人が働く理由は，明日食べる物もない人が働く理由と同じではありません。このような人は，生活を営む事と違う，別の理由で働いているのです。このあたりに，妻の就労が離婚率を高めるという問題を解くカギのひとつが隠されているようです。

(1) 働く必要性

「いつまで働きたいか」という質問に対して，男性の36.5%が，女性の46.4%が，「可能な限り働きたい」と回答している事を，本節の冒頭で紹介しました。この調査（明治安田生活福祉研究所，2007）では，さらに，世帯の貯蓄額別の分析も行っています。その結果が図2-19です。この図を見てわかるように，男女ともに，貯蓄額が高いほど，「可能な限り働きたい」という回答が減少しています。

また，アメリカの大規模調査（NSFH）のデータを用いた研究（Schoen et al., 2006）では，夫の収入が十分に高い場合には，そうでない場合より，働きたいと思う妻の気持ちが低いと報告しています。この報告は，実際に，妻が仕事をしているか

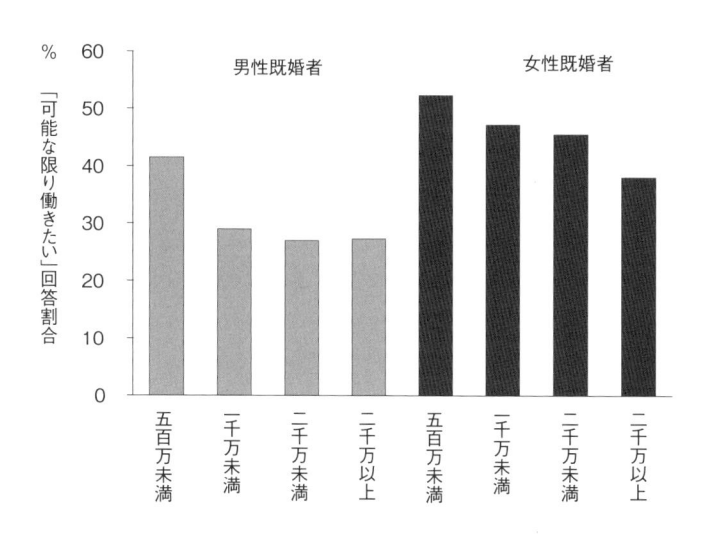

図2-19 世帯の貯蓄残高別「可能な限り働きたい」割合
注 明治安田生活福祉研究所（2007）のデータをもとに作成した。

どうかにかかわらず，夫の収入が十分であれば，妻の仕事への動機づけが低下する事を意味しています。つまり，十分な収入や貯蓄があれば，夫，妻ともに，「できれば，働きたくない」のです。

(2) 自立した女性の働く理由

次は，経済的に恵まれた人が働く理由について考えてみましょう。恵まれた給与を得ている管理職者を対象にした調査（財団法人21世紀職業財団，2003）では，「生活のために働く必要があるから」という理由で仕事をする男性の割合が73.9%であったのに対して，女性では50.1%に過ぎませんでした（複数回答）。一方，「仕事をする事が好きだから」「社会との関わりを持ちたいから」という理由で働いている割合は，男性より女性の方が圧倒的に多かったのです。つまり，経済的にゆとりがあっても，男性はお金を稼ぐために働きますが，経済的に恵まれていれば，女性は自分の要求を満たしたいという理由から働くのです。

(3) 働く事の意味の違い

先に紹介した図2-19をもう一度よく見てみましょう。貯蓄額にかかわらず，男性既婚者より，女性既婚者の方が，「可能な限り働きたい」と回答している割合が高い事がわかります。それはなぜでしょうか。

理想とする夫婦の働き方について，民間によるアンケート調査（明治安田生活福祉研究所，2006a）の結果が報告されています。まず，図2-20の左側，夫婦ともにフルタイムで働いている世帯のデータを見てください。理想の夫婦の働き方として，「夫はフルタイム，妻は短時間労働」を望む夫婦が最も多く，夫，妻ともに4割を超えています。図2-20の右側，専業主婦世帯のデータでも，「夫はフルタイム，妻は短時間労働」を望む夫婦は多く，夫ではほぼ5割，妻では5割を超えています。さらに，注目する事は，夫婦ともにフルタイム世帯でも，専業主婦世帯でも，「夫はフルタイム，妻は短時間労働」を望んでいる割合は，夫より妻の方が高いという事です。妻の本音は，夫に家計を支えてもらい，自分は短時間だけ働く事を望んでいるのです。

また，いつまで働きたいかという問いに対して，「可能な限り働きたい」と回答した正規就労既婚女性は46.4%であるのに対して，非正規就労既婚女性（パートやアルバイト）は54.1%でした（明治安田生活福祉研究所，2007）。この事は，パートやアルバイト程度の仕事を続けたいと願っている既婚女性が多い事を意味しています。

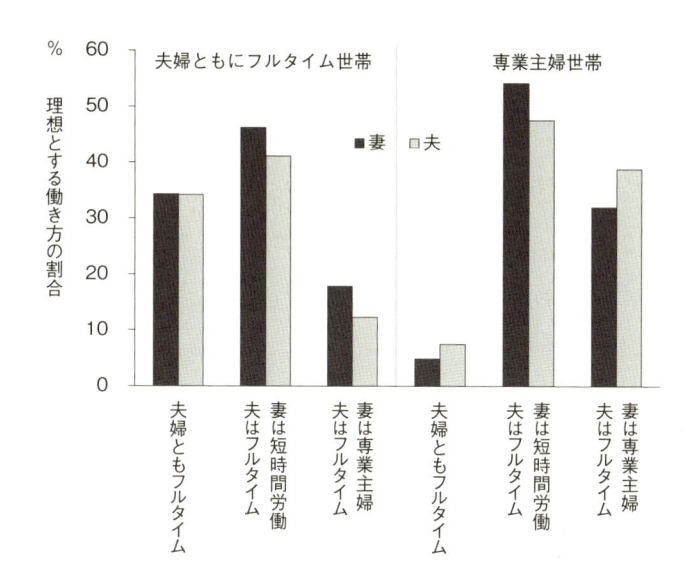

第5節 妻が結婚生活を崩壊させる

図 2-20 理想とする夫婦の働き方
注　明治安田生活福祉研究所（2006a）のデータをもとに作成した。

先に紹介した経済的に恵まれている管理職者の働く理由を思い出してみましょう。男性は，家計を支えるために働いているのに対し，女性は，自分自身の要求を満たしたいという理由から働いていました。理想の働き方に対する回答と合わせて考えると，男性と女性では，働くという事の意味が異なる事がわかります。単純に言うならば，働くという意味は，男性では家計を支える事ですが，女性では自分の要求を満たす事なのです。ですから，男性は，貯蓄額が十分あれば，できれば働きたくないと回答するのに対し，女性は，貯蓄額が十分であっても，働き続けたいと回答するのです。

(4) 働かなければならないという事

図 2-21 は，働くアメリカ白人既婚女性 260 名を対象に，経済的な豊かさと，家計にしめる妻の収入の割合が，妻の結婚満足感に及ぼす影響を示したものです（Furdyna et al., 2008）。家計にしめる妻の収入の割合によって，妻の収入が 50％未満（妻の収入が夫の収入より低い場合）と妻の収入が 100％（妻のみが家計を支えている場合）にわかれています。図中のバーの色の違いは，経済的に豊かであり「働く必要のな

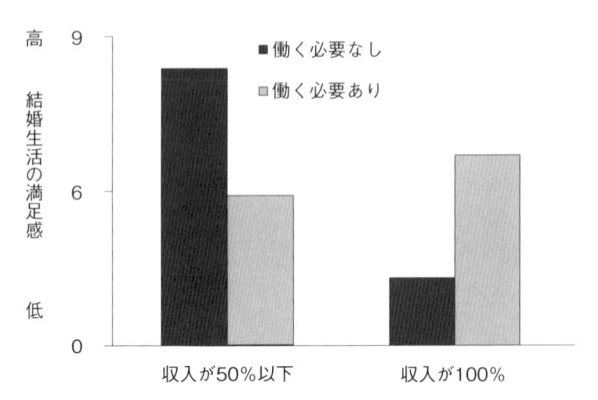

図 2-21　経済的な豊かさと家計に占める妻の割合が，結婚生活満足感に及ぼす影響
注　Furdyna et al. (2008) のデータをもとに作成した。

い」妻と，経済的に貧しく「働く必要のある」妻の違いです。まず，妻の収入が50％未満の妻の結婚満足感を見てみましょう。働く必要のない妻は，働く必要のある妻より，結婚満足感が高い事がわかります。一方，妻の収入が100％の妻の場合はどうでしょうか。働く必要のない妻は，働く必要のある妻より，結婚生活の満足感が低い事がわかります。つまり，経済的に恵まれ働く必要のない妻の場合，家計に責任を持たない程度であるならば，働く事は結婚満足感をもたらしますが，家計を支える責任が生まれると，働く事が結婚生活に不満をもたらす事になります。

　これらの研究は，女性が働きたいという望みは，家計を支えるような仕事はしたくないけれど，個人的欲求を満たす程度に働きたいという気持ちが強く含まれている事を意味しています。

■ 4　ストレスの増加

　働くという事は，ストレスを増す事になります。たとえば，仕事に伴うストレス源として，「職場の人間関係の難しさ」「過労」「役割の不明確さ」などが知られています。夫だろうが，妻だろうが，仕事をするという事は，家庭にとってストレスとなります。そして，離婚の危険性を高めます。ですから，女性の就労が離婚の危険性を高める事は，決して不思議な事ではありません。しかし，夫では

なく，妻の就労が，離婚の危険性を高めるのは，なぜでしょうか。ここでは，「ストレス・スピルオーバー」と「ストレス・クロスオーバー」という2つの学術用語から考えてみましょう。

(1) ストレス・スピルオーバー

　古いテレビドラマでは，「仕事と私，どっちを取るの」と嘆く女性が登場したものです。この状況をよく表した言葉に，仕事－家庭葛藤という言葉があります。「仕事－家庭葛藤」は，仕事ではたすべき役割と，家庭ではたすべき役割との間で，相互に矛盾が生じる事を意味します。つまり，仕事と家庭を両立させようとすると，矛盾が生まれ思い悩む状況です。その結果，仕事が家庭に否定的な影響を及ぼすわけです。このような現象をより具体的に示す言葉に，ストレス・スピルオーバーという学術用語があります。「ストレス・スピルオーバー」とは，ある領域で経験したストレスが，別の領域でストレスとして経験される過程で，この場合，仕事で感じたストレスが，家庭生活でのストレスとなる事を意味しています。

　仕事のストレスが家庭生活でのストレスとなるストレス・スピルオーバーは，男性と女性，どちらの方がよく見られるのでしょうか。つまり，仕事を家庭に持ち込むのは，夫と妻のどちらでしょうか。夫は仕事をして家計を支える事が義務であると考えているため，仕事を家庭に持ち込む傾向があり，仕事によるストレスを家庭で回復しようとする，という古い仮説 (Pleck, 1977) があります（この仮説では，妻の場合は，家庭でのストレスを仕事に持ち込みます）。この古い仮説を支持する報告があります (Byron, 2005; Demerouti et al., 2005; Duxbury & Higgins, 1991; Ford et al., 2007 など)。しかし，この仮説とは逆に，夫より妻の方が，仕事のストレスを家庭生活に持ち込むという研究報告もあります (Cinamon & Rich, 2002; Duxbury et al., 1994; Gutek et al., 1991; Herman, 1977; Kossek & Ozeki, 1998; Loerch et al., 1989; MacEwen & Barling, 1994; Parasuraman et al., 1992; Rothbard, 2001; Williams & Alliger, 1994 など)。ストレス・スピルオーバーの男女差に関する多くの研究をまとめた報告 (Eby et al., 2005) では，古くから言われているような仮説を支持する報告は少なく，逆に，多くの研究では，「男性より女性の方が，仕事のストレスを家庭に持ち込む」とまとめています。

(2) ストレス・クロスオーバー

　ストレス・スピルオーバーに対して，ストレス・クロスオーバーという言葉が

あります。「ストレス・クロスオーバー」は，仕事で感じたストレスが，配偶者に影響を及ぼし，配偶者のストレスとなる事を意味します。実際，妻が働く事で，このような現象が生じる事が報告されています (Bolger et al., 1989; 福丸, 2003; Hughes et al., 1992; 小泉ら, 2003; Lavee & Ben-Ari, 2007; Matthews et al., 1996a; Rogers & May, 2003; Story & Repetti, 2006 など)。たとえば，アメリカ人夫婦を対象にした研究 (Staines et al., 1986) では，妻が働く事によって，夫の精神的な健康状態が悪化したり，夫の生活満足感や仕事に対する満足感が低下したりすると報告しています。

　もちろん，夫のストレスが妻のストレスになる場合もあります。しかし，問題は，夫から妻に悪影響を及ぼすストレス・クロスオーバーと，妻から夫に悪影響を及ぼすストレス・クロスオーバーの程度が違うという事です。たとえば，オランダ人の共働き夫婦を対象にした研究 (Demerouti et al., 2005) では，妻の仕事－家庭葛藤が，妻自身の疲労感を高め，その結果，夫の精神的疲労感を高める事が報告されています。しかし，夫の仕事－家庭葛藤は，夫自身の精神的疲労感を高めますが，その結果，妻の精神的疲労感を高める事はありませんでした。つまり，妻は，仕事をする事で家庭にストレスを持ち込んだ結果，夫の疲労感を高めてしまうけれど，夫の場合は，その影響によって妻を苦しめないのです。

　また，サンフランシスコ（米国）の研究 (Schulz et al., 2004) では，仕事終わりに感じるいら立ちなどの否定的な感情や，配偶者に対する怒りの態度（怒りを表したり，批判したり，思いやりのない言動をしたりする）などについて調べています。その結果，妻の場合は，仕事による否定的な感情が高まるほど，夫に対する怒りの感情をあらわにするのに対して，夫の場合は，仕事による否定的な感情が高まるほど，妻に対する怒りの感情を抑制しようとする事がわかりました。つまり，妻は仕事で辛い思いをすると，その感情を夫にぶつけるのですが，逆に，仕事で辛い思いをした夫は，その思いを妻に見せないように，やさしくふるまうのです。同様に，夫から妻への否定的な影響より，妻から夫への否定的な影響が強いという結果が，イスラエルの研究 (Westman & Etzion, 1995) でも報告されています。妻の就労が結婚生活に不満をもたらしたり，離婚の危険性を高めたりする原因のひとつは，ここにありそうです。

■ 5　性役割観

　女性が働く事と離婚との関係について説明する時，どうしても避けられない問題があります。それが性役割観です。「性役割」とは，社会や文化のなかで，男女

それぞれにとって，適性だと思われる行動特性や役割の事です。本書では，「子どもが幼い時には，女性が子育てをする」「男性は主に家計を支え，女性は主に家庭を守る」などの考え方を伝統的な性役割観とします。

(1) 性役割観と離婚

結婚生活では，女性にとって，伝統的な性役割観を持っているのかどうかという問題はとても重要です。なぜなら，伝統的な性役割観を持つ妻は，そうでない妻より，結婚生活に対する満足感が高く (Lueptow et al., 1989; 大和, 2001, 2006; Yperen & Buunk, 1991; Zvonkovic et al., 1994 など)，離婚の危険性が低いからです (安藏, 2003; Forste & Heaton, 2004; Krishnan, 1998; Presser, 2000; Sanchez & Gager, 2000 など)。一方，男性の場合，性役割観が伝統的であるかどうかと，結婚満足感 (Lueptow et al., 1989; Zvonkovic et al., 1994 など) や離婚の危険性 (Presser, 2000; Sanchez & Gager, 2000 など) とに関係はありません。たとえば，アメリカの大規模調査 (NSFH) では，「母親は働くべきでない」という考え方に同意できない妻の離婚率を基準 (1.00) とすると，「母親は働くべきでない」という考え方に賛同する妻の離婚率は 0.57 倍であると報告しています (Schoen et al., 2006)。しかし，夫の場合，離婚率に違いは見られませんでした。また，わが国の大規模調査 (JGSS-2000) では，伝統的な性役割観 (この調査では結婚観) を持つ妻の離婚率を基準 (1.00) とした場合，伝統的でない性役割観を持つ妻の離婚率は 1.30 倍でした (安藏, 2003)。一方，夫の性役割観は離婚とほとんど関連はありませんでした。つまり，伝統的な性役割観を持たない妻は，結婚生活に不満であり，離婚の危険性も高いのです。

(2) 妻の労働と性役割観

伝統的な性役割観を持たない妻の離婚率が高いという現象について，もう少し考えてみましょう。図 2-22 は，オランダ人女性 1,289 名を対象に，仕事をしている場合と，仕事をしていない場合で，妻の性役割観がどの程度離婚を左右しているかどうか調べた結果です (Kalmijn et al., 2004)。図 2-22 を見ると，妻が定職に就くと，妻の性役割観にかかわらず，離婚の危険性が高い事がわかります。また，妻が仕事に就いていない場合でも，伝統的な性役割観を持たない妻の離婚率が高い事もわかります。

同じような結果が，カリフォルニア州 (米国) の研究 (Piña & Bengtson, 1993) でも報告されています。この研究では，フルタイムで働いている妻の場合，伝統的な性

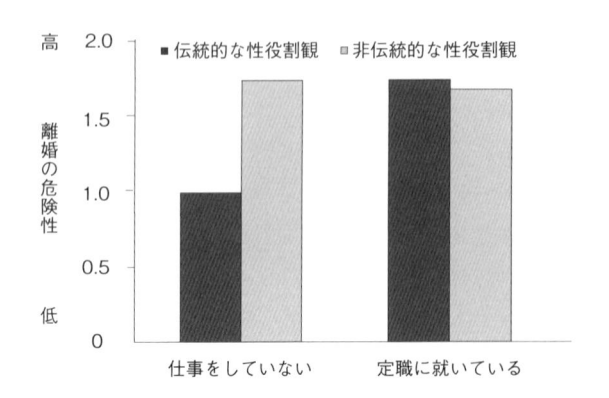

図 2-22 性役割観と妻の仕事が，離婚の危険性に及ぼす影響
注 Kalmijn et al. (2004) のデータをもとに作成した。

役割を持っていても，持っていなくとも，結婚生活の満足感に違いがありませんでしたが，フルタイムで働いていない妻の場合，伝統的な性役割観を持つ妻は，そうでない妻より，結婚生活に満足していました。

これらの研究が意味している事は，伝統的な性役割観を持つ妻は，結婚生活に満足しており，離婚の危険性が低いけれど，常勤で働く事になると，性役割観にかかわらず，結婚生活に不満を持ち，離婚の危険性が高まるという事です。

(3) 夫の稼ぎを超えてしまうと

妻が定職に就くだけではなく，さらに働くようになり，やがて夫の収入を超えるようになると，どうなってしまうのでしょうか。性役割観との関係から考えてみましょう。次の研究は，働く既婚女性のみを対象にしたものです。図 2-23 は，アメリカ白人女性 260 名を対象に，性役割観と家計にしめる妻の収入の割合が，妻の結婚生活の満足感に及ぼす影響を表したものです (Furdyna et al., 2008)。妻の就労状態は，家庭にしめる妻の収入によって，収入が 50％未満（妻の収入が夫の収入より低い場合）と収入が 100％（妻のみが家計を支えている場合）にわかれています。家計にしめる収入の割合が 50％未満では，非伝統的性役割観を持つ妻（伝統的性役割観を持たない妻）より，伝統的性役割観を持つ妻の結婚満足感の方が高くなっています。しかし，家計にしめる収入の割合が 100％になると，伝統的性役割観を持つ

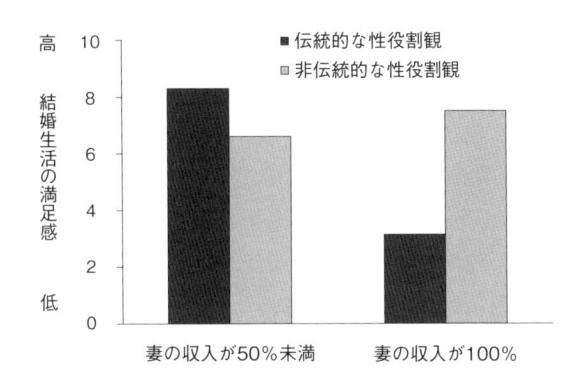

図 2-23　妻の性役割観と家計に占める妻の収入の割合が，結婚生活満足感に及ぼす影響
注　Furdyna et al.（2008）のデータをもとに作成した。

妻の満足感が低くなってしまいます。この研究が意味している事は，妻が定職に就き，夫の収入を超えるほど働くようになると，伝統的な性役割観を持つ妻は，結婚生活に強く不満を感じるようになるのです。

(4) まとめると

性役割観と結婚満足感との関係をまとめると，次のようになります。①伝統的性役割観を持たない妻は，結婚に不満を持ち，離婚率が高い。②しかし，伝統的な性役割観を持つ妻は，常勤で働くようになると，結婚に不満を抱くようになる。なぜ，このような事が起こるのでしょうか。その答えは，次に紹介する「不平等感」にあります。「不平等感」と結婚生活の満足感との関係を説明したのち，この問題について考えてみましょう。

■6　不平等感と結婚生活の満足感
(1) 損得勘定(そんとくかんじょう)

パートナーと比較して，「自分は損をしているのではないか」，そう思うようになれば，その関係は終わりに近づいているでしょう。アフリカ系アメリカ人とヨーロッパ系アメリカ人の妻を対象にした研究（Goodwin, 2003）があります。この研究では，夫婦関係で「自分より夫が得をしているかどうか」「自分は夫より得をしているかどうか」などに関する質問をしました。その結果，夫が自分より得をし

ていると回答した妻は，結婚満足感が低い事がわかりました。一方，自分が夫より得をしているという感情は，結婚満足感にほとんど関係ありませんでした。つまり，自分より夫が得をしている事に対して，妻は我慢ならないのです。仕事だといって，夜更けまで飲み明かし，うさを晴らしている旦那(だんな)の妻は，結婚に不満を抱いている，というわけです。しかし，夫が100円バーガーの昼食を取り，節約している間に，PTAの会合だと称して，近所の奥様方とファミリーレストランで1,000円以上もする昼食を取っていたとしても，その事で，妻は結婚生活に満足しないのです。

(2) 不平等感とふたりの関係の満足感

　恋人関係で生まれる不平等感とふたりの別れとの関係について調べた研究があります。ミッドウエスタン大学（米国）の学生を対象に，4年にわたる調査 (Sprecher, 2001) から，次のような事がわかりました。①男女ともに，ふたりの関係が自分にとって不平等だ（自分が損をしている）と思うほど，関係の満足感が低い。一方，パートナーにとって不平等だ（自分が得をしている）と思う事と，関係の満足感とはほとんど関係がない。②「ふたりの関係が自分にとって不平等だ」と女性が思っていると，その後，ふたりに別れが訪(おとず)れやすい。③しかし，男性では，そのような関係が見られない。つまり，恋人関係では，自分自身がその関係を平等だと思っているかどうかが重要で，別れるかどうかのカギは，女性が不平等だと思っているかどうかにあるようです。同様に，不平等だと思っているほど，恋人関係 (Dainton, 2003; Gottman et al., 2003 など) や，夫婦関係 (Blair, 1993; Forry et al., 2007; Guerrero et al., 2008; Wilkie et al., 1998 など) の満足感が低下する事が報告されています。しかし，こうした傾向は女性に見られる事で，男性では観察されていません (Coltrane, 2000)。妻が不平等感を抱く事が，家庭崩壊につながるというわけです。

(3) 不平等感が離婚を招(まね)く

　不平等感は満足感を低下させるだけではありません。不平等感が離婚を招く事も知られています。たとえば，アメリカの大規模調査 (NSFH) では，家事に対する負担と離婚の危険性について調査をしています (Blair, 1993)。その結果，夫が家事に対して不公平感を積らせていても，夫も妻も，離婚に結びつくと感じませんでした。しかし，妻が家事に対して不公平感を高めると，夫も妻も，離婚の可能性が高いと感じる事がわかりました。やはり，家庭崩壊のカギは妻の不平等感に

あるのです。

(4) 性役割観との関係

このように不平等感は，結婚生活に不満をもたらすだけでなく，離婚の危険性を高めます。この不平等感が，前項で説明した「性役割観と離婚との関係」に関与しています。それでは，前項の性役割観の結論をもう一度見てみましょう。①伝統的性役割観を持たない妻は，結婚満足感が低く，離婚率が高い。②一方，伝統的な性役割観を持つ妻は，常勤で働くようになると，結婚に不満を抱く。

まず，①について考えてみましょう。実は，伝統的性役割観を持つ妻と比較すると，伝統的性役割観を持たない妻は，不平等感を抱きやすい事が知られています (DeMaris & Longmore, 1996 など)。さらに，伝統的な性役割観を持たない妻は，不平等感を感じると，結婚生活により不満を抱きやすくなる事も報告されています (Yperen & Buunk, 1991 など)。つまり，伝統的な性役割観を持たない妻は，不平等感を抱きやすく，その不平等感が結婚生活の不満を導き，その結果として離婚をしてしまうのです。

次に，②について考えてみましょう。伝統的な性役割観を持つ女性は，「夫は仕事をする事で家計を支えるべきだ」という考え方を持っているため，自分自身が定職に就き，家計を支えるようになると，不平等感を抱き，その結果として，結婚生活に不満を持つようになると考えられます。このように，性役割観と不平等感とが強く結びつく事によって，結婚生活に影響しているのです。

(5)「かかあ天下」と「亭主関白」

不平等感と同様に，家庭の権限もまた，結婚満足感を左右します。つまり，夫婦ともに，自分に権限があると思っているほど，結婚満足感が高くなります (Whisman & Jacobson, 1990; Wilkie et al., 1998 など)。

では，わが国の家庭では，妻に権限があるのでしょうか，それとも夫に権限があるのでしょうか。家庭の権限について，1988年，1998年，2008年に行った民間のアンケート調査があります (博報堂生活総合研究所, 2008)。この調査では，夫婦関係を，「亭主関白」「友だち関係」「かかあ天下」から選択させています。その結果をまとめたものが図2-24です。1988年当時は，多くの夫婦関係 (40%弱の夫婦) は亭主関白であったといえます。しかし，時代が経つにつれ，亭主関白世帯は減少しています。2008年では，夫と妻の回答に少しずれはありますが，亭主関白世

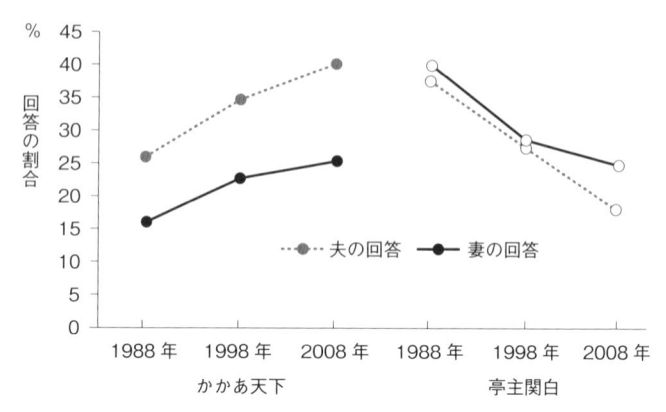

図 2-24 夫婦関係の時代的推移（妻と夫の回答）

注　サンプル数は 1988 年 1,185 世帯，1998 年 1,200 世帯，2008 年 600 世帯である。博報堂生活総合研究所（2008）のデータを用いて作成した。

帯は 20%に過ぎません。一方，かかあ天下世帯は，1988 年から増加しています。ただし，夫と妻との回答には隔たりがあります。2008 年のデータでは，かかあ天下だと回答した夫が 40.2%であったのに対して，そのように回答した妻は 25.2%でした。

　夫婦の権限について，既婚者の女性に尋ねた 2003 年に実施の「全国家庭動向調査」（国立社会保障・人口問題研究所，2006c）があります。その調査では，「家計の分担や管理・運営」について，夫に裁量権があるという回答の割合は 12.7%であったのに対して，妻に裁量権がある回答の割合は 66.5%でした（夫婦で相談が 20.8%）。「育児や子どもの教育」については，夫に裁量権があるという回答の割合は 3.4%であったのに対して，妻に裁量権がある回答の割合は 50.5%でした（夫婦で相談が 46.1%）。少なくともわが国では，家庭での裁量権は妻にあるようです。

■ 7　家事の分担と不平等感

（1）不平等感を感じる妻たち

　わが国では，家事は主に女性が担っています。それは共働き夫婦でも同じです（国立社会保障・人口問題研究所，2006c）。表 2-4 は，夫と妻それぞれに，夫婦のどちらが家事を分担しているのかについて，20 代から 30 代の男女を対象に 2006 年に実施

表2-4 家事の分担に関する夫と妻の意識（%）

	専業主婦世帯		共働き世帯	
	夫の意識	妻の意識	夫の意識	妻の意識
夫のみ家事を負担	0.0	0.5	0.6	0.0
主に夫が家事を負担	3.7	0.5	2.3	3.1
夫婦ともに負担	8.6	2.4	15.9	6.7
主に妻が家事を負担	38.7	26.5	37.5	33.6
妻のみが家事を負担	49.1	69.7	42.0	55.6
無回答	0.0	0.4	1.7	1.0
合計（%）	100	100	100	100

注 表のデータ数は776名である。明治安田生活福祉研究所（2006）のデータをもとに作成した。

した調査の結果です（明治安田生活福祉研究所, 2006a）。専業主婦世帯では，家事を「主に妻が負担」あるいは「妻のみが負担」と回答した夫は88%，妻は96%でした。共働き世帯では，家事を「主に妻が負担」あるいは「妻のみが負担」と回答した夫は80%，妻は89%でした。家事の分担に対する夫と妻の認識にズレはありますが，少なくとも，80%以上の世帯で，主に妻が家事を負担しています。家事の負担が妻に偏(かたよ)っているのは，わが国だけではありません。私たちが夫婦同権の先進国だと思っているアメリカでも，家事は主に妻が負担しており，妻は夫の2倍から3倍，家事に時間を費やしています（Coltrane, 2000; Major, 1993）。

このような家事の負担は，不平等感を生みます。実際，家事の負担に対する不公平感は妻の方が高いようです。たとえば，アメリカの大規模調査（NSFH）のデータ（1987年から1988年）では，共働き夫婦の家事の負担に関して，自分の負担が大きいと感じている夫は4.3%であったのに対して，自分の負担が大きいと感じている妻は35.3%でした（Lennon & Rosenfield, 1994）。

それでは，日本人の女性は，家事の分担に対して，どの程度不平等だと感じているのでしょうか。2002年に，日本，アメリカ，イギリス，フランス，オーストラリア，イスラエルなど25の国や地域で，家族や性役割などを調べた国際社会調査プログラムが実施されました。この調査（Braun et al., 2008）では，既婚女性（同棲を含む）の家事の分担に関する不平等感についても調べています。表2-5は，家事の分担について，「負担していない」（夫の方が負担している）あるいは「ほぼ平等だ」

表 2-5　家事に対する女性の平等感

順位	国名	割合 (%)	順位	国名	割合 (%)
1	ポルトガル	63.2	17	アメリカ	41.0
2	イスラエル	61.1	19	フランス	37.6
6	日本	54.3	21	イギリス	34.1
15	スウェーデン	42.9	23	フィリピン	31.1

注　順位は調査対象 25 ヶ国中のものであり，割合は「平等」あるいは「負担が軽い」と感じている女性の割合である。Braun et al. (2008) のデータをもとに作成した。

と思う女性の割合を示しています。日本の女性では，54.3%が「負担していない」あるいは「平等だ」と感じており，イギリス，フランス，ドイツ，アメリカ，スウェーデン，ノルウェーなどを超えて，25 ヶ国中 6 番目に高い割合でした。つまり，家事の分担に関して，他国と比較するとわが国は平等だといえます。

(2) 家事の負担は結婚満足感と関係がない

　家事や育児に関して，男性より女性の負担が大きいのは確かです。このような負担が，結婚生活に対する不満を抱かせ，離婚の原因となる，と考える読者がいるかもしれません。はたしてそうでしょうか。家事の負担が結婚生活に不満を抱かせたり，離婚の危険性を高めたりするのでしょうか。実は，夫の家事への参加と，妻の夫婦満足感との間には，一貫した関連性は見られていません (Shelton & John, 1996)。つまり，夫が積極的に家事や育児に参加したとしても，妻が結婚生活に満足するとは限らないのです。逆に，夫が家事に参加する事が，妻の満足感を低下させるという報告さえあるのです。

　少なくとも 1990 年代以降のアメリカでは，家計にしめる妻の収入の割合が高くなるほど，妻による家事の負担が大幅に減少し，妻と夫の家事の負担のバランスが均一に近づく事が報告されています (Coltrane, 2000)。また，伝統的な性役割観を持つ妻の家庭より，伝統的な性役割観を持たない妻の家庭では，夫婦がともに家事の負担を共有している事も知られています (Coltrane, 2000)。家事を負担する事が，妻の満足感を低下させたり，離婚の危険性を高めたりするならば，家計にしめる妻の収入が高いほど，また，伝統的な性役割観を持たない妻であるほど，結婚生活に満足し，離婚の危険性が低くなるはずです。しかし，先に説明したように，実際のデータはその逆の結果を示しています。世間では夫が家事を手伝わない事が離婚の原因だと考えられていますが，実はそうではないのです。

(3) 重要な事は家事の分担に対する平等感

　結婚生活に不満を持つ原因は，実際の家事の分担の割合ではなく，家事の分担をどのように捉えるのか，つまり，家事の分担に対する平等感なのです。たとえば，イスラエルのアラブ人夫婦とユダヤ人夫婦を対象に，家事の分担状況（夫と妻がそれぞれ家事に費やした時間など），仕事の分担に関する平等感，結婚生活の満足感などについて調べた研究があります（Lavee & Katz, 2002）。その研究では，夫，妻ともに，家事の分担状況に関係なく，不平等感が高いほど，結婚生活に対する満足感が低い事がわかりました。つまり，「実際に誰が家事をしているのか」や「家事をしている時間の長さ」が，結婚生活の満足感を決めるわけではなく，家事に対して平等だと思っているかどうかが，結婚生活に対する満足感を左右するのです。別の研究でも，家事の負担に対する不公平感によって，ふたりの言い争いが増えたり，結婚生活に不満を抱かせたり，離婚の危険性が増したりする事が報告されています（Gager & Sanchez, 2003; Greenstein, 1996; Mederer, 1993; Wilkie et al., 1998 など）。

(4) 平等な家事の分担とは

　夫婦680組を対象に，アメリカで行った電話調査（Mirowsky, 1985）では，平等だと思う家事の分担について質問しています（1978年実施）。この調査では，家事の分担について，「ほぼ妻が」（－2点），「通常妻が」（－1），「等しく」（0点），「通常夫が」（1点），「ほぼ夫が」（2点）から選択して回答させました。夫の回答は平均0.175点でした。一方，妻の回答は平均－0.720点でした。つまり，夫と妻では，平等だと思っている家事の分担率が違うのです。

　同様の研究が，アメリカの大規模調査（NSFH）によるデータ（1987年から1988年）を用いて行われました（Lennon & Rosenfield, 1994）。この調査では，家事の分担について，「自分にとって不平等」（自分が損をしている），「どちらにとっても公平」，「配偶者にとって不平等」（配偶者が損をしている）の3つの群に夫婦をわけました。そして，それぞれの群の夫婦に対して，どの程度家事を負担しているのか尋ねました。その結果が図2-25です。「どちらにとっても公平」だと感じている夫婦では，家事の負担率は，妻の回答では平均65.9％，夫の回答では平均36.0％でした。つまり，公平だと思われる家事の分担率は，妻では65.9％，夫では36.0％だという事です。妻の場合，家事の負担がおよそ70％を超えると，自分自身が負担し過ぎていると感じ，およそ60％を下回ると，自分自身が楽をしていると感じるのです。夫の場合，家事の負担がおよそ50％を超えると，自分自身が負担していると

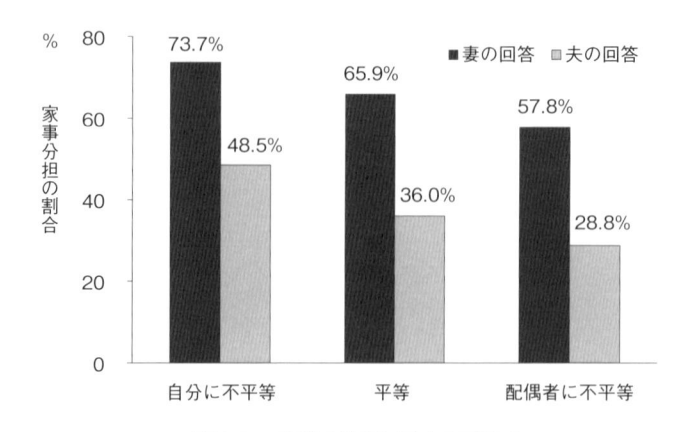

図 2-25　家事の分担に関する平等感
注　Lennon & Rosenfield（1994）のデータをもとに作成した。

感じ，およそ30%を下回ると，自分自身が楽をしていると感じるのです。家事の分担が五分五分である事が，夫婦ともに平等ではないのです。

(5) 不満を感じやすい働く妻たち

　もう少し，家事の分担の平等について考えてみましょう。コネチカット（米国）に住む共働き夫婦382組が，家事の分担や仕事の分担について感じている平等感の研究があります（Wilkie et al., 1998）。この研究では，家事の負担に関して，不平等だ（自分の負担の方が大きい）と感じている妻は45%，不平等だと感じている夫は11%と報告しています。家事に費やす時間（1週間）は，妻では平均39時間，夫では平均24時間でした。この調査で，注目してほしい重要な結果はここからです。この研究では，家事の負担だけではなく，仕事の負担についても尋ねていますが，仕事の負担に対する不平等感は，夫と妻では，ほとんど変わりませんでした。詳しく言えば，仕事の負担に対して不平等だと感じている妻は12%，夫は18%でした。しかし，妻が1週間に平均39時間働いているのに対して，夫は平均49時間も働いたのです（夫は家計の平均65.9%を稼いでいました）。

　この研究の要点をまとめると，家事の負担時間は妻が6割，夫が4割，これを不平等だと感じている妻が45%，夫が11%，一方，仕事の負担時間は妻が4割強，夫が6割弱（収入は6割強），これを不平等だと感じている妻は12%，夫は18%という事になります（図2-26）。家事と仕事の総労働時間でいうならば，妻も夫も

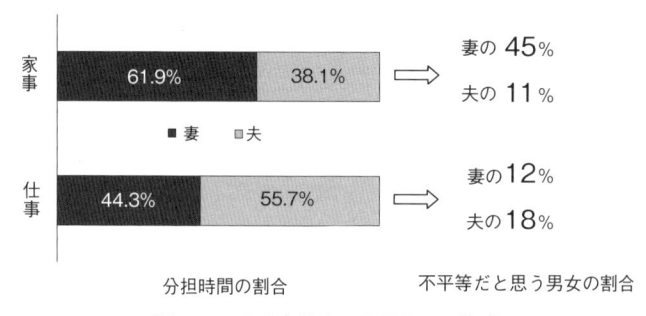

図 2-26　家事と仕事の分担と不平等感
注　データは 382 組の夫婦である。Wilkie et al.（1998）のデータをもとに作成した。

（分担時間の割合）
家事：妻 61.9%／夫 38.1%
仕事：妻 44.3%／夫 55.7%

（不平等だと思う男女の割合）
家事：妻の 45%／夫の 11%
仕事：妻の 12%／夫の 18%

ほぼ同じ時間働いているにもかかわらず，妻は家事に対して不平等感を抱き，夫は仕事に対して不平等感を抱かないのです。

「旦那(だんな)に理解がない」という話を耳にしますが，そうではないのです。夫は理解を示し，家事や育児の分担をし，不平を口に出さないのです。一方，働く女性は，自分自身の収入が家計にしめる割合に目を向けず，自分が夫より家事や育児に時間を割いている事に不平等感を感じるのです。先にも説明しましたが，不平等感が結婚生活に不満をもたらしたり，離婚への道筋を作ったりするのは，伝統的な性役割観を持たない妻なのです。つまり，家事や育児に対する不当な不平等感によって，離婚の危険性をもたらすのは，伝統的な性役割観を持たない働く妻たちなのです。

■ 8　再び，なぜ，妻が働くと離婚の危険性が高まるのか

それでは，「妻は働きたいと思っているにもかかわらず，なぜ，実際に仕事に就(つ)くと，結婚生活に不満を抱き，離婚の危険性が高まるのか」という本節冒頭で提示した疑問について，再度考えてみましょう。

(1) ここまでのまとめ

「経済的な自立」では，妻が働く事によって，経済的な側面で夫に頼る必要性が低くなり，その結果，離婚の危険性が増す事を説明しました。「働きたいという理由」では，女性が働きたい動機は，家計を支えるためではなく，個人的な欲求を満たすためである事を説明しました。そのため，家計を支えるために働くように

なると，不満が増大し，離婚の危険性も増します。「ストレスの増加」では，夫より妻は，仕事のストレスを家庭に持ち込みやすく，かつ，仕事のストレスを夫にぶつけ，夫に否定的な感情を抱かせやすい事を説明しました。つまり，夫が働くより，妻が働く方が，家族にとってストレスとなるわけです。そして，それが原因のひとつとなり，結婚生活に不満を抱き，離婚という選択肢を選ぶ事になります。「性役割観」と「不平等感」では，不平等感が結婚生活に不満を抱かせ，離婚の危険性を高める事，この傾向は男性ではなく女性に見られる事，さらに，この傾向は伝統的な性役割観を持た・ない・妻ほど強くなる事を説明しました。また，働く妻は，家事に対する不当な不平等感を持ち，この不平等感が離婚の危険性を増す事になる事を説明しました。

　「妻は働きたいと思っているにもかかわらず，なぜ，実際に仕事に就くと，結婚生活に不満を抱き，離婚の危険性が高まるのか」，その解答は，家庭での妻の役割をはたす事に，妻が不満を感じる事にあります。もうひとつの疑問，「結婚前に働いていた女性の離婚率が低いのはなぜか」という問題も，容易に推測する事ができます。結婚前に働いていた女性は，働いて家計を支える事の厳しさを十分に知っています。そのため，不当な不平等感を感じにくく，自分自身の役割をはたそうとすることで，結婚生活に満足し，離婚率が低くなるのです。

(2) 夫は夫の役割を，妻は妻の役割を

　結婚相手の条件に関するアンケート調査があります (明治安田生活福祉研究所，2006b)。結婚相手の条件に，男女で大きな違いが見られた回答があります。男性によく見られた回答は「家事が一通りできる」(42.4%) です (複数回答)。女性によく見られた回答は「経済力がある」(60.0%)，「安定した仕事に就いている」(57.5%) です (複数回答)。男性には家計を支える経済力が期待され，女性には家庭を守る事が期待されているという事です。

　本書を執筆している時，「世にも奇妙な物語」がテレビで放送されていました (フジテレビ 2009 年 3 月 30 日放送)。その話のひとつに『ボランティア降臨』という物語がありました (原作は原宏一)。その話では，ある家庭に，突然ひとりの女性が現れ，ボランティアと称し，仕事で忙しい妻に代わって，家事を手伝います。ボランティアの女性は家事全般を完璧にこなし，家族からとても歓迎されます。やがて，妻は家庭での居場所がなくなります。最後には，その妻は，ボランティアとして別の家庭に家事の手伝いとして出かけるという話です。

経済力のない男性は離婚されます。同様に，家庭を守れない女性は離婚されるのです。男女ともに，パートナーから期待されている役割をはたす事が離婚を防ぐ事になります。『新約聖書』にはこうあります。「夫は妻に，その務めをはたし，同様に妻も夫にその務めをはたしなさい」(コリント人への第一の手紙，第7章第3項)。

第6節　親が離婚すれば子どもも離婚する

　両親が離婚していたら，その子どももまた離婚するのでしょうか。そのような事を考えた事はありませんか。そして，両親が離婚している事と，その子どもの結婚がうまくゆくかどうかは関係ない，そのように結論づけてはいませんか。結論から言えば，それは間違いです。両親が離婚すると，子どもの結婚生活はうまくゆかないのです。しかも，想像している以上に高い確率で，離婚は子どもに伝わります。信じられない読者は，本節を読んでみましょう。

1　両親が離婚すると

　両親が離婚している男女は，そうでない男女より，離婚しやすい事が知られています (Amato & Cheadle, 2005; Amato & DeBoer, 2001; Berrington & Diamond, 1999; Graaf & Kalmijn, 2006b; Heaton, 2002; Kalmijn et al., 2004; Kiernan & Cherlin, 1999; Kunz, 2000; Poortman & Kalmijn, 2002; Richards et al., 1997; Ross & Mirowsky, 1999; Teachman, 2002, 2003; Wolfinger, 1999 など)。たとえば，ある研究者 (Amato, 1996) は，1万3,000名のアメリカ人を対象に，1980年から1992年の間に離婚した夫婦について調査をしています。そして，両親がともに離婚していない夫婦の離婚率と比較して，妻の両親が離婚している場合は1.59倍，夫婦の両親がともに離婚している場合は2.90倍，離婚率が高くなると報告しています。

　両親が離婚した時期も，離婚するかどうかに関係があるようです。たとえば，1958年生まれのイギリス人を対象にした研究 (Kiernan & Cherlin, 1999) では，未成年の時に両親が離婚した男女と，成人してから両親が離婚した男女を比較すると，未成年の時に両親が離婚した男女の離婚率の方が高いと報告しています。

2　親が離婚すると，なぜ子どもも離婚するのか

　私たちの行動は，少なからず，両親の影響を受けています。という事は，離婚

をするかどうかという行動もまた，親の影響を受けていると推測できます。そう考えると，「両親が離婚すると，その子どもも離婚しやすい」という事実にもうなずけます。両親の離婚が子どもの離婚に影響を及ぼす理由について，もう少し掘り下げて考えてみましょう。

(1) 離婚に対する態度

まず，両親の離婚は，子どもの夫婦観や離婚観に影響を及ぼす事が知られています (Amato & Booth, 1991; Franklin et al., 1990; Kirk, 2002; Segrin & Taylor, 2006; Yu & Adler-Baeder, 2007など)。たとえば，ある研究者 (Amato, 1996) は，両親が離婚した男女は，両親が離婚していない男女と比較して，離婚を否定的に捉えない傾向があり，不幸な結婚生活を続ける必要はないと考える傾向が強い，と述べています。また，両親が離婚している場合，離婚に寛容であり，離婚を受け入れやすい事も知られています (Kapinus, 2005; Kinnaird & Gerrard, 1986など)。つまり，両親が離婚している男女は，離婚を否定的に捉えないため，結婚生活を続ける事に対する執着心が低く，離婚を選択しやすくなるのです。

(2) パートナーとの関係

一般的に，両親が離婚した男女は，口論や意見の対立が多く，結婚生活に不満を抱きやすい事が知られています (Jacquet & Surra, 2001; Ross & Mirowsky, 1999; Sanders et al., 1999; Story et al., 2004; Whitton et al., 2008など)。また，両親が離婚している男女は，夫婦喧嘩が起こると，パートナーに対して攻撃的になりやすい事も知られています。たとえば，新婚夫婦を対象にした研究 (Story et al., 2004) では，両親が離婚した妻は，喧嘩をすると，夫に対して暴力をふるい，その結果，4年後の夫婦関係の満足感が低下すると報告しています。

さらに，両親が離婚した男女は，パートナーに対する信頼感 (Ross & Mirowsky, 1999; Whitton et al., 2008など) や夫婦関係を円滑に営む事ができるスキル (Conger et al., 2000; Segrin & Taylor, 2006など) が低い事も報告されています。このように，両親が離婚した男女は，パートナーと適切な関係を結びにくいと考えられます。

(3) ライフスタイル

もうひとつ考えられる理由がライフスタイルへの影響です。両親が離婚すると，十分な教育が受けられなくなる可能性が増します。実際に，両親が離婚する

事によって，子どもの教育水準は低下します (Amato & Cheadle, 2005; Furstenberg & Teitler, 1994; Ross & Mirowsky, 1999 など)。両親が離婚した子どもと，両親が離婚していない子どもの SAT の得点を比較した研究があります (Nelson, 1982)。SAT は，日本のセンター試験に相当するアメリカの大学進学適性検査です。両親が離婚していない男性の平均得点は 84.1 点，女性の平均得点は 88.0 点でした。一方，両親が離婚している男性の平均得点は 79.6 点，女性の平均得点は 81.1 点でした。つまり，両親が離婚している子どもの SAT の得点が低かったのです。教育水準の低さが離婚と強く関わっている事は，先に説明した通りです (本章第2節39頁参照)。つまり，両親が離婚している子どもは，教育水準が低くなり，その結果，離婚の危険性が増すのです。

また，両親が離婚した男女は，そうでない男女より，若くして結婚する事も知られています (Amato, 1996; Ross & Mirowsky, 1999; Wolfinger, 2003 など)。若いうちに結婚した夫婦の離婚の危険性が高い事は，先に説明した通りです (本章第3節44頁参照)。加えて，両親が離婚している男女は，複数のパートナーと性的な関係を持つ事も知られています (Gabardi & Rosén, 1992 など)。このように，両親の離婚は，ライフスタイルに影響を及ぼし，離婚の危険性を高めるのです。

3　離婚は遺伝する

両親が離婚した男女が離婚しやすい事は，行動遺伝学という学問分野でも報告されています。行動遺伝学は，一卵性双生児 (ほぼ100%遺伝的に等しい) と二卵性双生児 (平均50%遺伝的に等しい) による双生児法などによって，遺伝及び環境による人の性格や行動への影響を明らかにしようとする学問です。行動遺伝学では，遺伝率によって，ある性格や行動が，どの程度，遺伝的要素によって左右されるのかを明らかにする事ができます (遺伝率とは，表現型の分散のうち遺伝型の分散によって説明できる割合をいいます。残りの割合が環境の効果となります)。

この行動遺伝学の領域で，驚くべき成果が報告されました (Jockin et al., 1996; McGue & Lykken, 1992)。この研究 (Jockin et al., 1996) では，一卵性双生児 566 名，二卵性双生児 527 名を対象に，離婚に影響を及ぼすと考えられる性格などを調査しました。その結果，離婚の遺伝率は，女性で 59%，男性で 55% でした。つまり，離婚するかどうかは，遺伝によって，女性で 59%，男性で 55%，決定しているという事です。もう少し詳しく説明すると，女性の場合，遺伝率 59% のうち，離婚の直接的遺伝率は 41% です。残りの 18% は，遺伝によって性格が決定し，その結

果，離婚するかどうかが左右される割合です。男性の場合は，離婚の直接的遺伝率は31%，性格を介して離婚に影響を及ぼす間接的遺伝率は23%です。性格のように離婚を左右する原因をすべて考慮に入れると，離婚の遺伝率はさらに高くなるでしょう。

■4　結婚に満足できるかどうかも遺伝

　遺伝子の影響を受けるのは，離婚だけではありません。結婚生活に満足する事ができるかどうかも遺伝によって左右されるという報告があります (Ganiban et al., 2007; South & Krueger, 2008; Spotts et al., 2004a, 2005a, 2005b など)。先に説明した行動遺伝学によって，結婚生活満足感の遺伝率を算出できます。たとえば，スウェーデン人妻（若干名同棲を含む）の結婚満足感の遺伝率は30%から31%だという報告があります (Spotts et al., 2004b)。また，スウェーデン人夫婦を対象にした別の研究 (Spotts et al., 2006) では，夫婦関係の愛情に関する遺伝率は，夫で22%，妻で32%，夫婦関係の口論や言い争い（否定的なやり取り）に関する遺伝率は，夫で26%，妻で14%でした。夫婦関係の満足感だけでなく，夫婦関係の様々な言動も遺伝するのです。

■5　離婚ホルモン

　離婚が遺伝するという根拠は，生理学的な領域からも支持されています。1993年，離婚に関連しているホルモンが発表されました。ホルモンの名前は「テストステロン」です。

　ブースとダブス (Booth & Dabbs, 1993) は，アメリカの男性4,462名を対象に，大規模な研究を行いました。その結果が図2-27です。唾液中のテストステロンの濃度が高いほど，テストステロンの値が高い事を意味しています。この図からわかるように，テストステロンが高い男性は，低い男性と比較して，離婚の危険性が高いのです。同様の結果が，ほかの研究者によっても報告されています (Mazur & Michalek, 1998など)。また，テストステロンの分泌が多いほど，結婚満足感が低い事も報告されています (Julian & McKenry, 1989など)。

(1) 愛と暴力のホルモン

　なぜ，テストステロンが離婚と関係あるのか，その話の前に，テストステロンについて，説明します。テストステロンは，男性ホルモンの一種で，思春期に急速に増加し，思春期を過ぎると徐々に低下します。男性の第二次性徴の発現を促

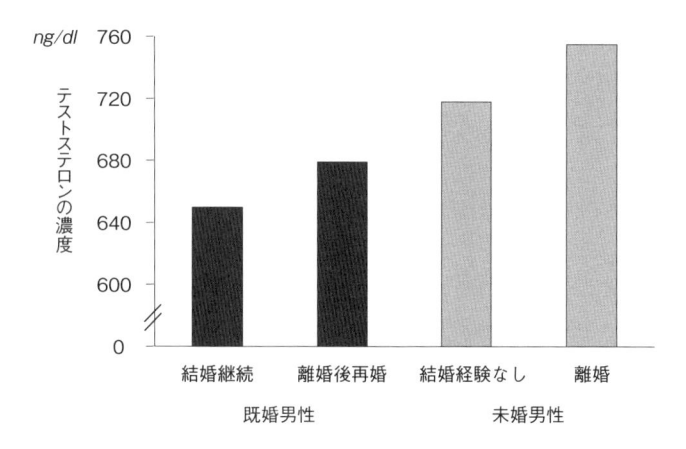

図 2-27　テストステロンと離婚の危険性
注　Dabbs & Dabbs (2000) のデータをもとに作成した。研究は Booth & Dabbs (1993) によって報告されたものである。

す事で知られています（男性の5%から10%程度ですが，女性でも分泌されます）。また，スポーツ界では，ドーピング問題が注目を集め，テストステロンが筋力増強に関与している事が，多くの人々の知るところとなりました。

　俗世間では，テストステロンは「愛と暴力のホルモン」とよばれています。それは，テストステロンが愛と暴力に関係しているからです。

(2) 攻撃的行動

　テストステロンは，攻撃的行動や反社会的行動と深い関係があります（Archer, 2006; Booth et al., 2006; Dabbs & Dabbs, 2000; Harthens & Kuipers, 2004; Mazur & Booth, 1998; Mazur & Hichalek, 1998; Wingfield et al., 1990）。たとえば，ダブスらは，囚人の行動や犯罪歴（犯罪が暴力的だったかどうか）などと，テストステロンとの関係について研究しています（Dabbs et al., 1995; Dabbs & Hargrove, 1997; Dabbs & Morris, 1990）。その結果，暴力的な罪を犯した囚人ほど，テストステロンの値が高かったのです。レイプ，児童に対する乱暴，殺人などの犯罪は，特に，テストステロンの値が高い囚人に多く見られました。加えて，刑務所内の行動でも，テストステロンの値が高い囚人は，乱暴な行動が頻繁に観察されました。

　アメリカでは，テストステロンは医師の処方なく入手する事は違法であり，規制物質に指定されています。そこで，「なぜ，テストステロンのたまものである男

も，規制物質にしないのか，と女性たちがいぶかしがる」というジョークもあるくらいです (Dabbs & Dabbs, 2000)。

さらに，テストステロンの高い夫は，妻に対して暴力をふるいやすい事も報告されています。たとえば，フロリダ州（米国）の研究 (Soler et al., 2000) では，テストステロンの分泌量と，パートナーへの暴力との関係を調べています。そして，年齢や教育歴，人種やアルコール依存度などに関係なく，テストステロンの分泌量が高いほど，暴力（言葉による暴力，身体的な暴力）をよくふるう事がわかりました。つまり，テストステロンの分泌量が多い男性は，妻に暴力をふるいやすいのです。暴力は離婚につながるため，テストステロンの分泌量が多い男性は，離婚率が高くなるのかもしれません。

(3) 性行動

攻撃的行動のほかに，テストステロンがもたらす作用として，性衝動が知られています。つまり，テストステロンによって性的な衝動が高まり，性的な行動が生起するのです。たとえば，テストステロンが高いほど，性的行動の頻度が高くなり，テストステロンの分泌を抑制すると，性的活動が低下する事も知られています (Archer, 2006; Dabbs & Dabbs, 2000; Wingfield et al., 1990)。

一方，結婚すると，男女ともに，テストステロンの分泌量が低下する事が報告されています (Fleming et al., 2002; Gray et al., 2002 など)。特に，妻が妊娠したり，子どもが生まれたりすると，テストステロンの分泌は抑制されます (Berg & Wynne-Edwards, 2001; Gray et al., 2002; Storey et al., 2000 など)。結婚後に性行動が減少したり，出産後に性行動が減少したりするのは，このようなテストステロンの作用が関係しています。しかし，結婚しても，子どもが生まれても，テストステロンの分泌量が高いままの人物もいます。そのような人物は，どのような行動をするのでしょうか。先に紹介したブースとダブス (1993) は，テストステロンが高いほど，浮気（婚外性交）の危険性が高いと報告しています。また，複数の相手と性行為を持つとも報告しています (Dabbs & Dabbs, 2000)。つまり，テストステロンの分泌量が高い人物は浮気をしやすく，その結果として離婚をしてしまうのです。

■6 離婚遺伝子

2008年，離婚に関わる遺伝子が発見されたというニュースが世間を騒がせました。話題になった遺伝子は AVPR1A です。この遺伝子は，アルギニン・バソ

プレシン（AVP）という神経伝達物質を受け取るタンパク質を生み出す機能があります。ハタネズミを被験体とした研究では，一夫一婦制を好むハタネズミの種と，そうでないハタネズミの種を比較したところ，一夫一婦制を好むハタネズミでは，アルギニン・バソプレシン受容体が多い事が報告されていました。世間を騒がせた 2008 年の研究（Walum et al., 2008）によって，ハタネズミの実験結果と同じような事が，ヒトでも明らかになったのです。この研究では，双子のスウェーデン男性 552 組の遺伝子 AVPR1A を調べ，そのパートナーである女性に夫婦関係についての質問をしています（多くのカップルが結婚しています）。男性は，AVPR1Aの遺伝子の塩基配列（この配列が遺伝情報です）が，特定のタイプのものかどうか，調べられました。少し詳しく言えば，AVPR1A の 334 対立遺伝子のコピーが，「ない」か，「ひとつ」あるいは「ふたつ」あるかどうかについて調べました（遺伝子は 2 本のヌクレオチドであるため，対立遺伝子のコピーは，存在しないか，存在するならば，ひとつかふたつになります）。この対立遺伝子のコピーがあると，アルギニン・バソプレシン受容体を十分に作り出す事ができません。調査の結果，対立遺伝子のコピーを持つ男性のパートナーは，そうでない男性のパートナーより，ふたりの関係に対する満足感が低く，ふたりの結びつきも弱い事がわかりました。また，ふたりの関係に危機感を抱いたり，離婚の危険性が増加したりする事もわかりました（図 2-28 参照）。

　もちろん，この AVPR1A 遺伝子が離婚をするかどうかを決めるわけではあり

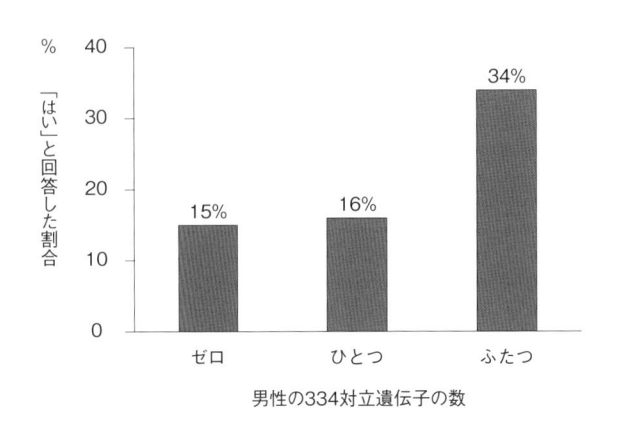

図 2-28　過去 1 年間に離婚の危機脅威を経験したかどうか
注　「はい」「いいえ」で回答させた。Walum et al.（2008）のデータをもとに作成した。

ませんが，この遺伝子の影響を強く受けているアルギニン・バソプレシン受容体が，離婚に何らかの影響を与えている可能性は否定できません。

第3章　浮気でもしてみなさいよ

酪農家の話：「(雄牛は) 一度でも交尾した牝牛には，見向きもしないものさ。興味がなくなってしまうんだ」

ヒロイン　：「つまり，私は古い牝牛というわけ。……(男は) 毎晩同じ女とやるのに飽きるの。遅かれ早かれ，私たちは古い牝牛なの。交尾した相手は用済み。そして，男は新しいメスに近づいてゆくんだわ」

映画『恋する遺伝子』(20世紀フォックス)

　アシュレイ・ジャッドふんするヒロインのジェーンは，「雄牛は，一度でも交尾した牝牛とは，二度と交尾しない」という新聞記事を耳にし，自分自身の恋愛観を「新しい雄牛理論」と名づけました。ジェーンの「新しい雄牛理論」は，「男は必ず浮気をし，女(私)を捨てる」というものです。ジェーンは，自身の恋愛経験によって，「新しい雄牛理論」に対する確信を強めます。そして，ジェーンは，性科学者を装い，ある雑誌に，「新しい雄牛理論」による恋愛論の連載を始め，世間の女性たちの共感を得ますが……。

　男は必ず浮気をするのでしょうか。本章では，そんな素朴な疑問に答えつつ，浮気の現状や，浮気をする理由，浮気に対する反応，浮気と離婚との関係など，様々な浮気の側面について説明します。

第1節　新しい雄牛理論は正しいのか

　ジェーンが考案した新しい雄牛理論は，正しいのでしょうか。テレビや雑誌などでは，「男は浮気をする生き物だ」という発言が見られます。なかには，「男が浮気をするのは仕方がない」という声も聞かれます。古い話ですが，1996年に，タレント石田純一の「不倫は文化だ」という名言が，当時純粋だった私のこころに深く刻み込まれました(正確には，マスコミによってセンセーショナルに伝えられたもので，

石田純一の言葉ではありません)。「男が浮気をするのは文化だから,許されるのか」,幼い私はそう思いました。そのようなテレビや雑誌の話を耳にすると,新しい雄牛理論を信じてしまいそうになります。しかし,客観的なデータを伴わない話は,嘘か本当かわからないのです。データが示す新しい雄牛理論の真実をのぞいてみましょう。

■ 1 男性は浮気をする生き物なのか

アメリカで行った複数の全国規模調査 (Whisman & Snyder, 2007) では,生涯を通じて,20%から40%の男性が,20%から25%の女性が浮気 (婚外性交) をすると報告しています。このように,多くの調査では,女性より男性の方が浮気をしやすく,浮気願望も高い事が報告されています (Atkins et al., 2001; Atkins & Kessel, 2008; Buunk, 1980; Buunk & Bakker, 1995; Glass & Wright, 1985; Liu, 2000; Prins et al., 1993; Thompson, 1984; Treas & Giesen, 2000; Træen & Stigum, 1998; Waite & Joyner, 2001; Wiederman, 1997 など)。

浮気は結婚している夫婦の間だけの出来事ではありません。恋人関係でも,浮気は起こります。たとえば,真剣な交際をしているアメリカの大学生では,男性のおよそ50%,女性のおよそ30%が浮気 (性的行為) をした経験がある,と回答しています (Wiederman & Hurd, 1999)。このように,恋人関係でも,女性より男性の浮気率が高い事が報告されています (Allen & Baucom, 2004 など)。

一方,わが国のインターネットによるアンケート調査は,どうでしょうか (図3-1 参照)。2002年に実施した「Seiさんのお店」による調査 (セイエンタプライズの

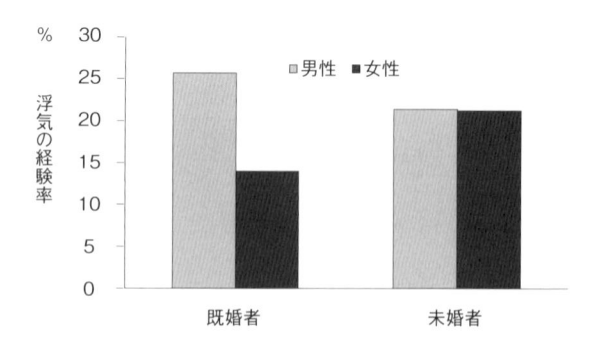

図 3-1 浮気の経験率

注 データ数は846名である。セイエンタプライズの「Seiさんのお店」(2001-2003) のデータをもとに作成した。

「Sei さんのお店」, 2001-2003) では, 既婚男性の 25.7%, 未婚男性の 21.4%, 既婚女性の 14.0%, 未婚女性の 21.2%が, 浮気をした事があると回答しています。さらに, 浮気願望に関しては, 既婚男性の 54.3%, 未婚男性の 36.5%, 既婚女性の 22.1%, 未婚女性の 19.0%が,「浮気願望あり」と回答しています。女性読者を対象にしたメール調査 (AERA 編集部, 2002) では, 32%が浮気 (性的関係) を経験したと回答しています。さらに, 不倫の経験となると, 51%の女性が経験ありと回答しています。

わが国でも, 女性より男性の方が浮気をしやすいといえるかもしれません。しかし,「男は浮気をする生き物だ」というほど, 多くの男性が浮気をしているわけでも, 女性より圧倒的に男性の方が浮気をするわけでもなさそうです。

2　もう少し, 詳しく見ると

さらに, 詳しい分析を進めると, 単純に, 女性より男性の方が浮気をしやすいとはいえないようです。たとえば, 性行為を目的とした浮気では, 女性より男性の方が多いのですが, 精神的浮気では男性より女性の方が多く見られる, という報告があります (Thompson, 1984 など)。

また, 浮気の男女差は年齢とも関係があるようです。アメリカの大規模調査 (GSS) では, 性別と年齢に関する既婚者の浮気調査を実施しています (Greeley, 1994)。この調査をまとめたものが図 3-2 です。この図からわかるように, 30 歳以下では, 男性より女性の浮気率が高く, 40 歳以上では, 女性より男性の浮気率が高くなっています。

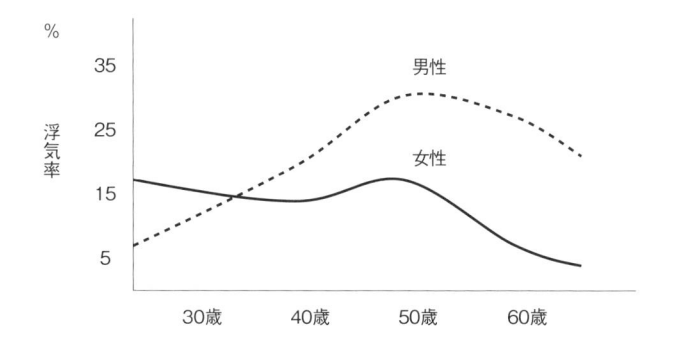

図 3-2　浮気率の変化
注　Greeley (1994) のデータをもとに作成した。

わが国の浮気の傾向は詳しく調べられていませんが，少なくとも，アメリカでは，単純に，「女性より男性の方が浮気をする」とは言えません。ちなみに，本章の冒頭で紹介した映画のラストシーンで，ヒロインのジェーンは，自身の「新しい雄牛理論」を否定します。

3　なぜ，新しい雄牛理論を信じるのか

確かに，女性より男性の方が浮気をする可能性は高いようですが，女性も浮気をする事は確かです。ではなぜ，「新しい雄牛理論」が生まれたり，「男は浮気をする生き物だ」と言われたりするのでしょうか。そこには，もう少し別の理由があるはずです。その理由を探ってみましょう。

(1) 疑り深い妻たち

パートナーが浮気をする可能性について，ある研究者たち (Buss & Shackelford, 1997) が調査をしています。新婚夫婦107組を対象にしたその調査では，自分自身が将来浮気をする可能性と，配偶者が将来浮気をする可能性について質問しています。浮気にも様々なタイプの浮気がある事から，その研究では，浮気を「情熱的なキス」「親密な関係としてのデート」「ひと晩限りの性的交渉」「短期間の情事」「真剣な情事」などに分類しました。この研究の結果をまとめたものが図3-3です。自分自身あるいは配偶者が，将来浮気をする可能性が高いほど，図3-3の数値も高くなります。まず，黒色のバー（妻の報告）に注目してください。黒いバーは，妻が報告した（回答した），夫が将来浮気をする可能性です。「ひと晩限りの性的交渉」「短期間の情事」「真剣な情事」では，黒いバーの値が高く，妻は「夫が浮気をするに違いない」と疑っている事がわかります。しかし，「情熱的なキス」「親密な関係としてのデート」では，妻が報告した妻自身の浮気の可能性の値が，最も高い値となっています。つまり，妻は，「情熱的なキス」「親密な関係としてのデート」程度の浮気ならば，自分自身が将来してしまうかもしれないが，「ひと晩限りの性的交渉」「短期間の情事」「真剣な情事」といった浮気は，夫がするに違いない，と思っています。妻はとても疑り深いのです。

さらに，この調査では，配偶者の性格と，配偶者が浮気をする可能性との関係についても分析しています。夫は「妻が誠実でなかったり，思いやりがなかったりする性格であれば，妻が将来浮気をするだろう」と思っていました。妻は，夫がどのような性格であろうとも，「夫が将来浮気をする危険性とは関係ない」と思

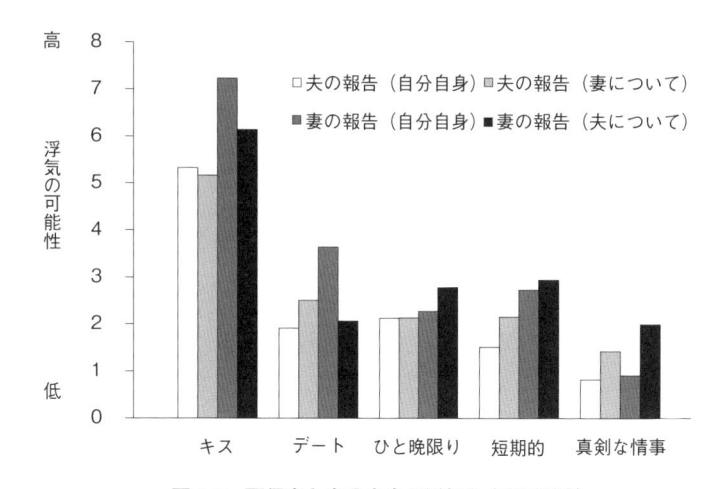

図 3-3　配偶者と自分自身が浮気をする可能性
注　データ数は夫婦 107 組である。Buss & Shackelford（1997）のデータをもとに作成した。

っていました。つまり、妻は、夫が誠実な人間で、思いやりのある人間であっても、夫の浮気を疑うのです。加えて、夫は結婚生活に不満であっても、妻の浮気を疑わないにもかかわらず、妻は結婚生活に不満を持つと、夫の浮気を疑い始める事もわかりました。

　この調査では、配偶者の魅力と浮気の可能性との関連性についても調べています。配偶者の魅力は、（妻が報告した）夫の魅力と、（夫が報告した）妻の魅力の差によって測定しました。つまり、夫と妻のどちらが、配偶者をより魅力的だと感じているかについて測定しました。そして次のような報告をしています。①自分より夫の方が魅力的だと思っている妻は、夫が浮気をするだろうと思っている。②自分より夫の方が魅力的だと思っている妻は、自分自身は将来浮気をするだろうと回答している。③浮気をするかどうかに関する夫の回答は、配偶者の魅力とは関係がない。この報告をまとめると、「夫が魅力的だ」と思っている妻は、夫も自分自身も浮気をする可能性があると思っているのです。魅力的な男性と結婚した妻は、夫の浮気を疑うというわけです。

　別の調査（Dijkstra & Barelds, 2008）でも、男性より女性は、特別な関係のない異性との付き合いであっても、邪魔をしたいと思ったり、関係を疑ったりする事が報告されています。このような妻の疑い深さが、「新しい雄牛理論」や「男は浮気をする生き物だ」という言葉を生み出す原因となるのかもしれません。

(2) 科学に対する誤解

　私たちは，科学的な裏づけが十分ではない発見を信じたり，科学的知見を拡大解釈したりする事がとてもよくあります。実際に，私たちが信じ込んでいる科学的知識は，科学者の目から見れば，正しくない場合が多いのです。加えて，十分な科学的データが得られていないにもかかわらず，大衆受けするような発表をする研究者もいます。

　ダーウィニズムという言葉があります。ダーウィニズムは，進化論で有名なダーウィン（C. R. Darwin）を信奉しているという意味を含めて，ダーウィンの自然淘汰と適者生存に基づく考え方や思想を意味します。簡単に言えば，自然界の生存競争によって，生存にとって有利な個体が生き残り，子孫を残すという考え方です。このダーウィニズムに強く影響を受けた心理学の領域があります。進化心理学です。「進化心理学」とは，「こころ」も進化の過程で形成されたと仮定し，研究をしている学問領域です。

　この進化心理学によって，浮気を説明しようとする研究たちがいます（Buss, 1994; Buss & Schmitt, 1993 など）。そのような考え方では，後世に自身の種族を残すために，男性は，できる限り多くの女性と関係を持ち，できる限り多くの女性を妊娠させようとします。多くの女性を妊娠させる事に成功した男性の子孫は繁栄し，失敗した男性の子孫は絶滅します。別の言い方をすれば，子孫を残す事ができた男性は，多くの浮気に成功した男性だといえます。ですから，男性が浮気をするのは自然界の摂理に従っているだけだというのです。このような理由から，新しい雄牛理論を信じている人々がいます。男性は，自身の浮気を正当化するために，ダーウィニズムを持ち出し，「男は浮気をする生き物だから，仕方がないのさ」とか，石田純一のように「不倫は文化だ」とか，言ったりします。新しい雄牛理論を信じる理由のひとつは，ダーウィニズムによる浮気の解釈に起因していると考えられます。

　特に心理学の領域では，大衆受けするような研究結果を，安易に報告する研究者がいます（だからこそ，大衆を惑わすような研究姿勢を強く批判する研究者もいます）。そのような心理学は大衆心理学とよばれ，多くの批判を集めています。読者の皆さんの科学的知識も，大衆心理学を聞きかじったものかもしれません。

第2節 なぜ，浮気をするのか

　人は，なぜ，浮気をするのでしょうか。人類永遠のテーマのように思えます。「妻子のある人を好きになったのではありません。その男性にたまたま家庭があっただけです」。コピーライターの糸井重里との不倫が発覚して，女優樋口可南子がマスコミに語った言葉です。映画で共演した男優の真田広之と不倫をした女優の葉月里緒菜は，「私が家庭を壊したんじゃない。付き合い始めた時には，その家庭は壊れていたのです」と答えたそうです。インターネットでは，このような芸能人の発言は，浮気の名言として紹介されています。これらの名言から推測すると，浮気には特別な理由は必要ないようです。そのように考えると，「人はなぜ浮気をするのか」という問題は，本当に，答えのない永遠のテーマのように思えます。哲学ではそれで済まされるかもしれませんが，データは，私たちに，何らかのヒントを与えてくれそうです。

1　浮気をする人物とは

　あらかじめ，浮気をするとわかっていれば，そのような人と，交際したり，結婚したりする人は少ないでしょう。「愛しているのは，君だけだといったじゃない」と豪華客船クイーン・エリザベス号の甲板の上で涙を流さないように，どのような人が浮気をしやすいかのぞいてみましょう。

(1) 浮気をする性格

　新婚夫婦を対象にした研究 (Buss & Shackelford, 1997) では，性格と浮気をする可能性との関連性について調査しています。浮気は，「情熱的なキス」「親密な関係としてのデート」「ひと晩限りの性的交渉」「短期間の情事」「真剣な情事」などのレベルにわけて測定しました。男性では，経験への開放性（自己や環境に対する幅広い好奇心，芸術性，創造性，柔軟，型にはまらない自由主義，知的な性格）という性格傾向が強いほど，「親密な関係としてのデート」「ひと晩限りの性的交渉」「短期間の情事」の浮気をする危険性が高いようです。一方，女性では，誠実性（注意深さ，一生懸命さ，計画的に物事を進める，几帳面さ，秩序志向，危険回避，達成努力）という性格傾向が低いほど，浮気をする可能性が高いようです。また，ナルシスト（自己愛傾向が高い

人物）であるほど，交際経験が豊かであり（Hurlbert et al., 1994 など），浮気の危険性が高いと報告されています（Whisman et al., 2007 など）。自分自身が大好きなパートナーにはご注意ください。

(2) 結婚前の交際

浮気をするかどうかは，「それまで，異性とどのような付き合い方をしてきたか」と関係があるようです。つまり，性的経験が多い男女ほど，浮気の危険性が高い事が報告されています（Athanasiou & Sarkin, 1974; Treas & Giesen, 2000; Whisman & Snyder, 2007 など）。たとえば，20歳から39歳の女性を対象にしたアメリカの調査（Forste & Tanfer, 1996）では，性的経験のなかった女性と比較して，1人から3人の男性と性的経験のあった女性では4倍，4人以上の性的経験のある女性では8.5倍，浮気をする危険性があると報告しています。

また，結婚前の同棲の有無が，浮気の危険性と関連している事も知られています（Treas & Giesen, 2000 など）。つまり，同棲している男女は，より浮気をする可能性が高いのです。たとえば，既婚女性を対象にしたアメリカの大規模調査（NSFG）では，同棲経験のある者は，同棲経験のない者の5倍も，浮気の危険性が高くなると，報告しています（Whisman & Snyder, 2007）。加えて，過去に離婚歴がある者も，浮気をしやすい事が報告されています（Atkins et al., 2001; Whisman & Snyder, 2007; Wiederman, 1997 など）。たとえば，既婚者を対象にしたアメリカの大規模調査（GSS）によるデータ（1998年）では，離婚歴がある男女は，離婚歴のない男女と比較して，浮気をする可能性が2.4倍になると報告しています（Atkins & Kessel, 2008）。

性的経験の多い男女や，同棲をする男女，離婚歴のある男女は，浮気に対して比較的に寛容であるために，浮気をするのではないかと考えられています（Allen et al., 2005; Smith, 1994）。浮気をされないためには，性的経験に乏しく，同棲経験や離婚歴のない相手と結婚する事がいいのかもしれません。

(3) 結婚した年齢

結婚した年齢によって，浮気の危険性が異なる事が報告されています。たとえば，アメリカの大規模調査（GSS）によるデータ（1991年から1996年）では，初婚の年齢が低いほど，浮気をする危険性が高い事が報告されています（Atkins et al., 2001）。図 3-4 は，初婚の年齢と浮気率との関係をグラフ化したものです。まず，低年齢で結婚した男女の浮気率が，極端に高い事がわかります。たとえば，初婚

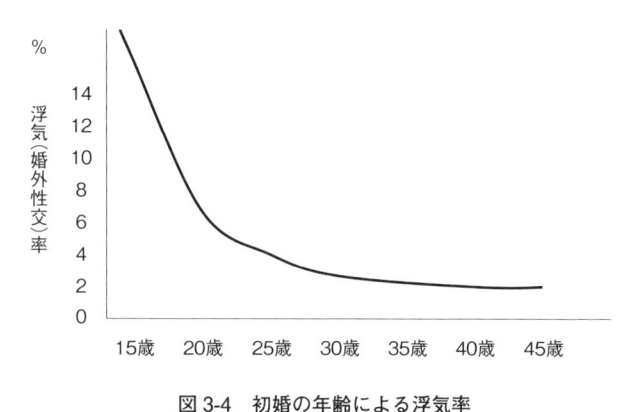

図 3-4　初婚の年齢による浮気率
注　Atkins et al.（2001）のデータをもとに作成した。

の年齢が 23 歳の者と比較して，初婚の年齢が 16 歳の者の浮気率は 4 倍以上になります。そして，初婚の年齢が 16 歳から 25 歳までは，浮気の可能性が急速に減少し，25 歳以降，浮気をする割合はほぼ一定になります。浮気をされないためには，結婚相手が 25 歳を超えるまで待つ方がいいようです。

(4) 虐待経験

　浮気とは無関係と思われる事でも，浮気に関係している事があります。そのひとつに，幼少期の性的虐待の被害経験があります。もし，性的虐待の被害と浮気との間に関係があるとするならば，虐待被害者は，そのような経験のない人と比較して，浮気をする可能性が低い，と考えるかもしれません。しかし，データはその逆の結果を示しています。つまり，性的虐待被害者は，そのような経験がない人と比較して，浮気の危険性が高まるのです。たとえば，既婚者を対象にしたアメリカの大規模調査（GSS）のデータ（1998 年）では，性的虐待被害者は，そのような経験のない人の 3 倍から 4 倍，浮気をする可能性があると報告しています（Whisman & Snyder, 2007）。

　なぜ，そのような事になるのでしょうか。性的虐待を受けた被害者は，虐待が自分には関係がないと思い込む「解離（かいり）」によって，その苦痛から逃れようとする事があります。幼少期の性的虐待に関する臨床データ及び実証データは，長期的に解離を反復する事によって，リスクの高い（危険な）行動を選択しやすくなる事を示しています。実際，性的虐待被害者は，リスクの高い行動を選択しやすく，

多くの異性と性的交渉（リスクの高い行動）を持つ事が知られています（加藤, 2008a）。そのため，性的虐待被害者はリスクの高い浮気をする可能性が高いのです。

(5) 避妊(ひにん)をしない

わが国では，その名の通り，避妊具は避妊のために使われると考えがちですが，避妊具にはエイズや性病などの性感染症を予防するという意味合いがあります。特に，エイズの問題が深刻化している国々では，避妊具は性感染症の予防という意味合いが強く含まれています。エイズに関する研究では，浮気をする人物は，コンドームなどの避妊具を使用しない事が知られています（Allen et al., 2005; Whisman & Wagers, 2005）。たとえば，浮気とエイズに関する大規模調査（Choi et al., 1994）では，浮気経験者の88%から92%が，浮気相手やパートナーに対して，コンドームを使用していませんでした。つまり，浮気をする人物は，コンドームを使用しないというリスクの高い行動を選択する傾向が高いのです。そのため，浮気をする人物には，避妊をしないだけではなく，同じくリスクの高いアルコールや薬物などの乱用も見られます（Hall & Fincham, 2006）。

■ 2 浮気の原因となる夫婦生活

(1) 結婚生活への不満

浮気の原因として，最も多くの読者が想像する事は，結婚生活に対する不満でしょう。結婚生活に不満を抱いているほど，浮気をする危険性が高くなる事が知られています（Allen et al., 2008; Atkins & Kessel, 2008; Buss & Shackelford, 1997; Buunk, 1987; Buunk & Bakker, 1997; Drigotas et al., 1999; Glass & Wright, 1977; Hall & Fincham, 2009; Prins et al., 1993; Treas & Giesen, 2000; Whisman et al., 2007など）。この傾向は，夫より妻の方が顕著(けんちょ)です（Allen et al., 2005）。つまり，夫より妻の方が，結婚生活に不満を持つと，浮気をしやすいという事です。

また，性生活の不満が高いほど，浮気の可能性が高くなる事も知られています（Atkins et al., 2005; Buss & Shackelford, 1997; Johnson, 1970; Liu, 2000など）。この傾向は，妻より夫の方が顕著です（Allen et al., 2005, 2008）。つまり，妻より夫の方が，性生活に不満を持つと，浮気をしやすいという事です。妻の場合には，結婚生活に満足しているかどうか，夫の場合には，性生活に満足しているかどうか，それが浮気をするかどうかを左右するようです。

(2) 妊　　娠

　「妊娠すると夫は浮気をする」と世間では思われているかもしれませんが、本当でしょうか。およそ2,300名の既婚者を対象に、妻の妊娠状態と、浮気の有無について調査を行った研究があります (Whisman et al., 2007)。その調査では、妻が妊娠している夫は、そうでない夫と比較して、浮気をする危険性が4.5倍高い事がわかりました。さらに分析を進めると、妻が妊娠しており、かつ、結婚生活に不満を抱いている夫の浮気率がさらに高くなる事がわかりました。つまり、妻が妊娠すると、結婚生活に不満感を抱いている夫は、浮気をする危険が増すわけです。

　また、子どものいる夫婦は、子どものいない夫婦と比較して、浮気をする危険性が高くなる事も知られています (Graaf & Kalmijn, 2006a など)。先に説明しましたが、子どもの出産以降、結婚生活に対する満足感が低下する事が知られています (第2章第4節64頁)。そのため、子どもが生まれたり、子どもを身ごもったりすると、浮気をする危険性が増すのかもしれません。

(3) パートナーが浮気をすると自分も浮気をする

　「私は自分が夫にとっての唯一の女であると信じてきました。童貞だった夫。私以外の女を知らない夫。その夫が裏切った (かもしれない)。……悔しさと怒りで、なんとか復讐してやりたいと……そうだ、私もむふふな事を楽しめばいいんだわ」(自らの不貞行為によって、離婚する事になった妻の話) (吉田, 2006)。

　2,000名を超える夫婦を対象にしたアメリカの調査 (Whisman et al., 2007) では、パートナーが浮気をしている者は、浮気をしていない者の3.2倍も、浮気をする危険性が増す事が報告されています。浮気をする人物は、パートナーも浮気をすると覚悟しなければなりません。

■3　あなたの遺伝子が原因なのよ

　「私が浮気をしたのは、あなたの遺伝子が悪いからよ。あなたの遺伝子の責任だわ」、そう言われた男性はどうしますか。合理的な理屈を並び立てて反論しますか。この女性の発言を愚かだと見下しますか。実は、彼女の発言もあながち嘘ではないのです。2006年、女性が浮気をするかどうかは、男性の遺伝子によって左右されるという研究が発表されました。その遺伝子の名前は、主要組織適合遺伝子複合体 (MHC) です。

　MHCは、細菌やウイルスから体を守る免疫に関与している遺伝子領域です。

MHC のタイプが異なり，より多様な遺伝情報を持つほど，多くの病原体に対応する事ができるため，細菌やウイルスから身を守る事ができます。そのため，父親と母親の MHC のタイプが異なるほど，その子どもたちの生存率は高くなります。そこで，メスは，自分とオスの MHC のタイプが異なるかどうかを嗅ぎわけ，MHC のタイプが異なるオスを選び出し，そのオスと交尾をしようとします。ヒトでも，同じような事が報告されています。

　2006 年に発表された研究（Garver-Apgar et al., 2006）について説明しましょう。この研究では，48 組のカップルを集め，遺伝子を調べました。同時に，パートナーとの性行為，性的浮気相手の人数についても調査をしました。その結果，MHC のタイプが似ているカップルほど，女性は浮気をする傾向が高い事がわかりました。一方，男性の浮気と MHC の類似性とには，関係がありませんでした。この研究では，女性の月経周期についても調べています。すると，MHC のタイプが似ているカップルでは，女性の排卵期の前後（妊娠しやすい時期）に，女性の浮気願望が高まり，パートナーに対する性的関心が低くなる事がわかりました。女性は，病気に強い遺伝子を受け継ぐ子どもを残すため，男性の匂いによって，男性を選択しているわけですが，もし，間違った男性（MHC のタイプが似ている男性）を選んでしまった場合，浮気をして，病気に強い遺伝子を受け継ぐ子どもを残そうとする，というわけです。「あなたの遺伝子がダメだから，浮気をするのよ」と女性に言われても，ある意味，仕方のない事かもしれません。

■ 4　浮気は繰り返される

　「ばれなければ浮気をしてもいい」「一度なら浮気をしてもかまわない」という人がいます。はたして，本当にそれでいいのでしょうか。「浮気は繰り返される」という事を知っても，そんな事が言えるでしょうか。まずは，浮気が繰り返される事を裏づけるいくつかの考えを聞いてから，再び考えましょう。

(1) 浮気に対する考え方

　浮気に対する考え方は，浮気をするかどうかと関係しています。当然の事ですが，浮気くらいしてもいいと思っている人は，浮気をする危険性が高くなります。実際に，「配偶者以外の異性と関係を持っても良い」あるいは「関係を持ちたい」と思っている人物は，浮気をする危険性が増す事が報告されています（Buunk, 1980; Buunk & Bakker, 1995, 1997; Glass & Wright, 1992; Hansen, 1987; Treas & Giesen, 2000 など）。

浮気をする人物は，浮気をしない人物より，浮気を許容する傾向が高いというわけです。このような浮気に対する考え方が，生涯を通じて，大きく変化しないならば，一度でも浮気をした人は，何度でも浮気を繰り返すといえます。

(2) 浮気ホルモン

浮気が繰り返される事は，生理的な仕組みからも説明できます。テストステロンという男性ホルモンが，浮気に関与しているからです。第2章の第6節（98頁）では，テストステロンは思春期の第二次性徴を促し，攻撃的行動や性的衝動と深く関係しており，テストステロンの分泌量が多いほど，離婚の危険性が高い事を説明しました。

①テストステロンと浮気　テストステロンは，離婚だけなく，浮気の危険性も高めます。たとえば，4,000名を超えるアメリカ人男性を対象にした研究（Booth & Dabbs, 1993）では，テストステロンが高いほど，複数の女性と性的関係を結びやすいだけでなく，浮気をする危険性が高くなると報告しています。通常，結婚すると，男女ともにテストステロンの分泌量が低下する事が知られています（Fleming et al., 2002; Gray et al., 2002 など）。しかし，テストステロンの分泌量が高い人物は，テストステロンの分泌量が低下する事なく，テストステロンによって生じる性衝動が浮気という行為に駆り立てます。

②金曜効果　1970年，興味深い研究（Anon, 1970）が，一流科学雑誌である『ネイチャー』に発表されました。『ネイチャー』には，灯台に勤務しているある男性の事が報告されています。その男性の休日は，毎週金曜日，土曜日，日曜日でした。男性は，休日を恋人と過ごしていました。その男性は，毎日ひげをそり，その長さを計る事にしました。すると，毎週金曜日になると，いつもより，ひげの長さが長くなっていたのです。テストステロンの分泌によって，ひげが伸びる事が知られているため，金曜日にテストステロンの分泌が増加していたと考えられます。つまり，灯台に勤務していた男性のひげは，恋人と過ごすロマンティックな関係によって，金曜日になると普段より長く伸びたというわけです。

灯台勤務の男性は浮気をしていたわけではありませんが，この実験は，浮気をする事によって，テストステロンの分泌が促されるという可能性を示しています。浮気をしない人物は，結婚によって，テストステロンの分泌が抑えられますが，浮気をする人物は，浮気によって，テストステロンの分泌が増加してしまうのです。たとえ，浮気相手との関係が終わりを迎えたとしても，テストステロン

の分泌量が多いわけですから，再び，浮気を繰り返す危険性が高いわけです。そればかりではありません。浮気相手との性的交渉に飽きてしまうと，別の浮気相手を探したり，同時に複数の浮気相手を作ったりすることも推測できます。

③ノックス大学拳銃実験　2006年，ノックス大学で行ったある実験（Klinesmith et al., 2006）が，世間の注目を集めました。この実験では，男子大学生30名を実験室に集め，実験目的が味覚の研究であるという虚偽の説明から始まります。そして，テストステロンの分泌量を測定したのち，男子大学生を2つの群にわけます。どちらの群にもピストルがわたされ，15分間，そのピストルを分解し，組み立てるという作業をします。再びテストステロンの分泌量を測定したのち，「別の被験者に飲ませるための味覚テスト用の飲み物を調合する」と説明し，水に辛味成分（レッド・ホット・ソース）を好きな分量だけ自由に入れさせます（最大85g用意していました）。2つの群で異なる点は，一方の群（本物の拳銃群）には，本物そっくりのモデルガンがわたされ，もう一方の群（おもちゃの鉄砲群）には，子ども用のおもちゃの鉄砲がわたされる事です。ただし，部品の数は両群とも同じです。

結果をまとめたものが図3-5です。図中のテストステロンの値は，ピストルを組み立てたのちに測定した値から，実験前に測定した値を引いたものです（テスト

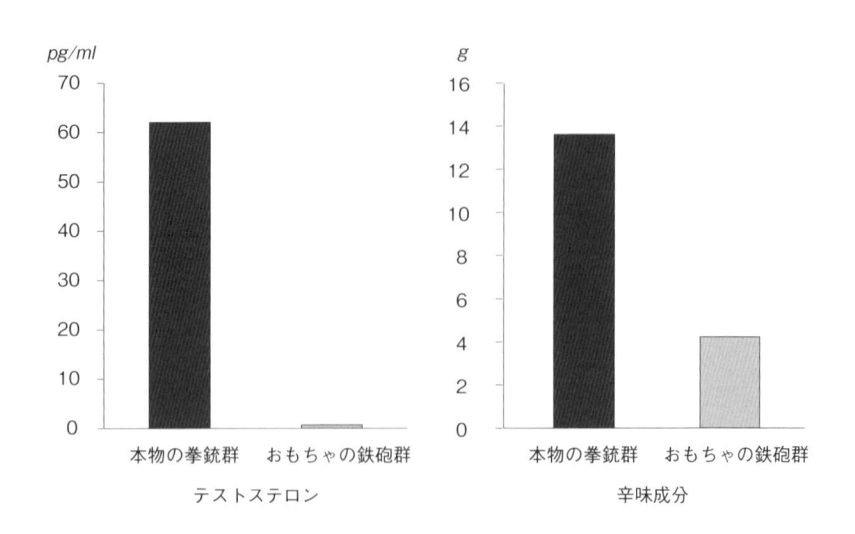

図3-5　テストステロンの分泌量（pg/ml）と辛味成分の分量（g）
注　データ数は30名である。テストステロンの値は，実験後の値から実験前の値を引いた値である。Klinesmith et al.（2006）のデータをもとに作成した。

ステロンの増減を示しています)。おもちゃの鉄砲群では,テストステロンの分泌がほとんど増えていないにもかかわらず,本物の拳銃群では,テストステロンの値が大幅に増加していました。水に辛味成分を入れた量も,本物の拳銃群はおもちゃの鉄砲群の3倍以上でした。つまり,本物に似ている拳銃にふれた男性は,テストステロンの分泌量が増加し,攻撃的な行動(辛味成分を入れる)が増したのです。

この結果から,次のような事が考えられます。拳銃にふれるという行為は,興奮するような危険な行為です。興奮するような危険な行為は,テストステロンの分泌量を増加させます。一方,浮気もまた興奮するような危険な行為です。つまり,浮気という危険な行為をする事で,さらにテストステロンが分泌され,再び浮気を繰り返すわけです。ですから,浮気相手との関係が途絶えても,別の異性と浮気を繰り返すことになります。

第3節　浮気をすればどうなる

民法　第770条　離婚原因:夫婦の一方は,左の場合に限り,離婚の訴えを提起する事ができる。
一　配偶者に不貞な行為があったとき
二　配偶者から悪意で遺棄(いき)されたとき
三　配偶者の生死が三年以上明らかでないとき
四　配偶者が強度の精神病にかかり,回復の見込みがないとき
五　その他婚姻を継続し難い重大な事由があるとき

浮気は,いずれの国でも,実質的な離婚の原因になります。本節では,「パートナーに浮気をされると,人はどのような反応をするのか」という問題について考える事で,浮気と離婚との関係に迫(せま)ってみたいと思います。

1　そもそも浮気とは何か

「相手によって,まったく違うと思います。相手が不快な事は,浮気の範囲に入ると思います。……つまり,相手に精神的な苦痛を与えると浮気になると思います(38歳独身女性)」(AERA編集部,2002)。

この女性の言葉は,「あなたにとって浮気とは,どんな事ですか」という質問

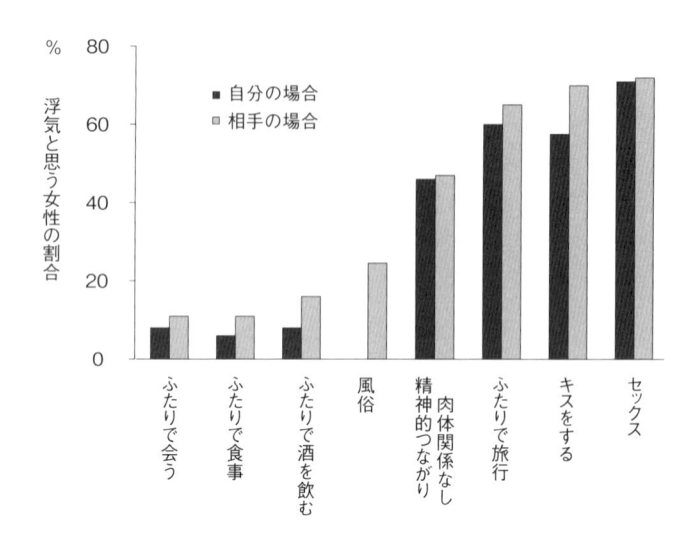

図 3-6　どの程度で浮気といえるのか（女性の複数回答）
注　AERA 編集部（2002）のデータをもとに作成した。

に対する回答のひとつです。そもそも，どのような行為が浮気になるのでしょうか。浮気に対する考え方は，個人によって違うと思います。アエラの女性読者を対象にした調査（AERA 編集部，2002）では，浮気だと思う行為について，浮気を図3-6のように報告しています。まず，どの行為が浮気なのかは，自分の行為とパートナーの行為とでは，少し違いがある事がわかります。たとえば，「ふたりで会う」「ふたりで食事をする」「ふたりで酒を飲む」「キスをする」という行為は，自分が行うより，パートナーが行う方が，より浮気だと思うようです。また，パートナーが「ふたりで旅行に出かけたり」「キスをしたり」「セックスをしたり」すると，およそ7割の女性が，それは浮気だと思うようです。女性の多くは，「ふたりで旅行に出かける」「キスをする」「セックスをする」，このような行為を浮気であると考えているようです。

■2　浮気によって「こころ」が傷つく

　浮気によって傷つくのは，男性でしょうか，それとも女性でしょうか。この問題を考える時に，話題に挙がるのが，「性的浮気」と「精神的浮気」の区別です。世間では「女性は精神的浮気に傷つき，男性は性的浮気に傷つく」といった話が

あります。本当でしょうか。その仮説について考えてみましょう。

(1) 性的浮気と精神的浮気

「女性は精神的浮気に傷つき，男性は性的浮気に傷つく」という話は，進化心理学者のバス（D. M. Buss）という研究者によって広まりました。バスら（Buss et al., 1992）は，真剣に交際をしている恋人が，性的行為を伴った「性的浮気」の場面と，情熱的な恋に落ちた「精神的浮気」の場面を想像させ，どちらがショックを受けるか回答させました。その結果をまとめたものが図 3-7 です。図は，精神的浮気より，性的浮気に傷つくと回答した男女の割合を表しています。50％より高い場合（バーが上を向いている場合），「精神的浮気より，性的浮気の方が傷つく」という回答が半数を超えている事を意味しており，50％より低い場合（バーが下を向いている場合），「性的浮気より，精神的浮気の方が傷つく」という回答が半数を超えている事を意味します。60％の男性が，精神的浮気より性的浮気に傷つくと回答しているのに対して，17％の女性が，精神的浮気より性的浮気に傷つくと回答しています。つまり，男性の場合，パートナーの性的浮気に「こころ」を痛め，女性の場合，精神的浮気に「こころ」を痛めるという事です。

さらに，バスら（1992）は，パートナーの浮気を想像した時の生理的変化についても調べています。バスらは，生理的な反応として，皮膚電気活動，脈拍数，顔面の筋電を測定しました。皮膚電気活動は，「手に汗にぎる」といった交感神経

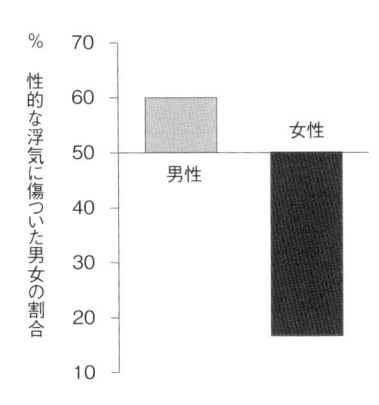

図 3-7 「精神的浮気」より「性的浮気」に傷ついた男女の割合
　　注　Buss et al.（1992）のデータをもとに作成した。

系の興奮です（テレビなどで，嘘発見器によって測定しているものです）。顔面の筋電では，瞬目(まばたき)の様子を測定しています（ストレッサーを経験すると，まばたきの回数が増えます）。いずれの生理的な活動も，興奮する事で，活発になる事が知られています。実験の結果，バスらが予測した通り，男性では「精神的浮気」より「性的浮気」場面で，女性では「性的浮気」より「精神的浮気」場面で，生理的な活動が高くなっていました（皮膚電気活動のみがバスらの仮説を支持し，脈拍数と顔面の筋電は，誤差の範囲内で，仮説を支持していません）。

　バスら (1992) の研究と同様に，「性的浮気と精神的浮気とでは，どちらの方が傷つくか」という問いに対して，女性は精神的浮気を選択し，男性は性的浮気を選択するという報告があります (Buss et al., 1999; Buunk et al., 1996; Cann et al., 2001; Edlund et al., 2006; Easton et al., 2007; Miller & Maner, 2009; Murphy et al., 2006; Platek & Thomson, 2007; Sagarin & Guadagno, 2004; Sagarin et al., 2003; Schützwohl, 2004, 2005, 2006, 2007, 2008a, 2008b, 2008c; Schützwohl & Koch, 2004; Shackelford et al., 2002; Strout et al., 2005; Wiederman & Kendall, 1999 など)。では，なぜ，女性は精神的浮気に対してショックを受け，男性は性的浮気に対してショックを受けるのでしょうか。その理由について，バスは，進化心理学の立場から説明をしています (Buss, 2000; Buss & Schmitt, 1993; Buss et al., 1992)。進化心理学では，多くの場合，自然界の生存競争で有利な個体が生き残り，子孫を残すというダーウィニズムを拠り所としています（本章の第1節108頁参照）。男性の場合，生まれてくる子どもが，自分の子どもであるという確証はありません。自分自身の遺伝子を残すためには，ほかの男性に女性を寝取られないよう用心する必要があります。そのため性的浮気に敏感になります。一方，女性の場合，子どもが自身の遺伝子を受けついでいる事は明確です。そのため，男性の性的浮気はあまり重要ではありません。しかし，子どもに食べ物を運んできたり，子どもの命を守ったりする存在が必要です。精神的浮気はこのような男性の役割放棄につながるため，女性にとっては精神的浮気が重要になるというわけです。

(2) さらなる研究では……

　進化心理学に基づくバスら (1992) の説明は，あまりにも単純であるために，世間から注目を集めました。しかし，その後の研究では，バスらの仮説を支持しない研究や，バスらの考えが誤りである事を示す研究が報告されました (Cann & Baucom, 2004; DeSteno & Salovey, 1996; DeSteno et al., 2002; Edlund & Sagarin, 2009; Geary et al., 1995, 2001; Glass & Wright, 1985; Harris, 2002; Harris & Christenfeld, 1996; Penke & Asendorpf, 2008;

Sabini & Green, 2004; Sheets & Wolfe, 2001; Voracek, 2001 など)。

　バスの主張が注目を集めた理由のひとつは，生理的反応が，バスの主張と一致したからです。つまり，男性では「性的浮気」を想像すると生理的な活動が活発になり，女性では「精神的浮気」を想像すると生理的な活動が活発になる，という事です。しかし，実際の実験では，皮膚電気活動，脈拍数，顔面の筋電のうち，皮膚電気活動のみがバスの主張を支持したにすぎません。生理的反応を指標とした研究では，バスの仮説を支持している研究は見あたりません (仮説を支持していない研究として Grice & Seely, 2000; Harris, 2000 など)。たとえば，バスと同様の方法で，「心拍」「血圧」「皮膚電気活動」を測定した研究者 (Harris, 2000) がいます。男性の場合，バスの仮説通り，精神的浮気より性的浮気の方が，生理的な活動が高くなりました。しかし，女性の場合では，精神的浮気と性的浮気との間に，生理的な活動の違いは見られませんでした。さらに，男性のみに，パートナーの浮気だけではなく，自分自身の浮気も想像させました。すると，パートナーの浮気だけではなく，自分自身の浮気でも，精神的浮気場面より性的浮気場面の方が生理的な活動が高くなりました。男性が，精神的浮気より性的浮気に対して，より生理的な反応を示したのは，単なる性的な興奮だったのです。さらに，女性を「性的な関係がない女性」と「恋人と性的な関係がある女性」にわけて，再度実験を行いました。その結果，「性的な関係がない女性」では，バスの仮説通り，性的浮気より精神的浮気の方が生理的な活動が高くなりました。しかし，「恋人と性的な関係がある女性」では，逆に，精神的浮気より性的浮気の方が生理的な活動が高くなりました。つまり，「恋人と性的関係がある女性」は性的関係を想像しやすいため，精神的浮気場面より，性的浮気場面で生理的に興奮したわけです。

　それでは，バスの実験結果は何を意味しているのでしょうか。バスの実験は，「女性は精神的浮気に対してショックを受け，男性は性的浮気に対してショックを受ける」事を明らかにしたのではなく，女性は性的浮気を想像しにくく，男性は性的浮気をより現実的に想像する事ができる，という事を明らかにしただけなのです。

　ところで，バスの研究では，単純に，「精神的浮気と性的浮気のどちらがショックを受けるのか」という2者選択による質問をしています。多くの研究者たちがこの方法で調査を行い，バスの仮説が正しいと主張しています。しかし，2者選択ではなく，別の方法で質問をした場合 (たとえば，どの程度ショックを受けるのか5段階で回答するなど)，性による違いはなく，男女ともに性的浮気にショックを受ける，

という結果が出ています (DeSteno et al., 2002; Edlund & Sagarin, 2009)。また，バスの仮説を確かめた質問紙による 29 の調査を詳しく分析した研究者 (Harris, 2003, 2005) は，「女性は精神的浮気に対してショックを受け，男性は性的浮気に対してショックを受ける」事を支持するには不十分であると報告しています。

　科学では，バスの研究のように，一見仮説を支持しているようでも，観測誤差によって生じた結果を「アーティファクト」とよんでいます。バスの結果は，まさにアーティファクトなのです。2000 年代後半になってから，バスの仮説はアーティファクトではない，という研究がいくつか発表されましたが，「女性は精神的浮気に対してショックを受け，男性は性的浮気に対してショックを受ける」事を実証した研究はあるものの，それが進化心理学で説明できる事を明確にした研究は見られません。

■3　嫉妬する

　「嫉妬に荒れ狂う」という言葉がありますが，浮気はどのような感情を抱かせるのでしょうか。アメリカ南西部の大学生 655 名を対象にした研究 (Shackelford et al., 2000) では，恋人の浮気に対する嫉妬の感情について調査をしています。この調査によると，女性は「不快・自信喪失」「無力感・捨てられた感」「抑うつ」「嫌悪・拒絶」「不安」などの感情が生まれやすいようです。どうやら，パートナーに浮気をされると，女性は，「え，どうしよう。自分には魅力がないのかなー」という反応をするようです。別の研究では，男性より女性の方が，浮気をしたパートナーに暴力的な言動をしやすい事も知られています (Weerth & Kalma, 1993; Paul & Galloway, 1994 など)。女性は，「え，どうしよう。自分には魅力がないのかなー」と思う一方で，その制裁(せいさい)として，男性に暴力をふるうようです。

　一方，男性は「性的覚醒」「殺意・自殺」「同意・安堵」「喜び」などの感情が生まれやすいようです。男性はパートナーに浮気をされると，その感情をうまく表す事ができず，アンビバレントな反応（ショックであるはずなのに，安堵や喜びという正反対の反応），あるいは，極端な反応をしてしまうようです。

　また，別の研究 (Miller & Maner, 2008) では，パートナーが浮気をした場合，その怒りの矛先(ほこさき)は，男性の場合は浮気相手に，女性の場合は浮気をしたパートナーに向けられるという報告もあります。

■ 4　どのような形で浮気がばれたのか

「どのような形で浮気がばれるのか」という問題に取り組んだ研究があります（Afifi et al., 2001）。この研究では，ノースイースタン大学（米国）の大学生 105 名に，浮気が発覚した状況を尋ねています。表 3-1 にその結果をまとめました。浮気の発覚状況は 4 つにわけられています。第三者によって発覚した場合（42.0%），パートナーから聞かされた場合（31.5%），自分から突きとめた場合（19.0%），パートナーの浮気現場をおさえた場合（7.5%）です。多くのカップルでは，友人や知人，同僚などの第三者から浮気を耳にするようです。

この研究では，さらに，浮気が発覚した状況別に，浮気発覚後に，どの程度関係が悪化したのか調べています。その結果を図 3-8 にまとめました。数値が高いほど，関係が悪化している事を意味します。「第三者によって発覚した場合」が，関係悪化の程度が最も小さいようです。「どのような状況で浮気が発覚するのか」という問題は，その後のふたりの関係を左右するのです。「パートナーの携帯電話を見て，浮気に気づいた」という話を耳にしますが，このデータから想像すると，その後のふたりの関係は最悪の結果になりそうです。

表 3-1　浮気が発覚した状況

浮気が発覚した状況	回答の割合
第三者によって発覚した場合（42.0%）	
パートナーが浮気をしていることを知らされた	29.5%
パートナーの浮気相手から聞かされた	6.5%
パートナーが浮気をしている話をふと耳にした	4.0%
パートナーが浮気をしていることをほのめかされた	2.0%
パートナーから聞かされた場合（31.5%）	
パートナーから直接聞いた	25.0%
パートナーからそれとなく聞かされた	6.5%
自分から突きとめた場合（19.0%）	
浮気の確信が得られたので，パートナーを問い詰めた	10.5%
パートナーが浮気を認めた	8.5%
パートナーの浮気現場をおさえた場合（7.5%）	

注　データ数は 105 名である。Afifi et al.（2008）のデータをもとに作成した。

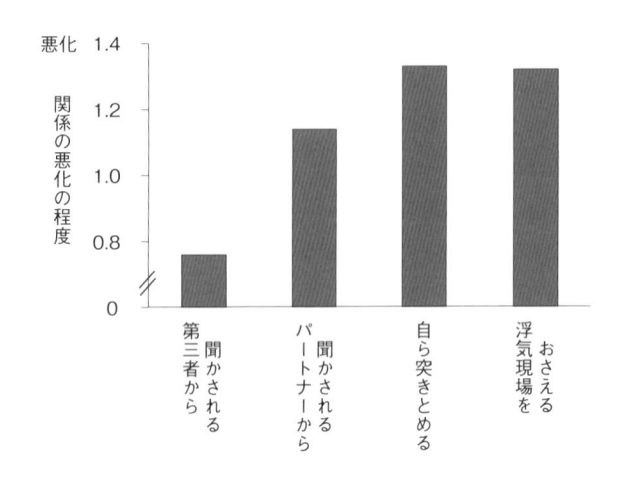

図 3-8　浮気発覚後に，関係の質が悪化する程度
注　データ数は 105 名である。Afifi et al.（2008）のデータをもとに作成した。

■ 5　浮気がばれて離婚する事に
(1) 離婚になる浮気と，そうでない浮気

　浮気をして離婚する。浮気は離婚の原因となる事が知られています（Amato & Previti, 2003; Amato & Rogers, 1997; Betzig, 1989; Glass & Wright, 1977; Graaf & Kalmijn, 2006a; Previti & Amato, 2004; Thurnher et al., 1983 など）。たとえば，離婚した夫婦のおよそ 40% が，少なくとも一度は浮気を経験しているという報告があります（Janus & Janus, 1993）。また，アメリカでは，夫婦問題に対するカウンセリングのうち，その多くの問題が浮気に関するものだという報告もあります（Atkins et al., 2005）。しかし，浮気＝離婚と短絡的に考えてはいけません。別れに導く浮気と，そうではない浮気があるようです。

　74 名の大学生カップルを対象に，浮気をする傾向を測定し，その 2 ヶ月後に，そのカップルが別れているかどうか調査をしました（Drigotas et al., 1999）。その結果が図 3-9 です。男女ともに，性的浮気をする傾向があるかどうかは，別れたかどうかにほとんど関係がありませんでした。しかし，精神的浮気は，関係が続いているカップルより，別れたカップルほど，浮気をよくしていました。つまり，男性も女性も，精神的浮気をすると別れにつながるようです。

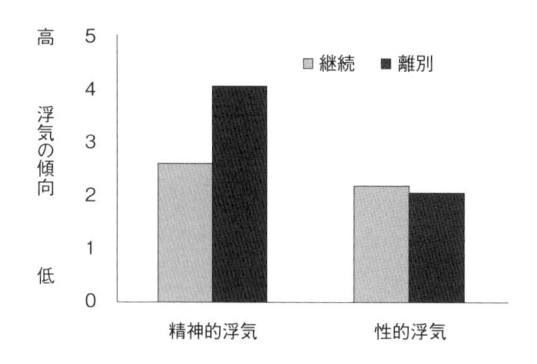

図 3-9　浮気のタイプと関係の継続
注　データ数は 74 名である。Drigotas et al. (1999) のデータをもとに作成した。

(2) 浮気が原因で離婚をすると

　アメリカの大規模調査 (NSFH) のデータをもとに, 離婚の際に,「配偶者が浮気をしていたかどうか」と, 5 年後の気分の落ち込みの程度との関係について調査しました (Sweeney & Horwitz, 2001)。その結果, 配偶者が浮気をした男女は, そうでない男女と比較して, 離婚 5 年後の気分の落ち込みがひどくなりました。つまり, 浮気が原因で離婚をすると, 離婚したあとの精神状態が悪いというわけです。

第4章　別れないためには

　原稿のアイディアを探す旅に出かけた私は，「別れないための方法」をキーワードにインターネットで検索してみました。まず，ヒットするページは，復縁(ふくえん)業社のホームページでした。すでに別れてしまったカップルや，別れそうなカップルのよりを戻す事で生業(なりわい)を立てている会社があるのです。そこでは，復縁の方法や離婚回避の方法を提案したり，復縁の機会を用意したりしています。「復縁工作」という文字も飛び交(か)っています。ある意味で究極の夫婦療法かもしれません。
　本章では，別れないためには，どうすれば良いのか，愛し合ったふたりが別れてしまう仕組みと，その対策について考えてみます。離婚の仕組みを理解しようとするわけですから，どうしても，難しそうな○○理論などの専門用語が少し増えます。しかし，すべて理解しなくてもかまいません。

■第1節　なぜ，別れてしまうのか

　時間のない読者は，本節は読み飛ばしてもかまいません。本節では，失恋や離婚の仕組みを説明するいくつかの理論が登場します。結論を先に言うと，どの理論も，「なぜ失恋や離婚をしてしまうのか」「どのようにそれを防ぐのか」という問いには答えてくれません。分厚い心理学の専門書に書かれているものを，簡単にまとめています。カプリッチョーソ (capriccioso)，「気ままに」演奏してください（読んでください）。

■1　離婚原因をまとめてみると
　第2章では離婚の原因について考えてきました。ある研究者たち (Karney & Bradbury, 1995) が，第2章で説明したような離婚の原因についてまとめようとしました。この研究者たちは，結婚満足感や離婚を左右する原因について調査した115の縦断的研究を集め，メタ分析という方法によって，それぞれの原因を数値

化しました。その結果が図4-1（結婚満足感）と図4-2（離婚）です。まず図4-1を見てください。○印は結婚生活に対する満足感を高める要因です。●印は結婚生活に対する満足感を低める要因です。その値が中央のゼロから離れているほど（絶対値が大きいほど），満足感に対する影響力が大きく，ゼロに近いほど（絶対値が小さいほど），満足感に対する影響力が小さい事を意味しています（便宜上●印にはマイナスの符号がついていません）。つまり，中央のゼロ付近に位置している要因は結婚生活にほとんど影響がなく，ゼロから離れた要因ほど結婚生活を大きく左右する事になります。たとえば，妻の場合，「ふたりの肯定的行動」の値が0.42であり，最も高い値になっていますが，これは「ふたりの肯定的行動」が結婚満足感を高める最

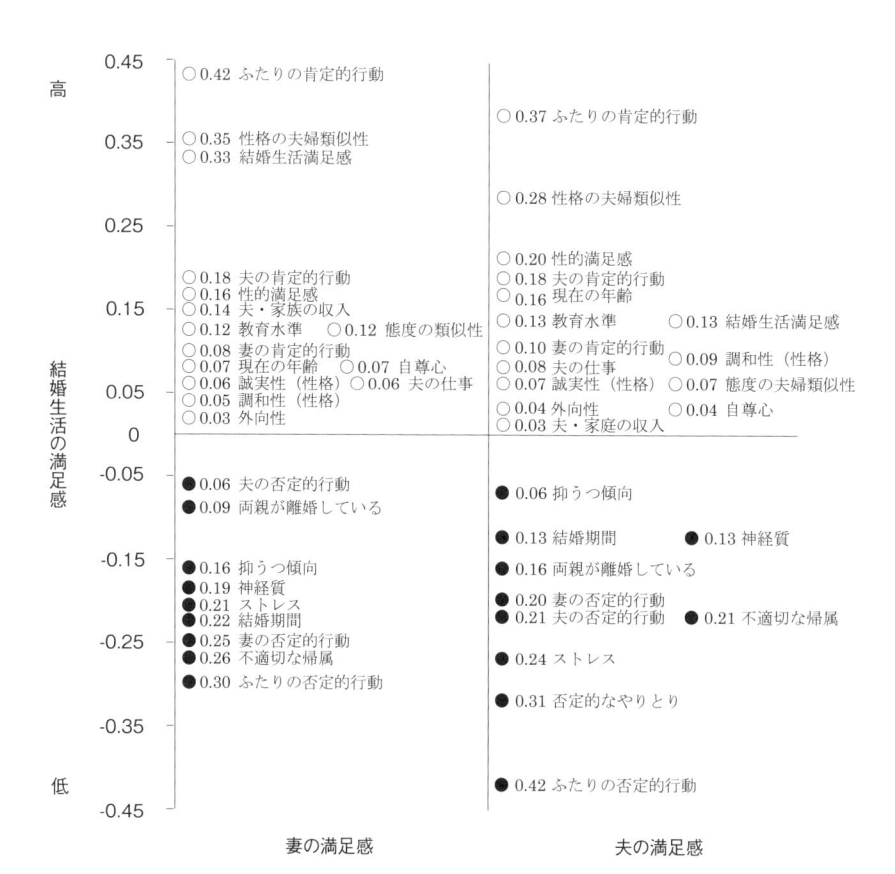

図4-1　結婚生活満足感に影響を及ぼす要因の強さ
注　Karney & Bradbury (1995) をもとに作成した。

も強い要因である事を意味しています。また、妻の場合、「ふたりの否定的行動」の値がマイナス 0.30（図中ではマイナスは省略しています）であり、最も低い値ですが、これは「ふたりの否定的行動」が結婚満足感を低める最も強い要因である事を意味しています。この図を見ると、妻も夫も、満足感を高める要因は、「ふたりの肯定的行動」の高さ、「性格の夫婦類似性」や「性的満足感」の高さのようです。一方、満足感を低める要因は、妻も夫も「ふたりの否定的行動」のようです。

図 4-2 は離婚の原因を数値化したものです。基本的な図の見方は結婚満足感と同じです。○印の原因は離婚の危険性が低く、●印の原因は離婚の危険性が高くなります。この図を見ると、夫婦ともに「結婚生活満足感」「性的満足感」の高さ

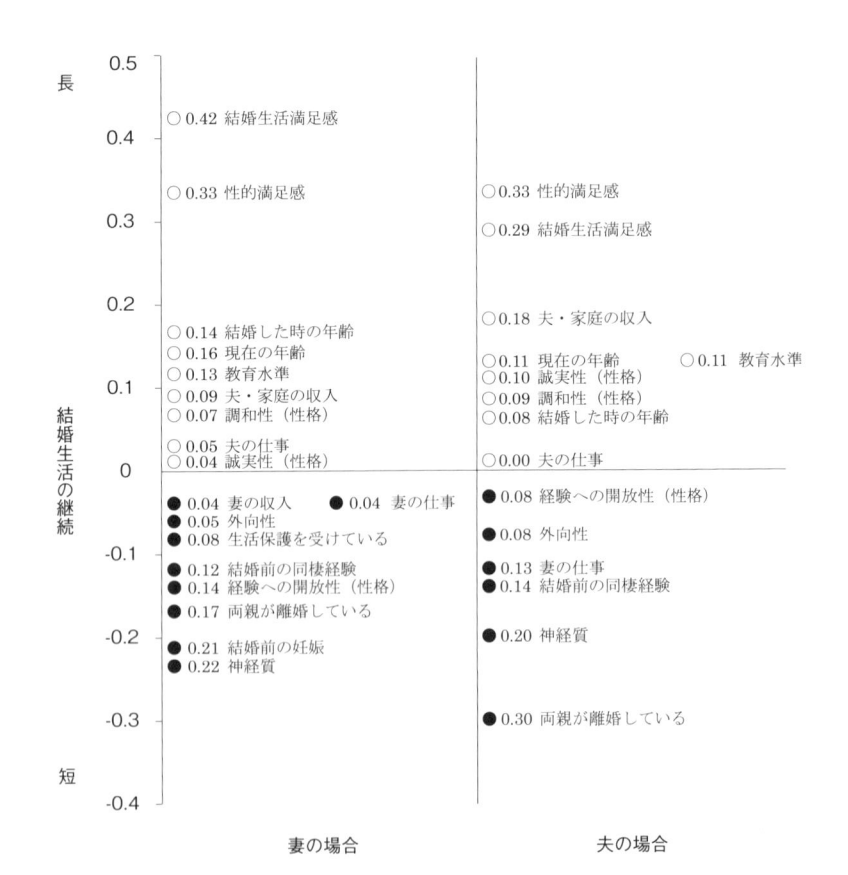

妻の場合

- ○ 0.42 結婚生活満足感
- ○ 0.33 性的満足感
- ○ 0.14 結婚した時の年齢
- ○ 0.16 現在の年齢
- ○ 0.13 教育水準
- ○ 0.09 夫・家庭の収入
- ○ 0.07 調和性（性格）
- ○ 0.05 夫の仕事
- ○ 0.04 誠実性（性格）
- ● 0.04 妻の収入　● 0.04 妻の仕事
- ● 0.05 外向性
- ● 0.08 生活保護を受けている
- ● 0.12 結婚前の同棲経験
- ● 0.14 経験への開放性（性格）
- ● 0.17 両親が離婚している
- ● 0.21 結婚前の妊娠
- ● 0.22 神経質

夫の場合

- ○ 0.33 性的満足感
- ○ 0.29 結婚生活満足感
- ○ 0.18 夫・家庭の収入
- ○ 0.11 現在の年齢　○ 0.11 教育水準
- ○ 0.10 誠実性（性格）
- ○ 0.09 調和性（性格）
- ○ 0.08 結婚した時の年齢
- ○ 0.00 夫の仕事
- ● 0.08 経験への開放性（性格）
- ● 0.08 外向性
- ● 0.13 妻の仕事
- ● 0.14 結婚前の同棲経験
- ● 0.20 神経質
- ● 0.30 両親が離婚している

縦軸：結婚生活の継続（長 0.5 ～ 短 -0.4）

図 4-2　離婚に影響を及ぼす要因の強さ
注　Karney & Bradbury (1995) をもとに作成した。

が離婚を遠ざけるようです。一方，離婚を促す原因は，夫婦ともに「両親が離婚している」事，「神経質」の程度が高い事のようです。

■2　社会的交換理論

　千秋真一の事が大好きな野田恵（通称ノダメ）。千秋は，ノダメに恋している事に気づいていません。ノダメは，プラティニ国際指揮コンクールで優勝した千秋に抱きつき，祝福します。

ノダメ：「よかったですねー，優勝。……先輩，ゴールいっこ，決めたやなかですかー」
千秋　：「"出会ってから，いい事づくし"か……」

　千秋は，大学のオーケストラの指揮をふるようになった事，飛行機恐怖症だったのに飛行機に乗る事ができ，海外で自分の才能を発揮できるようになった事などを思い出します。そして，「"出会ってから，いい事づくし"か……」のセリフ。千秋はノダメを強く抱きしめたのです。

アニメ『のだめカンタービレ』Lesson 60

(1) 社会的交換理論の基本的な考え

　日常会話，交渉，商談の取引など，人と人とのやり取りを社会的交換，理論化したものを「社会的交換理論」とよんでいます。多くの研究者によって，多様な社会的交換理論が提唱されましたが，基本的な考え方は，他者とのやり取りにおいて，人はその「成果」を最大にしようと動機づけられるという点です。夫婦関係の継続や終焉を説明するために，最も頻繁に引用されている考え方です。

　少し具体的に説明します。社会的交換理論では，人と人とのやり取りを，「報酬」と「コスト」によって説明しようとします。恋人や夫婦関係の場合，「報酬」は，交際や結婚する事で，自尊心，満足感，安心感などが高まったり，自分の要求が満たされたりする事です。通常，ふたりの関係を継続させたり，関係の進展を促したりします。一方，「コスト」は，ふたりの関係を継続するために，時間や労力を奪われたり，精神的負担を強いられたりする事です。通常，ふたりの関係を終わらせます。単純に言えば，コストより報酬が上回ると，その関係を続けようとしますが，コストが報酬を上回ると，別れたいと思うようになったり，離婚を決断したりします。

「人間の愛は，科学では割り切れないものなのよ。損得勘定で，人間の愛を語らないでほしいわ」という批判の矛先は，この社会的交換理論に由来すると考えられます。

(2) レヴィンガーの社会的交換理論

社会的交換理論によって，夫婦関係の継続を説明しようとした最初の研究者はレヴィンガー (G. Levinger) だといわれています (Karney & Bradbury, 1995)。レヴィンガー (1965, 1979) は，結婚生活を続けるかどうかは，「夫婦関係の魅力」「別れを妨げるもの」「魅力的な選択肢の存在」に左右されると考えました。性的満足感，安心感，社会的な身分などが「夫婦関係の魅力」に含まれます。世間体，宗教的戒律，経済的問題などが「別れを妨げるもの」に含まれます。素敵な異性と出会ったなどが「魅力的な選択肢の存在」に含まれます。結婚生活の終わりは，夫婦関係を持続する事の魅力が低下したり，離婚の妨げとなるものがなくなったり，魅力的な異性に出会ったりする事でやってきます。

ふたりの関係には不満だけれど結婚生活を続けている夫婦や，関係には満足しているけれど離婚する夫婦がいます。このような夫婦関係を，コストと報酬だけでは，十分に説明する事ができません。コストと報酬による単純な説明では，満足する関係は続き，不満な関係は終わるからです。レヴィンガーの社会的交換理論では，ふたりの関係には不満であるけれど結婚生活を続けている夫婦や，関係には満足しているけれど離婚した夫婦の関係を説明する事が可能になります。たとえば，ふたりの関係には不満であるけれど結婚生活を続けている夫婦の場合には，「別れを妨げるもの」の影響が強く，「魅力的な選択肢の存在」がない事が考えられます。関係にはある程度満足しているけれど離婚した夫婦の場合には，「別れを妨げるもの」はなく，「魅力的な選択肢の存在」があると考えられます。

(3) 相互依存理論

社会的交換理論のひとつに，「相互依存理論」があります。相互依存理論は，ティボー (J. W. Thibaut) とケリー (H. H. Kelley) によって提唱されました (Thibaut & Kelley, 1959; Kelley & Thibaut, 1978)。ティボーとケリーは，特に2者間のやり取りについて研究を重ね，やり取りの「成果」を次のように定義しました。

$$成果 = 報酬 - コスト$$

つまり,「成果」はコストが報酬を上回ると得られる事になります。しかし,同じ「成果」が得られたとしても,ふたりの関係から得られる満足感は個人によって異なります。たとえば,旦那が年収2,000万円を稼ぎ,家事や育児もする事なく,カルチャースクール通いという関係に満足している妻がいる一方で,年収2,000万円では少な過ぎると不満を漏らす妻もいます。そこで,比較水準という言葉が登場します。「比較水準」は,その関係から当然得られるはずだと思っている「成果」を意味し,それは個人によって異なります。「私と付き合いたいならば,この程度は私に得があっていいはずだわ」。この女性の思いが比較水準になります。比較水準を上回る「成果」が得られると,ふたりの関係に満足する事になります。逆に,比較水準を下回る程度の「成果」ならば,関係に不満を抱く事になります。関係式で表すと次のようになります。

$$関係の満足感 = 成果 - 比較水準$$

ふたりの関係満足感を決定するために,もうひとつ重要な言葉があります。選択比較水準です。「選択比較水準」は,ふたりの関係以外の関係から得られると推測される「成果」です(あるいはひとりになる事で得られる「成果」)。私に言い寄ってくる男なんて星のようにいるわ。その男たちと付き合ったなら,これくらいは得るものがあるわ」。この女性の思いが選択比較水準になります。比較水準より選択比較水準の方が高ければ,別の異性に乗り換える可能性が生まれます。しかし,たとえ現在交際している関係に満足していなくとも,比較水準より選択比較水準の方が低ければ,別の異性に乗り換える可能性はなくなります。つまり,ふたりの関係が続くためには,ふたりの関係から得られている「成果」が,選択比較水準を上回っている必要があります。

(4) ルスブルトの投資モデル

ルスブルト(C. E. Rusbult)は,ティボーとケリーの相互依存理論をもとに,投資モデルとよばれる理論を提唱しました(Rusbult, 1980, 1983)。「投資モデル」では,コミットメント,投資,代替関係の質という3つの用語が登場します。「コミットメント」は,ふたりの関係を継続させたいという気持ちや,自分が関係に関与している程度です(第2章の第4節53頁参照)。「投資」は,ふたりの関係に費やしてきた資源全般を意味します。交際のために割いた時間,パートナーへの気遣いやサポ

ート，自分の内面を打ち明けた程度，思い出の程度，パートナーとの共通の友人の数や共有物の数などです。投資量は，ふたりの関係が始まってから現在までの投資の総計となります。「代替関係の質」は，もし別の異性と交際した場合，その関係から得られると推測される「成果」の大きさです。先に説明した選択比較水準といえます。ルスブルトの考えは，次のような関係式で表す事ができます。

コミットメント ＝ 満足感 ＋ 投資量 － 代替関係の質（選択比較水準）

　ふたりの関係に満足しているほど，投資した量が多いほど，ふたりの関係に対するコミットメントが高まります。しかし，別の異性と交際した方が，より多くの「成果」が得られると感じているほど，コミットメントが低くなります。そして，コミットメントが高いほど，ふたりの関係は長く続くと仮定しています。

(5) 独立仮説

　ティボーとケリーの相互依存理論では，関係から得ている「成果」に対して，お互いが強い影響を与え合っているほど，関係に対する依存が高まると仮定しています。つまり，関係から得ている「成果」が，パートナーの行動によって左右されているほど，お互いにパートナーを必要としている，という考え方です。

　この相互依存理論や先に説明したコミットメント理論をもとに，「独立仮説」とよばれる考え方が生まれました（Drigotas & Rusbult, 1992 など）。独立仮説では，「夫婦がお互いに独立する事が離婚の原因になる」と考えます。お互いに独立していれば，ふたりの関係から得られる「成果」は，パートナーの行動に大きく左右される事がなくなり，関係を継続する必要がなくなってしまうからです。

　たとえば，妻が家事をし，夫が仕事をしてお金を稼いでいるとします（もちろん役割は逆でもかまいません）。妻の「成果」は，夫がお金を稼ぐという「報酬」から，家事をするという「コスト」を差し引いたものになります。夫の「成果」はその逆です。妻も夫も，パートナーの「成果」に大きな影響を及ぼし合っています（夫が仕事をしなくなったり，妻が家事をしなくなったりしたら，お互いの「成果」は大きく変わってしまいます）。しかし，妻が仕事をする事で十分な収入を得，夫は家事を分担する事になったとしたらどうでしょう。妻の「成果」は，夫の稼ぎと夫の家事の負担が「報酬」となり，自分の稼ぎと家事の分担が「コスト」になります。夫の「成果」はその逆です。妻も夫も，関係から得ている「成果」はあまり変わらないように

思えます。しかし,妻も夫も,パートナーの「成果」に及ぼす影響力は小さくなります。たとえ夫が仕事をしなくなったとしても妻は困りませんし,たとえ妻が家事をしなくなったとしても夫は困りません。相互に依存し合っている関係ではなくなってしまったわけです。性役割は,お互いに依存し合い,ふたりの関係を続けさせるために,とても重要な役割をはたしているのです。

(6) 衡平理論（こうへい）

「衡平理論」は,人と人とのやり取りの公正さに関する学説のひとつです。衡平理論はアダムス (J. S. Adams) によって体系化されました。アダムスは,公正な関係を「投入」と「結果」によって説明しようとしました。ふたりの関係でいうならば,「投入」は,ふたりの関係に投じたコストといえます。「結果」は,ふたりの関係から得られている報酬といえます。「結果」と「投入」の割合が,お互いに等しい場合,その関係は衡平（公平）であるといえます。たとえば,AさんとB君の関係が衡平である場合の関係式は,以下のようになります。

$$\frac{\text{Aさんの「結果」（報酬）}}{\text{Aさんの「投入」（コスト）}} = \frac{\text{B君の「結果」（報酬）}}{\text{B君の「投入」（コスト）}}$$

しかし,いずれかの値が大きい場合,ふたりの関係は不衡平（不公平）となります。不衡平な状態には,自分の利得が小さい過少利得と,自分の利得が大きい過大利得があります。不衡平な関係である場合,心理的な緊張が生まれ,その緊張を低減させるために衡平を回復しようと試み,次のような行動を起こそうとします。①自分自身の「投入」を変化したり,パートナーの「投入」を変化させたりする事で,衡平にしようとします。たとえば,過少利得の場合,ふたりの関係につぎ込むコストを減らせば,関係から得られる自分自身の利得は増加します。その結果,自分の利得とパートナーの利得が釣り合う事になります。②認知を歪（ゆが）める事で,衡平を回復しようとします。現実には何も変わりませんが,自分自身の認知（気持ちのなか）では,自分はパートナーと同じだけ,関係から利益を得ていると思い込む方法です。③不衡平な関係を解消するという選択肢もあります。ふたりの関係に終止符を打つという選択です。衡平理論では,ふたりの別れは不衡平の結果として生じると考えています。しかし,この仮説を支持する十分なデータが報告されていません。

衡平理論では，恋愛関係や夫婦関係の満足感も予測しようとしています。つまり，不衡平な関係は心理的な緊張をもたらすため，恋愛関係や夫婦関係の満足感は，ふたりの関係が衡平な場合に最も高くなると仮定しています。実際に，過少利得，過大利得，いずれの場合も満足感は低く，ふたりの関係が衡平である場合に，最も満足感が高くなる事が報告されています。正確には，自分の利得を最大にしようと動機づけられる事から，衡平な状態よりも，やや過大利得よりの場合に，最も満足感が高くなるようです。

(7) 社会的交換理論の問題点

社会的交換理論は，恋人関係や夫婦関係だけでなく，職場での駆け引きや，会社と会社の交渉，国と国との関係など，個人と個人との関係を超えた関係にも応用されています。しかし，少なくとも恋人関係や夫婦関係の崩壊を説明するには，十分ではないようです。

結婚生活の満足感は，結婚生活を重ねるにつれ変化します。たとえば，「稼ぎは十分ではないけれど，毎日優しい言葉をかけてくれ，自分の事に気をかけてくれる夫と幸せな結婚をしました。私には十分な夫でした。でも……，5年後には離婚してしまいました」。そのような話は珍しくはないでしょう。結婚生活で十分な「成果」を得ていたとしても，時が経てば，離婚してしまう事はよくある事です。結婚満足感を予測するためには，なぜ，このような変化が起こるのか説明する必要があります。しかし，社会的交換理論では，結婚生活に満足していた夫婦が，どのようにして不満を抱くようになり，どうして離婚してしまうのか，説明する事ができません（Karney & Bradbury, 1995）。

■3　アタッチメント理論

「アタッチメント」とは，簡単に言えば，ある特定の他者との信頼関係，愛情のきずなの事です。日本語では「愛着」という言葉があてられています。そもそも，この概念は，乳幼児期の母子関係から生まれました。つまり，アタッチメントは，母親と子どもとの間に結ばれる心理的なきずなの事を意味していました。その後，乳幼児のアタッチメントの形成が，成長後の対人関係や社会適応に影響を及ぼすという研究が報告されるようになりました。そして，母親とのアタッチメントの形成が，異性との間で形成されるアタッチメントと深く関係している事が知られるようになりました。つまり，恋人関係や夫婦関係は，母親とのアタッ

チメントの形成に影響を受けるというわけです。さらに言うならば，アタッチメント理論では，自分自身あるいはパートナーのアタッチメントを知る事で，ふたりの将来を推測できるというわけです。

(1) アタッチメントスタイル

アタッチメントは個人によって異なり，「アタッチメントスタイル」とよばれる個人差を表す言葉があります。最もよく知られているアタッチメントスタイルの分類方法は，乳幼児がひとりでいる部屋に，母親と見知らぬ人物が出入りする様子を観察したストレンジ・シチュエーション法です。この方法では，乳幼児を「回避型」「安定型」「アンビバレント型」の3つのアタッチメントスタイルに分類しています。その後，別の研究者によって「無秩序型」というアタッチメントスタイルが加えられました（このアタッチメントスタイルは本書では割愛します）。

①回避型（Aタイプ）　「回避型」は，不安定で拒否的なアタッチメントが形成されているタイプです。母親が部屋を出て行ってもぐずらず，母親が部屋に戻ってきても関心を示さず，母親を避けようとする子どもです。このような子どもが青年や成人になると，「拒絶回避型」や「アタッチメント軽視型」とよばれるアタッチメントを形成します。このタイプは，人と親密になったり，人に依存したりする事に対して不快感を抱きます。人と親密な関係を築く事の重要性を否定し，避けるタイプです。

②安定型（Bタイプ）　「安定型」は，安定したアタッチメントが形成されているタイプです。母親が部屋を出ると泣いてしまうが，母親が戻ってくると，すぐに落ち着きを取り戻す子どもです。このタイプの子どもは，母親を安全基地とし，母親を信頼しています。このような子どもが青年や成人になると，「安定型」や「安定自律型」とよばれるアタッチメントを築きます。このタイプは信頼し合える良好な関係を形成する事ができます。また，たとえ人から受け入れられなかったとしても，不安になったりしません。

③不安型：アンビバレント型（Cタイプ）　「アンビバレント型」は，愛情と拒絶の両面が見られるタイプです。母親が部屋を出ると強い不安を表し，母親が戻ってくると，母親との接触を求める一方で，激しい怒りをぶつけます。このような子どもが青年や成人になると，「不安型」や「とらわれ型」とよばれるアタッチメントを形成します。このタイプは，人が自分を愛し，関心を持ってくれるか，ありのままの自分を受け入れてくれるか気にしています。そして，別れや見捨て

られる事に対する不安や恐れが高く,アタッチメントが形成できるかどうか不安になる人物だといえます。本書では「不安型」とよびます。次に,それぞれのアタッチメントスタイルと異性との関係について説明します。

(2) 回避型（Aタイプ）の異性関係

回避型の人物は,親密になる事を好まず,「愛情は長続きするものではない」と思っています。そのため,交際しても (Brennan & Shaver, 1995; Collins & Read, 1990; Davis et al., 2006; Hammond & Fletcher, 1991; Hendrick & Hendrick, 1989; Jones & Cunningham, 1996; Kachadourian et al., 2004; 金政・大坊, 2003; Kirkpatrick & Davis, 1994; Shaver & Brennan, 1992; Shi, 2003; Weston, 2008 など),結婚しても (Charania & Ickes, 2007; Davila et al., 1999; Heene et al., 2005, 2007; Hollist & Miller, 2005; Lussier et al., 1997 など),その関係から得られる満足感が低い事が知られています。

それだけではありません。回避型の人物は「愛は長続きしない」と思っており,長期的な関係を避け,短期的な関係を結ぼうとします。そのため,早い時期に性行為を経験し (Gentzler & Kerns, 2004 など),ゆきずりの性的交渉を持とうとする事が知られています (Cooper et al., 1998; Gentzler & Kerns, 2004; Paul et al., 2000 など)。その一方で,性的な満足感が得られない事も報告されています (Davis et al., 2006 など)。また,男性の回避型では,浮気をよくする事も報告されています (Allen & Baucom, 2004; Gangestad & Thornhill, 1997 など)。

(3) 安定型（Bタイプ）の異性関係

安定型の人物は,信頼し合える関係を築く事ができるため,ほかのタイプのアタッチメントスタイルと比較して,恋人関係の満足感や (Banse & Kowalick, 2007; Brennan & Shaver, 1995; Hammond & Fletcher, 1991; Hendrick & Hendrick, 1989; Kirkpatrick & Davis, 1994; Shaver & Brennan, 1992; Weston, 2008 など),結婚生活の満足感 (Davila et al., 1999; Heene et al., 2005 など) が高い事が知られています。また,長期的で,安定した異性関係を形成する事ができると考えられています。

(4) 不安型（Cタイプ）の異性関係

不安型の人物は,「自分の事に関心がなく,付き合いたくないと異性が思っている」と感じており,真実の愛などめったにないと思っています。また,パートナーが,本当に自分の事を愛しているのか不安になります。そのため,不安型の人

物は，恋人関係の満足感や (Banse & Kowalick, 2007; Brennan & Shaver, 1995; Collins & Read, 1990; Davis et al., 2006; Dye & Davis, 2003; Hammond & Fletcher, 1991; Hendrick & Hendrick, 1989; Jones & Cunningham, 1996; Kachadourian et al., 2004; 金政・大坊, 2003; Kirkpatrick & Davis, 1994; Shaver & Brennan, 1992; Weston, 2008 など)，結婚生活の満足感 (Birnbaum, 2007; Birnbaum et al., 2006; Charania & Ickes, 2007; Davila et al., 1999; Feeney, 1999; Heene et al., 2005, 2007; Hollist & Miller, 2005; Lussier et al., 1997 など) が低い事が知られています。

パートナーから嫌われているのではないかと不安に思うため，不安型の女性は，望んでいない性行為をする傾向が強い事が報告されています (Allen & Baucom, 2004; Gentzler & Kerns, 2004 など)。また，性的経験に対する否定的感情が高く (Gentzler & Kerns, 2004 など)，性的満足感が低い事も報告されています (Birnbaum, 2007; Davis et al., 2006 など)。加えて，不安型の人物は，自分が好かれているかどうか心配なために，嫉妬や脅迫的な感情を抱きやすい事も知られています。そのため，別れると，ストーカー行為をする傾向が高い事が報告されています (Davis et al., 2000; Dutton & Winstead, 2006; Dye & Davis, 2003; Langhinrichsen-Rohling et al., 2000 など)。

(5) アタッチメント理論の問題点

アタッチメントスタイルによって，ふたりの別れを説明する試みは，現在のところあまりうまくいっていません。第一に，アタッチメントスタイルから，ふたりの関係がどうなるかを予測する事ができないからです。つまり，個人のアタッチメントスタイルがわかったとしても，恋人関係や夫婦関係が続くのか，終わりを迎えるのか，わかりません。理論的には，ふたりともに安定型であれば，安定した関係が続くはずですが，必ずしもそうではないのです。恋人関係に限って言えば，不安型や回避型より，安定型の方が，ふたりの関係が長続きする事が報告されていますが (Shaver & Brennan, 1992; Weston, 2008 など)，この仮説に反する研究も報告されています (Kirkpatrick & Davis, 1994 など)。夫婦関係では，現在，仮説を支持する十分なデータさえ報告されていません。

そもそも，アタッチメントスタイルは，固定的なもので，生涯にわたって変化しないものではありません。恋人ができたり，結婚したりする事によって，変化する事が知られています。そのため，たとえ，恋人ができるかどうかや，結婚ができるかどうかを予測できたとしても，その後，ふたりの関係がどうなるかまでは予測する事はできません。

■ 4　別れの段階理論

　別れは突然やってくるのではなく，別れにはいくつかの段階があり，それぞれの段階を通過して，別れがやってくる，と考えている研究者たちがいます。これらの研究に共通している点は，いずれも，客観的なデータが存在しない事です。つまり，それぞれの研究者たちが提唱している仮説は，別れを経験した人々の生の声や，手記や作品などから，研究者たちが主観的に考えついたものなのです。数多くの仮説が生まれていますが，科学的な立場を重視する本書の趣旨から外れているため，割愛する事にします。

■ 5　危機理論

　ストレスという概念をキーワードとして，離婚に至るプロセスを説明しようとする考え方があります。たとえば，本項で説明する危機理論や，次節で説明するコーピング理論などです。危機は，近親者の病気や死亡，事故や災害などにより，何らかの変化が起こり，生活の均衡が崩れた状態を意味します。以下の「危機理論」は，ストレッサーが家族の危機となる過程を説明しようとするものです。

(1) 家族ストレス

　ストレスは，私たちに最もなじみ深い外来語です（文化庁，2008）。しかし，私たちは，ストレスの意味について，十分に理解していません。私たちは，ストレッサーとストレス反応を区別する事なく，どちらの意味にも，ストレスという言葉を使っています。ストレッサーとは，ストレスを生み出す原因であるストレス源を意味しています。ストレスフルな出来事などともいいます。一方，ストレス反応は，ストレッサーによって引き起こされる心理・行動・生理的反応などの総称です。ストレス反応が意味する範囲は広く，不安や気分の落ち込み，普段より調子が悪い，頭痛や胃痛がするなどから，社会への適応状態や幸福感なども，ストレス反応に含まれます。

　もともとストレッサーは個人が遭遇する出来事や状況の事ですが，個人ではなく家族全員にとって，ストレッサーとなる出来事や状況もあるという意味で，「家族ストレス」という言葉が生まれました。たとえば夫が失業したとします。夫にとって失業はストレッサーですが，妻の生活にも影響を及ぼします。その意味では，夫の失業は，妻にとってもストレッサーになります。つまり，夫の失業は夫婦にとってのストレッサーにもなるわけです。

(2) ABCX モデル

　家族に関する最も代表的な危機理論が，ヒル（R. Hill）の ABCX モデルです（Hill, 1949, 1958）。ヒルの「ABCX モデル」は，その名の通り A（ストレスフルな出来事），B（家族の資源），C（出来事の意味づけ），X（危機）の4つの要素から構成されています。

X 「危機」とは，これまでの行動では，状況に適応できなくなるような明らかな変化です。

A 「ストレスフルな出来事」は「危機」の源であり，戦争や自然災害，家族の死，浮気，経済状況の悪化などがあてはまります。ストレスフルな出来事は「危機」の源ですが，ストレスフルな出来事を経験すると，必ず「危機」になるわけではありません。ストレスフルな出来事が「危機」になるかどうかは，「家族の資源」や「出来事の意味づけ」に左右されます。

B 「家族の資源」は家族の適応能力を意味します。たとえば，家族の結びつき，障害や変化に対応できる能力などです。逆の言い方をすれば，ストレスフルな出来事に対する家族の脆弱性（脆さや弱さ）を意味しています。家族の資源が乏しいと，ストレスフルな出来事が家族の「危機」になります。

C 「出来事の意味づけ」は，ストレスフルな出来事を家族がどのように受け取るか，どのように捉えるかという事です。ストレスフルな出来事を家族にとって深刻な出来事だと意味づけする事で，ストレスフルな出来事は家族の「危機」となります。

　危機理論では，このように，家族が経験した「ストレスフルな出来事」に対して，「家族の資源」と「出来事の意味づけ」によって「危機」が生まれ，その「危機」が離婚をもたらすと考えています。

(3) 二重 ABCX モデル

　ABCX モデルはマカビン（H. I. McCubbin）という研究者によって修正され，「二重 ABCX モデル」が提唱されました（McCubbin & Patterson, 1982）。図4-3は二重 ABCX モデルの概要です。このモデルでは，「前危機段階」と「後危機段階」のふたつの危機段階を仮定しています。そして，ヒルの ABCX モデルを「前危機段階」に位置づけ，自身が提唱した「後危機段階」ではコーピングという概念に注目しました。

①**前危機段階**　「前危機段階」は，ヒルの ABCX モデルです。ⓐはヒルのモデルでは A，ⓑはヒルのモデルでは B，ⓒはヒルのモデルでは C に対応しています。

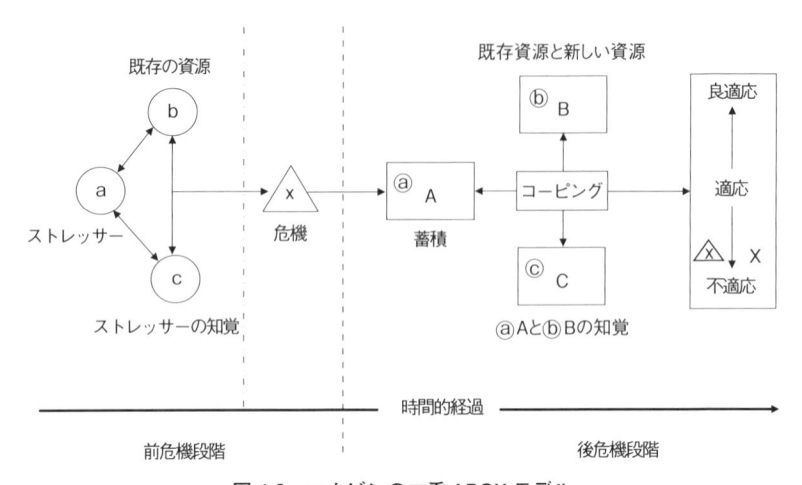

図 4-3　マカビンの二重 ABCX モデル
注　McCubbin & Patterson（1982）をもとに作成した。

② **後危機段階**　マカビンが，ヒルの ABCX モデルを修正した箇所です。
ⓐ A 「蓄積」は，ストレスフルな出来事の蓄積の事です。ヒルのモデルでは，単一のストレッサーを仮定していたようですが，マカビンは，複数のストレッサーを経験する事で，それが蓄積され，事態が悪化すると考えました。
ⓑ B 「既存資源」は，「危機」に陥らないように，ストレッサーを緩和させる事ができる家族の資源で，家族がそれまで持っている利用可能なものです。「新しい資源」は，ストレッサーや「危機」を経験する事で，新たに得る事ができた資源です。
ⓒ C 「ⓐAとⓑBの知覚」は，ストレッサーや「危機」に対する家族の知覚を意味します。現在置かれている状況を改めて捉え直します。
ⓧ X 「危機と適応」では，危機を迎え，危機をうまく調節する事ができれば，良適応となり，うまく調節できなければ悪適応となります。
コーピング　「コーピング」は，ストレッサーや危機に対する対応の仕方です。詳しくは本章の第 2 節で説明します。

(4) 危機理論の特色と問題

　社会的交換理論では，ふたりの関係によって離婚を説明しようとしました。ア

タッチメント理論では，ふたりの個人的特性によって離婚を説明しようとしました。どちらの理論も，結婚生活を重ねるにつれ変化する結婚生活の質や満足感について十分な説明ができません。一方，ストレス理論では，外的環境に対して個人（夫婦）がどのように適応するのかに焦点があてられています。そのため，ストレス理論では，個人的特性や，ふたりの関係だけでなく，ふたりの身に降りかかってくる外的な要因（ストレッサー）を考慮に入れる事で，変化する結婚生活の質や満足感について説明する事ができます。ここにストレス理論の特徴があります。

しかし，実際には，危機理論では，関係に満足しているかどうかや，別れるかどうかなどを十分に予測する事ができません。加えて，危機理論の基本的な考え方が正しい事を実証した研究は乏しいのです。なぜかは，次の節で説明します。

第2節　コーピングによって離婚を理解する

第2章では多様な離婚の原因について説明しました。本章の第1節では，このような原因が，なぜ離婚に結びつくのか，「社会的交換理論」「アタッチメント理論」「別れの段階理論」「危機理論」について説明しました。しかし，どの理論も不十分で，私たちに離婚を防ぐ手立てを与えてくれません。この節では，「第2章で紹介した原因が，なぜ，離婚の引き金になるのか，離婚を防ぐ方法はあるのか」という問題に，「コーピング」というキーワードによって，迫ってみようと思います。本節は，カプリッチョーソ（気ままに）ではなく，マルカート（marcato）「一音一音はっきりと」演奏しましょう。

1　夫婦にとって最も重要な事は何か

コーピングの話を始める前に，「夫婦関係を続けるうえで，最も重要な事は何か」について少し考える必要があります。通常，夫婦は愛し合い結婚します。お金の事で心配する事もなく，周りからの誘惑もなく，自由気ままな毎日を過ごす事ができれば，ふたりの愛は永遠のように思えます。そうです，何もなければ，ふたりは愛し合い続けるのです。何もなければ……。言い換えれば，何かがあるために，ふたりはつまずいてしまうのです。つまり，平穏でない時間が，ふたりの将来を変えてしまうわけです。平穏でない時間，それがストレッサーです。

しかし，平穏でない時間を過ごしたからといって，その夫婦が必ず別れるとは

限りませんし，必ず結婚生活に不満を抱くとは限りません。その疑問は，次の項で説明する「コーピング」という概念が解決してくれます。

■2　ストレス解消方法，それがコーピング

最もうまく離婚の原因を説明する事ができ，かつ，離婚を回避できる理論があります。それが「コーピング理論」です。そもそも，コーピング理論は，ストレスの発生過程（どのようにしてストレスが生じるのか）を説明するもので，ラザルス（R. S. Lazarus）によって提唱され，発展してきました（加藤，2007a, 2008a 参照）。まずは，ラザルスのコーピング理論について説明します。

(1) コーピングとは

古いストレス研究では，強いストレッサーを経験するほど，ストレスに関連した病気にかかり易いと考えていました。つまり，とても耐えられそうにないストレスを経験すると，病気になるという考え方です。たとえば，離婚のような強いストレッサーの場合は病気になりやすいのですが，夫婦喧嘩のような些細なストレッサーは病気になりにくいというものです。しかし，実際には，同じようなストレッサーを経験しても，病気になる人もいれば，ならない人もいます。古いストレス研究では，このような個人による違い（個人差）を説明する事ができません。そこで，ラザルスはコーピングという概念を考えました。

「コーピング」は，日常用語で言うならば，ストレス解消方法の事です。たとえば，カラオケに行く，やけ酒を飲む，やつあたりをする，森林浴をするなど，多くのストレス解消方法があります。人によって，ストレスの解消方法は違います。このコーピングの個人差こそが，同じストレッサーを経験しても，病気になる者もいれば，そうでない者もいるという現象を生むわけです。

(2) ストレス発生のメカニズム

コーピングについて，より理解を深めるために，ラザルスのストレス発生モデルについて説明します。ラザルスのストレス発生モデルを簡単にまとめると，図4-4のようになります。まず，それぞれの用語について説明します。

①コーピング資源　「コーピング資源」は，コーピングの選択を左右する要因の事です。経済状況，健康状態，性格，ソーシャルサポート（他者からの援助）などがあります。たとえば，経済的に恵まれている人は，ストレッサーを経験する

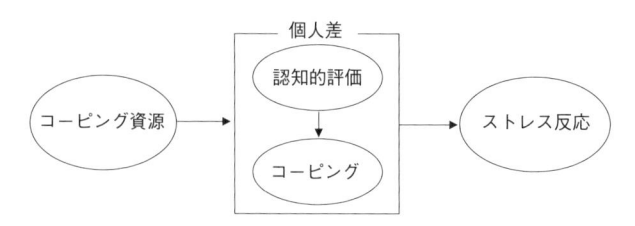

図 4-4　ラザルスのストレス発生モデル

と，プライベートジェットでドバイに出かけたり，ラフマニノフのピアノ協奏曲第2番ハ短調の生演奏を鑑賞したりするようなコーピングを選択できます。しかし，経済的に恵まれていなければ，そのようなコーピングを選択する事ができません。また，健康状態が良好ならば，ストレッサーを経験しても，ウインブルドンのセンターコートで汗を流すようなコーピングを選択する事ができますが，健康状態が悪ければ，そのようなコーピングを選択する事は難しくなります。

　そのため，コーピング資源によって，ストレッサーに遭遇した時，選択できるコーピングの数が違う事になります。つまり，コーピング資源が豊かであるほど，多様なコーピングを選択する事が可能になります。

②**認知的評価**　「認知的評価」は，ストレッサーに対する個人の主観的な評価です。ストレッサーに遭遇すると，そのストレッサーが，その個人にとって，ストレスフルであるかどうか評価します。ストレスフルだと評価して，初めてストレッサーとなります。ストレスフルではないと評価すれば，その個人にとってはストレッサーになりません。ストレスフルだと評価すれば，そのストレッサーが，どの程度重要なのか，どの程度脅威なのか，どの程度コントロールできるのか，などに関する評価をします。

　認知的評価は，コーピングと同様に，コーピング資源の影響を受けます。たとえば，神経質な人物（コーピング資源）が，ほかの人から見れば些細な出来事を経験したとします。神経質な人物は，その出来事をストレスフルだと評価するかもしれません。一方，精神的にゆとりのある人物は，同じ出来事を経験しても，ストレスフルだと思わないかもしれません。また，同じ人物であっても，普段はストレスフルだと感じない事であっても，体調が悪ければ，ストレスフルだと評価す

るかもしれません。

　コーピングは，この認知的評価に基づき選択します。たとえば，ミスをして上司から叱責されるというストレッサーを経験したとしましょう。「その問題を何とかできる」と評価したならば，ミスを補うために様々な努力をし，上司から叱責されないようにするでしょう。一方，「どうしようもない」と評価すれば，カラオケに出かけたり，やけ酒を浴びたり，気を晴らすようなコーピングを選択する事で，そのストレッサーから逃げようとするでしょう。このように，コーピングの選択は，認知的評価によっても左右されるのです。

③**ストレス反応**　認知的評価やコーピングの選択によって，そのストレッサーによるストレス反応が決定します。ストレス反応は，短期的には，不安，怒り，抑うつ（気分の落ち込み）などの情動的な変化，心拍数が増加するなどの生理的な変化として観察されます。中・長期的には，認知・行動的変化，身体的症状，社会的機能の低下などが見られます。認知・行動的変化には，自信の喪失，思考力の低下，無気力，引きこもりなどが含まれます。身体的症状は，自律神経系，内分泌系，免疫系の機能低下に伴うストレス関連性の疾患として現れます。自律神経失調症（めまい，頭痛，ふるえ，ほてり，嘔吐，下痢など），摂食障害，糖尿病，肥満症，胃潰瘍，関節リウマチ，気管支ぜんそく，アトピー性皮膚炎，円形脱毛症，インポテンツなど，ストレス性疾患とよばれる病気はたくさんあります。社会的機能の低下では，社会生活に適応できなくなったり，社会生活を営むうえで障害が出たり，幸福感や生活の質が低下したりします。このように，ストレッサーの影響は，具合が悪くなったり，病気になったりするだけではなく，社会適応や幸福感など多岐にわたっています。

④**ストレッサー**　古いストレス理論では，個人にとって耐え難いようなストレッサーを経験する事が，個人の精神や身体に悪影響を及ぼすと考えていました。戦争，生死をわけるような災害や事故，近親者の死，離婚，失業など，生涯に経験するかしないかといった非常にまれな出来事に注目したわけです。そのようなストレッサーをライフイベントといいます。つまり，ストレス強度の高いライフイベントを経験する事が，心身を蝕むと考えたわけです。危機理論も同じような考え方に基づいています。しかし，多くの研究から，ライフイベントの影響は大きくない事がわかっています。実は，私たちの心身を蝕むストレッサーは，ライフイベントではなく，日常生活で，毎日のように繰り返されるストレッサーなのです（加藤，2008a）。このようなストレッサーは，「日常いら立ち事」とよばれていま

す。たとえば，通勤ラッシュ，職場の環境や人間関係，近所付き合いなどが「日常いら立ち事」です。

　話は変わりますが，私たちの体には，ホメオスタシスという機能が備わっています。「ホメオスタシス」は，生体内の環境を常に一定に保とうとする機能です。たとえば，人間の場合，外気温が変化しても，汗を流し体温を低下させたり，体を震わせる事によって体温を上げようとしたりする事で，摂氏36度前後を保とうとします。ストレッサーを経験した場合も同じように，ホメオスタシスによって，心身を一定に保とうとします。少し説明を加えると，次のような事が体内で起こっています。ストレッサーを経験すると，心拍数が上がったり，呼吸の回数が増えたりします。そうする事で，体がストレッサーに対抗しようとします。単純に言えば，体が戦闘状態になるわけです。しかし，心拍数や呼吸の回数が増えたままの状態が続くと，体は悲鳴を上げてしまいます。そこで，もとの状態に戻そうと働くのがホメオスタシスです。このホメオスタシスのおかげで，私たちはストレッサーに遭遇しても，健康な体を維持する事ができるのです。

　生涯に一度あるいは数度しか経験しないような，強烈なライフイベントに対しても，私たちの体は適応する事ができるような機能（ホメオスタシス）が備わっています。しかし，毎日のようにストレッサーを経験し続けるとどうなるでしょうか。ホメオスタシスによって体の状態がもとに戻る前に，再びストレッサーを経験する事になります。ストレッサーに備えるために，体は戦闘状態を維持し続けなければなりません。毎日のように繰り返される「日常いら立ち事」は，常に体を戦闘状態にさせます。その結果，体はバランスを崩し，ストレス性疾患とよばれる病気を引き起こす事になるのです。つまり，毎日のように繰り返される「日常いら立ち事」こそが，私たちの「こころ」と「からだ」を蝕むストレッサーとなるのです。

■3　これが離婚を防ぐメカニズムだ

　夜遅く帰宅した夫に，妻はその日に起こった些細な出来事を話す。その日，夫が仕事で重大なミスをした事を，妻は知らない。執拗に話しかける妻に，夫は冷たくふるまう。妻は不機嫌になり，夫がお茶をこぼした事に腹を立て，夫に怒りをぶつける。妻は妻で，不安を抱え，夫に話を聞いてほしかったのだ。夫は妻の話に耳を傾け，妻に優しい言葉をかける。こぼれたお茶を，妻はそっと拭き取る。

（ある夫婦の日常生活）

(1) 対人ストレスモデル

　ストレッサーには様々な種類がありますが，私たちが最もよく経験するストレッサーが人間関係に関するストレッサーです（加藤，2007a）。本書で問題にしている恋人関係や夫婦関係もまた，人間関係のひとつです。そのような人間関係で生じるストレスの仕組みを明らかにした研究者が加藤です。加藤（2007a, 2008a）は，ラザルスのストレス発生モデルをもとに，人間関係で生じるストレス発生モデル（対人ストレスモデル）を提唱しました。もちろん，加藤の対人ストレスモデルは，恋人関係や夫婦関係にも応用する事ができます。加藤のモデルを恋人関係や夫婦関係に応用させた図式が図4-5です。

　ラザルスのストレス発生モデルでは，ストレスの発生は個人内で帰結し，ストレッサーを経験した個人以外の人物の存在を軽視しています。一方，加藤のモデルでは，ストレッサーを経験した人物以外の人物の存在をモデルに加え，ストレス研究における人間関係の重要性を強調しています。以下，恋人関係や夫婦関係に沿って，加藤の対人ストレスモデルについて説明します。

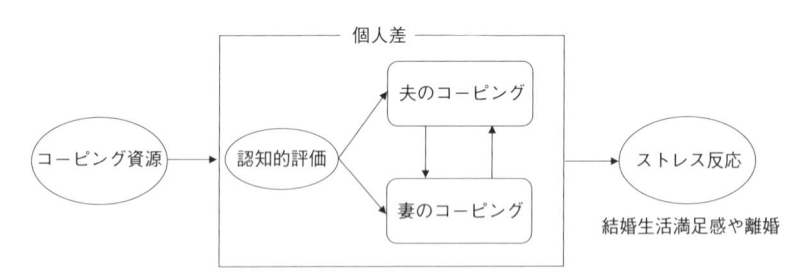

図4-5　加藤の夫婦関係で生じる対人ストレス発生モデル

(2) コーピング資源

　コーピング資源は，コーピングの選択を左右するあらゆる事柄です。恋人関係や夫婦関係では，第2章で説明した性格，喫煙の有無，精神的な状態，知的能力，ふたりの類似性，結婚年齢，婚前交渉や同棲経験，コミュニケーション，コミットメント，経済状態，サポート，余暇，子どもの有無，セックス，妻の就労状況，両親の離婚の有無，遺伝などが，コーピング資源となります。本章で紹介したアタッチメントも，コーピング資源のひとつです。

　ふたりが経験した出来事をストレッサーと評価するかどうかは，コーピング資

源によって左右されます。たとえば，些細な事にこだわる性格だったり，精神的に障害を抱えていたり，人生の経験が浅かったり，パートナーとの信頼関係が薄かったり，経済的に貧しかったり，誰も助けてくれる人がいなかったりすると，どうでもいいような出来事でも，ストレッサーになりかねません。これまでに説明した離婚の原因は，言い換えれば，ストレッサーを生み出しやすい原因といえます。そのため，第2章で説明したような原因が，結婚生活満足感の低下や離婚の危険性と関係していたのです。しかし，実際に，結婚生活の満足感や結婚生活の継続を左右するのは，コーピング資源ではなくコーピングです。コーピング資源は，直接，結婚生活の満足感や離婚を左右するわけではなく，認知的評価やコーピングに影響を与えるわけです。本章で説明した「社会的交換理論」や「アタッチメント理論」は，コーピング資源によって，その夫婦が離婚するかどうかを説明しようとしたものです。そのため，結婚生活の満足感や離婚を予測できなかったのです。

　加えて，コーピング資源は，変えようと努力しても，多くの場合変える事が困難です。たとえば，結婚生活に不向きな性格だからといって，性格を変える事は，大変な労力が必要です。家計の収入が低いと離婚率が高いからといって，経済状態を変えるために，収入を増やそうとしても，容易ではありません。できちゃった婚の離婚率が高いからといって，生まれてきた子どもを，母親のお腹に戻す事はできません。離婚は遺伝するからと言って，遺伝子治療を受けるわけにはゆきません。しかし，コーピングは変える事ができるのです。

(3) コーピング

　ラザルスらのストレス理論では，コーピングは，コーピングを行ったその人物の精神的，身体的な状態を左右すると考えていました。しかし，加藤の対人ストレスモデルでは，コーピングを行ったその人物だけではなく，その人物の周りにいる人々にも影響すると仮定しています。たとえば，冒頭の夫婦の日常生活で説明すると，夫がストレッサーに遭遇し（夫が上司に叱責された），そのストレッサーに対して夫がコーピングを行い（妻に冷たくあたる），その結果として，妻のストレッサーが生まれ（妻は不機嫌になる），妻はコーピングを行う（夫の言動に腹を立てる）という具合です。パートナーが選択したコーピングは，お互いのコーピングの選択と，お互いのストレス反応に影響を及ぼしているのです。どのようなコーピングを選択するかは，自分だけの問題ではなく，ふたりの問題だといえます。そのため，

自分だけが適切なコーピングを選択すれば良いというわけにはゆきません。

　コーピングには，いくつかの特徴があります。たとえば，コーピングを行う事で状況が変化し，それを受けて，コーピング資源や，認知的評価，さらにコーピングそれ自身も変化するという事です。冒頭の夫婦の日常生活では，お茶をこぼした夫に対して，妻は怒りをぶつけましたが（妻のコーピング），夫が優しくふるまうと，妻は夫がお茶をこぼした事に目をつむり（妻の認知的評価の変化），お茶を拭き取りました（妻のコーピングの変化）。夫に優しくされた事で，妻の精神状態（コーピング資源）が変化したと推測できます。この夫婦は，このあと，夫の仕事の失敗や妻の不安などについて話し合ったかもしれません。その結果，ふたりの結びつきはさらに強くなるかもしれません（コーピング資源の変化）。そして，夫が冷たい態度を取っても，妻は不機嫌にはならないかもしれません（認知的評価の変化）。日常生活で繰り返し経験する「日常いら立ち事」に対するコーピングが，いかに重要な事であるか，この夫婦の例からも理解できると思います。

(4) ストレス反応

　ストレス反応として，先に説明した「こころ」や「からだ」の変化に加え，対人ストレスモデルでは人間関係の満足感が重要になります。つまり，コーピングを行ったその人物の「こころ」が晴れ，ストレスが解消されたかどうかだけではなく，その人物の人間関係がどうなったのかも重要になります。たとえば，ストレッサーを経験すると，夫はいつも妻にやつあたりをしているとします。夫の「こころ」は良好になるかもしれませんが，夫婦関係は冷え切ってしまいます。逆に，夫婦喧嘩になると，夫はすぐに謝り，妻を気遣い，妻に機嫌を直してもらおうと努力しているとします。一時的には，ふたりの関係は良くなりますが，夫のストレスは積もるばかりです。重要な事柄は，ふたりの関係が良好になり，なおかつ，ストレスを緩和するようなコーピングを選択しなければならない，という事です。

　恋人関係や夫婦関係では，さらに，ふたりの関係が続くかどうかが重要になります。関係が継続するかどうかも，ストレス反応に含まれます。つまり，コーピングの選択は，ストレスの緩和，良好な関係の形成，関係の継続に関与しているのです。

　また，ストレッサーを克服する事で，お互いの信頼関係が強くなったり，より一層愛し合うようになったりする場合もあります。なかには，離婚寸前のカップ

ルが再び強く引かれ合うような事もあります。ストレス反応には、否定的な側面だけではなく、このような肯定的側面も含まれます（加藤, 2007a, 2008a）。

■ 4 今一度，なぜ，コーピングなのか

あれほど愛し合ったふたりです。何もなければ、愛し合ったふたりの関係は永遠に続くでしょう。何かがあるために、ふたりはつまずいてしまうのです。夫婦喧嘩は、ふたりが歩んでゆく道に落ちている石ころのようなものです。人生がそうであるように、ふたりの道のりにも、その大きはともかく、多くの石ころが転がっています。この石ころを見つけ出し、その石ころをどうするのか。それがコーピングなのです。

(1) 始まりはふたりの些細な言い争い

夫婦喧嘩は、お互いのストレッサーにもなりますが、うまく対応する事ができれば、ふたりの愛をさらに深める事ができます。少し夫婦喧嘩について考えてみましょう。

まず、夫婦喧嘩の原因について考えてみましょう。ある研究者 (Papp et al., 2009) が夫婦喧嘩の原因について調べています。その結果が表4-1です。夫婦ともに「子どもの事」が最も高く3割を超えています。次に、「家事や家庭の雑用」「コミュニケーション」と続いています。この調査は、アメリカ人を対象にしたものですが、日本とあまり違いがないように思えます。

実は、このような些細な夫婦喧嘩、夫婦喧嘩に至らない、口論や言い争いが、夫婦生活に不満をもたらします (Campbell et al., 2005; Conger et al., 1999; Fincham

表 4-1　夫婦喧嘩の原因（%）

口論の原因	夫	妻	口論の原因	夫	妻
子どものこと	36.4	38.9	お金	18.3	19.4
家事や家庭の雑用	25.1	24.1	習慣	16.2	17.0
コミュニケーション	22.1	21.8	親戚やもと配偶者のこと	10.7	11.9
レジャー活動	19.5	20.1	愛情表現やセックス	7.9	8.4
仕事	19.3	18.9	性格	5.5	8.6

注　妻100名、夫100名の複数回答、数値は割合（%）である。Papp et al.（2009）のデータをもとに作成した。

& Linfield, 1997; Kalmijn & Monden, 2006; Kerig, 1996; Kluwer & Johnson, 2007; Kwon et al., 2003; Murry et al., 2008; O'Farrell & Birchler, 1987; Proulx et al., 2004; Schudlich et al., 2004; Spotts et al., 2005a; Wamboldt & Reiss, 1989 など）。また，離婚の危険性も高めます（Blair, 1993; Gager & Sanchez, 2003; O'Farrell & Birchler, 1987; Orbuch et al., 2002; Oropesa & Landale, 2005 など）。さらに，口論や言い争いが，精神的，身体的に悪影響を及ぼす事も知られています（Fincham & Beach, 1999; Kiecolt-Glaser & Newton, 2001 など）。

　たとえば，新婚夫婦90組を対象にした実験があります（Kiecolt-Glaser et al., 2003）。その実験では，午前7時に実験室に入り，いくつかの質問に回答したのち，夫婦の問題について30分間の話し合いをしました。また，この実験では，何種類かのストレスホルモンを測定しました。ストレスホルモンは，ストレッサーを経験すると活動するホルモンで，この実験で測定したストレスホルモンのひとつである副腎皮質刺激ホルモン（ACTH）は，ストレッサーを経験する事によって分泌量が増加します。ストレスホルモンは，「話し合いを行う前」「話し合いの最中」「話し合い終了15分後」に測定しました。この実験では，夫婦の問題について話し合いをする事がストレッサーになります。また，この実験が終了した10年後，結婚生活が続いているかどうか調査しました。図4-6は，ACTHの分泌量の変化を，10年後離婚した女性と，10年後も結婚生活を続けている女性との間で比較したものです。10年後離婚した女性では，夫婦の間で話し合いを始めると，ストレスホルモンであるACTHの分泌量が増加しています。一方，結婚生活を続けている女性では，ACTHの分泌量はほとんど変化していません。この実験が意味

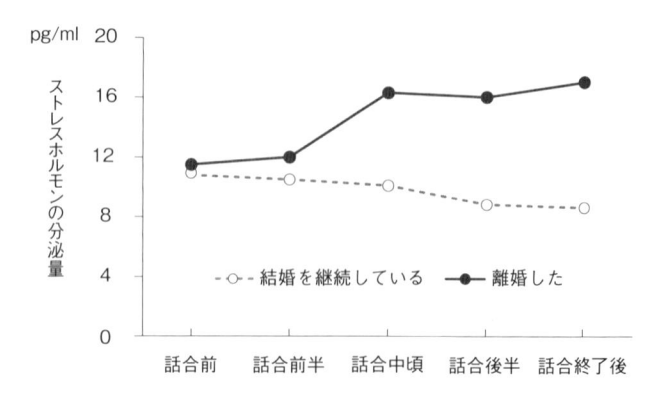

図 4-6　ストレスホルモン（ACTH）の変化
注　女性90名のデータである。Kiecolt-Glaser et al.（2003）のデータをもとに作成した。

している事は，夫婦の話し合いがストレスになっている女性は，10年後離婚してしまうという事です。

　岩や壁が，道をふさいでいる事はそうあるわけではありません。たとえ，そのような障害があっても，すぐに気づき，岩や壁を避け遠回りをしたり，岩や壁を登ったり，十分な対応をします。そのため，大きな岩や壁に，つまずいたり，ぶつかったりする人はいません。しかし，小石は，至る所に落ちていて，しかも，ひとつひとつの小石に十分な注意を払ったりしません。小さな小石だからこそ，つまずいてしまいます。日々の何でもないような小さな石こそが，ふたりにとって，とても重要なのです。

(2) なぜ，コーピングなのか

①**ストレッサーは避けられない**　　ご近所とのトラブル，通勤ラッシュ，自分に対する社会からの評価，将来への不安，職場の上司との人間関係，セクハラ，自分や家族の健康状態，家庭の収入など，私たちが遭遇(そうぐう)するストレッサーは無限のように存在します。このようなストレッサーを経験する事なく，人生を過ごす事は現実的ではありません。むしろ，ストレッサーとうまく付き合ってゆく事の方が現実的でしょう。夫婦関係も同じです。ふたりは，まったく同じ性格ではありません。考え方や価値観，生活習慣が違う事もあるでしょう。むしろ，そのような違いがある方が自然です。価値観や生活習慣が違えば，口論や言い争いも生まれるでしょう。あたり前の事です（むしろ，口論や言い争いを避けるために，夫婦のどちらかが我慢し続けている事の方がよほど問題でしょう）。重要な事は，口論や言い争いをなくす事ではなく，そのようなストレッサーとうまく付き合ってゆく事です。それがコーピングなのです。

②**コーピングなら変えられる**　　同じようなストレッサーを経験しても，病気になる者もいれば，そうでない者もいます。そのような個人差はコーピングによって生まれます。もちろん，コーピング資源も人によって違います。コーピングとコーピング資源との大きな違いは，変える事ができるか，変える事ができないかです。先に説明しましたが，コーピングの資源は，変える事が不可能，あるいは，とても困難な場合が多いのです。一方，コーピングは，比較的容易に変える事ができます。実は，コーピングは一種類だけではなく，複数の種類のコーピングがあります。やけ酒を飲む，やつあたりをする，買物に出かける，旅行に出かける，一般的に私たちが知っているストレス解消方法は，回避・逃避的コーピングとよ

ばれるもので，数多くあるコーピングのひとつに過ぎません。多様なコーピングについて理解を深めるだけでも，健康的な生活に近づけます。つまり，これまで知らなかった新しいコーピングの仕方を知るだけでも効果的なのです。効果的なストレス解消方法なら，あなたも試してみたくなるでしょう。効果がなければ，やめれば良いだけです。

このような事から，コーピングは，社会適応や幸福感を含めたストレス反応を左右する最も重要な要因として，心理学の領域だけでなく，医学，看護学，社会福祉学など，様々な領域で注目され続けています。実際，コーピングをキーワードとした研究論文が，毎年山のように報告されています（加藤, 2008a）。

第3節　コーピングによって離婚を防ぐ

マイケル：「ねえ。僕考えたんだ。この週末の事。エドに電話して仕事を代わってもらうよ……」（妻のアリスに寄り添いながら甘い言葉で）
アリス　：「マイケル，旅行はやめた方がいいんじゃない」
マイケル：「なぜ？」
アリス　：「現実から逃げる前に，ここで生活する事を考えなくっちゃ……」
　　　　　　　　　　　　　　（中略）
マイケル：「君の気持ちを聞いた事などなかった」
アリス　：「もっと，あなたと，いろいろ話し合いたいのよ……」

映画『男が女を愛する時』（Touchstone Pictures）

本節では，夫婦の日常生活で経験する口論や言い争いに焦点をあて，そのようなストレッサーに対するコーピングと，そのようなコーピングを用いると，夫婦関係の満足感がどうなるのか，そして，離婚してしまうようなコーピングはどのようなコーピングなのかについて説明します。本節は，ルバート（rubato），「自由なテンポで」演奏しましょう。

1　話し合うのか，話を避けるのか
(1) 建設的な話をする
多くの読者は，「ふたりが直面している問題を解決するために，お互いの意見

を理解し合い,話し合う事」が,最も優れたコーピングだと思っているかもしれません。このようなコーピングを,「建設的話し合いコーピング」とよぶ事にします。そのような読者の想像通り,多くの研究が,口論や言い争いの間に,「建設的話し合いコーピング」がよく観察される恋人関係や（Arellano & Markman, 1995; Christensen et al., 2006b; Crockett & Randall, 2006; Givertz & Segrin, 2005; Kammrath & Dweck, 2006; Katz & Myhr, 2008; Kurdek, 1994; Panayiotou, 2005; Rusbult et al., 1982, 1986; Simon et al., 2008; Smith et al., 2008a, 2008b など),夫婦では（Arellano & Markman, 1995; Bouchard et al., 1998, Campbell et al., 2008; Christensen, 1987, 1988; Gill et al., 1999; Heavey et al., 1996; Heene et al., 2007; Kerig, 1996; Kurdek, 1994, 1995; Lussier et al., 1997; Pasch & Bradbury, 1998; Rands et al., 1981; Rogge & Bradbury, 1999; Sanford, 2007; Sevier et al., 2008; Weiss & Tolman, 1990 など),ふたりの関係満足感が高いと報告しています。

　また,「建設的話し合いコーピング」を用いるほど,離婚の危険性が低い事も報告されています（Conger et al., 1999 など）。たとえば,アメリカの大規模調査（NSFH）のデータを用いた研究（DeMaris, 2000）では,「建設的話し合いコーピング」の使用頻度（1986-1987年）と,その後（1992-1994年）,離婚したかどうかを調査しました。その結果,「建設的話し合いコーピング」をよく用いるほど,その後の離婚率が低くなる事がわかりました。

(2) 話し合いを避ける

　「建設的話し合いコーピング」とは逆に,話し合いを避けるコーピングもあります。「撤退コーピング」といいます。「撤退コーピング」の使用頻度が高いほど,恋人関係でも（Cramer, 2002; Julien et al., 1989; Katz & Myhr, 2008; Kurdek, 1994; Smith et al., 2008a, 2008b など),夫婦関係でも（Bradbury & Fincham, 1992; Christensen & Heavey, 1990; Gill et al., 1999; Gottman & Krokoff, 1989; Heene et al., 2007; 川島ら, 2008; Kerig, 1996; Kurdek, 1994, 1995; Marchand & Hock, 2000; Metz et al., 1994; Rands et al., 1981; Roberts & Krokoff, 1990; Sanford, 2003; Sevier et al., 2008; Smith et al., 2008a など),ふたりの関係に不満を持ちます。「建設的話し合いコーピング」の逆の結果になるというわけです。

　話し合いを避けるようなコーピングに似たコーピングもあります。口論や言い争いになると,夫婦の問題を認めようとしなかったり,問題を忘れようとしたり,問題解決をあきらめたり,問題から逃れようとするコーピングです。「逃避・回避コーピング」といいます。口論や意見の言い争いの最中に,その場から立ち去るような行動もそうです。恋人関係でも（Kammrath & Dweck, 2006; Panayiotou, 2005;

Rusbult et al., 1982, 1986 など），夫婦関係でも（Bouchard et al., 1998; Bradbury & Fincham, 1992; 川島ら，2008; Lussier et al., 1997; Metz et al., 1994 など），「逃避・回避コーピング」の使用頻度が高いほど，ふたりの関係に不満を抱くようになります。

(3) 要求−撤退コーピング

「建設的話し合いコーピング」と「撤退コーピング」が組み合わさったようなコーピングがあります。「要求−撤退コーピング」です。「要求−撤退」は，クリステンセンら（Christensen & Sullaway, 1984）によって提唱されました（as cited in Christensen, 1987, 1988; Christensen & Shenk, 1991; Eldridge & Christensen, 2002）。口論や言い争いをしている時に，一方の配偶者が話し合いを始めようと要求するのに対して，もう一方の配偶者はそれを避けようとするコーピングです。

要求−撤退は，「夫の要求−妻の撤退」と「妻の要求−夫の撤退」に分類する事ができます。「夫の要求−妻の撤退」は，夫が話し合いを始めようと要求し，妻がそれを避けようとします。一方，「妻の要求−夫の撤退」は，妻が話し合いを始めようと要求し，夫がそれを避けようとします。

(4) 妻は話し合いを求め，夫は話し合いを避ける

私たちの一般的なイメージでは，本節冒頭のマイケルとアリスの会話のように，口論や言い争いが始まると，妻は話し合いを望み，夫は話し合いを避けようとします。実際のデータも私たちのイメージを支持しています。つまり，「夫の要求−妻の撤退」より「妻の要求−夫の撤退」の方が，多く観察されるという事です（Christensen, 1987; Christensen & Shenk, 1991; Eldridge et al., 2007; Gottman & Levenson, 2000; Heavey et al., 1993 など）。このような傾向は，夫婦だけでなく恋人関係でも見られます（Vogel et al., 1999 など）。

この問題について，口論や言い争いの内容に焦点をあて，さらに詳しく調べた研究者たちがいます（Christensen & Heavey, 1990; Klinetob & Smith, 1996; Vogel et al., 1999 など）。たとえば，ロス・アンジェルス（米国）の夫婦29組を対象にした研究があります（Heavey et al., 1993）。この実験では，まず，夫婦はいくつかの質問に回答したのち，特定の話題について話し合います。話し合いをする話題は，妻が変えてほしいと思う夫の行動の話題（妻の話題）と，夫が変えてほしいと思う妻の行動の話題（夫の話題）の2つです。ひとつの話題に対して7分間話し合いをし，その後，もう一方の話題について7分間話し合いをします。その様子はビデオで記録し，

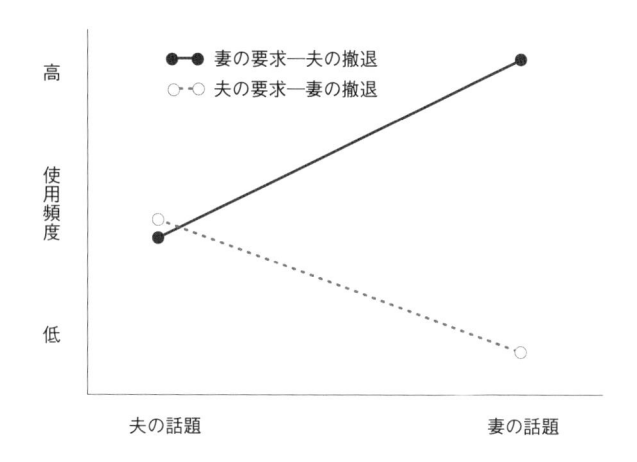

図4-7 議論の内容による「要求―撤退」の使用頻度の相違
注 「夫の話題」は夫が変えてほしいと思う妻の行動の話題，「妻の話題」は妻が変えてほしいと思う夫の行動の話題である。Heavey et al.（1993）の結果を参考に作成した。

「夫の要求‐妻の撤退」と「妻の要求‐夫の撤退」の行動頻度をカウントしました。その結果を図4-7にまとめました。夫の話題では，「夫の要求‐妻の撤退」と「妻の要求‐夫の撤退」との間に違いは見られません。しかし，妻の話題では，「夫の要求‐妻の撤退」より「妻の要求‐夫の撤退」が多く観察されました。この実験をまとめると，①夫が妻に変化を望む時，「夫の要求‐妻の撤退」と「妻の要求‐夫の撤退」の頻度に違いはない，②しかし，妻が夫に変化を望む時は，妻は積極的に話を切り出し，自分の要求をぶつけ，夫はその話を避けようとするということです。

(5) なぜ「妻は話し合いを求め，夫は話し合いを避ける」のか

それでは，なぜ，「妻は話し合いを求め，夫は話し合いを避ける」のでしょうか。一般的に，夫は以前の話を持ち出さないのに対して，妻は以前の話を繰り返す傾向があります。つまり，口論や言い争いになると，妻は，以前にも話をした夫の言動の話（妻の話題）を繰り返すのです。そのため，夫は，その話題をより一層に避けようとします。夫が話を避けるため，妻の望み通りにはなりません。再び，妻は夫に変わるよう要求します。この繰り返しが日常化し，結婚生活を重ねる事で，「妻の要求‐夫の撤退」という役割が固定化されてしまうのです（Eldridge

& Christensen, 2002)。この事を示唆する研究が，いくつか報告されています (Gottman & Driver, 2005 など)。ある実験 (Klinetob & Smith, 1996) に参加した夫婦は，結婚期間が平均 5 年程度で，結婚期間が比較的短い夫婦でした。実験の内容は，先に紹介したロス・アンジェルスの実験 (Heavey et al., 1993) とほぼ同じです。実験の結果，妻の話題では「妻の要求－夫の撤退」がよく見られました (先の実験の結果と同じです)。しかし，夫の話題でも「妻の要求－夫の撤退」がよく見られました (先の実験では「妻の要求－夫の撤退」と「夫の要求－妻の撤退」は同じ)。つまり，関係が短い夫婦の場合，自分の望みを叶えたい話題では積極的に話をし，自分の行動を変えようとする話題では積極的に話を避ける，のです。結婚歴が浅いころは，「要求－撤退」の役割がまだ定着していないわけです。さらに，この実験では，実験中の夫婦のやり取りを詳しく観察し，分析しています。その結果，夫の話題ではなく妻の話題で，妻の要求→夫の撤退→妻の要求→夫の撤退→妻の要求という，「妻の要求－夫の撤退」の役割の固定化が観察されやすい事がわかりました。「妻は話し合いを求め，夫は話し合いを避ける」という行動は，長年にわたって築き上げられるものなのです。

(6)「要求－撤退」は不満をもたらす

「要求－撤退コーピング」がふたりの関係に不満をもたらす事が，恋人関係 (Christensen et al., 2006b など) や夫婦関係 (Christensen, 1987, 1988; Heene et al., 2005 など) で報告されています。「妻の要求－夫の撤退」(Caughlin & Huston, 2002; Heavey et al., 1993; Heene et al., 2007; Noller & White, 1990; Sagrestano et al., 1999; Smith et al., 2008a, 2008b など) であっても，「夫の要求－妻の撤退」(Caughlin & Huston, 2002; Heavey et al., 1993; Heene et al., 2007; Katz & Myhr, 2008; Sagrestano et al., 1999; Smith et al., 2008a など) であっても不満をもたらします。一方が話し合いを要求し，もう一方がそれを避けるコーピングは望ましくないのです。

(7)「妻が話し合いを求め，夫が話し合いを避ける」と……

「要求－撤退コーピング」は，不満をもたらすだけでなく，離婚の危険性も高めます (Christensen & Shenk, 1991 など)。たとえば，「要求－撤退」が，夫婦関係の継続にどのような影響を及ぼすのか，14 年間にわたって縦断的調査を行った研究があります (Gottman & Levenson, 2000)。この調査は，1983 年にインディアナ州 (米国) の新聞広告で，研究に参加する夫婦を募集しました。集まった 200 組の夫婦のうち

85組を選び，そのうち，最後の調査まで参加した夫婦は79組でした。まず，結婚生活の問題について，15分間話し合いをさせ，その様子を記録しました。その4年後，14年後，夫婦関係の満足感や離婚したかどうかなどの調査をしました。その結果，「妻の要求－夫の撤退」がよく観察されていた夫婦ほど，4年後，14年後，ともに，離婚している夫婦が多い事がわかりました。つまり，「妻は話し合いを求め，夫は話し合いを避ける」と，離婚する危険性が高まるのです。

(8)「夫の要求－妻の撤退」は夫の暴力に結びつく

「要求－撤退コーピング」は，夫婦間の暴力とも関係があります。たとえば，夫婦95名を対象に，「要求－撤退」を測定した研究があります (Babcock et al., 1993)。この研究では，「パートナーに暴力をふるわれている群」(45名)，「暴力はふるわれていないが，結婚満足感が低い群」(30名)，「暴力はふるわれておらず，結婚満足感が高い群」(16名) に分類しました。その結果を図4-8にまとめました。数値が高いほど「要求－撤退」の使用頻度が高い事を意味しています。この図から次のような事がわかります。①「妻の要求－夫の撤退」は，「パートナーに暴力をふるわれている群」でも，「暴力はふるわれていないが，結婚満足感が低い群」でも，高頻度で見られる。つまり，「妻の要求－夫の撤退」は，暴力と直接関係があるのではなく，結婚生活に不満がある状況でよく見られるという事です。この事からも，「妻の要求－夫の撤退」は，結婚生活に対する不満と強く関係している事がわかります。②「夫の要求－妻の撤退」は，「暴力はふるわれていないが，結婚

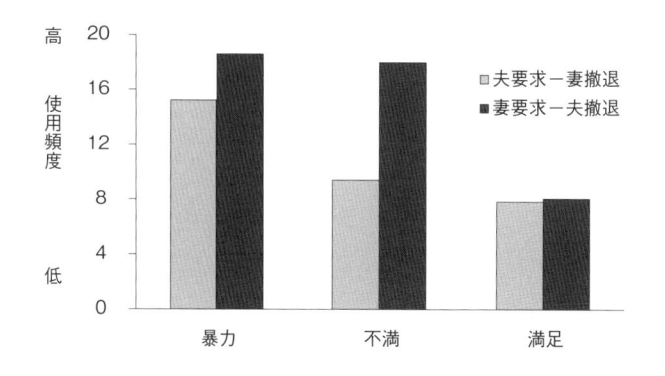

図4-8 「要求－撤退」とパートナーの暴力との関係
注　データ数は95名である。Babcock et al. (1993) のデータをもとに作成した。

満足感が低い群」より,「パートナーに暴力をふるわれている群」でよく見られる。つまり,「夫の要求－妻の撤退」は,パートナーの暴力に直接関係している事が推測できます。同様の傾向が別の研究でも報告されています (Holtzworth-Munroe et al., 1998; Sagrestano et al., 1999 など)。

また,女子大学生を対象にした研究では,パートナーから性行為の強制があった女性は,そのような事がなかった女性より,「男性の要求－女性の撤退」の頻度が高い事が報告されています (Katz & Myhr, 2008)。どうやら,「夫の要求－妻の撤退」は,暴力に結びつきやすいようです。

(9) うつ病との関係

うつ病患者の「要求－撤退コーピング」について調べた研究があります。この研究 (Heene et al., 2007) では,うつ病患者 69 名と,健康な人 69 名 (統制群) を集め,「妻要求－夫撤退」「夫要求－妻撤退」の使用頻度について調べています。図 4-9 の黒いバー (うつ病患者) と灰色のバー (健康な人) を比較してください。いずれの条件でも黒いバーの値が高く,健康な人と比較してうつ病患者は,「要求－撤退」の使用頻度が高い事がわかります。

また,「要求－撤退」がよく見られる夫婦では,気分の落ち込みが高い事も知られています (Heene et al., 2005, 2007 など)。「要求－撤退」を用いる事で,気分が落ち込んだり,うつ病になったりするのか,うつ病だから「要求－撤退」を用いるの

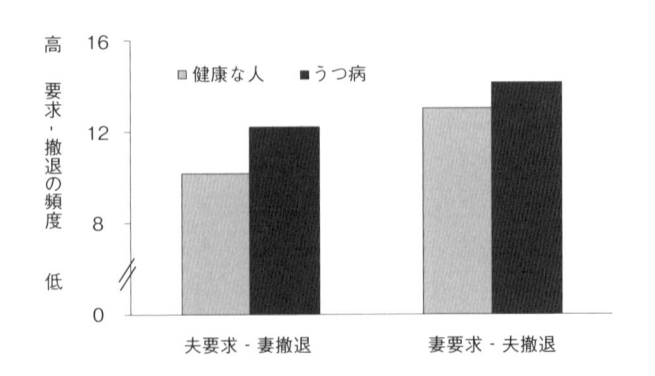

図 4-9 うつ病群と統制群の「要求－撤退」の使用頻度
注 うつ病群は 69 名,統制群 (健康な人) は 69 名である。Heene et al. (2007) のデータをもとに作成した。

かはわかりませんが,「要求－撤退」と,気分の落ち込みやうつ病とには関係がありそうです。

■ 2 対立を深める

ひろし:「今週ずっとニンジンだったよな」
みさえ:「……何でもかんでも値上がりしているなか,少しでも節約しなきゃ。お給料が上がるわけでもないしね」
ひろし:「……これでも必死に働いてるんだぞ」
みさえ:「別にあなたに文句言っているわけじゃないの。私が言いたいのは,家計が大変だという事」
ひろし:「まったく。昔の亭主だったら,出て行けって,怒鳴っているところだぞ」
みさえ:「怒鳴ってみれば。でも,出て行くのはあなたよ。私は"しんのすけ"と"ひま"を育てなきゃなんないし」
ひろし:「もういい」
みさえ:「あーら,出てくんだー」

『クレヨンしんちゃん』第631話「父ちゃんが出てったゾ」

(1) 拒絶コーピング

口論や言い争いになると,パートナーを侮辱したり,皮肉ったり,批判したり,文句を言ったり,無視したりするようなコーピングが見られます。このようなコーピングを,本書では「拒絶コーピング」とよびます。「ひろし」と「みさえ」の会話では,「みさえ」の「お給料が上がるわけでもないしね」という皮肉が,このコーピングに該当します。「みさえ」のように,「拒絶コーピング」は,男性より女性の使用頻度が高い事が知られています (Bowman, 1990; Cohan & Bradbury, 1994 など)。

また,「拒絶コーピング」は,恋人関係でも (Arellano & Markman, 1995; Julien et al., 1989; Kammrath & Dweck, 2006; Katz & Myhr, 2008; Kurdek, 1994; Panayiotou, 2005; Rusbult et al., 1982, 1986; Simon et al., 2008 など),夫婦関係でも (Buehlman et al., 1992; Cohan & Bradbury, 1994, 1997; Gottman & Krokoff, 1989; Gottman & Levenson, 2000; 林ら, 2003; Kurdek, 1994, 1995; Noller & White, 1990; Rands et al., 1981; Roberts, 2000; Rogge & Bradbury, 1999; Sanford, 2003; Sevier et al., 2008; Weiss & Tolman, 1990 など),ふたりの関係に不満をもたらします。加えて,このようなコーピングを使用すると,それを受けた配偶者は「パートナー

の話を聞いたり，好意的な反応をしたりしない」事も報告されています（Geist & Gilbert, 1996 など）。

　また，夫が「拒絶コーピング」を用いるほど，離婚の危険性が高くなる事が報告されています（Buehlman et al., 1992, Gottman & Levenson, 2000; Jacobson et al., 1996 など）。しかし，妻の「拒絶コーピング」と離婚との関連性については報告されていません。つまり，「拒絶コーピング」は妻がよく用いるコーピングではあるけれど，夫が「拒絶コーピング」を用いると，夫婦関係にとって，特に望ましくない結果になる，という事です。

(2) 感情をあらわにする

　怒りや悲しみなどの負の感情を表すようなコーピングもあります。通常，このような負の感情を表すと，ふたりの関係の満足感は低下します（Buehlman et al., 1992; Carrère et al., 2000; Geist & Gilbert, 1996; Kim et al., 2007; Sanford, 2003 など）。特に，怒りの感情をぶつける場合が顕著です（Arellano & Markman, 1995, Bradbury & Fincham, 1992; Cohan & Bradbury, 1997; Geist & Gilbert, 1996; Marchand & Hock; 2000; Pasch & Bradbury, 1998; Rogge & Bradbury, 1999; Simon et al., 2008 など）。また，負の感情は，離婚につながる事も報告されています（Buehlman et al., 1992 など）。

　このような負の感情を表すというコーピングは，男性より女性によく観察されています（Feldman & Gowen, 1998; Jacobson et al., 1994; Johnson et al., 2005 など）。たとえば，わが国のアンケート調査（第一生命経済研究所, 2006a）では，夫婦喧嘩の際に，先に怒り始めるのは，夫か妻かという質問をしています。図 4-10 はその結果をまと

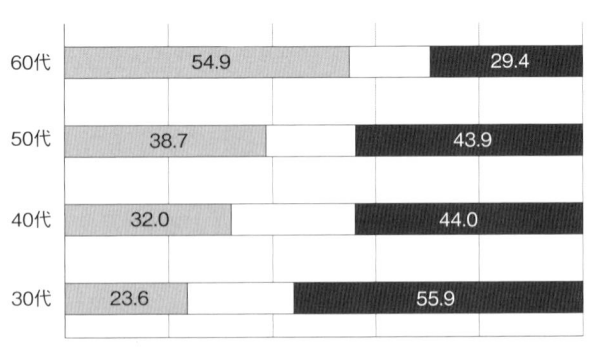

年代	夫が先に怒り出す割合（%）	妻が先に怒り出す割合（%）
60代	54.9	29.4
50代	38.7	43.9
40代	32.0	44.0
30代	23.6	55.9

図 4-10　夫婦ケンカで先に怒り出すのは夫か妻か
注　第一生命経済研究所（2006a）のデータをもとに作成した。

めたものですが，60代夫婦を除き，30代，40代，50代，いずれの夫婦でも，夫より妻が先に怒り始めるという回答が多く見られます。その割合は，30代夫婦では，夫が先に怒り始めるという回答が23.6%であるのに対して，妻が先に怒り始めるという回答は55.9%でした。このように，夫より妻の方が，怒りを表しやすいのです。

さらに，「夫の負の感情が妻の満足感を低下させる報告」(Pasch & Bradbury, 1998など) より，「妻の負の感情が夫の満足感を低下させる報告」(Geist & Gilbert, 1996; Gottman & Krokoff, 1989; Pasch & Bradbury, 1998など) の方が頻繁に見られます。たとえば，怒り，批判，大声を上げるといった配偶者に対する敵意的な感情と離婚との関係について，夫婦436名を対象に，アイオワ州（米国）で調査を行いました (Matthews et al., 1996b)。その研究では，まず，夫婦別々に，それぞれの配偶者の敵意的な感情について尋ねました。次に，夫と妻の敵意的な感情などをビデオカメラで記録しました。その後，夫婦が離婚したかどうか調べました。その結果，夫婦が離婚したかどうかを左右した要因は，ビデオカメラで記録された妻の敵意的な感情でした。つまり，口論や言い争いの最中に，妻が負の感情を表すようになると，ふたりの関係も終わりだという事です。

また，このようなコーピングは，問題を解決しない事が知られています。たとえば，フロリダ（米国）の夫婦56組を対象に行った実験があります (Geist & Gilbert, 1996)。この実験では，夫婦が実際に直面している問題について10分間話し合いをさせました。そして，「夫婦の言動」や「問題が解決された程度」などを記録しました。その結果，次のような事がわかりました。①夫が「怒りや批判」の感情を表すほど，問題は解決しない。②夫が「あきらめ，無抵抗，悲しみを表現」するほど，問題は解決しない。どうやら，夫が負の感情を表に出すほど，ふたりの問題はこじれてしまい，解決しなくなるようです。

簡単にまとめると，負の感情は夫より妻でよく観察されます。夫が負の感情を表すと問題が解決できず，妻が負の感情を表すと，不満が増したり，離婚をしたりするようです。

(3) 言い訳をする

口論や言い争いをしていると，言い訳をする事で自分を守ろうとしたり，自分の責任を認めようとしなかったりする場合があります。ここでは「自己弁解コーピング」といいます。「ひろし」と「みさえ」の会話では，「みさえ」は，毎日のよ

うにニンジン料理ばかり出した言い訳に,亭主の給料が低いと文句を言います。これに対して,「ひろし」は,「これでも必死に働いているんだぞ」と給与が上がらない事の言い訳をします。このような「自己弁解コーピング」は,夫婦関係に不満をもたらします (Geist & Gilbert, 1996; Gottman & Krokoff, 1989; Gottman & Levenson, 2000; Sanford, 2003; Weiss & Tolman, 1990 など)。また,「自己弁解コーピング」を用いるほど,離婚の危険性も増します (Gottman & Carrère, 1994; Gottman & Levenson, 2000; Jacobson et al., 1996 など)。

(4) 関係を終わらせようとする

口論や言い争いになると,パートナーを避けるようなコーピングを用いる人物がいます。そのようなコーピングを用いるほど,不満が高くなる事が報告されています (Campbell et al., 2008; Kammrath & Dweck, 2006; Knee et al., 2005; Panayiotou, 2005; Rusbult et al., 1982, 1986; Weiss & Tolman, 1990 など)。ここでは,「関係解消コーピング」とでもよびましょう。

パートナーを避けるだけではなく,さらに,別れ話をしようとしたり,そのような話をしなくとも,別れるような雰囲気を容認しようとしたり,別れる事を考えたりする場合もあります。「ひろし」と「みさえ」の会話では,「ひろし」の言葉を受け,「みさえ」が「あなたが出て行けば」と言った事で,「ひろし」は家を出て行ってしまいました。もちろん,このようなコーピングも,ふたりの関係満足感を低めます (Kammrath & Dweck, 2006; Kerig, 1996; Panayiotou, 2005; Rusbult et al., 1982 など)。

■ 3 パートナーを思いやる

(1) 共感し,理解しようとする

他者への思いやりや配慮に基づいたコーピングを「共感的コーピング」といいます。恋人関係や夫婦関係では,パートナーを肯定的に受け止めたり,パートナーを理解しようと努力したりするコーピングです。共感的コーピングの使用頻度が高いほど,関係満足感が高い事が知られています (Arellano & Markman, 1995; Bradbury & Fincham, 1992; Gill et al., 1999; Hojjat, 2000; Julien et al., 1989; Knee et al., 2005; Weiss & Tolman, 1990 など)。

また,パートナーを尊重し,パートナーを認めるほど,夫婦関係の満足感が増し,離婚の危険性が低くなる事も報告されています (Arellano & Markman, 1995; Buehlman et al., 1992; Carrère et al., 2000 など)。いくら嫌な事があったとしても,パート

ナーに対する配慮は必要だという事です。

(2) 愛情を伝える

　甘い言葉をかけたり，抱きしめたり，パートナーに自分の愛情を伝えるようなコーピングがあります。このようなコーピングを「愛情伝達コーピング」という事にします。口論や言い争いをしている最中でも，喧嘩になる前に，「愛情伝達コーピング」を用いる事は珍しくありません。「愛情伝達コーピング」の使用頻度が高いほど，恋人関係でも（Arellano & Markman, 1995 など），夫婦関係でも（Bowman, 1990; Buehlman et al., 1992; Carrère et al., 2000; Julien et al., 1989; Sevier et al., 2008 など）満足感が高い事が報告されています。そして，妻がこのコーピングを用いる事で，夫の結婚満足感が増すという結果（Carrère et al., 2000 など）より，夫がこのコーピングを用いる事で，妻の結婚満足感が増すという結果（Buehlman et al., 1992; Carrère et al., 2000; Cohan & Bradbury, 1994 など）の方が，より多く報告されています。また，「愛情伝達コーピング」の使用頻度が高い夫婦ほど，離婚の危険性が低下する事も報告されています（Buehlman et al., 1992; Carrère et al., 2000 など）。

　同様に，パートナーを理解している事を，パートナーに伝えるというコーピングもまた，夫婦の満足感を高める事が報告されています（Cohan & Bradbury, 1997; Pasch & Bradbury, 1998 など）。正の感情は，夫婦の満足感を高めるわけです（Geist & Gilbert, 1996; Gottman & Levenson, 2000; Kim et al., 2007 など）。

■ 4　自分の考えを言う

　自分の考えや意見を話す事を「自己主張」といいます。何が何でも自分の意見を通したり，自分の好き勝手にしたりする「わがまま」とは違います。自己主張は，自分の考えや意見を大切にし，適切に相手に伝える事です。わが国では，一般的に，自己主張は控えるべきで，否定的に捉えがちです。しかし，自己主張は，欧米だけでなく，わが国でも，良好な人間関係を形成し，維持するために，重要なスキルであると考えられています。

　夫婦関係でも，パートナーに自分の事を理解してもらおうと努力する事は重要です。たとえば，台湾の夫婦173組を対象にした研究（林ら, 2003）では，自分の気持ちを伝えたり，相手を説得したりしようとするほど，お互いの満足感が高くなると報告しています。同様の結果が別の研究でも報告されています（Metz et al., 1994 など）。一方，自分のしたい事をしたり，不平不満を言ったりするほど，満足

感が低下する事も報告しています。

　自己主張をまったくしないコーピングもあります。「亭主関白」「かかあ天下」という言葉がありますが，パートナーの言いなりになり，パートナーに従うようなコーピングがあります。このようなコーピングをすると，口論や言い争いにはならないように思えます。しかし，ふたりの関係の満足感は低下してしまいます（Kurdek, 1994, 1995; Simon et al., 2008 など）。

■5　気分を変える

　ストレッサーを経験すると，カラオケに行ったり，週末にアロマテラピーに通ったり，やけ酒を飲んだり，このような行動は，ストレッサーによる不快な感情を鎮（しず）めようとするコーピングです。気晴らしといった方がわかりやすいかもしれません。先に説明した「逃避・回避コーピング」の一種です。日常生活で，ストレス解消方法と言えば，このような気晴らしを指す事が多いでしょう。冒頭の『クレヨンしんちゃん』では，「しんのすけ」君の友達「ねね」ちゃんとそのお母さんが，うさぎのぬいぐるみにボディーブローを浴（あ）びせるシーンが印象的ですが，そのようなコーピングです。このようなコーピングを選択すると，ふたりの関係満足感が低下する事が知られています（Bowman, 1990; Cohan & Bradbury, 1994; Hojjat, 2000; Lussier et al., 1997 など）。ひどい場合には，子どもにやつあたりする場合もありますが，もちろん，このようなコーピングを選択しても，満足感が得られる事はありません（Kerig, 1996 など）。気晴らしは，ふたりの幸せのためには，適切なコーピングではないようです。

■6　ユーモア

(1) ふたりのユーモア

　当然の事ですが，ユーモアは，ふたりが口論や言い争いをしている時や，ふたりがストレッサーに曝（さら）されている時だけに，見られるものではありません。日常生活のなかで，お互いに冗談を言い合ったりもします。ある研究者によると，ふたりの間で交わされるユーモアは，「肯定的ユーモア」「否定的ユーモア」「手段としてのユーモア」に分類する事ができるそうです（Koning & Weiss, 2002）。

　「肯定的ユーモア」は，通常，私たちが，ユーモアや冗談と思っている事です。ふたりの関係を親密にしたり，場を和ませたりするようなユーモアを指します。一方，「否定的ユーモア」は，パートナーを笑いものにしたり，パートナーをこき

おろしたりするユーモアです。私たちは，通常，否定的ユーモアをユーモアとは言わないかもしれません。「手段としてのユーモア」は，ふたりの言い争いを避けたり，パートナーの怒りをかわしたり，落ち込んでいるパートナーを慰(なぐさ)めたりする時に用いるユーモアです。

(2) ふたりにとって，ユーモアは……

古くから，ユーモアは，コーピングの一種として，ストレス低減効果が報告されてきました (Martin & Lefcourt, 1983 など)。恋人関係や夫婦関係でも，口論や言い争いになった時の，ユーモアがはたす役割について注目されてきました (加藤, 2008a)。

その結果，口論や言い争いの最中に，ユーモアを用いるカップルでは，関係満足感が高い事が報告されています (Bowman, 1990; Butzer & Kuiper, 2008; Cohan & Bradbury, 1994, 1997; Gottman & Krokoff, 1989; Gottman et al., 2003; Koning & Weiss, 2002; Sevier et al., 2008; Weiss & Tolman, 1990 など)。それだけではありません。ユーモアが離婚を防ぐ事も報告されています。たとえば，夫が深刻な暴力をふるっている夫婦60組を対象にした研究があります (Jacobson et al., 1996)。この研究では，15分間，セックスや家計などの問題について話し合いをし，その様子を記録しました。その2年後，夫婦の関係がどのように変化したか調べました。その結果をまとめたものが図4-11です。離婚や別居をする事なく，結婚生活を続けている夫婦の方が，妻も夫も，話し合いの最中にユーモアをよく用いていました。しかし，パートナーの欠点を強調したり，パートナーをこきおろしたりするような否定的ユーモアを

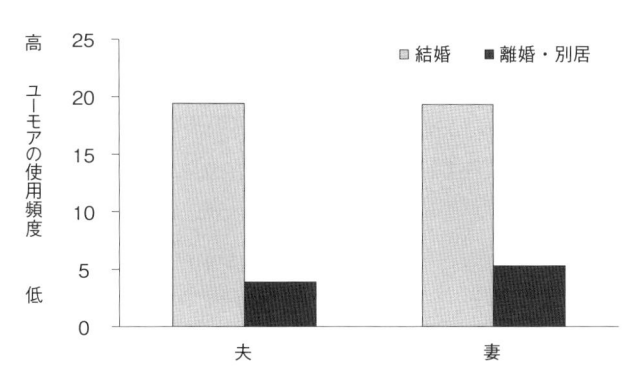

図4-11 ユーモアの頻度と2年後の結婚の継続状態
注 Jacobson et al. (1996) のデータをもとに作成した。

用いると，ふたりの関係満足感は低下します（Butzer & Kuiper, 2008; Koning & Weiss, 2002 など）。

■ 7 何が問題だったのか
(1) 自分を責める
　「離婚の責任は，夫と妻のどちらにあったのでしょうか。どちらにも責任はあったのです。そして，どちらにも責任はなかったのです」。そのような言葉を残した人物がいるそうです。実際には，口論や言い争いに対して，夫より妻の方が自責の念を抱きやすい事が報告されています（Bowman, 1990; Cohan & Bradbury, 1994 など）。また，口論や言い争いの責任が自分にあると考えるほど，夫婦生活の満足感は低下する事が報告されています（Bowman, 1990; Cohan & Bradbury, 1994 など）。

(2) 原因帰属
　「原因帰属」は，身の回りに起こった出来事の原因を推論する過程です。簡単に言えば，「何でそんな事が起こったのか，その原因は何だったのか」，これが原因帰属です。原因帰属は，ワイナー（B. Weiner）という心理学者によって広まりました。その後，セリッグマン（M. P. Seligman）によって，抑うつになりやすい帰属として「内在性次元」「安定性次元」「全般性次元」の3次元が提唱されました。このセリッグマンの帰属理論に強い影響を受けた研究者がフィンカム（F. D. Fincham）です。フィンカムは，セリッグマンに倣い，夫婦関係など親密な2者関係で，パートナーが否定的な行動をした時の原因帰属について，「外在性次元」「安定性次元」「全般性次元」の3次元を仮定しました（Fincham & Bradbury, 1992）。

①**外在性次元**　　パートナーが否定的な行動をした時，その原因をパートナーに向ける程度を「外在性」といいます。たとえば，パートナーが自分の言った事を批判したとします。パートナーの行動は，パートナーの性格や気分のせいであると思うほど，外在性が高くなります。余談ですが，ワイナーやセリッグマンは，外在性ではなく，自分に責任があるという内在性を問題にしています。つまり，ワイナーやセリッグマンは，自分に責任があるという帰属の仕方に問題があると考えているのに対して，フィンカムは，パートナーに責任があるという帰属の仕方に問題があると考えています。

②**安定性**　　「安定性」は，パートナーが否定的な行動をした時，その原因は変化しないと考える程度を意味します。たとえば，パートナーが自分の事を批判し

たとすると，パートナーが私を批判する原因は変わらないと思うほど，安定性が高くなります。

③**全般性**　「全般性」は，パートナーが否定的な行動をした時，その原因は結婚生活以外にも影響を及ぼすと考える程度を意味します。たとえば，パートナーが自分の事を批判したとすると，パートナーが私を批判した原因は，結婚生活以外の生活にも何らかの影響を及ぼすと思うほど，全般性が高くなります。

そして，フィンカムは，ふたりの関係で生じた否定的な出来事を「外在性」「安定性」「全般性」に帰属する程度が高いほど，ふたりの関係はうまくいっていない，と考えました。本書では，ふたりの関係での出来事を「外在性」「安定性」「全般性」に帰属する傾向が高い事を「負の原因帰属」とよぶ事にします。

(3) 負の原因帰属がもたらす結果

フィンカムの仮説を支持する結果が，数多く報告されています。つまり，負の原因帰属（「外在性」「安定性」「全般性」に帰属する傾向が高い）をするほど，結婚生活に不満を抱くというわけです（Fincham et al., 1997; Heene et al., 2005, 2007; 川島ら, 2008 など）。夫が負の原因帰属をした場合でも（Fincham & Bradbury, 1992; Fincham & Linfield, 1997; Fincham et al., 1997, 2000, 2002; Karney & Bradbury, 2000; Karney et al., 1994; Miller & Bradbury, 1995 など），妻が負の原因帰属をした場合でも（Bradbury & Fincham, 1992; Fincham & Bradbury, 1992; Fincham & Linfield, 1997; Fincham et al., 2000, 2002; Karney & Bradbury, 2000; Karney et al., 1994; Katz et al., 1995; Miller & Bradbury, 1995 など），結婚に不満を抱かせます。

さらに，このような負の原因帰属をする夫婦ほど，離婚の危険性が高くなる事も報告されています。しかし，離婚の危険性が高まるのは，妻が負の帰属をする場合のみ報告されています（Karney & Bradbury, 2000; Katz et al., 1995 など）。

(4) 責任帰属

さらに，フィンカムは，3つの原因帰属のほかに，「意図性」「衝動性」「非難性」の3つの責任帰属を提唱しています（Fincham & Bradbury, 1992）。

①**意図性**　「意図性」は，パートナーが否定的な行動をした時，パートナーが意図的にその行動を行ったと考える程度です。簡単に言えば，パートナーの行動が故意であると思うか，そう思わないかです。たとえば，パートナーが自分の事を批判したとすると，パートナーが故意に批判したと思うほど，意図性が高くなります。

②衝動性　「衝動性」は，パートナーが否定的な行動をした時，その行動はパートナーの利己的な動機で行ったと考える程度です。たとえば，パートナーが自分の事を批判したとすると，パートナーはわがままで私を批判したと思うほど，衝動性が高くなります。

③非難性　「非難性」は，パートナーが否定的な行動をした時，パートナーは責めを負うべきだと思う程度です。たとえば，パートナーが自分の事を批判したとすると，パートナーは私を批判した事で，責めを負うべきだと思うほど，非難性が高くなります。

フィンカムは，ふたりの関係で生じた否定的な出来事を「意図性」「衝動性」「非難性」に帰属するほど，関係がうまくいっていないと考えました。本書では，「意図性」「衝動性」「非難性」に帰属する程度が高い事を「負の責任帰属」とよぶ事にします。

(5) 負の責任帰属がもたらす結果

ふたりの関係で生じた負の責任帰属の程度が高いほど，ふたりの関係に対する不満が高い事が報告されています (Fincham et al., 1997; Heene et al., 2005, 2007; 川島ら, 2008など)。それは，夫が負の責任帰属をした場合でも (Bradbury & Fincham, 1992; Fincham & Bradbury, 1992; Fincham & Linfield, 1997; Fincham et al., 1997, 2000, 2002; Karney & Bradbury, 2000; Karney et al., 1994; Miller & Bradbury, 1995など)，妻が負の責任帰属をした場合でも (Bradbury & Fincham, 1992; Fincham & Bradbury, 1992; Fincham & Linfield, 1997; Fincham et al., 2000, 2002; Karney & Bradbury, 2000; Karney et al., 1994; Katz et al., 1995; Miller & Bradbury, 1995など)，ふたりの関係満足感が低下します。

さらに，このような負の責任帰属をする夫婦ほど，離婚の危険性が高くなる事が報告されています。それは，妻が負の帰属をする場合のみ報告されています (Karney & Bradbury, 2000; Katz et al., 1995など)。

■8　コーピングの多様な姿

(1) 変化するコーピング

私たちは，ストレッサーを経験すると，いつも同じようなコーピングを選択しているわけではありません。時が過ぎれば，選択するコーピングも変化します。このコーピングの変化について調査した研究があります。この研究 (Zietlow & Sillars, 1988) では，ミルウォーキー (米国) で，若い夫婦，中年の夫婦，老いた夫

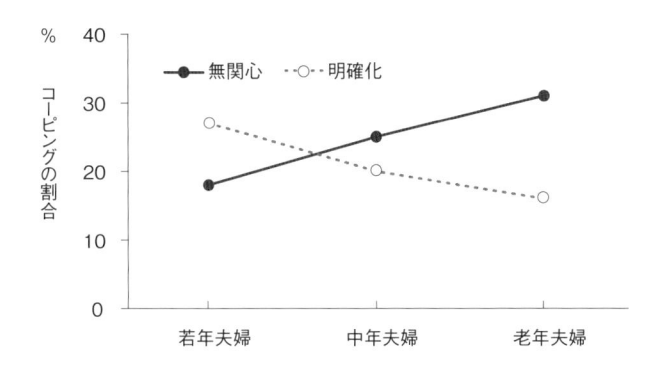

図 4-12　年代別のコーピングの割合
注　Zietlow & Sillars（1988）をもとに作成した。

婦を集めました。そして，夫婦が否定的な問題について話し合っている最中の言動（コーピング）を記録しました。加えて，それぞれの年代別に特定のコーピングの頻度をカウントし，それぞれの年代別のコーピングにしめる割合を計算しました。その結果をまとめたものが図 4-12 です。図 4-12 は，「無関心」と「明確化」の 2 つのコーピングのみのデータで，すべてのコーピング使用頻度にしめる「無関心」と「明確化」の割合を示しています。「無関心」は，意見の対立がある事を，認めようとも，否定しようともせず，的外れの質問をしたり，一般的で，抽象的な意見を言ったりするコーピングです。「明確化」は，ふたりの問題について事実だけを言い，問題点を明らかにしたり，パートナーの考えを聞いたりするコーピングです。図 4-12 を見ると，年齢を重ねた夫婦ほど，「無関心」の使用頻度の割合が増し，「明確化」の使用頻度の割合が減少しています。つまり，年を重ねた夫婦ほど，問題を解決しようとする事を避け，問題があるにもかかわらず，話し合いをしなくなるのです。

(2) コーピングが浮気を予測する

結婚前のカップル 72 組を対象に，浮気とコーピングとの関係について分析した研究があります（Allen et al., 2008）。その研究では，育児や家計の問題について 10 分から 15 分間話し合いをさせ，その様子をビデオテープで記録しました。観察した言動は，否定的言動（言い争いを激化したり，話し合いを避けたり，問題を否認したり，パートナーを支配しようとしたり，否定的な感情を表したりする）と肯定的言動（問題を解決し

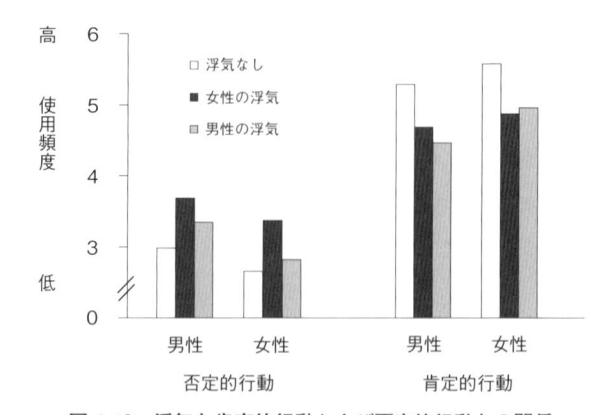

図 4-13 浮気と肯定的行動および否定的行動との関係
注　データ数は 144 名の男女である。Allen et al. (2008) のデータをもとに作成した。

ようとしたり，適切なコミュニケーションを取ったり，パートナーを承認・支援したり，肯定的な感情を表したりする）です。また，性的浮気の経験があるかどうか質問し，カップルを「どちらも浮気をしていない群」「女性が浮気をしている群」「男性が浮気をしている群」の 3 つに分類しました。その結果が図 4-13 です。図の左半分は，話し合いの最中に，観察した否定的言動の頻度です。右半分は，話し合いの最中に，観察した肯定的言動の頻度です。

まず，図の左半分の否定的言動の頻度に注目してください。このグラフを見ると，「どちらも浮気をしていない群」より「女性が浮気をしている群」の方が，男女ともに，否定的言動の頻度が高い事がわかります。しかし，「どちらも浮気をしていない群」と「男性が浮気をしている群」では，否定的言動に差は見られませんでした。つまり，否定的言動をするようなカップルでは，女性が浮気をするという事です。次に，図の右半分の肯定的言動に注目してください。男性の肯定的言動では，「男性が浮気をしている群」より「どちらも浮気をしていない群」に多く見られました。一方，女性の肯定的言動では，「女性が浮気をしている群」より「どちらも浮気をしていない群」に多く見られました。つまり，自分自身が浮気をした経験がある場合，肯定的言動の頻度が低いという事です。

■9　ふたりでストレスに立ち向かう

これまでは，恋人や夫婦の間で生じたストレッサー，主に，口論や言い争いというストレッサーに対するコーピングについて説明してきました。本項で説明す

るコーピングは，夫婦に降りかかってきたストレッサーに対するコーピングです。

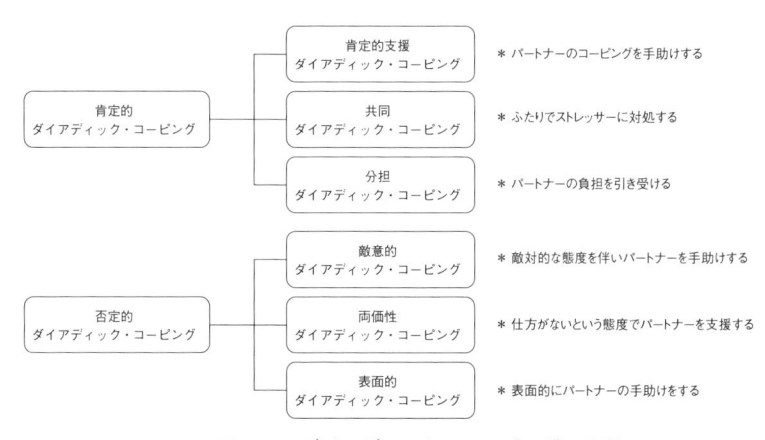

(1) ダイアディック・コーピング

　ボーデンマン（G. Bodenmann）は，一方の配偶者あるいは夫婦が経験したストレッサーに対して，夫婦で対処しようとするコーピングを「ダイアディック・コーピング」と名づけました (Bodenmann, 1995, 2000, 2005)。そして，ダイアディック・コーピングを図 4-14 のように分類しました。ダイアディック・コーピングは，まず，肯定的な側面である「肯定的ダイアディック・コーピング」と，否定的な側面である「否定的ダイアディック・コーピング」にわけられます。さらに，肯定的ダイアディック・コーピングは「肯定的支援ダイアディック・コーピング」「共同ダイアディック・コーピング」「分担ダイアディック・コーピング」に分類され，否定的ダイアディック・コーピングは「敵意的ダイアディック・コーピング」「両価性ダイアディック・コーピング」「表面的ダイアディック・コーピング」に分類できます。

①肯定的支援ダイアディック・コーピング　　一方の配偶者がストレッサーに遭遇すると，もう一方の配偶者がそのコーピングを手助けするコーピングです。たとえば，日常の仕事を手伝ったり，実用的な助言をしたり，共感的な理解を示したり，信頼している事や一体感を配偶者に伝えたりします。

②共同ダイアディック・コーピング　　夫婦がともに補いながら，ストレッサーに対応しようとするコーピングです。ストレッサーに遭遇した配偶者とともに，

図 4-14　ダイアディック・コーピングの分類

対応しようとするわけです。たとえば，問題の解決や情報収集に加わる，感情を共有する，お互いに話し合うなどです。

③**分担ダイアディック・コーピング**　ストレッサーに遭遇した配偶者のストレス反応を低減させるために，もう一方の配偶者がその負担を請け負うコーピングです。たとえば，普段は買い物に行かない夫が，妻のストレスを緩和するために，代わりに買い物に行くような事です。

④**敵意的ダイアディック・コーピング**　ストレッサーを抱えている配偶者に対して，軽蔑したり，遠ざかったり，バカにしたり，皮肉ったり，配偶者のストレッサーを軽視したりするような敵意的なコーピングです。このような敵意的な態度は，通常，言葉によるものではなく，態度や行動，身ぶりなどに見られます。

⑤**両価性ダイアディック・コーピング**　不本意だけれど，あるいは，自分には関係がないような態度で，ストレッサーに遭遇している配偶者を支援するコーピングです。

⑥**表面的ダイアディック・コーピング**　ストレッサーに遭遇している配偶者に対して，共感する事なく手助けしたり，耳を傾ける事もなく配偶者の話を聞いたりするコーピングです。

(2) ダイアディック・コーピングの成果

　ボーデンマンらは，ダイアディック・コーピングと夫婦の満足感との関係について調査しています（Bodenmann et al., 2006a）。この調査では，スイスの夫婦110組を対象に，2年間にわたり，縦断的研究を行っています。その結果，否定的ダイアディック・コーピングがよく見られた夫婦では，2年後の夫婦生活の満足感が低くなり，肯定的ダイアディック・コーピングがよく見られた夫婦では，2年後の夫婦生活の満足感が高くなる事がわかりました。

　別の研究（Bodenmann & Cina, 2005）では，スイス人夫婦62名を対象に，5年間にわたる縦断的研究を行っています。この調査では，5年後の夫婦関係の状態によって，「満足」（結婚生活を継続し，関係に満足している19名），「不満」（結婚生活は続けているが夫婦生活に不満な26名），「離婚」（離婚あるいは別居している17名）の3つのグループにわけています。図4-15では，肯定的支援ダイアディック・コーピング（配偶者のコーピングを手助けするようなコーピング）の使用頻度をまとめています。男女ともに，ダイアディック・コーピングの使用頻度が高いほど，5年後にも夫婦関係を続けており，かつ，夫婦生活に満足している事がわかります。別の研究でも，ダイア

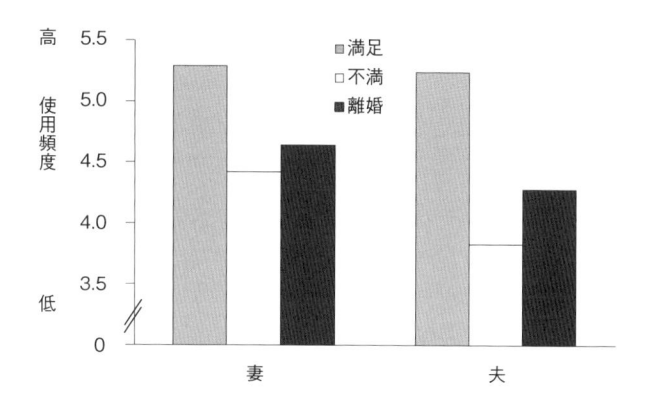

図 4-15 ダイアディック・コーピングの使用頻度と 5 年後の夫婦関係
注　データは夫婦 62 名である。Bodenmann & Cina（2005）のデータをもとに作成した。

ディック・コーピングを用いるほど，結婚生活の満足感が高まる報告がなされています（Bodenmann et al., 2008; Wunderer & Schneewind, 2008 など）。

(3) 夫婦でストレスに立ち向かう訓練

　ダイアディック・コーピングの考えをもとに，夫婦でストレスに立ち向かうための訓練方法があります。「カップル・コーピング向上訓練」といわれています。そして，「カップル・コーピング向上訓練」が役に立つかどうか，その効果を実証した研究が報告されています（Bodenmann et al., 2006b; Ledermann et al., 2007; Widmer et al., 2005 など）。カップル・コーピング向上訓練は，以下に説明する 6 つの段階から構成されています。週末に 3 時間，6 週間続けるのが標準的な訓練です。

①ストレスとコーピングについての知識の獲得　　第一段階では，ストレスに関する基本的な理解を深める事から始めます。そして，お互いに，どのような状況でストレスを感じているのか，ストレスを経験すると，どのような気持ちになるのか，などについて理解します。

②個々のコーピングの改善　　第二段階では，コーピングの改善に関する訓練です。歩み寄りの姿勢を高めたり，より計画的に対処できるようにしたり，考えをまとめられるようにしたりします。また，楽しい出来事を増やしたり，リラックスしたりする事でストレスを緩和したりします。避けられないストレッサーに対するコーピングについて学んだりもします。

③ダイアディック・コーピングの向上　　第三段階は，配偶者が抱えているスト

レスを理解したり，ストレスについて話し合ったり，夫婦でストレッサーに対処する方法を学んだりする段階です。まず，ストレスを抱えた時のコミュニケーションについて学びます。次に，ストレスによって生まれた否定的な感情，そのように感じた理由などを配偶者に話します。その後，配偶者と役割を交替し，配偶者の聞き手になります（20分間で交替します）。配偶者の話を聞く時は，自由に質問をしてもかまいませんが，この段階では，実践的なアドバイスや精神的な支えとなるような事を言ってはいけません。それが終わると，再び，ストレスの話し手と聞き手の訓練をします。その際，聞き手は，配偶者が経験したストレスの程度に合わせて共感したり，配偶者を信頼したり，配偶者を励ますといったダイアディック・コーピングを実践します。そして，話し手になった配偶者は，聞き手のダイアディック・コーピングに対して，どの程度役に立ったか，どの程度満足したか，どのようにして欲しかったかを伝えます。

④**関係のやり取りと公平性**　関係の公平さやお互いのやり取りの重要性を認識します。また，不平等な関係ではないか，頼り切った関係ではないか，見極める能力を養います。そして，自分自身の要求と配偶者の要求を明確に区別します。どちらか一方の配偶者が得をしたり，損をしたりしないための訓練です。

⑤**夫婦のコミュニケーションの改善**　第五段階では，お互いの不適切なコミュニケーションに気づく能力を養い，話し手，聞き手のスキルを向上します。

⑥**問題解決スキルの改善**　最終段階では，夫婦の問題を適切に解決するための問題解決スキルを習得します。まず，ひとつの問題を選択し，夫婦で意見を交換します。次に，お互いの意見を批評する事なく，様々な解決策を出し合います。考え出した解決策から，最も望ましいと思う解決策をひとつ選びます。この解決策をいつ実行するのか，考えなければならない困難な出来事は何かなどについて話し合います。そして，日常生活で実践し，その効果について話し合います。

第4節　奇跡のコーピング，離婚を9割の確率で予測する

　ゴットマン（J. M. Gottman）という研究者は，自著のなかで，「夫婦の言動をわずか5分間観察すれば，その夫婦が幸福になるかどうか，離婚するかどうか，91%の確率で予測する事ができる」と述べています（Gottman & Silver, 1999）。ゴットマ

ンの発言を聞いて，多くの読者は驚くでしょう。ゴットマンをペテン師のように思う読者もいるかも知れません。しかし，ゴットマンの発言は，長年にわたる自身の研究データに裏づけられたものなのです。まずは，ゴットマンがどのようにして，離婚を予測するかのぞいてみましょう。本節は，カンタービレ（cantabile），「歌うように」響かせましょう。

1 夫婦の会話観察システム

　ゴットマンは夫婦の会話に注目しました。そして，夫婦の会話を客観的にデータ化し，記録する方法を模索しました。そして完成した記録方法が，「高速カップル相互作用得点化システム」(Krokoff et al., 1989) と「特定感情得点化システム」(Gottman & Krokoff, 1989) です。どちらの方法も，意見の対立や口論の最中に見られる夫婦の言動を観察，記録するシステムです。通常，15分間の夫婦の話し合いを記録します。

(1) 高速カップル相互作用得点化システム

　「高速カップル相互作用得点化システム」は，夫婦間のやり取りを「問題解決」という視点から観察しようとしたものです。つまり，夫婦の問題に対して，どのように話し合いを進めてゆくのか，夫婦の言動を測定しようとしています。通常，聞き手と話し手の役割を決め，話し合いをします。役割は夫婦で交替する事になります。

　このシステムで観察する夫婦の言動は，表4-2のように，「否定的指標」と「肯定的指標」とにわける事ができます。さらに，どちらの指標も，「話し手の言動」に焦点をあて記録する方法と，「聞き手の言動」に焦点をあて記録する方法とにわける事ができます。観察するポイントは合計22あります。話し手の言動の観察ポイントは13項目，聞き手の観察ポイントは9項目です。

(2) 特定感情得点化システム

　「特定感情得点化システム」は，夫婦間のやり取りを「感情」という視点から観察しようとしています。このシステムでは，表4-3の「中立」「ユーモア」「愛情・思いやり」「関心・せんさく」「喜び」「怒り」「反感・嘲笑・軽蔑」「泣き言」「悲しみ」「恐怖」，10の特定感情を観察します。

表 4-2　高速カップル相互作用得点化システム

否定的指標	肯定的指標
話し手の言動	
不平 批判 否定的関係に焦点をあてた話をする 賛成だけれども…… 自己防衛 パートナーをへこませる 否定的感情を増幅させる それ以外の否定的言動	問題を肯定的（中立的）に説明する 課題志向的関係情報 同意 ユーモア・笑い それ以外の肯定的言動
聞き手の言動	
相づちを打たない 表情を変えない 否定的な表情 視線をそらす，視線を落とす	相づちを打つ 表情を変える 肯定的な表情をする 話し手に注目する 敏感に表情を変える

注　Krokoff et al.（1989）をもとに作成した。

表 4-3　特定感情得点化システム（Ver. 1.0）のコード

コード	内　容
中立	感情が入らない質問と返答，情報の交換
ユーモア	親しみの表れ。冗談を言ったり，笑ったり，ほほ笑んだり，おどけたり，ふざけたり，ふたりだけしか知らない事で笑ったりする。
愛情・思いやり	愛情を直接伝えたり，ほめたり，心配して聞いたりする。
関心・せんさく	パートナーの言動に肯定的で積極的な関心を示す。
喜び	興奮したり，強調したりして喜びを表現する。子どものように期待し，大げさな質問をしたり，叫んだりする。予期していない出来事に驚く。
怒り	直接怒りを表す，批判する，積み重ねられた緊張を突然開放し，攻撃的な話が増える。
反感・嘲笑・軽蔑	うんざり，嫌気，あざけり，軽蔑，腹立たしさ，敵対的なユーモア。
泣き言	かん高く，声をふるわせ，文末を強めるような話し方。幼稚な方法で自分の要求や不平を伝えようとする。自分が犠牲者であるかのようにふるまったり，自分を守ろうとしたりする。
悲しみ	あきらめ，無抵抗，痛烈な悲しみの表現。
恐怖	話が乱れたり（話の途中でつまずき，同じ言葉を繰り返す，どもる），緊迫すると，声がふるえたりする事で，その様子を知る事ができる。

注　Gottman & Krokoff（1989）をもとに作成した。

(3) 研究の成果

　冒頭で紹介したように，ゴットマンは，夫婦の会話を観察する事で，その夫婦が「結婚生活に満足しているのかどうか」「将来離婚するのかどうか」を予測する事ができると述べています。ゴットマンが注目する会話は，口論や言い争いなど，夫婦が夫婦の問題について話し合っている状況で観察される夫婦の言動の事です。それは，まさしく対人ストレスコーピングの事です。

　これまでに，表4-2のような肯定的言動がふたりの関係満足感を高め（Arellano & Markman, 1995; Campbell et al., 2008; Gottman & Krokoff, 1989; Gottman & Levenson, 2000; Julien et al., 1989, 2003; Laurent et al., 2008; Monnier et al., 2000 など），逆に，否定的言動がふたりの関係に不満を抱かせる事が報告されています（Campbell et al., 2008; Fincham & Linfield, 1997; Gottman & Krokoff, 1989; Gottman & Levenson, 2000; Hojjat, 2000; Julien et al., 1989, 2003; Kiecolt-Glaser et al., 2003; Krokoff et al., 1988; Monnier et al., 2000 など）。また，肯定的言動や否定的言動が，離婚の危険性と関連している事も報告されています（Gottman & Levenson, 1992, 2000, 2002; Kiecolt-Glaser et al., 2003 など）。たとえば，ワシントン（米国）の新婚夫婦130組を対象にした研究（Gottman et al., 1998）では，夫婦生活の問題について15分間，話し合いをさせました。その様子を記録し，ふたりの言動を分析しました。そして，6年後に離婚しているかどうか調査しました。その結果が図4-16です。6年後離婚していた男女と，6年後結婚を続けていた男女を比較すると，男女ともに，離婚した夫婦の否定的な言動（軽蔑，言い訳，好戦的な感情）の頻度が高い事がわかります。つまり，口論や言い争いの最中に，否定的な言動がよ

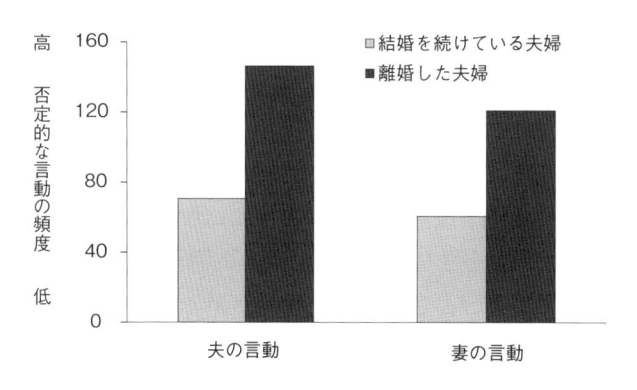

図4-16　妻と夫の否定的言動
注　Gottman et al.（1998）のデータをもとに作成した。

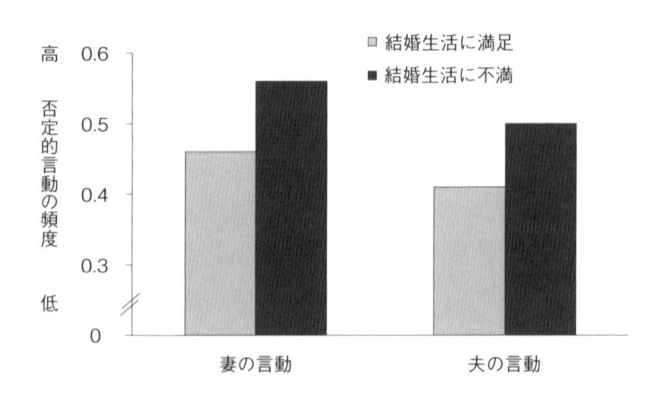

図 4-17　否定的言動と10年後の結婚満足感
注　データ数は144名である。Kiecolt-Glaser et al.（2003）のデータをもとに作成した。

く見られるほど，その後に離婚してしまうわけです。

　また，肯定的言動と否定的言動を比較すると，肯定的言動より否定的言動の方が，ふたりの生活満足感を左右する事が報告されています（Gottman & Krokoff, 1989; Krokoff et al., 1988; Pasch & Bradbury, 1998 など）。たとえば，新婚夫婦90組を対象にした研究があります（Kiecolt-Glaser et al., 2003）。この研究では，まず，30分間，夫婦の問題についての話し合いをしました。その様子はビデオカメラで記録し，肯定的言動と否定的言動を数値化しました。その10年後，再び夫婦と連絡を取り，離婚していなかった夫婦72組の夫婦生活の満足感について調査しました。この夫婦は，夫婦生活に満足しているグループと，不満なグループにわけられました。図4-17は，その結果をまとめたものです（否定的言動のデータのみ）。図から，夫と妻ともに，10年後に夫婦関係に不満を抱いている男女は，否定的言動の頻度が高い事がわかります。一方，肯定的言動に関しては，10年後の夫婦生活の満足感とは関係がありませんでした。

2　離婚する夫婦の特徴

　ゴットマンは，学術論文だけではなく，一般読者向けに，わかりやすく説明した書籍も出しています（DVDも売り出しています）。そこから，離婚する夫婦の特徴について説明します。

(1) 批判,侮辱(ぶじょく),言い訳,逃亡

　ゴットマンは,会話の最中に観察される「批判」「侮辱」「言い訳」「逃亡」を4つの危険要因だと言っています。「批判」は配偶者を責める事,「侮辱」は配偶者をバカにしたり,軽蔑(けいべつ)したりする事,「言い訳」は自分が正しく自分の責任ではない事を主張する事,「逃亡」は話し合いを避け,その場から立ち去ってしまう事です。「批判」や「侮辱」は,「言い訳」を生みやすくなります。「言い訳」には,自分を守ろうとする側面だけではなくて,「問題は私にはなく,あなたにある」という配偶者を責める側面もあります。「逃亡」は,配偶者の「批判」「侮辱」「言い訳」が繰り返され,その結果として生まれます。つまり,「批判」「侮辱」「言い訳」を浴(あ)びせられた配偶者は,黙り込み,無視するようになります。その結果,「批判」「侮辱」「言い訳」はさらに勢いを増します。やがて,「批判」「侮辱」「言い訳」にさらされた配偶者は,話が始まると,部屋や家を出たりするようになるかもしれません。ゴットマンによれば,この「批判」「侮辱」「言い訳」「逃亡」だけで,夫婦が離婚するかどうかを82%の確率で予測できると言っています。

(2) パートナーを追い込む

　「批判」「侮辱」「言い訳」を繰り返すと,配偶者は「逃亡」し,やがて,自分の殻(から)に閉じこもってしまいます。ゴットマンは,配偶者に十分過ぎるほど「批判」「侮辱」「言い訳」を繰り返し,配偶者を追い込む事の危険性を指摘しています。追い込まれた配偶者は,最終的に,配偶者の「批判」「侮辱」「言い訳」を恐(おそ)れ,配偶者との関係を閉ざしてしまうからです。もはや,結婚という関係は終わっているといってもいいでしょう。

(3) 修復作業の失敗

　会話が緊張状態に陥(おちい)った時に,その状態を修復するため,緊張状態を断ち切り,緩和するような言動を「修復作業」といいます。「少し休もうか」と言う事も修復作業になるかもしれません。ゴットマンは,「批判」「侮辱」「言い訳」「逃亡」が固定化されていない夫婦であれば,「修復作業」を行う事で,夫婦関係を保てると説明しています。

(4) 思い出を悪く評価する

　ゴットマンによれば,夫婦関係が悪化すると,過去の出来事まで,不快な出来

事だと思うようになるそうです。幸せな夫婦は，過去の出来事を肯定的に話しますが，不幸な夫婦は否定的に話そうとするのです。

■3　離婚につながる7つの原則

ゴットマンは，「結婚生活を成功させる7つの原則」という一般向けの本を執筆しています (Gottman & Silver, 1999)。ゴットマンの原則は，結婚生活を成功させる事が目的ですが，裏を返せば，離婚につながる原則になります。この7つの原則について説明します。

(1) お互いの事を知る

第一の原則は，配偶者を少しでも詳しく知る事です。具体的に言えば，配偶者の夢や希望，悩みや心配事，不満などです。ゴットマンは，配偶者を愛するためには，まずは，配偶者を知る必要があると考えたのです。

(2) 思いやりと感謝の気持ちを持つ

ゴットマンは，「配偶者を思いやり，感謝の気持ちを持つ」事が，たとえ「批判」「侮辱」「言い訳」に遭ったとしても，それを緩和すると説明しています。そして，配偶者に対する肯定的な感情を育む事の重要性を説いています。そのために，「配偶者の好きな点を考え，それを形にする」「結婚するまでの思い出をふり返る」，そのような作業が，愛情を深める方法だと述べています。

(3) 正面から向き合う

ゴットマンは，日常生活の些細な出来語に真剣に向き合い，「こころ」の交流をする事で，愛情を貯蓄する事が重要であると主張しています。そして，その訓練のひとつとして，ストレスを和らげる会話を勧めています。ここでする会話は，家庭以外の話題です。家族の事や夫婦の事は，口論や言い争いの原因になりかねないので，それ以外の話題を選びます。この訓練では，15分ほど不平や不満を順番に話します。焦点は聞き手にあります。聞き手は，次の条件を守って，配偶者の話を聞きます。

①アドバイスはしない。聞き手は，配偶者を理解し，配偶者のストレスを緩和させる事が目的である事を意識し，不用意な発言は控えます。「それは大した問題ではないよ」「こうすればいいんだよ」など，即答してはいけません。また，男

女の違いについても，知っておく必要があります。男性はアドバイスをしたがり，女性はそのアドバイスに敏感で，否定しがちだという事です。女性は，アドバイスではなく，共感の言葉を聞きたいのです。一方，男性には，アドバイスと共感の言葉が必要です。

②真剣に聞く。配偶者の話を片手間に聞いてはいけません。真剣に聞かなければなりません。正月も休まず，食事の時間も削り，研究をしている私にとっては，何とも大変な作業です。

③理解している事を伝える。聞き手は，「自分が配偶者の事を理解している」事を，配偶者に言葉で伝えます。

④配偶者を支持する。たとえ，配偶者が間違っていたとしても，配偶者を支持しなければなりません。

⑤配偶者の悩みや不満は，自分の悩みであり，自分の不満である事を伝える。

⑥愛情表現をする。手を握り，優しい言葉をかけ，夫婦の愛情を深めます。

⑦感情を共有する。配偶者の気持ちを理解し，配偶者と同じ気持ちである事を伝えます。

(4) パートナーの意見を尊重する

　ゴットマンは，妻より夫は，配偶者の意見を聞き入れる余裕がないと主張しています。口論や言い争いになると，多くの夫が「批判」「侮辱」「言い訳」「逃亡」の4つの危険因子で対応します。一方，多くの妻は，関係の修復を図ろうと，謝罪したり，夫の意見に従ったりします。たとえ，「批判」「侮辱」「言い訳」があっても，問題が悪化しないような配慮が含まれています。このような男女の違いを，ゴットマンは次のように説明しています。

　会話の内容が悪化すると，男性はすぐに興奮し，その興奮は長く持続します。男性は心拍数や血圧が上昇し，なかなか平常の状態に戻りません。このような身体的な仕組みは，古代の狩猟採集時代に人間が獲得したものです。つまり，男性は狩りをするために，長時間興奮状態を維持しなければならず，女性は，授乳するために，少しでも早くリラックスする必要があるために，そのような生理的反応の違いが生れたというわけです。

　そして，ゴットマンは，口論や言い争いの際に見られる夫の言動が，離婚に向かわせると考え，特に，夫が妻の意見を尊重し，妻に譲歩する必要があると主張しています。

(5) 夫婦で解決できる問題に取り組む

　ゴットマンによれば，夫婦の問題は2つにわける事ができるといいます。「解決できる問題」と「未解決のまま残された問題」です。「未解決のまま残された問題」は，いつも口論や言い争いの話題となる問題で，一見解決策のないような問題です。たとえば，妻は息子を私学の小学校に入れたいと思っているけれど，夫は近くの公立の小学校に通わせたいと思っています。夫婦で話し合っても結論が出ません。いつも話し合うたびに喧嘩になります。このような問題です。問題の69％が「未解決のまま残された問題」です。問題があれば，まず，その問題が「解決できる問題」か「未解決のまま残された問題」かにわけ，話し合いをします。「解決できる問題」の場合，次の原則に従って話し合いをします。①穏やかに話し始める。②「修復作業」をする。③興奮を鎮める。④妥協する。⑤配偶者の失敗を許す。

(6) 夫婦で乗り切る

　「未解決のまま残された問題」の場合，お互いの信念に根ざした問題で，お互いに譲り合う事のできない問題である場合が多く，喧嘩になるばかりで，話し合いは前に進みません。まずは，なぜ，そのような問題が起こるのか，原因の根源を知る事が必要です。そのため，人生の夢や希望について語り合い，お互いに理解する事から始めます。また，そのような夢や希望を抱いている理由も知る必要があります。そして，お互いの夢や希望に関心を持っている事を伝え合い，その実現のために努力する事を約束します。次に，話し合いをするわけですが，問題をすぐに解決しようとするのではなく，問題を生み出している背景について，夢や希望に沿って，お互いに知り合う事から始めます。そして，お互いに妥協し合いながら，問題を解決するのです。最後に，配偶者が妥協した事に対して，感謝の言葉をかけ合います。

(7) 夫婦の人生の意義を共有する

　夫婦で生活する事が，夫婦にとって幸福であるためには，夫婦で一緒にいるだけでは不十分です。夫婦だけの，わかち合った人生の意義が必要です。それは，夫婦が創り出した，夫婦だけの習慣や儀式，そして日常生活のようなものです。

■4　ゴットマンの夫婦療法

　現在，ゴットマンは，ワシントン大学で始めた家族研究室をもとに，「ゴットマン恋愛研究所」で活動を続けています。その研究所では，研究だけでなく，夫婦のセラピー活動も行っています。そこでは，「7つの原則」に加え，「魔法の5時間」とよばれる1週間の訓練を紹介しています。

①毎朝に　出勤の前に，その日の予定を伝えましょう。2分でかまいません。月曜から金曜まで5日間×2分で10分間。

②帰宅した時に　仕事などで経験したストレスについて話し合いましょう。20分間を5日間で，1時間40分。

③敬意と感謝　お互いに，敬意を示したり，感謝の言葉をかけたりしましょう。毎日5分間で35分間。

④愛情表現　キスや抱擁(ほうよう)，身体的な接触をしましょう。毎日5分間で35分間。

⑤週末のデート　デートをしましょう。夫婦だけの時間を取り，お互いの事について深く知り合いましょう。2時間。

第5節　暴力によって解決しようとする

　「……結婚に向いている男の人の話を……。基本的には，暴力をふるわない人。これは，いくら年齢を重ねても，良くなる事はゼロに等しいと思っていていい。付き合っている時に，なにかある度(たび)に暴力をふるう人が，結婚して，すぐやめるなんてありえない」(29歳の離婚した女性)。「……(離婚を)思い留(とど)まったけれど，その後妊娠した時も殴る蹴(な)る。あげくは髪をつかまれ引きずられながら『そんなガキおろしてしまえ』と言われ……」(31歳の離婚した女性)。

『私が離婚した理由』(近代文藝社，1996)

■1　暴力というコーピング

　読者の皆さんも，家庭内暴力(ドメスティック・バイオレンス)(DV)という言葉を耳にした事があると思います。家庭内暴力には歴史的に2つの意味が含まれています。ひとつは，子どもが両親から暴力を受ける，あるいは，両親が子どもから暴力をふるわれるという意味です。もうひとつは，配偶者から暴力を受けるという意味です。現在では，恋人や配偶者から受ける暴力に対して，「親密なパートナーからの暴力」(IPV)とい

う言葉を用いています。「親密なパートナーからの暴力」には，もと恋人やもと配偶者からの暴力も含まれています。

「親密なパートナーからの暴力」には様々な種類があります。殴る蹴るといった「身体的暴力」から，怒鳴ったり，脅したりする「精神的暴力」，性的交渉を強制したりする「性的暴力」などです。また，パートナーを支配しようとしたり，コントロールしようとしたりする事も「親密なパートナーからの暴力」の一種です。パートナーに支配されるような暴力は，親密なパートナーによるテロリズムとよばれる事もあります。

(1) 暴力的コーピングについて

恋人や夫婦の間で，言い争いや意見が対立した時に，暴力によって，その問題を解決しようとする場合があります。このようなストレス解消方法を暴力的コーピングといいます。暴力的コーピングの研究は，ニューハンプシャー大学（米国）のストラウス（M. A. Straus）という研究者によって，主に進められてきました。ストラウスは，暴力的コーピングを「精神的攻撃」「身体的暴力」「傷害」「性的強制」に分類しています（Straus, 1979; Straus et al., 1996）。さらに，それぞれの暴力的コーピングを，「軽度の暴力」と「耐え難い暴力」に分類しています（表4-4参照）。

(2) 親密なパートナーからの暴力の現状

どのくらいの男女がパートナーから暴力を受けているのでしょうか。わが国では十分な調査をしていませんが，内閣府男女共同参画局（2006）の調査では，女性の33.2%，男性の17.4%が，配偶者から暴力を受けたと回答しています。交際相手からの被害では，女性の13.5%，男性の5.2%が被害を受けたと回答しています。

一方，「親密なパートナーからの暴力」に対する取り組みを早くから行ってきたアメリカでは，多くの調査をしています。それらの報告をまとめると，パートナーからの身体的暴力は25%から50%程度の割合で起こっており，18歳から25歳までの同棲カップルや新婚夫婦に高い割合で見られます（Lawrence et al., 2006）。

①さらに詳しく　具体的に，どのような暴力的コーピングの被害を受けているのでしょうか。スペインの女性を対象にした研究があります（Calvete et al., 2007）。表4-4に，被害女性（120名）と一般女性（916名）の，パートナーから受けた暴力的コーピングの経験率（%）をまとめました（被害女性は被害者避難センターなどから募集しました）。一般女性の場合，「軽度」の精神的暴力の割合が7割を超え，特に経験率

表4-4 暴力的コーピングの説明と女性の経験率（％）

暴力的コーピング	程度	説明	被害者の経験率	一般の経験率
精神的攻撃	軽度	パートナーを侮辱したり，大声で怒鳴ったり，嫌がらせをしたりする	84.7	71.0
	重度	デブやブサイクと言ったり，パートナーの所有物を壊したり，セックスが下手だと責めたりする	73.5	23.6
身体的暴力	軽度	物を投げつけたり，腕をひねったり，髪を引っ張ったり，突き飛ばしたりする	67.3	16.2
	重度	ナイフや拳銃を向けたり，物で殴ったり，首をしめたり，壁にたたきつけたり，火傷を負わせたりする	61.5	6.6
傷害	軽度	ねんざ，打撲，切り傷などを負わせたりする	52.0	3.8
	重度	殴りつけて意識を失わせたり，医者に診てもらうほどのケガを負わせたりする	47.4	1.6
性的強制	軽度	避妊具をしないで性交をしたり，しつこく性交を迫ったりする	48.0	29.4
	重度	強制的に性交したり，口内・肛門性交を強制したりする	35.4	2.8

注　被害女性は120名，一般女性は916名である。表中の「重度」は耐えがたい暴力を意味する。Calvete et al.（2007）のデータをもとに作成した。

が高い事がわかります。また，身体的暴力や傷害の暴力では，被害者女性と一般女性の経験率に大きな開きがあります。

②**最初に暴力を受けた時期**　パートナーが暴力をふるい始める時期は，交際期間中からでしょうか，それとも結婚してからでしょうか。内閣府男女共同参画局（2006）の調査では，配偶者から，最初に受けた暴力の時期について尋ねています。男女とも，結婚してからの回答が最も多く，およそ60％をしめていました（男性56.6％，女性58.2％）。交際期間中から暴力をふるわれていた男女はおよそ10％（男性11.5％，女性9.8％）とその割合は低く，妊娠・出産前後（男性2.2％，女性5.2％），育児中（男性7.7％，女性9.9％），離婚前後（男性2.7％，女性2.1％）に初めて暴力をふるわれた男女もいます。配偶者が暴力をふるうかどうかは，結婚してみないとわからないようです。

■2 暴力的コーピングによる離婚
(1) 夫ではなく妻が暴力をふるう

　ストレスを暴力によって解決しようとするかどうかは，性別によって違うのでしょうか。多くの読者は「Yes」と答えるでしょう。そして，こう付け加えるでしょう。「女性より男性の方が，暴力によって問題を解決しようとする」と。このように考えるのはわが国だけではなく，西欧文化でも同様です。

　しかし，実際には，夫より妻の方が暴力をふるいます (Lawrence & Bradbury, 2001, 2007; Morse, 1995など)。たとえば，ニューヨークの研究 (O'Leary et al., 1989) では，夫婦272組を対象に，配偶者に対する暴力的コーピングについて調査をしています。その結果が図4-18です。図4-18は暴力をふるった割合 (%) です。どのような暴力的コーピングでも，夫より妻の方が，暴力をふるう割合が高い事がわかります。また，結婚1ヶ月前，結婚18ヶ月後，結婚30ヶ月後，いずれの時点でも，夫より妻の方が，暴力をふるう割合が高い事が報告されています。

　さらに，「親密なパートナーからの暴力」の性差を検討した82の調査を分析した研究 (Archer, 2000) では，男性より女性の方が，暴力的コーピングの使用頻度が高いと報告しています。暴力をふるったかどうかという自分自身の回答だけでな

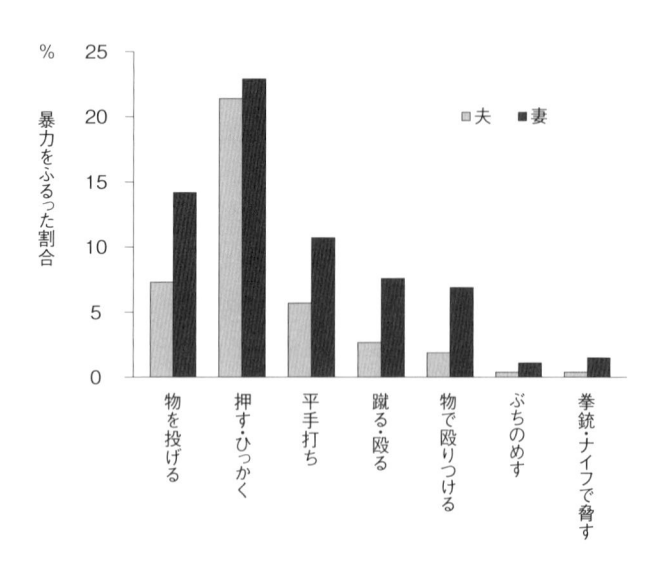

図 4-18　結婚30ヶ月後に，暴力をふるった割合の性差
注　O'Leary et al. (1989) のデータをもとに作成した。

く，暴力をふるわれたかどうかの回答でも，男性より女性の方が暴力的コーピングを用いていました。ただし，パートナーにケガを負わせるような暴力に関しては，女性より男性の方が多いと報告しています。

　それではなぜ，世間は女性の暴力に注目する事なく，暴力をふるうのは男性だと思っているのでしょうか。それは，少なくとも北米の場合，女性の暴力を見逃す次のような社会文化的背景があると考えられています (Straus, 1999)。①言い寄ってくる男性の横面を女性がひっぱたく事が受け入れられているように，女性が男性を攻撃する権利を，社会が認める傾向があります。②また，女性の体は小さく，弱々しいため，女性は暴力を抑えなくてもかまわない，と思っているようです。つまり，女性は，自分の暴力が男性に危害を加える事はないと信じています。実際に，パートナーに暴力をふるう女性の多くは，「自分自身が暴力をふるっても，男性は傷を負う事はない」「自分の暴力を男性は防ぐ事ができる」と信じています (Lawrence et al., 2006)。③さらに，「女性は，男性からの暴力に対する自己防衛や報復のために暴力をふるう」と一般的に信じられているため，女性の暴力は社会的に許されやすいとも考えられています。

(2) 食い違う夫婦の主張

　暴力によって問題を解決しようとするコーピングは，暴力をふるう側と，被害を受ける側で，大きく食い違う事が知られています。たとえば，暴力的コーピングに関するアメリカでの調査 (Simpson & Christensen, 2005) では，夫婦療法に関心のある夫婦273組について調査をしています。この調査では，「精神的暴力」「身体的な暴力」「性的暴力」「傷ができるような暴力」などについて，自分自身の暴力と，パートナーの暴力について調べています。その結果，「傷ができるような暴力」を除き，暴力をふるった側より，暴力を受けた被害者の報告の頻度が高い事がわかりました。

　ほかの研究でも，同じような結果が得られています。ある調査 (Lawrence & Bradbury, 2001) では，結婚式を挙げて3ヶ月以内の新婚夫婦56組を，新聞広告によって募集しました。そして，蹴飛ばしたり，かみついたり，たたいたり，殴ったり，拳銃やナイフで脅したりするような暴力について，自分自身の暴力の程度と，配偶者の暴力の程度を比較しました。その結果が図4-19です。夫の暴力に対しても，妻の暴力に対しても，自分自身の回答よりも，パートナーの回答の方が高い値になっています。

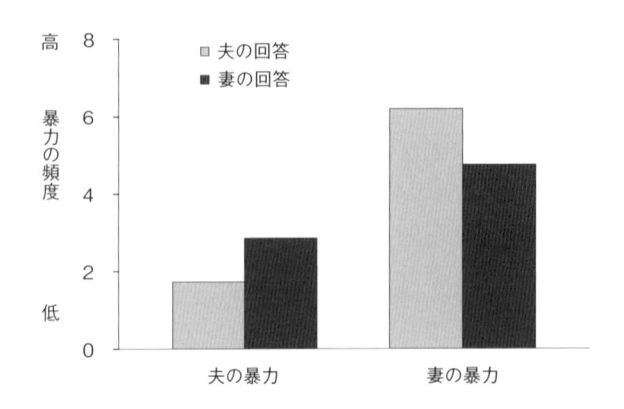

図 4-19　配偶者からの暴力に対する回答の食い違い
注　56 組の夫婦を対象である。Lawrence & Bradbury（2001）のデータをもとに作成した。

これらの研究は，暴力をふるった側は，自分自身の暴力について覚えてない，あるいは，自覚していない事を意味しています。恋人関係や夫婦関係の暴力には，このような問題が含まれています。

(3) 暴力的コーピングと離婚

皆さんの想像通り，恋人関係でも（Crockett & Randall, 2006; Katz & Myhr, 2008; Kaura & Lohman, 2007 など），夫婦関係でも（Cano & Vivian, 2003; Gordon et al., 2009; Heyman et al., 1995; Hojjat, 2000; Katz et al., 1995; Kerig, 1996; Kiecolt-Glaser et al., 2003; Laurent et al., 2008; Lawrence & Bradbury, 2007; Marchand & Hock, 2000; Noller & White, 1990; Quigley & Leonard, 1996; Rogge & Bradbury, 1999; Sagrestano et al., 1999; Schumacher & Leonard, 2005; Schwarzwald et al., 2008; Sevier et al., 2008 など），暴力的コーピングを用いるほど，不満が高まる事が知られています。

しかし，暴力的コーピングと離婚との関係は，想像とは少し違うかもしれません。暴力的コーピングが不満をもたらすならば，暴力的コーピングは離婚の危険性を高めると考えられます。実際，そのような結果を報告している研究もあります（Katz et al., 1995 など）。しかし，その一方で，暴力的コーピングと離婚との関係が観察されなかったり，そのような関係が見られたとしても，部分的であったりします（Heyman et al., 1995; Kiecolt-Glaser et al., 2003; Lawrence & Bradbury, 2007 など）。たとえば，夫婦 45 組に対して，2 年以上にわたって行った研究があります（Jacobson et

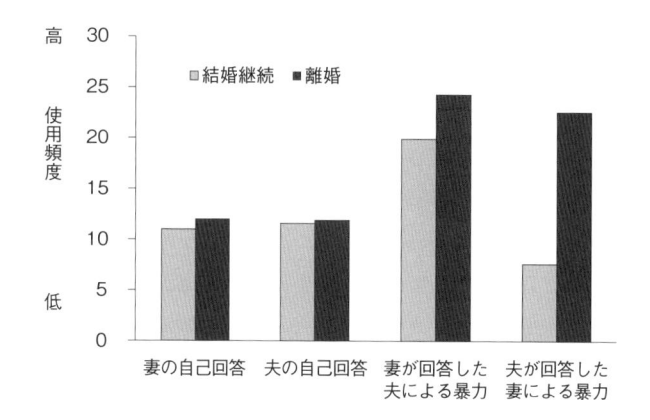

図 4-20　暴力的コーピングの使用頻度と離婚の危険性
注　Jacobson et al.（1996）のデータを用いて作成した。

al., 1996）。その研究では，まず，実験室で 15 分間，夫婦の問題について話し合いをし，暴力的コーピングの使用頻度を調査しました。そして，その 2 年後に夫婦が離婚しているかどうかを調べました。暴力的コーピングの使用頻度は，自分が使用した頻度と，暴力的コーピングの被害をどの程度受けたかを調べました。その結果が図 4-20 です。図からもわかるように，自分の暴力的コーピングの使用頻度は，2 年後に離婚するかどうかと関係ありません。しかし，配偶者による暴力的コーピングの被害頻度では，暴力的コーピングの頻度が高いほど，2 年後には離婚をしている事がわかりました。ただし，それは，夫が暴力の被害者となる場合だけで，妻が暴力の被害者となる場合は誤差の範囲内でした。つまり，夫の暴力は離婚に結びつかず，妻による暴力が離婚に結びつくという事です。

　また，内閣府男女共同参画局（2006）の調査では，暴力の被害を受けたあとのふたりの関係について調査をしています。図 4-21 はその結果をまとめたものです。配偶者から受けた暴力の場合，別れた割合は男女ともに 5% 未満でしたが，恋人から受けた暴力の場合では 45% から 50% と，大きく異なっていました。つまり，恋人関係の場合，暴力を受けると，別れる可能性が 50% 程度になりますが，結婚している場合，暴力をふるわれても，ほとんど離婚しないという事です。

　「暴力的コーピングをふるわれたからといって，離婚には至らない」，この点が暴力の恐ろしい所です。特に女性の場合，夫から暴力を受けても離婚しようとしないのです。

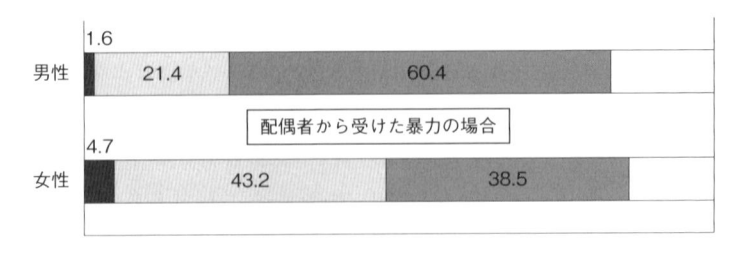

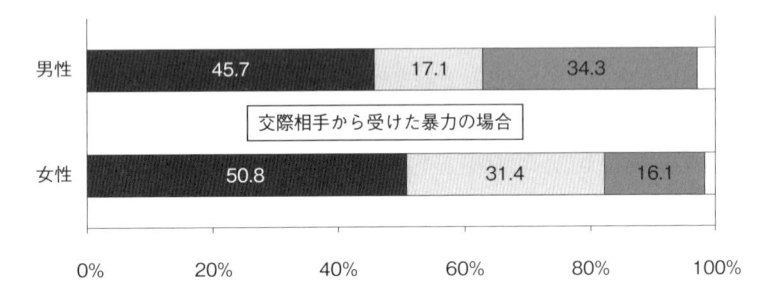

図 4-21 暴力を受けたあとのふたりの関係
注　内閣府男女共同参画局（2006）のデータをもとに作成した。

■3　暴力的コーピングの恐ろしさ

「親密なパートナーからの暴力」は，PTSD（心的外傷後ストレス障害）などの重篤な精神的ダメージを負うだけではなく，命を失う場合も珍しくありません。本項では，暴力的コーピングの恐ろしさについて説明します。

(1) ストーカーになる

　暴力的コーピングを使用する男女は，別れた後，ストーカー行為をしやすい事が知られています（Langhinrichsen-Rohling et al., 2000; Logan et al., 2000; Mechanic et al., 2000; Melton, 2007; Wigman et al., 2008 など）。たとえば，女子大学生 141 名を対象に，交際期間中の暴力的コーピングと，別れたあとのストーカー行為との関係を分析した研究があります（Coleman, 1997）。この研究では，女子大学生を「ストーカー行為なし」グループ 90 名（64%）と「ストーカー行為」グループ 51 名（36%）にわけました。さらに，「ストーカー行為」グループは，身体的な恐怖を抱くような意図的な行為を受けた「ストーカー行為」と，そうではない意図的な行為を受けた「迷惑

行為」とにわけました。

その結果，言葉の暴力でも身体的暴力でも，「ストーカー行為をする男性」「迷惑行為をする男性」「ストーカー行為なしの男性」の順で，暴力的コーピングの使用頻度が高くなっていました。つまり，交際期間中に口論や言い争いがあった時，暴力によって解決しようとする男性ほど，別れたあと，ストーカー行為や迷惑行為をするという事です。特に，「ストーカー行為をしない男性」では，身体的暴力の使用がほとんど見られないにもかかわらず，「ストーカー行為をする男性」では，その25倍もの暴力的コーピングを使用していました。

(2) 繰り返される暴力

暴力的コーピングは一時的なものではありません。暴力をふるう人物は，繰り返し暴力をふるう事が知られています。ニューヨークの新婚夫婦272名を対象に，結婚1ヶ月前，結婚18ヶ月後，結婚30ヶ月後と，暴力的コーピングの変化を調べた研究があります (O'Leary, 1989)。結婚前に暴力的コーピングをふるっていた男性の51%が，結婚18ヶ月後も暴力的コーピングをふるっており，その59%が結婚30ヶ月後も暴力的コーピングを用いていました。女性の場合には，結婚前に暴力的コーピングをふるっていた女性の59%が，結婚18ヶ月後も暴力的コーピングをふるっており，その72%が結婚30ヶ月後も暴力的コーピングを用いていました。つまり，暴力的コーピングは繰り返されるのです。しかも，男性より女性の方が，その傾向が高いようです。「一度暴力をふるった人物は，必ずや次も暴力をふるう」と覚悟しなければなりません。

第6節　浮気をされたら，どうすればいいのか

ダチョウは，群れで行動する動物です。繁殖期になると，メス同士で争いをし，最も強いメスがオスとつがいになります。しかし，争いに敗れたメスが，つがいになったオスと交尾をしても，争いに勝ったメスは気にしません。しかも，浮気相手のメスが産んだ卵を，自分の卵と一緒に温めます。ダチョウのメスは，オスの浮気を許してあげるわけです。本節は，ラメンタービレ (lamentabile)，「悲しそうに」奏でましょう。

■1　女性は浮気を男性の責任にする

　男性と女性では，どちらが，パートナーの浮気を自分の責任だと感じるのでしょうか。学生カップル 322 名を対象にした研究 (Nannini & Meyers, 2000) では，パートナーの浮気に対して「自分の責任ではない」と思うのは，男性よりも女性に多い，と報告しています。また，男女ともに，パートナーが精神的浮気をした場合より，性的浮気をした方が，「自分の責任ではない」と思うとも報告しています。

　そもそも，浮気をした側に問題があるのですが，浮気をパートナーの責任にするかどうかによって，ふたりの関係が続くかどうかも決まるようです。浮気をされた大学生カップルを対象にした研究 (Hall & Fincham, 2006) では，「浮気が原因で別れたカップル」と「関係を続けているカップル」について調査を行っています。「浮気が原因で別れたカップル」では，浮気の原因をよりパートナーの責任にしていました。たとえ，パートナーが浮気をしても，関係を続けるためには，浮気をパートナーの責任にすべきではないのです。

■2　パートナーを取っちめる

　パートナーの浮気を知り，パートナーの時間を制約したり，脅したり，こらしめたりする事は，望ましい結果にはなりません。お互いの結婚満足感を低めてしまうからです。また，そのような行為は，性生活の満足感まで低下させてしまいます (Shackelford & Buss, 2000 など)。

　しかし，「取っちめてやらなければ，気が収まらない」，そう思う人がいるかもしれません。では，そのような人は，どうすればいいのでしょうか。大学生 287 名のうち浮気をしている 101 名を対象にした研究があります (Hall & Fincham, 2009)。その研究では，パートナーが浮気に気づいていたかどうかによって，「完全に気づいている」「うすうす気づいている」「気づいていない」にわけています。そして，それぞれの大学生の精神状態を尋ねています。図 4-22 は，精神状態のうち「罪悪感」だけのデータです。図からわかるように，パートナーが浮気に「うすうす気づいている」浮気者の罪悪感が最も高い事がわかります (研究では統計的な分析をしていないため，誤差の範囲かもしれません)。この調査では，罪悪感だけでなく，気分の落ち込みの程度，不安の程度などについても調べていますが，同様に，「うすうす気づいている」浮気者の精神状態が最も悪くなっています。

　パートナーにばれていなければ気は楽でしょうし，逆に，完全に気づかれていれば，開き直る事もできるでしょう。しかし，気がついているかどうか確信が持

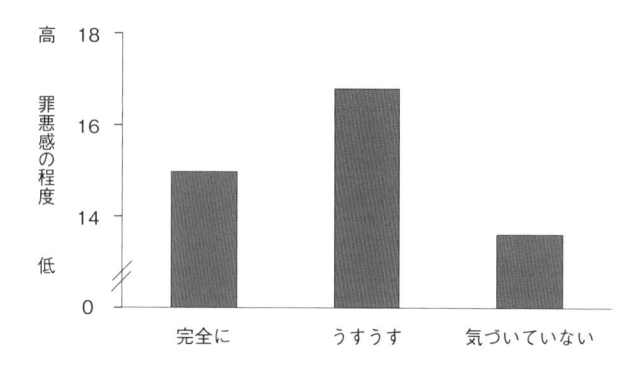

図 4-22 パートナーが浮気に気づいている程度と，パートナーの罪悪感
注　データ数は 95 名である。Hall & Fincham（2009）のデータをもとに作成した。

てなければ，いつもオドオドと，浮気がいつばれるのか警戒し続けなければなりません。裏を返せば，パートナーの浮気を知ったら，パートナーを問い詰めるのではなく，パートナーに，「うすうす気がついている」素ぶりをし，パートナーに罪悪感を抱かせ，パートナーを苦しめる事もできます。その間に，新しい恋を探すのもいいかもしれません。

3　あなたは「許す」「許さない」？
(1) 浮気の倫理観

そもそも，浮気をする事は，倫理的に許される事なのでしょうか。わが国の大規模調査（JGSS-2000）では，既婚者が，配偶者以外の異性と性的関係を持つ事に対する考えについて調べています（岩井，2002）。「例外なく悪い」と回答した男性は 41.0%，女性は 49.8% と，浮気を許さないという考えは男女ともに 5 割弱でした。

同様の質問を，アメリカで行うと（複数の大規模調査），およそ 70% から 80% が，「例外なく悪い」「(婚外交渉に) まったく賛同できない」と回答します（Christopher & Sprecher, 2000; Smith, 1994）。そして，浮気に対する態度は，年々，厳しくなっています（Thornton & Young-DeMarco, 2001）。さらに，アメリカでは，ここ数十年，浮気率は減少傾向にある事が知られています（Christopher & Sprecher, 2000）。アメリカと比較すると，わが国は浮気にとても甘い国なのです。

(2) 浮気を許せるか

浮気をしたパートナーを，あなたは許す事ができますか。インターネット調査 (セイエンタプライズの「Seiさんのお店」，2001-2003) では，既婚男性の24%，未婚男性の26%，既婚女性の23%，未婚女性の28%が，浮気をしたパートナーを許す事ができると回答しています (「許す」か「許さない」かの2択)。男女ともに，およそ4人に1人が，浮気を許すというわけです。

(3) 性的浮気と精神的浮気

「体だけの関係なら……。あなたの気持ちが，あの人にあるから私は許せないの。それだけは，……絶対に許せないわ」。ドラマのセリフにありそうな言葉です。性的浮気と精神的浮気，どちらの浮気なら許す事ができるのでしょうか。大学生140名を対象に行った研究があります (Cann & Baucom, 2004)。その研究では，パートナーの性的浮気と精神的浮気を想像させたのち，それぞれの浮気をどの程度許す事ができるか尋ねています。その結果が図4-23です。図からわかるように，男女ともに，性的浮気より精神的浮気の方が許せると回答しています。

同様の結果が，別の研究でも報告されています。その研究 (Shackelford et al., 2002) では，256名の大学生カップルを対象にし，性的浮気と精神的浮気のどちらが許す事が難しいかという質問をしています。その結果，男性の65.1%，女性の52.0%が，精神的浮気より性的浮気を許し難いと回答していました。結局，性的浮気は許せないという事です。ドラマのセリフは現実を反映していないわけです。

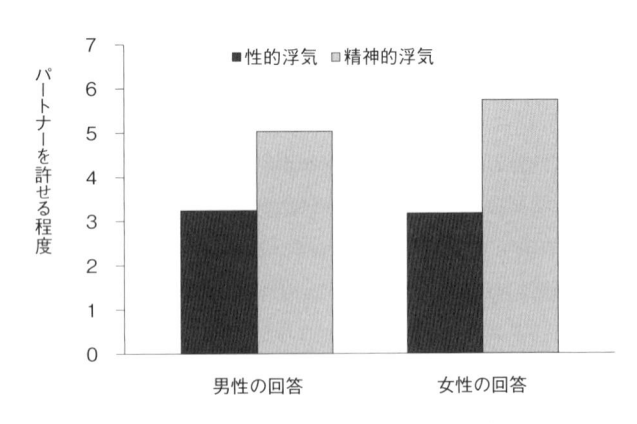

図4-23 パートナーの浮気に対する「許し」の程度

注 男性71名，女性69名のデータである。Cann & Baucom (2004) のデータをもとに作成した。

(4) 浮気発覚の状況

　アメリカの大学生を対象にした研究では，浮気が発覚した状況と，浮気を許す事との関係について調べています（Afifi et al., 2001）。この研究では，浮気の発覚状況を「第三者から聞かされる」「パートナーから聞かされる」「自分から突きとめる」「浮気現場をおさえる」に分類しました。図 4-24 は調査の結果をまとめたものです。「第三者から聞かされる」や「パートナーから聞かされる」など，他者から情報を耳にした場合は，パートナーを許す事ができるようですが，「自分から突きとめる」や「浮気現場をおさえる」など，自分で浮気を知った場合は，なかなかパートナーを許す事ができないようです。

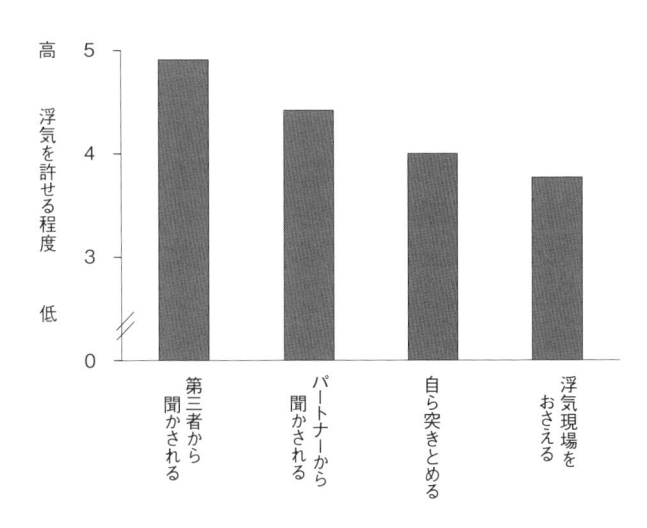

図 4-24　浮気発覚状況別，パートナーの浮気を許せる程度
注　データ数は 105 名である。Afifi et al.（2008）のデータをもとに作成した。

(5) 浮気を許す事の意味

　パートナーの浮気を許すか許さないかは，ふたりの関係にとって，とても重要な事です。たとえば，アメリカの大学生 105 名を対象にした研究（Afifi et al., 2001）では，パートナーの浮気を許す傾向が強いほど，関係は改善される事が報告されています。また，浮気された大学生カップルを対象にした研究（Hall & Fincham, 2006）では，浮気が原因で別れたカップルと，関係を続けているカップルについて調査しています。そして，浮気が原因で別れたカップルでは，関係を継続してい

るカップルより，浮気を許さない傾向が強い事がわかりました。浮気を許す事によって，関係を続ける事ができるのです。

■ 4　結局どうすればいいの？

　多くの文献に目を通した私の結論を申し上げます。「浮気をするパートナー」と「暴力をふるうパートナー」とは，別れなさい。どちらも，手の打ちようがありません。多くの場合，我慢している側が不幸になります。浮気も暴力も繰り返されます。あなたの慈悲の「こころ」は届きません。「浮気をするパートナー」や「暴力をふるうパートナー」は，あの手この手で言い訳をするでしょう。あなたに優しい言葉を繰り返しかけてくるかもしれません。「もう二度としない」と約束するでしょう。しかし，その約束は裏切られる事を知るべきです。「浮気」と「暴力」に対する最大のコーピングは，きっぱりと「別れる」事です。それ以外に選択肢はありません。

　『新約聖書』では，離婚を許してはいません。しかし，例外的に，パートナーが浮気をした場合，離婚しても良いとされています。一夫一婦制が始まってから，いつの世も，どの国でも，浮気は大罪です。

　本節の冒頭で紹介したダチョウのつがいの話ですが，争いに勝ったメスが浮気相手の卵を，自分の卵と一緒に温めるのは，なぜだと思いますか。メスは卵を温める時に，自分の卵の周りに，浮気相手の卵を配置します。そうすると，卵を狙う外敵は，自分の卵の周りに配置した浮気相手の卵を狙い，自分の卵だけは守る事ができます。メスは，オスが浮気をする事を戦略的に利用し，自分の子孫だけを残そうとするのです。たとえ，浮気が許されたとしても，浮気をした者はただでは済まないのです。

■ 第7節　これぞ，最新，お勧めのコーピング

マイケル：「気分どう？　何かあったのか。訳を話してごらんよ，力になるから」
アリス　：「ありがとう。でも……。あなたの集会（アルコール依存症配偶者の会）はどうだったの？」
マイケル：「まいったね。暗い考えのやつらが多いんだ。アル中のパートナーに人生をダメにされて。じっと我慢して。努力もしないで……」

アリス　：「完璧じゃないのよ。誰かさんみたいに。……もう少し寛大な目で見てほしいわ」

(中略)

マイケル：「次にこうなる前に手を打つ事ができる。君をひとりっきりにさせてやれる」

アリス　：「そんな事する必要ないわ。友だちが避難場所のようなものを用意しているから。自分の家では，まるっきり，落ち着かないからって」

マイケル：「え？　避難場所がほしいのか。家のどこが悪いんだ」

アリス　：「どこも」

マイケル：「どこかへ逃げたいと言ったくせに，なんだよ。何が不満か言ってやろうか。僕だ。そうなんだろ」

アリス　：「あなたと関係ないわ」

マイケル：「関係ない？　僕のせいじゃないと言うのか。何もかも僕のせいだ。病気の女房が，自分の家で落ち着かないだと。どういう事だよ」

アリス　：「私をほっといて。ただ，ほっといてくれればいいのよ……もう嫌。うんざり。私，どうすればいいのか解らない。あなたも解ってなんかいやしない」

映画『男が女を愛する時』(Touchstone Pictures)

　ここまで読み進めてきた読者は，失恋と離婚に精通した有識者です。しかし，読者の皆さんに，本当に読んでほしいのはこの節です。本節は，コン・センティメント (con sentimento),「感情を込めて」奏でましょう。

■1　研究の成果を鵜呑みにしてはいけません

　まず，前節までの話を簡単にまとめてみましょう。第2節では，ストレッサーに遭遇した時のコーピングが，ふたりの関係にとって，最も重要である事を説明しました。第3節では，具体的に，どのようなコーピングを選択すると，結婚生活が豊かになるのか，離婚の危険性が増すのかについて紹介しました。つまり，「建設的話し合いコーピング」「共感的コーピング」「愛情伝達コーピング」「自己主張コーピング」「ユーモアコーピング」は，愛し合うふたりにとって望ましいコーピングで，「撤退コーピング」「逃避・回避コーピング」「要求−撤退コーピング」「拒絶コーピング」「負の感情表出」「自己弁解コーピング」「関係解消コーピング」「気晴らしコーピング」「自責・他責コーピング」「暴力的コーピング」は，愛し合うふたりに望ましくないコーピングというような紹介をしました。それを

表 4-5 コーピングの効果

ふたりの関係満足感が増すコーピング（肯定的コーピング）	
建設的話し合いコーピング	ふたりの問題を解決するために，積極的に話し合いをする
共感的コーピング	パートナーを尊重し，共感的に理解しようとする
愛情伝達コーピング	積極的に愛情表現をする
自己主張コーピング	自分の考えや意見を伝える
ユーモアコーピング	関係を親密にしたり，場を和ませたりするようなユーモアや冗談を言う（パートナーを笑い者にするユーモアは逆効果）
ふたりの関係満足感が低下するコーピング（否定的コーピング）	
撤退コーピング	話し合いを避けようとする
逃避・回避コーピング	問題を忘れようとしたり，問題解決をあきらめたりする
要求－撤退コーピング	一方が話し合いを求め，もう一方がそれを避けようとする
拒絶コーピング	パートナーを侮辱したり，批判したり，文句を言ったりする
負の感情表出コーピング	怒りや悲しみなど，否定的な感情を表す
自己弁解コーピング	言い訳をしたり，責任を認めようとしたりしない
関係解消コーピング	別れる事を容認するような態度を取る
気晴らしコーピング	自分の気持ちが晴れるような言動をする
自責コーピング	自分の責任だと思い，自分を責める
暴力的コーピング	パートナーに暴力をふるう

表 4-5 にまとめました。便宜上，前者を肯定的コーピング，後者を否定的コーピングとよぶ事にします。私たちの経験から想像しても，これらの説明は現実を反映していると思います。「そんな事は解り切った事だ」という読者がいるかもしれません。結論を急いではいけません。現実はそう簡単な話ではないのです。

(1) 夫婦関係がうまくゆくという事は

私は数多くの対人ストレスの研究をしてきましたが，対人ストレス研究で最も重要な点は，「良好な人間関係」かつ「ストレスの少ない人間関係」を形成し，維持する事です。夫婦関係に置き換えるならば，「ふたりの関係が良好であり」かつ「ストレスを感じない」事です。本章の図 4-5 (146 頁) をもう一度見てみましょう。コーピングの効果は，「ストレス反応」という形で表わされています。「ストレス反応」には，「ふたりの関係が良好であるかどうか」（関係に満足しているかどうか）や「離婚するかどうか」のほかに，その名の通り，「ストレスがたまるかど

うか」(極端に言えば，病気になるかならないか) という側面もあります。

　良好な夫婦関係に見えても，どちらか一方が我慢する事で，その関係が保たれている夫婦がいます。場合によっては，離婚や夫婦喧嘩どころか，口論や言い争いもない夫婦もいます。このような関係は，本当に望ましい夫婦関係でしょうか。そうではないはずです。本節冒頭に登場したマイケルが出かけた集会(アルコール依存症配偶者の会)に出席していたジョアンナは，次のように言います。「それまで，自分の感情というものがありませんでした。一日中，夫の気分にふり回されていました。夫の気分が暗くなると，私の気持ちも暗くなりました。夫の機嫌が良いと，私も機嫌が良くなりました。そんな風に，自分の気持ちをコントロールしていたんです。この集会に出席してから，自分の気持ちを感じる事ができるようになりました」。望ましい夫婦関係とは，関係が良好であるだけではなく，お互いにストレスがたまらない関係，むしろ「こころ」が癒される関係のはずです。

　第3節では，主に，「ふたりの関係に満足しているかどうか」や「離婚するかどうか」という側面でしか，コーピングの効果を考えませんでした。以下，コーピングのストレス緩和効果についても考えてゆきます。

(2) 否定的コーピングをふり返る

　否定的コーピングが，結婚生活に不満を抱かせ，離婚をもたらす事は第3節で説明した通りです。一方，ストレス緩和という側面では，どうでしょうか。結論から言えば，そのようなコーピングを用いると，ストレスがたまってしまいます (Loving et al., 2004; Monnier et al., 2000; Marchand-Reilly & Reese-Weber, 2005 など)。たとえば，「話し合いを避ける」というコーピング (撤退コーピングや逃避・回避コーピング) を用いるほど，気分の落ち込みの程度が激しくなる事が報告されています (Heene et al., 2007; Marchand & Hock, 2000; Torquati & Vazsonyi, 1999 など)。また，「パートナーを侮辱したり，批判したりする」ようなコーピングを用いると，気分の落ち込みの程度がひどくなる事も報告されています (Cohan & Bradbury, 1994; Coyne et al., 2002 など)。また，自分の責任だと感じたり (Cohan & Bradbury, 1994 など)，逆に，パートナーの責任だと思ったりするほど (Heene et al., 2007 など)，精神的に不健康になる事も報告されています。つまり，否定的言動は，関係も悪化するし，ストレスもたまる最悪のコーピングなのです。

　いずれの否定的コーピングも，決して，ふたりの問題の解決に近づきません。一時的に，不快な感情をごまかす事ができるかもしれませんが，ごまかした問題

は，再び夫婦をおそい，さらに大きなストレッサーになるでしょう。コーピング研究では，このように問題から逃れるコーピングが望ましくない結果を招(まね)くという結果が，繰り返し報告されています(加藤，2007a, 2008a)。このようなコーピングも時には役に立つかもしれませんが，適切なコーピングからほど遠いといえます。もちろん，本章の第5節で説明した暴力的コーピングが，ふたりの精神的，身体的健康を損(そこ)ねる事はいうまでもありません。

(3) 肯定的コーピングがストレスをためてしまう

　肯定的コーピングは，結婚生活の満足感を高め，離婚の危険性を低下させる事は第3節で説明しました。しかし，肯定的コーピングは，否定的コーピングより，ふたりの関係の継続に対する予測力が低く，長期間にわたる夫婦関係の継続をほとんど予測する事ができませんでした(第4節177頁参照)。たとえば，「離婚を9割の確率で予測する」と豪語(ごうご)したゴットマンの論文を詳細に読んでみると，夫婦関係が続くかどうかを予測しているのは，肯定的コーピングではなく否定的コーピングなのです。

　それでは，肯定的コーピングはストレスを緩和させるのでしょうか。恋人関係や夫婦関係では，このようなコーピングと精神的健康状態との関連性を調査した研究がほとんど見られないため，人間関係全般で生じたストレッサーに対して，このようなコーピングを用いるとストレスがたまるかどうかについての研究を参考にしてみましょう。

　加藤の一連の研究では，積極的に人間関係を良くしようとしたり，問題を解決しようとしたりするコーピングは，その個人の精神的健康にほとんど影響を及ぼさないか，あるいは，悪い影響を及ぼす事を明らかにしています(加藤，2007a, 2008a)。たとえば，加藤(2008a)は，積極的に人間関係を良くしようとするコーピングと，精神的健康(不安，気分の落ち込み，ストレスの程度など)との関係を調べた20以上の研究報告から，そのようなコーピングを使用する事によって，精神的に健康になる事はなく，不安が高まったり，気分が落ち込んだりする場合があると述べています。

　別の研究(加藤，2007c)では，友人関係の深さとコーピングとの関係について調べています。この研究では，大学生690名に対して，友人との間で，最近経験したストレスフルな出来事を思い出させ，思い出した友人との関係によって，「顔見知り程度の友人」「それほど親しくはない友人」「ある程度親しい友人」「親しい友

人」の4つのグループにわけています。そして，そのようなストレッサーに対して，どのようなコーピングを使用したか質問しています。その結果，特に「親しい友人」の場合，積極的にその問題を解決し，ふたりの関係を改善しようと努力するコーピングを用いるほど，不安や気分の落ち込みが激しく，体の調子が悪くなる事がわかりました。つまり，特に親密な関係では，このようなコーピングを用いると，ストレスがたまるのです。夫婦関係もまた，親密な関係ですので，積極的に問題を解決し，関係を良くしようとするコーピングは，恋人関係や夫婦関係でも，ストレスがたまるコーピングである事が推測できます。

(4) 良好な関係を作ろうとする，その努力がストレスをためる

それでは，なぜ，積極的に問題を解決し，関係を良くしようとするコーピングが，ストレスをためてしまうのでしょうか。加藤（2007a, 2008a）の研究では，このようなコーピングには，2つの作用がある事を実証しています。ひとつは，このようなコーピングを用いる事で，他者から肯定的に受け止められるため，関係が良好になり，その結果，精神的に健康になる作用です。恋人関係や夫婦関係だけでなく，友人関係や職場関係など様々な関係で，このようなコーピングを用いると，関係が良好になり，関係の満足感が高まると報告されています（加藤，2007a, 2008a）。良好な関係を築く事は，個人の精神を癒し，ストレスを緩和します。夫婦の場合もまた，関係が良好であるほど，精神だけでなく，身体的にも健康である事が知られています。そのため，関係が良好になれば，ストレスが緩和されるのです。「あれれ？ 積極的に問題を解決し，関係を良くしようとするコーピングは，ストレスをためてしまうのではなかったの？」と思っている読者の皆さん，このコーピングには2つの作用があるのです。

ふたつ目の作用は，このコーピングを用いる場合の「精神的な気疲れ」です。積極的に問題を解決し，関係を改善しようと努力するためには，自分の気持ちを抑えたり，相手に歩み寄ったり，場合によっては機嫌を取ったりしなければなりません。このようなコーピングを使用すると，「精神的な気疲れ」が生まれるわけです。この「精神的な気疲れ」がストレスを生む事になります。もちろん，恋人関係や夫婦関係でも，「精神的な気疲れ」はあります。ストレスのない生活ならば，良好な関係を保とうとする行為は愛情の表れであり，愛し合うふたりにとって，何の苦にもならないかもしれません。しかし，ストレス状況では違います。ましてや，そのストレッサーの原因がパートナーにある場合（パートナーにあると思

っている場合）はなおさらです．自分を押し殺して，問題を解決するために努力し，関係を改善しようとすると，「精神的な気疲れ」が生まれて当然です．

　冒頭で紹介したマイケルは，妻のアリスが「さみしい」と言えば，休暇を取ってメキシコへバカンスに出かけたり，妻のアリスがアルコール依存症の施設から退院してからは，育児を積極的に手伝ったりしていました．しかし，マイケルは，「君のためを思ってやった事が，いちいち，君の癇に障るなんて．情けないよ．女房が苦しんでいる．僕はただ，『力になりたい．愛している』．そう言いたかった．もう，おしまいだ」と言って家を出て行ってしまいました．

　この2つの作用を検証した結果，ストレスを緩和する効果より，ストレスをためる効果の方が強い事が明らかになりました（加藤，2007a）．つまり，積極的に問題を解決し，関係を改善しようと努力するコーピングを用いると，ふたりの関係が良好になり，ストレスが緩和するけれど，それ以上に，「精神的な気疲れ」によって，ストレスがたまってしまうのです．肯定的コーピングは，否定的コーピングより，離婚に対する予測力が小さく，長期間にわたる夫婦関係の継続をほとんど予測できない事を思い出してください．関係が良くなっても，ストレスがたまってしまったのでは，ふたりの関係は長続きしません．実は，積極的に問題を解決し，関係を改善しようと努力するコーピングは，離婚を防ぐ手段としてお勧めできないコーピングなのです．

　ほかにも，無視する事のできない問題があります．夫婦の間には，積極的に問題を解決するために話し合いをしても，解決できない問題があるという事です．たとえば，信念や価値観に基づく意見の対立の場合です．子どもがほしい，子どもはほしくない．子どもにはのびのび育ってほしい，小さなうちから勉強をさせたい．信仰している宗教の違い．支持している政治集団の違い．信念や価値観に基づく対立は，話し合いでは決して解決しません．たとえ解決したように見えても，それは，一方の配偶者が我慢しているだけです．このように話し合いでは解決できない問題を積極的に話し合うと，問題がこじれて，大喧嘩になってしまうでしょう．しかも，解決できない問題は，ひとつやふたつではないでしょう．結婚生活では，決して解決できない多くの問題があるのです．このような問題に対して，積極的に問題を解決するようなコーピングは無力なのです．

(5) 愛情表現やユーモアさえも危険？

　「愛情伝達コーピング」「ユーモアコーピング」でさえも，場合によっては，ス

トレスをためてしまいます。本節冒頭のマイケルとアリスの会話を思い出してみましょう。マイケルは，気分がすぐれないアリスに気を配り，優しい言葉をかけたり，いかに自分がアリスの事を愛しているか伝えたり，ユーモアや愛情を持ってアリスに接しようとします。しかし，アリスは，マイケルのそのような態度を拒絶します。「現実から逃げる前に，ここで生活する事を考えなくっちゃ……」と。

「愛情伝達コーピング」「ユーモアコーピング」，このようなコーピングはとても重要なコーピングです。しかし，ストレッサーに遭遇している時，このようなコーピングを用いる事は，マイケルのように，単に問題から逃れようとしているにすぎません。言い方を変えれば，「愛している」と言ったり，冗談を言ったりして，その場を取り繕い，重要な問題から逃げているのです。それでは，問題は残されたままです。

問題から逃げてはダメ，問題を解決してもダメ，それでは，いったいどのようなコーピングが，ふたりの関係も良くなり，ストレスもたまらないコーピングなのでしょうか。そんなコーピングなどあるのでしょうか。

■2 究極のコーピング，その名は解決先送りコーピング

加藤は，十年以上にわたり対人ストレスの研究を続け，数十にも及ぶ研究成果から，あるコーピングが，関係を良好にするだけではなく，ストレスをも低下させる事を発見しました（詳しくは加藤，2007a, 2008a）。

その名は「解決先送りコーピング」です。

(1) 解決先送りコーピングの効果

「解決先送りコーピング」とは，人間関係で生じたストレッサーに対して，その問題を特に重要視する事なく，また，すぐにその問題に対して答えを出そうとはせず，一時的に問題を棚上げし，時間が解決するのを待つようなコーピングです。加藤（2000）によって提唱され，体系化されました。そして，これまでの研究によって，解決先送りコーピングを用いるほど，他者に好意的な印象を与え，他者との関係が良好になったり，人間関係に満足感が得られるだけでなく，不安が低下したり，気分の落ち込みが改善したり，ストレスが緩和される事などが明らかになっています（加藤，2007a, 2008a）。

たとえば，加藤（2007a）は，18以上の研究を行った結果，解決先送りコーピン

グを用いるほど，その後の不安や気分の落ち込みが改善され，ストレス反応も低下する事を明らかにしています。加藤 (2007a) の研究は，恋人関係や夫婦関係で生じたストレスだけに焦点をあてたものではありませんでしたが，同様の効果が，恋人関係や夫婦関係でも報告されています (Kammrath & Dweck, 2006; Panayiotou, 2005 など)。たとえば，ケンタッキー大学 (米国) の大学生を対象にした研究があります (Rusbult et al., 1982)。その研究では，4つの調査をしていますが，いずれの研究でも，「気分を落ち着かせ，状況が改善したり，問題が解決したりするのを待つ」という解決先送りコーピングを用いるほど，ふたりの関係に対する満足感が高くなると報告しています。

(2) なぜ，解決先送りコーピングが効果的なのか

それでは，なぜ，解決先送りコーピングが効果的なのでしょうか。解決先送りコーピングの特徴のひとつは，ストレッサーに直面した時，すぐに判断をして行動しない事です。「もう少し考えて行動をすれば良かった」と後悔した経験はありませんか。解決先送りコーピングは，そのような後悔を防ぐ事ができます。特に，恋人関係や夫婦関係では，意見が対立すると，親しいゆえに，何も考える事なく，パートナーを傷つけるような言動をしてしまう事があります。そして，それが火種となって，大きな喧嘩になってしまいます。たとえば，本節のマイケルとアリスの会話をもう一度読み返してください。アリスは退院したばかりで，精神的に不安定で，イライラしていました。夫のマイケルは妻に嫌みを言われながらも，「ひとりにしてほしいなら，そう言ってほしい」と言います。そこで，アリスは，不用意にも，「そんな事する必要ないわ。友だちが避難場所のようなものを用意しているから。自分の家では，まるっきり，落ち着かないからって」と言ってしまいます。これが，マイケルの怒りに火をつけてしまいました。もし，アリスが，解決先送りコーピングを使っていたなら。会話の始まりは，夫であるマイケルの妻を気遣う優しい言葉だったはずです。それにもかかわらず，この会話で，夫婦は別居してしまう事になるのです。

アリスのように，いつも機嫌の良い日ばかりとは限りません。機嫌が悪い日もあるだろうし，体調のすぐれない日もあります。そのような時に，ストレッサーに遭遇して，その問題を解決しようと努力しても，うまくゆくわけはありません。マイケルとアリスのように，冗談のつもりが，お互いに皮肉の言い合いになってしまう事もあります。解決先送りコーピングは，何事もない冷静になれる時

に，どのような言動をすべきかを考えるために，そのような状態が訪(おとず)れるのを積極的に待つコーピングなのです。

　アリスは訴(うった)えます。「私をほっといて。ただ，ほっといてくれればいいのよ……」と。アリスは言いたかったのです。「マイケル，解決先送りコーピングを使って。お願い」と。

(3) 解決先送りコーピングは問題から逃げているのではない

　ここで，読者の皆さんに注意してほしい事があります。解決先送りコーピングは，決して，問題から逃げようとするコーピングではありません。解決先送りコーピングは，むしろ，積極的に状況が改善するのを待つコーピングです。自分のためにも，パートナーのためにも，お互いのために，ストレッサーに立ち向かう準備ができるまで待つわけです。

(4) やってみよう，解決先送りコーピング訓練

　解決先送りコーピングをうまく使いこなすための，簡単な訓練があります。誰にでもできますので，試しにやってみましょう。

①**ストレスとコーピングの理解**　　まずは，ストレスとコーピングについて理解します。この作業は，本書をここまで読み進めてきた読者には必要ありません。ストレッサーを経験する事で，気分が落ち込んだり，不快な思いをしたりする事があり，誰でもそのような経験をしている事，そして，ストレスを低減させる方法がコーピングである事など，簡単な知識を習得すればそれでかまいません。

②**ストレス日誌をつける**　　次にノートを用意し，毎日1頁，ストレス日誌をつけましょう。ストレス日誌には，まず，その日，夫婦の間で起こったストレッサーを書きます。気がまえる必要はありません。自分自身が読み返してわかる程度に，書いてみてください。箇条(かじょう)書きでもかまいません。メモを取る気持ちで十分です。何もなければ，何もなかった事を書きましょう（夫婦の事で，とても良い事があれば，その事を書いてもかまいません）。

　その下に，そのストレッサーに対して，どのようなコーピングを用いたか，具体的に書きます。解決先送りコーピングを使わなくとも，実際に，自分が選択したコーピングを書いてください。もちろん，解決先送りコーピングの訓練ですから，できるだけ，解決先送りコーピングをするように，努力してみてください。ストレッサーに直面している時に，訓練をしている事を忘れてしまう場合がある

かもしれませんが、それでもかまいません。とりあえず、毎日、ストレス日誌を書き続ける事が重要です。

そして、解決先送りコーピングをうまく使う事ができたかどうか、自己評価をしましょう。10点満点で評価し、その日のコーピング日誌を閉じます。

③**ストレス日誌を交換する**　ストレス日誌を1週間書いたら、夫婦で取り換えましょう。そして、取り換えた配偶者のストレス日誌のあとに、再び、②の作業を行います。夫は、妻が1週間書き続けたストレス日誌のあとに、1週間ストレス日誌を書き始めます。妻は、夫が書き続けた日誌のあとに、書きます。この場合、ストレス日誌は2冊必要になります。ストレス日誌を交換する事によって、お互いにどのような事で苦しんでいるのか知る事ができます。また、そのためにどのような努力をしているのか理解できます。交換日記のように、妻が1週間、ストレス日誌をつけ、その後の1週間、夫がストレス日誌をつけるという方法でもかまいません。この場合には、ストレス日誌は1冊となります。

できるならば、パートナーの1週間分の日誌を受けて、パートナーに対する肯定的な言葉を書いてみましょう。無理して書く必要はありません。感謝の気持ちでもかまいませんし、パートナーの言動で嬉しかった事でもかまいません。ストレス日誌に関係のない事でも、関係がある事でも、どちらでもかまいません。

この③の作業は必ずしなければならない事ではありません。①と②の作業だけでもかまいません。

④**重要な事**　コーピング日誌には、たくさん書く必要はありません。できる限り毎日、書く事が重要です。決してまとめて書かないでください。また、ストレス日誌には、パートナーを批判したり、自分自身を責めたりするような事は、絶対に書いてはいけません。逆効果になる可能性があります。

まずは、ストレス日誌を1ヶ月ほど続けてみましょう。うまくゆけば、そのまま続けましょう。やめてもかまいませんが、ストレス日誌は、捨てずにとっておきましょう。ふたりの仲が悪くなった時、この日誌をふたりで読み合い、再び訓練を始めましょう。ふたりで話し合う必要はありません。日誌をつけるだけでいいのです。訓練を再開する場合は、新しいノートを購入するのではなく、以前やめたページから始めてください。そうする事で、以前に悩んでいた事を再認識する事ができます。

(5) 驚きの訓練効果

「え，たったそれだけ？」。そう思う読者がいるかもしれません。しかし，実際にこの訓練による効果があると報告されています（加藤，2005c）。図4-25は，看護学生100名を対象に，先ほど説明した訓練を21日間行った結果です（①と②の訓練を実施しました）。図はストレス反応を表しており，思考力の低下，引きこもり，自信の喪失，絶望感などのストレス反応が高い事を示しています。ストレス反応は，訓練前，訓練7日後，訓練126日後に測定したものです。また，訓練群（●印）は訓練を行った看護学生で，統制群（○印）は訓練を行わなかった看護学生のデータです。訓練を受けていない統制群は，ストレス反応が増加している事がわかります。看護学生は，グループワークや臨床実習によって，人間関係によるストレスが増加するためにこのような現象が起こります。一方，訓練を受けた看護学生は，訓練によってストレス反応の増加が抑制されている様子がわかります。

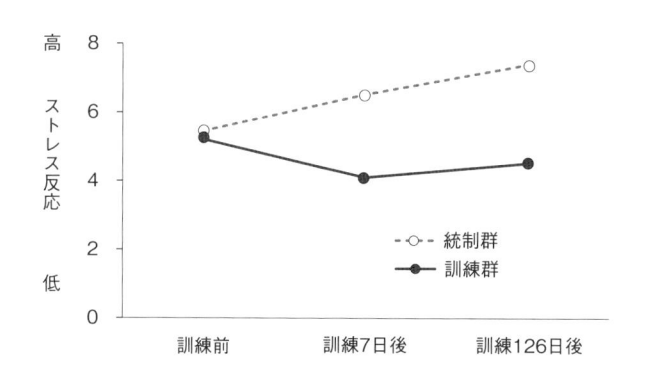

図4-25　解決先送りコーピング訓練による効果
注　加藤（2005c）のデータをもとに作成した。

3　パートナーを許し，パートナーに謝る

完璧な人間はいないように，完璧な配偶者などはいません。お互いの欠点を補い合う生活が，結婚生活ではないでしょうか。そのためには，パートナーに謝る事と，パートナーを許す事が重要になります。心理学の領域では，現在，「許し」や「謝罪」に関する研究が注目を集めています。恋人関係や夫婦関係でも，「許し」に関する研究が盛んに行われています。何事もない日常生活には，「許し」も「謝罪」も必要ありません。「許し」も「謝罪」も，ふたりの関係で問題が起こっ

た時に、その効果を発揮します。その意味では、「許し」も「謝罪」も対人ストレスコーピングの一種であり、「許しコーピング」「謝罪コーピング」とよぶ事ができるでしょう。

(1) 許しの効果

これまでの研究から、パートナーを許す傾向が高いほど、ふたりの関係に満足している事が知られています。それは、恋人関係でも（Allemand et al., 2007; Kachadourian et al., 2004 など）、夫婦関係でも（Fincham & Beach, 2002; Fincham et al., 2002, 2004, 2007; Gordon et al., 2009; Kachadourian et al., 2005; McNulty, 2008; Paleari et al., 2005 など）報告されています。

また、パートナーを許す事を促す事で、夫婦関係を良好にしたり、離婚を防いだりする訓練が効果を上げています（Couch et al., 1999; Diblasio, 2000; Fincham et al., 2005, 2006; Gordon & Baucom, 1998; Gordon et al., 2000, 2005; Rusbult et al., 2002, 2005; Walrond-Skinner, 1998）。たとえば、バージニア州（米国）の夫婦48組を対象に、パートナーを許すための訓練をした研究があります（Ripley & Worthington, 2002）。その結果、パートナーを許す事ができるようになり、それに伴い、夫婦関係の満足感も増加しました。

(2) 先に謝る夫たち

パートナーに謝るという行為は、パートナーの許しを促します（McCullough et al., 1997 など）。その意味で、謝罪コーピングはとても重要なコーピングですが、現在、その研究は進んでいません。民間のアンケート調査（第一生命経済研究所, 2006a）では、「夫婦喧嘩で先に謝るのは夫か妻か」という調査を行っています。その結果を図4-26にまとめました。年代が上がるにつれ、夫が先に謝る割合が低くなるようです。しかし、30代の夫婦を見てみると、夫から先に謝る割合は38.2%、妻から先に謝る割合は13.7%で、妻より夫の方が2倍以上先に謝る割合が高い事がわかります。夫婦喧嘩で先に怒るのは妻で、先に謝るのは夫です。

■4 専門家に頼むとしたらどうすれば……

離婚を防ぐ方法として、専門家に依頼するというのもひとつの手です。専門家に依頼する方法のひとつに、「夫婦療法」を受けるという選択肢があります。夫婦療法といっても、様々な方法があります。たとえば、行動主義的アプローチ、精神分析的アプローチ、体験的アプローチ、家族システムアプローチ、戦略派家

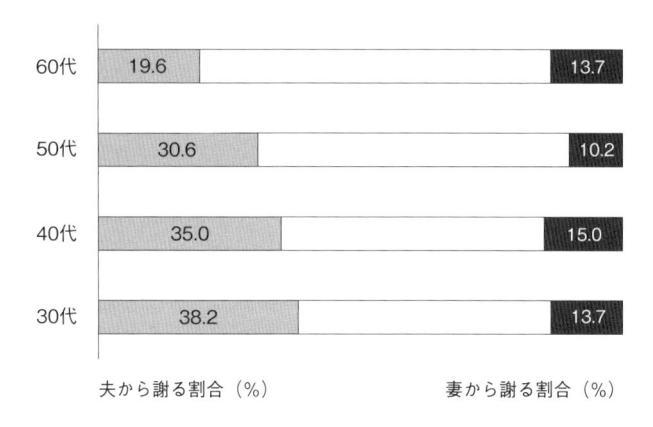

	夫から謝る割合（％）	妻から謝る割合（％）
60代	19.6	13.7
50代	30.6	10.2
40代	35.0	15.0
30代	38.2	13.7

図 4-26　夫婦喧嘩で先に謝るのは夫か妻か
注　第一生命経済研究所（2006a）のデータをもとに作成した。

族療法アプローチ，構造派アプローチ，ナラティブアプローチ，解決志向アプローチなどです。このような訓練プログラムは，1970年ころから急速に増加しました。しかし，訓練の効果があるかどうか，実際に確かめようとしたアプローチは限られています。専門家に相談しようと考えている読者の皆さんが，まず知るべき事は，皆さんが頼りにできる専門家が，とても限られているという事です。

夫婦療法に限らず，多くの心理療法が科学的な効果を確かめる事なく実施されています。そのため，1995年，アメリカ心理学会では，訓練効果の基準を発表しました（わが国では，そのような基準が公表されておらず，現在も効果が確かめられていない治療方法がはびこっていますので注意が必要です）。そして，その基準を満たした訓練方法のリストを，毎年公表しています。そのリストに記載されている多くの訓練方法が「行動療法」です。夫婦療法の場合も同様に，行動療法に基づく治療技法がリストの多くをしめています。専門家に相談するならば，行動療法による夫婦療法を受ける事をお勧めします。

5　新しい時代を迎えた夫婦療法
(1) 第一世代と第二世代の行動療法

2000年ころから，新しい世代の行動療法が注目を集め始めています。新しい世代の行動療法は，第三世代の行動療法ともよばれています。第三世代という事は，第一世代や第二世代があるという事です。1950年ころに，学習理論に基づく

行動療法が確立しました。これが第一世代の行動療法です。「行動療法」とは，「実験的に確立された原理や手続きに基づいて，不適応な習慣的行動を良い方向に変化させる一群の治療技法及びその背景をなす学問体系」です（久野, 1993）。難しそうに聞こえますが，批判を恐れず言えば，次のように説明できます。世間で「こころ」の病だといわれているその多くは，それまでの経験によって身につけてしまった不適切な習慣的な行動です。極端に言えば，間違った勉強をしてしまった結果，望ましくない言動を獲得してしまったのです。行動療法では，再び勉強する事で，この望ましくない言動を取り除き，より適切な言動を身につけるよう援助します。誤った年号を暗記してしまった場合，正しい年号を覚え直すわけです。わが国では，カウンセリングという何やらわからない心理療法が流行っています。そのなかには，カウンセラーに話を聞いてもらうという治療方法がありますが，誤って暗記してしまった年号の事について，いくらその話を聞いてもらったとしても，正しい年号を覚え直す事はできません。行動療法では，不適切な行動を選択しなくなる方法，適切な行動を選択する方法について，気の遠くなるような実験を繰り返し，その効果が確認できた方法を用います。

　第二世代の行動療法とは，俗に認知行動療法とよばれているものです。本来の「認知行動療法」は，行動療法を基盤とし，行動療法が手を出さなかった「認知」の領域に踏み込んだ治療体系です。ここでいう「認知」とは，自動的に頭に思い浮かぶ思考やイメージ，信念のようなものです。その結果，行動療法が手を出さなかった治療対象にも，その適用範囲を広げる事になりました。そして，2000 年に入るころには，認知行動療法の全盛期だといわれるようになりました。

(2) 第三世代の行動療法

　認知行動療法が全盛だといわれるなか，その裏では，認知行動療法の限界が広く報告されるようになりました。認知行動療法がその適用範囲を広げすぎたために，理論上は効果があるはずなのに，実際には効果が見られない，あるいは再発率が高いという事例が報告されるようになったのです。そのような状況で，関心を集め始めたのが第三世代の行動療法です。「第三世代の行動療法」は，従来の実証的な原理中心のアプローチを変える事なく，従来の直接的で指示的な方略に加え，文脈的で体験的な変容の方略を強調しています。その介入は，限定化された問題の消去だけではなく，広範で柔軟性に富む効果的な行動レパートリーの獲得を目的としています。第三世代の行動療法はひとつの治療技法ではなく，

弁証法的行動療法，アクセプタント・コミットメント・セラピー，統合された行動的夫婦療法，機能分析的心理療法など，複数の技法の総称です。

(3) 統合された行動的夫婦療法の誕生

　第三世代の行動療法の波は，夫婦の問題を対象にした治療でも生まれました。夫婦関係の場合，第一世代は「行動的夫婦療法」，第二世代は「認知行動的夫婦療法」とよばれています。これらの治療技法は，夫婦の問題に対して，最も効果的である事が知られています（効果的な治療技法のリストのほとんどがこの両者です）。「行動的夫婦療法」と「認知行動的夫婦療法」が「伝統的な行動的夫婦療法」とよばれるのに対して，第三世代の行動療法は，「統合された行動的夫婦療法」とよばれています。

　「統合された行動的夫婦療法」は，クリステンセン（A. Christensen）とジェーコブソン（N. S. Jacobson）によって開発されました（Christensen & Jacobson, 2000; Christensen et al., 1995; Jacobson & Christensen, 1996, 1998）。「統合された行動的夫婦療法」は，これまでの「伝統的な行動的夫婦療法」の効果と比較し，その訓練効果が高い事が報告されています（Atkins et al., 2005; Baucom et al., 2009; Cordova et al., 1998; Doss et al., 2005; Jacobson et al., 2000; Sevier et al., 2008 など）。たとえば，慢性的で深刻な問題を抱えている134組の夫婦に対して，「統合された行動的夫婦療法」あるいは「伝統的な行動的夫婦療法」をほどこした研究があります（Christensen et al., 2004, 2006a）。訓練期間はおよそ6ヶ月間（週1回最大26回）です。図4-27は夫婦関係を表したもので，数

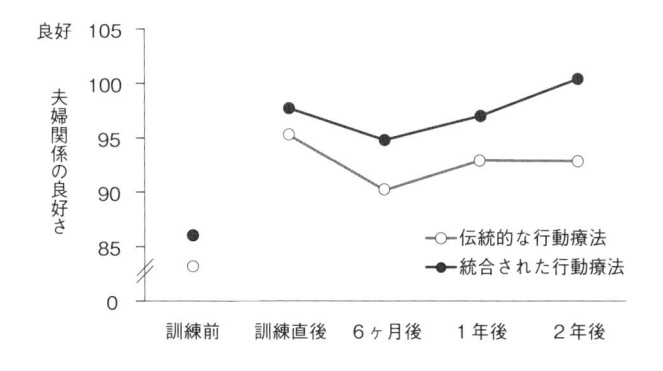

図4-27　夫婦療法の効果
　注　Christensen et al.（2004, 2006a）のデータをもとに作成した。

値が高いほど，夫婦関係が良好である事を意味しています。「統合された行動的夫婦療法」を受けた夫婦も，「伝統的な行動的夫婦療法」を受けた夫婦も，訓練後，関係が改善されている様子がわかります。ふたつの夫婦療法の違いが表れるのはここからです。訓練6ヶ月後，どちらの夫婦療法も，訓練の効果が戻りますが，その戻り方は，「伝統的な行動的夫婦療法」の方が大きい事がわかります。その後，どちらの夫婦療法も，良好な関係に向かってゆきますが，「統合された行動的夫婦療法」の方がより良好になる様子がわかります。さらに，この研究では関係が改善された割合についても調べています。「伝統的な行動的夫婦療法」では，関係が改善された夫婦は，訓練直後では60.6％，訓練2年後では60.0％でした。「統合された行動的夫婦療法」では，訓練直後では70.3％，訓練2年後では68.8％でした。つまり，どちらの行動的夫婦療法もともに訓練の効果はありますが，「伝統的な行動的夫婦療法」より「統合された行動的夫婦療法」の方がより効果的なのです。

(4) 統合された行動的夫婦療法の特徴

　「伝統的な行動的夫婦療法」では，パートナーの不平や要求に対して，積極的に協調し，夫婦間で妥協し合うように，夫婦が変わってゆくのを手助けします。一方，「統合された行動的夫婦療法」では，受け入れられないと考えていた配偶者の言動を，受け入れる事ができるように手助けします。この点で，「伝統的な行動的夫婦療法」と「統合された行動的夫婦療法」は大きく異なります。

　「統合された行動的夫婦療法」の最大の特徴のひとつが，「アクセプタンス」です。アクセプタンスは，第三世代の行動療法に共通する考え方（技法）です。平易な言い方をすれば，アクセプタンスは，受け入れる（受容）という事です。しかし，我慢したり，耐えたりする事ではありません。ましてや，直面している問題から逃げる事でもありません。パートナーの言動や感情を進んで受け入れる事です。パートナーの言動や感情を受け入れるという事は，自分の感情を受け入れる事でもあります。たとえば，「あなたの給料が低いからよ」と配偶者に言われると，怒り，消沈などの感情が生まれます。そのような自分の感情を自分で受け入れるという事です。そのような否定的な感情を抑制したり，抱かないようにしたりするのではなく，そのような感情を，自然に受け入れるのです。

　パートナーの言動を受け入れるといっても，限度があります。受け入れる事が望ましくない場合もあります。最も受け入れられない行動が，生命に危険をもた

らす行動です。生命に危険をもたらす行動には，身体的暴力，身体的暴力を生み出すようなアルコールや薬物の乱用，喫煙（喫煙は配偶者の生命に危険をもたらす事は周知の事実です）があります。このような行動は受け入れるべきではありません。生命に危険をもたらす行動のほかに，重要な問題は浮気と犯罪行為です。浮気はふたりの関係の根幹に関わる問題です。犯罪行為は反社会的行為で，それを知りながら，そのような行為を助長したり，見て見ぬふりをしたりする事は，社会的に許される行為ではありません。生命に危険をもたらす行動に加え，浮気と犯罪行為もまた受け入れ難い行動です。これらの行動を除いて，できる限り多くの言動を受け入れるようにしなければなりません。受け入れる事ができるパートナーの言動は，ひとによって違います。しかし，「統合された行動的夫婦療法」では，できる限り，パートナーの言動を受け入れられるように手助けします。

　本節冒頭のマイケルとアリスについて考えてみましょう。マイケルはとても優しい夫です。妻への気遣いを決して忘れません。国際便のパイロットで裕福な暮らしをしています。しかし，ふたりは別居してしまいます。なぜでしょうか。妻のアリスがアルコール依存症になったからでしょうか。いいえ，そうではありません。アリスが施設から退院し，マイケルは，以前にもまして，アリスに優しい言葉をかけ，家事や育児を積極的に手伝います。しかし，アリスがアルコール依存症の会に参加する事をよく思っていません。また，進んで，自分が配偶者の会に出席しようともしません。つまり，ふたりの問題を解決しようと積極的に努力しようとするけれど，アルコール依存症であるアリスを受け入れる事ができなかったのです。だから，アリスは，集会に出席した人たちを批判したマイケルに腹を立てたのです。別居して初めてその事に気づいたマイケルは，この映画のクライマックスで，次のように言います。「妻はアルコール中毒です。でも，最高の女性です」。マイケルは，アリスのすべてを受け入れる事ができ，ふたりは以前にも増して幸せな生活を始める事になります。

■6　究極のコーピングをまとめると

　「撤退コーピング」「逃避・回避コーピング」「要求−撤退コーピング」「自己弁解コーピング」「気晴らしコーピング」など，夫婦の問題から逃げるようなコーピングは，ふたりの生活をダメにしてしまいます。「愛情伝達コーピング」「ユーモアコーピング」も，問題から逃れるコーピングである事には違いはなく，必ずしも望ましい結果が待っているわけではありません。もちろん，パートナーを傷つ

けてしまう「拒絶コーピング」「負の感情表出」「関係解消コーピング」「自責・他責」「暴力的コーピング」のようなコーピングも適切なコーピングではありません。しかし,「建設的話し合いコーピング」のように,積極的に問題を解決するようなコーピングもまた,ストレスをためてしまうという問題点を含んでいます。特に,解決できない夫婦の問題に対して,積極的に問題を解決しようとするコーピングは無意味です。

　本節で紹介した「解決先送りコーピング」「許しと謝罪」「アクセプタント」は,夫婦にとって力強いコーピングになります。まず,ストレッサーに遭遇したら,お互いに冷静な判断が下せるまで,積極的に待ちます。状況が整ってから,「許し・謝罪」や「アクセプタント」を中心としたコーピングを用います。お互いにヒートアップしている時に,「許し・謝罪」や「アクセプタント」を用いるのは至難の業です。信念や価値観の対立によって生まれる解決できない問題であっても,パートナーの信念や価値観を受け入れる事によって,最終的に,その問題は解決する事になります。マイケルとアリスも,一度,別居するという冷却期間を置く事で,お互いを許し合い,お互いに過ちを認め合い,そして,お互いを受け入れる事ができるようになりました。うまく,解決先送りコーピングさえ,使う事ができていれば,ふたりは別居する必要はなかったのですが……。

最終章　離婚から立ち直るためには

　「離婚して1ヶ月です。私はまだ乗り越えられません。前向きに生きたいです。アドバイスお願いします」（ある女性のインターネットでの書き込み）。失恋や離婚から立ち直ろうと苦しんでいる男女はたくさんいます。あなたなら，この苦しみからどのようにして逃れますか。冒頭の女性のように，過去に離婚した人の意見を聞く事で，何とかしようとする人たちもいます。そのためでしょうか，離婚経験者の声を集めた書籍が数多く出版されています。その一方，科学的に離婚を分析した本は，わが国ではほとんど見られません。離婚経験者たちの話は，インターネットを始め，多くの書物から聞く事ができます。しかし，科学的なデータから，意見が聴けるチャンスは今しかありません。さあ，最終章です。

　　　　「愛する事を教えてくれたあなた，今やあなたを忘れる事を教えて」
　　　　　You taught me how to love you, now teach me to forget.
　　　　　　　　　　　　　　　　　　　　　　Drislane & Bryan (1909)

第1節　立ち直る方法，それもコーピング

　失恋や離婚を経験して，すぐに立ち直る人もいれば，長年にわたり引きずる人もいます。なぜだと思いますか。それはコーピングが違うからです。コーピング理論では，失恋や離婚はストレッサーに相当します。失恋や離婚によるショックや，失恋や離婚からの立ち直りはストレス反応に相当します。つまり，失恋や離婚に対して，どのようなコーピングを選択するかによって，失恋や離婚から立ち直れるかどうかが決まるのです。

■1 失恋と離婚に対するコーピング

(1) 離婚ストレスコーピング

　離婚というストレッサーに対するコーピングを離婚ストレスコーピングといいます。ある研究者（Mazor et al., 1998）は，離婚に対するコーピングを「不統合的コーピング」「準統合的コーピング」「統合的コーピング」の3つに分類しています。

①**不統合的コーピング**　　離婚によって生じる困難な状況を認めず，問題を忘れようとしたり，受け入れないようにしたりするコーピングです。もと配偶者に対する憎しみ，怒り，拒絶などの否定的な感情ばかりが生まれてしまいます。

②**準統合的コーピング**　　ふたりの関係の変化は避ける事ができないと理解し，様々な対応策を考えようとするコーピングです。もと配偶者への怒りは収まりませんが，離婚後の関係や悲哀感情を理解しようとします。

③**統合的コーピング**　　離婚は避けようがなかった事を受け入れ，もと配偶者に対する肯定的な感情を持ち，もと配偶者との結婚生活の良い面と悪い面を客観的に評価し直すコーピングです。新しい社会的役割を獲得し，社会的な活動にチャレンジします。

　「不統合的コーピング」→「準統合的コーピング」→「統合的コーピング」と進むにつれ，もと配偶者に対する思いを断ち切る事ができ，もとパートナーを許す事ができるようになると報告されています（Mazor et al., 1998）。

(2) 失恋ストレスコーピング

　失恋というストレッサーに対するコーピングは，失恋ストレスコーピングといわれています。ある研究者（加藤, 2005b）は，失恋ストレスコーピングを次のように分類しています。まず，「未練」「失恋相手の拒絶」「失恋からの回避」に大別されます。「未練」は，読者の皆さんの想像通りの言動です。「失恋相手の拒絶」は，「敵意」と「関係解消」に分類できます。「敵意」は，失恋相手を恨んだり，憎んだりするようなコーピングです。「関係解消」は，すでに別れているにもかかわらず，意識的に失恋相手を避けようとしたり，思い出の品物を処分したりするようなコーピングです。「失恋からの回避」は，「肯定的解釈」「置き換え」「気晴らし」に分類されます。「肯定的解釈」は，失恋という経験を肯定的に捉えるようなコーピングです。「置き換え」は，別の異性とデートしたり，交際したりするようなコーピングです。「気晴らし」は，スポーツや趣味に没頭し，失恋を忘れようとするコーピングです。

■2 失恋や離婚から立ち直るコーピングの方法

コーピングはひとつの種類だけではない事は先に説明しました。ここでは、失恋や離婚に対するいくつかのコーピングと、その効果について考えてみます。

(1) 未練が残る

「何をあたり前の事を」、そうあなたは言うかもしれませんが、恋人関係でも (Frazier & Cook, 1993; 加藤, 2005b, 2007b など)、夫婦関係でも (Gray & Silver, 1990; Kitson, 1982; Masheter, 1997 など)、もとパートナーに対する思いが残っているほど、別れたあとの適応状態が悪くなる事が報告されています。多くの心理学の研究がそうですが、皆さんがあたり前だと思っている事を、研究者は時間をかけて実証しているので許してください。

では、どの程度の夫婦が、別れた相手に未練を感じているのでしょうか。15年以上連れ添った夫婦について調べた研究があります (Goodman, 1993)。離婚した男女31名のうち、58.1%が「もと配偶者への愛情はまったくない」と回答していますが、29.0%が「多少ある」、12.9%が「かなり、極めてある」と回答していました。また、こんな研究もあります。離婚したもと夫婦45組を対象にしたカナダでの研究です (Gray & Silver, 1990)。この調査では、自分自身とパートナーが「どの程度、和解したいと思っているか」を尋ねています。その結果をまとめたものが図5-1です。黒いバーは、自分自身が和解したいと思っている程度であり、灰色

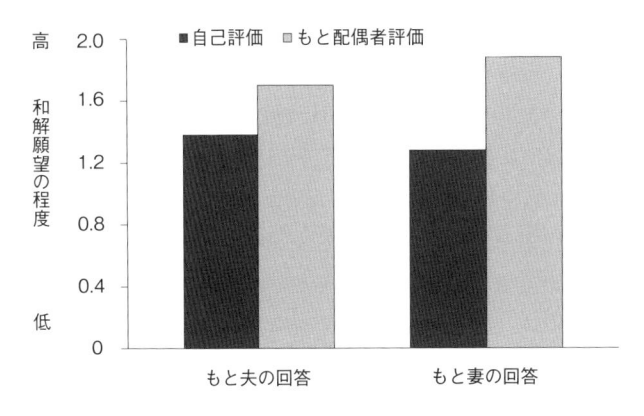

図5-1 和解の願望

注 45組のもと配偶者が対象である。Gray & Silver (1990) のデータをもとに作成した。

のバーは，パートナーが和解したいと思っているだろうと推測して回答したものです。もと夫・妻ともに，自分自身の回答より，パートナーの回答の方が，和解したい程度が高いようです（実際には，もと夫の回答は偶然の範囲内です）。つまり，女性は「自分自身が和解したいと思っている以上に，もと夫は和解したいと思っているに違いない」と考えているのです。人間は，自分の都合の良いように考えたがるようです。

未練についてよく耳にする日常会話のひとつに，「未練たらしいのは男性だ」「いや，女性の方が未練たらしい」という議論があります。本当のところはどうなのでしょうか。どちらも間違いです。研究では，失恋も（Davis et al., 2003; Frazier & Cook, 1993; 加藤，2005b, 2007b; Perilloux & Buss, 2008; 和田，2000 など），離婚も（Dozier et al., 1993; Kitson, 1982 など），未練の程度に，男女差は見られていません。一般論と科学的なデータが一致しない事はよくある事です。

(2) パートナーに怨みを抱く

もちろん，パートナーを怨んだり，憎んだりするようなコーピングは，失恋や離婚後の適応状態が良くありません（Gray & Silver, 1990; 加藤，2005b, 2007b; Masheter, 1997 など）。加えて，別れたパートナーに対する憎しみ，怒り，復讐心は，時間が経っても，なかなか治まらない事が報告されています（Kaffman et al., 1992 など）。たとえば，カリフォルニア州（米国）で，離婚したカップル 60 組を対象にした研究があります（Wallerstein, 1986）。この研究では，10 年間にわたって，離婚したカップルにインタビューを続けました。別れた配偶者に対する怒りは，離婚直後と離婚 10 年後でもほとんど違いがありませんでした。そして，10 年後も，女性の 40％，男性の 30％が配偶者に怒りを感じていました。このような別れたパートナーに対するこのような怒り，憎しみ，怨み，復讐心は，男性より女性の方が強い事が知られています（Davis et al., 2003; Perilloux & Buss, 2008 など）。

もとパートナーに怨みを抱くコーピングとは逆に，もとパートナーを「許す」というコーピングもあります。「許しコーピング」の重要性については，第 4 章の第 7 節（207 頁）でも説明しましたが，失恋や離婚に際してパートナーを許す事の研究は，ほとんど見られません。数少ない研究から，離婚した夫婦 199 名を対象にした研究を紹介します（Rye et al., 2004）。この研究では，もと配偶者に対する「許し」の程度と，離婚後の精神状態について調べました。その結果，もと配偶者を許す傾向が強いほど，気分の落ち込みや怒りの程度が低く，幸福感が高い傾向に

ありました。恋人関係でも，同様の効果が報告されています (Rye & Pargament, 2002 など)。また，別の研究では，パートナーを許す傾向が高いほど，コペアレント (離婚した夫婦で子どもを育てる事) の満足感が高くなる事も報告されています (Bonach & Sales, 2002; Bonach et al., 2005 など)。

(3) パートナーの責任にする

失恋でも (Sprecher et al., 1998 など)，離婚でも (Bonach et al., 2005 など)，別れの責任がもとパートナーにあると思っているほど，別れたあとの適応状態が悪化します。たとえば，離婚したもと夫婦 45 組を対象にしたカナダでの研究があります (Gray & Silver, 1990)。離婚した夫婦は平均 3.7 年間 (5ヶ月から13年の範囲) 別々に暮らしていました。この夫婦に，自分自身とパートナーについて，「どの程度，悪者だと思うか」について尋ねました。その結果をまとめたものが図 5-2 です。黒いバーは，自分自身が悪者だと思っている程度で，灰色のバーは，パートナーが悪者だと思っている程度です。図から，もと夫・妻ともに，自分自身より，パートナーが悪者だと思っている事がわかります。この調査では，「どの程度，犠牲者であるか」という質問もしています。その結果は，「どの程度，悪者だと思うか」という回答とは，まったく逆の回答でした。つまり，もと夫・妻ともに，離婚の犠牲者は，もと配偶者ではなくて自分であると思っているのです。パートナーは悪者で，自分は犠牲者，そう思いたいとは，人間なんて……。

恋人関係 (Choo et al., 1996; Davis et al., 2003; Sprecher et al., 1998 など)，夫婦関係 (Braver

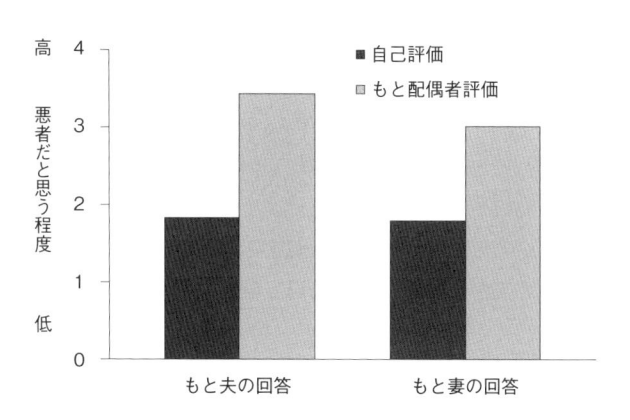

図 5-2　もと配偶者が悪者だと思う程度
注　45 組のもと配偶者が対象である。Gray & Silver (1990) のデータをもとに作成した。

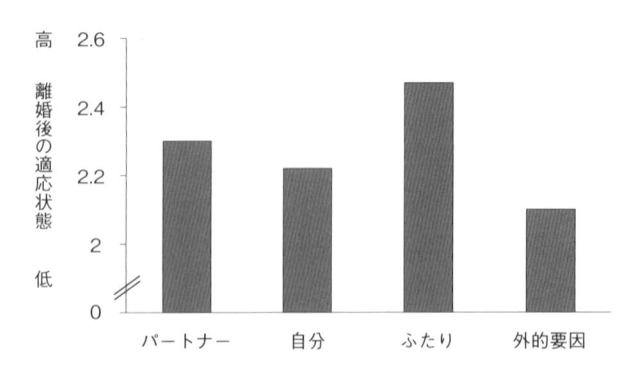

図 5-3　離婚の原因が誰にあるのかと離婚後の適応状態
注　データ数は 208 名である。Amato & Previti (2003) のデータをもとに作成した。

et al., 1993; Wallerstein, 1986 など),いずれの関係でも,男性は別れの原因は自分にあると考え,女性の場合は男性にあると考える傾向があります。たとえば,離婚した 208 名の男女を対象にした研究 (Amato & Previti, 2003) では,離婚の原因を自由に回答するという調査を行っています。研究者たちは,離婚した男女の回答を「パートナーに原因があると考えている場合」「自分自身に原因があると感じている場合」「ふたりにあると考えている場合」「ふたり以外の外的な問題にあると考えている場合」「分類不可能」のいずれかに分類しました。その結果,離婚の原因がパートナーにあると感じていた男性が 21%であったのに対して,女性では 40%でした。自分自身にあると感じている男性は 10%とわずかでしたが,女性はさらに少なく 1.5%に過ぎませんでした。

この調査では,さらに離婚後の適応状態も調べています。その結果が図 5-3 です。値が高いほど,離婚後の適応状態が良い事を意味しています。図からわかるように,離婚の原因が「ふたりにあると考えている場合」,離婚後の適応状態が最も良く,「ふたり以外の外的な問題にあると考えている場合」が最も悪い事がわかります。離婚の原因を周りの責任にすると,離婚からの立ち直りが悪いようです。別の研究 (Gray & Silver, 1990) では,離婚の原因として,自分の浮気は関係なく,パートナーの浮気が原因だと思っているほど,離婚後の適応状態が悪い事も報告されています。

(4) 助けを求める

人に助けを求める場合もあります。このようなコーピングを「サポート希求」

といいます。失恋や離婚の際に，サポート希求をよく使うのは，男性より女性であるいう事が報告されています（Davis et al., 2003; Sorenson et al., 1993 など）。これは，男性より女性の方が，離婚後にサポートを得られやすいためです（第1章第3節20頁参照）。つまり，失恋や離婚をすると，男性より女性の方が，いろいろな人に助けられるため，女性はより人に相談したり，助けを求めたりするわけです。

(5) 失恋や離婚も解決先送りコーピング

問題から逃れようとするコーピングもあります。一般的には，逃避・回避コーピングとよばれています。失恋や離婚に対する逃避・回避コーピングには，気晴らしをしたり，酒や薬物におぼれたり，人を避けたり，失恋や離婚という現実を無視したりというコーピングがあります。どのようなストレッサーに対しても，逃避・回避コーピングは効果的ではない事が知られています（加藤, 2008a）。それは，恋人や夫婦の口論や言い争いに対してもそうですし（第4章参照），失恋や離婚に対しても同様です（Birnbaum et al., 1997; Chung et al., 2003; 加藤, 2007b; Mearns, 1991; Richmond & Christensen, 2000; Smith & Cohen, 1993 など）。

このような逃避・回避コーピングに対して，解決先送りコーピングというコーピングがあります。第4章の第7節（203頁）でも紹介しましたが，解決先送りコーピングは，失恋や離婚というストレッサーに対して，すぐにその問題を解決しようと行動するのではなく，時間が解決するのを待つようなコーピングです。解決先送りコーピングは，失恋に対しても効果的である事が報告されています。たとえば，ある研究（加藤, 2007b）では，失恋を経験した男女507名を対象に，失恋ストレスコーピングが，失恋後の回復期間などに及ぼす影響について分析しています。その結果，解決先送りコーピングを用いるほど，失恋からの回復期間が短い事がわかりました。つまり，解決先送りコーピングを用いると，失恋から早く回復するのです。

第2節　ストーカー行為というコーピング

ストーカーは，1990年に施行されたカリフォルニア州のアンチストーキング法によって，広く世間に知られる事になりました。国や地域によって違いますが，男性より女性の方が，ストーカーの被害に遭いやすい事が知られていま

す (Bjerregaard, 2000; Cupach & Spitzberg, 2000; Perilloux & Buss, 2008; Tjaden & Thoennes, 2000; Tjaden et al., 2000 など)。たとえば，ストーカーの被害に遭遇する男性の割合は 10.2%，女性の場合は 26.3%だと報告されています (Cupach & Spitzberg, 2004)。この割合はアメリカを中心とした 149 の調査から算出した値です (正確には，149 の調査のうち男性の割合は 16 の調査から，女性の割合は 36 の調査から割り出されました)。さらに，この研究では，ストーカーの被害を受けた男女のうち，75.0%が女性で，24.7%が男性だとも記述しています (正確には，149 の調査のうち男性の割合は 50 の調査から，女性の割合は 51 の調査から割り出されました)。別の研究 (Davis et al., 2002) では，男性より女性の方が，ストーカー行為による精神的ショックも大きいと報告されています。まとめると，男性より女性の方が，ストーカーの被害者になりやすく，ストーカー行為によって傷つきやすいのです。

(1) 犯人は親しい人物

通常，ストーカー行為の加害者の多くは，もとパートナーである事が知られています (Bjerregaard, 2000; Blaauw et al., 2002; Budd & Mattinson, 2000; McFarlane et al., 2002; Mullen et al., 1999; Tjaden & Thoennes, 2000; Tjaden et al., 2000 など)。たとえば，ある研究 (Cupach & Spitzberg, 2004) では，ストーカー行為に関する 47 の研究をまとめ，ストーカー行為の加害者のうち 48.0%が，もと恋人あるいはもと配偶者であったと報告しています。一方，見ず知らずの人物である割合は，18.1%に過ぎませんでした (32 の調査から割り出した値です)。ストーカー行為者の立場に立てば，ストーキング行為は，失恋や離婚に対するコーピングだという事ができます。

(2) 多様なストーカー被害

ストーカー行為といっても，具体的には様々な行為があります。たとえば，過剰な愛情を伝えようとする行為，手紙や電話など間接的にコンタクトを取ろうとする行為，自宅や職場に現れるような直接的にコンタクトを取ろうとする行為，盗聴や追跡など監視しようとする行為，窃盗や自宅への侵入などの行為，迷惑行為や脅しなどの行為，強制や脅威を与えるような行為，暴力や殺人などの行為などがあります (Cupach & Spitzberg, 2004; Garcia et al., 2007)。離婚の調停や裁判などで，部屋に盗聴器が仕掛けられるという事も，珍しくはありません。

わが国では，ストーカーの実態を把握するための大規模な調査は行っていませんが，参考になる調査が，内閣府男女共同参画局 (2007) によって行われていま

す。この調査では，親密なパートナーから暴力を受けた被害者（ほぼ女性）が対象です。まず，加害者と離れて生活しているにもかかわらず，もと配偶者や，もと恋人から，追跡されているかどうか質問しています。この質問に対して，54.7%が「ある」と回答しています。さらに，どのようなストーカー行為を受けたかについても質問しています。「電話，メール，手紙が来る」という行為が最も多く，62.3%の被害女性が経験していました。欧米の報告でも，電話をかけるという行為が最も頻繁に報告されています (Cupach & Spitzberg, 2004)。

(3) ストーカー行為の原因

ストーカー行為の原因として様々な事が考えられます。ある研究者 (Cupach & Spitzberg, 2004) は，ストーカー行為の原因によって，ストーカーを「表現型のストーカー」「手段としてのストーカー」「個人要因によるストーカー」「状況要因によるストーカー」に分類しています。

①**表現型のストーカー**　このタイプのストーカー行為は，愛情，嫉妬，怒りなどの感情を被害者に伝えたり，被害者に求婚したりするために，ストーカー行為をします。たとえば，もとパートナーに対する嫉妬 (Davis et al., 2000; Langhinrichsen-Rohling et al., 2000; Wigman et al., 2008 など) や怒り (Davis et al., 2000; Dye & Davis, 2003 など) などが，離婚後のストーカー行為に結びつく事が報告されています。

②**手段としてのストーカー**　このタイプのストーカー行為は，被害者への報復のため，被害者をコントロールするため，被害者を脅すため，このような理由でストーカー行為を行います。

③**個人要因によるストーカー**　このストーカー行為は，ストーカー行為者の性格によるもので，精神的障害，アルコールや薬物依存などがストーカー行為に結びつく事が知られています。また，犯罪歴があるものほどストーカー行為をしやすい事が報告されています。たとえば，ストーカー行為と犯罪に関する11の研究をまとめると，ストーカー行為者の12%から91%が犯罪歴のある人物であったと報告されています (Cupach & Spitzberg, 2004)。

④**状況要因によるストーカー**　失恋や離婚，誕生日や記念日などの特別な行事など，ストーカー行為者の環境変化が引き金となってストーカー行為を行います。たとえば，離婚や別居などによりストーカー行為を始める人物がいます。この場合，特に，別れの主導権のなかった側がストーカー行為をしやすい事が報告されています (Davis et al., 2000; Dye & Davis, 2003; Langhinrichsen-Rohling et al., 2000 など)。

第3節　新しい恋が離婚の苦痛から解放する

　新しいパートナーを探す事は，失恋や離婚に対するコーピングの一種です。しかも，効果的なコーピングといえます。「新しい恋人ができた男女が，別れた相手の事を思い続け，悩み続けている」なんて話は，現実に聞いた事がありません。小説やテレビ，マンガやアニメーションの世界では，そのようなテーマは受けるかもしれませんが。

1　新しい異性との出会い

　冒頭で説明したように，新しいパートナーを見つけようとするコーピングは，効果的なコーピングでしょう。実際，そのようなコーピングを用いるほど，失恋や離婚後の適応状態が良い事が知られています (加藤, 2005a; Wang & Amato, 2000 など)。しかし，新しい出会いを求めると，別れた相手との関係が悪化したり，別れた相手との関係そのものが途絶えてしまったりする事が報告されています (Busboom et al., 2002; Fischer et al., 2005 など)。加えて，離婚した場合に，そのようなコーピングを用いると，別れた相手の適応状態が悪化する事が報告されています (Sprecher et al., 1998 など)。新しい異性を見つける事は自分にとって望ましいコーピングですが，もと配偶者には堪えるという事でしょうか。

　男女の違いに注目すると，新しいパートナーを見つけようとするコーピングは，女性より男性によく見られるという報告があります (Davis et al., 2003; Sorenson et al., 1993 など)。

2　再婚の現状
（1）わが国の状況

　そもそも，離婚した男女は，再婚を望んでいるのでしょうか，それとも，結婚は懲り懲りだと思っているのでしょうか。離婚経験のある独身者を対象にした，わが国のインターネット調査があります (DIMSDRIVE, 2006)。その調査では，「機会があれば再婚したいと思いますか」という質問に対して，「とても再婚したい」あるいは「再婚したい気もする」と回答した男女は57.7%でした (男性は62.4%, 女性は54.9%)。一方，「あまり再婚したいと思わない」あるいは「全く再婚したいと思わ

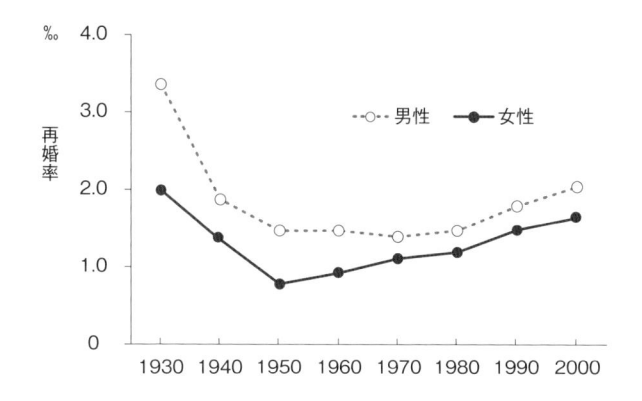

図 5-4　再婚率の推移

注　国立社会保障・人口問題研究所（2008）のデータをもとに作成した。再婚率（‰）は 15 歳以上の人口にしめる再婚件数の割合である。

ない」と回答した男女は 33.3％でした（男性は 26.1％，女性は 37.7％）。女性より男性の方が，再婚を望む傾向が強いようです。

実際の再婚状況はどうでしょうか。「人口動態統計」（厚生労働省大臣官房統計情報部，2007）では，1997 年度から 2001 年度に離婚した男女が，5 年以内に再婚した割合は，男性で 30％から 32％，女性で 26％から 28％でした。また，3 年以内に再婚した割合は，男性で 18.6％，女性で 16％でした（2003 年度に離婚した男女の場合です）。わずかですが，女性より男性の方が再婚する割合が多いようです。このような傾向は，アメリカ，オランダ，カナダなどの国々でも報告されています。加えて，わが国の再婚率の推移について，図 5-4 にまとめました（国立社会保障・人口問題研究所，2008）。再婚率は 1950 年頃から徐々に増加傾向にあります。

(2) ほかの国の状況

表 5-1 は，アメリカの大規模調査（NSFG）のデータ（1995 年実施）を分析したもので，離婚した女性のうち，どの程度の女性が再婚したのかを示したものです（Bramlett & Mosher, 2001）。離婚した 1 年後には 15％がすでに再婚し，4 年と半年後には半数以上が，10 年後には 75％が，13 年後には 8 割以上の女性が再婚していました。また，イギリスの全国規模の調査（Lampard & Peggs, 1999）では，離婚して 3 年以内に離婚した男女（16 歳から 29 歳）の 40.6％（男性 41.1％，女性 40.3％）が，5 年以

表 5-1 離婚した女性のうち，再婚した女性の割合（%）

年月	1年後	2年後	3年後	5年後	7年後	10年後	15年後
割合	15%	28%	39%	54%	62%	75%	83%

注　Bramlett & Mosher（2001）のデータをもとに作成した。

内に58.7%（男性64.0%，女性55.5%）が，10年以内に78.4%（男性83.3%，女性75.5%）が再婚すると報告しています。オランダの調査（Graaf & Kalmijn, 2003）でも，離婚した男性のほぼ60%が，離婚した女性のほぼ40%が再婚すると報告しています。

5年以内に離婚した男女のおよそ30%が再婚するわが国と比較すると，アメリカやイギリスなどの再婚率はとても高いようです。

(3) 再婚適齢期

結婚適齢期があるならば，再婚適齢期があっていいでしょう。図5-5は，わが国の年齢別の再婚率（2006年度）を示したものです（国立社会保障・人口問題研究所，2008）。男性では35歳から39歳の間で再婚率が最も高く，再婚適齢期は30歳から44歳の間でしょうか。女性では30歳から34歳の間で再婚率が最も高く，再婚適齢期は25歳から39歳の間でしょうか。

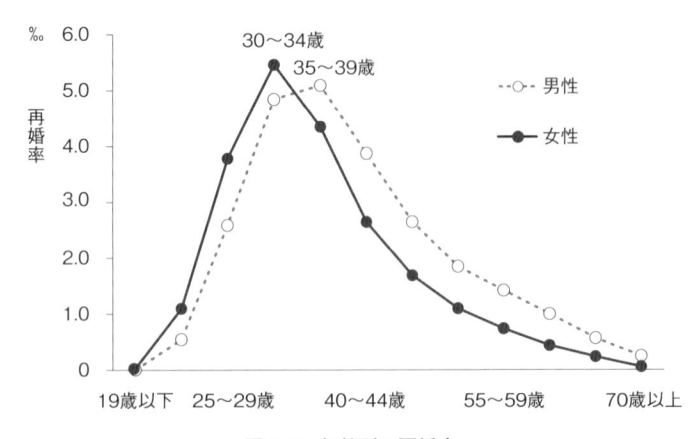

図 5-5　年齢別の再婚率

注　国立社会保障・人口問題研究所（2008）のデータをもとに作成した。データは2006年度のもの。再婚率（‰）は15歳以上の人口に占める再婚件数の割合である。

■3　再婚はうまくゆかない

「今度こそは，うまくゆくに違いない」，そのような強い願いを抱いて，新しい人生のスタートを切ろうとしているあなた，世の中はそう甘くはありません。初めてふたりが結ばれる場合と，離婚した人が再び結婚しようとする場合では，状況が違うのです。

(1) 再婚者の離婚率

　再婚者は，様々な経験をし，その経験を新たな結婚生活に生かす事ができるから，初婚者より，再婚者の方が，結婚生活はうまくゆく，と考える読者がいると思います。しかし，現実はそうではありません。再婚者は，初婚者と比較して，離婚の危険性が高いのです (Amato, 1996; Clarke & Wilson, 1994; Dush et al., 2008; Graaf & Kalmijn, 2006b; Lillard et al., 1995; O'Connor et al., 1999; Pavalko & Elder, 1990; Rogers, 2004; Smock et al., 1999; Schoen et al., 2002, 2006; South, 2001; South et al., 2001; Wu & Penning, 1997 など)。たとえば，2年間 (1991年から1992年) にわたり，イギリス南西部のエイヴォン地域で行った研究があります (O'Connor et al., 1999)。この研究は女性7,817名を対象に行った調査で，初婚の離婚の危険性を基準 (1.00) とした場合に，2度目の結婚では離婚の危険性が1.53倍に，3度目の結婚では離婚の危険性が3.39倍に増大すると報告しています。また，アメリカの大規模調査 (NSFG) のデータ (1995年) を用いた研究 (Bramlett & Mosher, 2001) では，離婚して2年以内に再婚した女性の11%が，5年以内に23%が，10年以内に39%が離婚すると報告しています。最終的には，2度目の結婚ではおよそ60%が離婚するといわれています (Cherlin, 1992)。

(2) なぜ，再婚はうまくゆかないのか

　再婚者は，様々な経験をし，その経験を新たな結婚生活に生かす事ができるはずです。だから，初婚者より，再婚者の方が，結婚生活はうまくゆくと思われます。しかし，そのような事を示す実証的なデータは，ほとんどありません (Ganong et al., 2006)。むしろ，再婚者は，結婚生活を継続できないと報告されています。その理由を以下にまとめました。

①**離婚した者は結婚生活に向いていない**　そもそも，離婚した男女は，結婚生活を円滑に営む能力が欠如しており，再婚しても，また，失敗に終わってしまうという考え方があります (Colemen & Ganong, 1990)。実際に，この考えを支持する報告があります。たとえば，再婚者は，初婚より，自分の否定的な感情を表しやす

く（Hetherington, 1993 など），言い争いや口論が増えます（Brown & Booth, 1996; Hobart, 1991; Umberson et al., 2005 など）。

②再婚への準備不足　再婚をする場合，初婚の場合より十分な準備をする必要があります。特にもと配偶者との間に子どもがいる場合，再婚後の新しい家族関係は複雑になり，当然，多くの問題に直面する事になります。このような問題を十分考える事なく再婚してしまう事が，離婚の危険性を高める原因であると考える研究者たちがいます（Ganong et al., 2006 など）。また，初婚より再婚の方が，家族や友人に相談しにくく，周りからのサポートが得にくい事を指摘する研究者たちもいます（Ganong et al., 2006 など）。このように，再婚の準備が不十分な状態で結婚するために，結婚生活がうまくゆかないのかもしれません。

③結婚観と離婚観の変化　再婚した女性は，以前の結婚より，子育てや家計の事などに対して，より決定権や支配権を強めようとする事が知られています（Coleman et al., 2000; Ganong et al., 2006）。加えて，家庭外での仕事に時間を割こうとします（Ganong et al., 2006）。第 2 章の第 5 節（72 頁）でも説明しましたが，このような女性の態度は，離婚の危険性を高めてしまいます。

また，再婚した男女は，離婚を否定的に捉えない事も報告されています（Booth & Edwards, 1992 など）。こうした再婚者の結婚観や離婚観が，再婚者の離婚率の高さと関係しているわけです。

■ 4　別れたパートナーとの関係

再婚するにあたって，パートナーのもと配偶者の存在が，多少なりとも気になるものです。オランダの調査（Buunk & Mutsaers, 1999）では，再婚した男女を対象に，もと配偶者との関係と，再婚生活について調べています。その結果，男性も女性も，もと配偶者に対する愛情の程度が高かったほど，現在の再婚生活に不満を抱いていました。また，夫が先妻を愛していたほど，再婚相手の妻は再婚生活に不満を抱いていました。しかし，妻が前の夫を愛していた事と，再婚相手の夫の再婚生活の満足感との間には関連性は見られませんでした。

同様の結果が，別の研究でも報告されています。この調査（Knox & Zusman, 2001）では，再婚した女性 274 名を対象に，「夫は前妻とよりを戻したいと思っていますか」と質問しています。「はい」と回答した妻は 31％，「いいえ」と回答した妻は 66％でした。「はい」と回答した妻は，「いいえ」と回答した妻よりも，結婚生活に不満を感じており，また，離婚も検討していました。加えて，「前妻に焼きもち

を感じるか」という質問もしています。「はい」と回答した妻は34%,「いいえ」と回答した妻は63%でした。「はい」と回答した妻は,「いいえ」と回答した妻よりも,結婚生活に不満を感じており,また,離婚も検討していました。

　これらの研究からわかる事は,再婚では,前の配偶者との関係が重要になってくるという事です。たとえ前妻との交流がなくとも,たとえ前妻への気持ちがなくとも,再婚した妻がそれを疑うと,再婚生活は破綻してしまうのです。

5　結婚しないという結婚

　アメリカでは,再婚をする男女の総数は徐々に減っています。その代わり,同棲を選択する男女が増えています (Clarke-Stewart & Brentano, 2006; Coleman et al., 2000)。つまり,「結婚しない結婚」が増えているわけです。一度離婚した男女にとって,結婚という制度には,様々な制約があるようです。本項では「結婚しない結婚」について考えてみます。

(1) サムボ制度

　スウェーデンでは,結婚お試し制度のようなものがあります。その制度の名称は「サムボ制度」です。住所を同じくし,共同生活を営む事をサムボといいます。いわゆる同棲の事です。このサムボを法的に保護する目的で,1987年にサムボ法が成立しました。サムボ法では,サムボカップルは,家事や育児,家計の支出を負担し合う事を義務づけ,法律婚とほぼ同等の権利が保障されています。内閣府の調査 (内閣府経済社会総合研究所, 2004) では,スウェーデンの法律婚の9割程度がサムボを経験し結婚しています。一方,サムボのまま,結婚を予定していないカップルもいます。その割合はサムボカップルの3割程度です。

(2) パートナー登録制

　オランダでは,1998年に「結婚」に代わる新しい「結婚」の制度が始まりました。パートナー登録制度です。パートナー登録制度では,届け出をする事によって,法律婚とほぼ同等の権利と義務が与えられます。しかし,法的には独身です。ある意味,同棲と結婚の中間のようなものです。「結婚をしない結婚」,それがパートナー登録制度です。法律婚からパートナー登録に移行する事もできます。また,子どもがいない場合には,パートナーを解消する事が,離婚より容易です。そのためでしょうか,登録者数が年々増加しています。フランスでも,パ

ートナー登録制度が1999年に制定されました。フランスではパクス法とよばれています。このようなパートナー登録制度は，同性愛者のためであるという側面も持っていますが，新しい結婚形態として，賛否両論，多くの注目を集めています。

引用文献

Acitelli, L.K. (1992). Gender differences in relationship awareness and marital satisfaction among young married couples. *Pers Soc Psychol Bull*, **18**, 102-110.
Acitelli, L.K., Douvan, E., & Veroff, J. (1993). Perceptions of conflict in the first year of marriage: How important are similarity and understanding? *J Soc Pers Relat*, **10**, 5-19.
Acitelli, L.K., Kenny, D.A., & Weiner, D. (2001). The importance of similarity and understanding of partners' marital ideals to relationship satisfaction. *Pers Relat*, **8**, 167-185.
Adams, J.M., & Jones, W.H. (1997). The conceptualization of marital commitment: An integrative analysis. *J Pers Soc Psychol*, **72**, 1177-1196.
AERA編集部（編）（2002）AERA sex report—浮気をしたことがありますか。感じたフリをしたことがありますか。— 朝日新聞社
Afifi, W.A., Falato, W.L., & Weiner, J.L. (2001). Identity concerns following a severe relational transgression: The role of discovery method for the relational outcomes of infidelity. *J Soc Pers Relat*, **18**, 291-308.
Agnew, C.R., Loving, T.J., & Drigotas, S.M. (2001). Substituting the forest for the trees: Social networks and the prediction of romantic relationship state and fate. *J Pers Soc Psychol*, **81**, 1042-1057.
Albeck, S., & Kaydar, D. (2002). Divorced mothers: Their network of friends pre- and post-divorce. *J Divorce & Remarriage*, **36**(3/4), 111-138.
Aldous, J., & Ganey, R.F. (1999). Family life and the pursuit of happiness: The influence of gender and race. *J Fam Issues*, **20**, 155-180.
Allemand, M., Amberg, I., Zimprich, D., & Fincham, F.D. (2007). The role of trait forgiveness and relationship satisfaction in episodic forgiveness. *J Soc Clin Psychol*, **26**, 199-217.
Allen, A., & Thonpson, T. (1984). Agreement, understanding, realization, and feeling understood as predictors of communicative satisfaction in marital dyads. *J Marriage Fam*, **46**, 915-921.
Allen, E.S., Atkins, D.C., Baucom, D.H., Snyder, D.K., Gordon, K.C., & Glass, S.P. (2005). Intrapersonal, interpersonal, and contextual factors in engaging in and responding to extramarital involvement. *Clin Psychol (New York)*, **12**, 101-133.
Allen, E.S., & Baucom, D.H. (2004). Adult attachment and patterns of extradyadic involvement. *Fam Process*, **43**, 467-488.
Allen, E.S., Rhoades, G.K., Stanley, S.M., Markman, H.J., Williams, T., Melton, J., & Clements, M.L. (2008). Premarital precursors of marital infidelity. *Fam Process*, **47**, 243-259.
Amato, P.R. (1996). Explaining the intergenerational transmission. *J Marriage Fam*, **58**, 628-640.
Amato, P.R., & Booth, A. (1991). The consequences of divorce for attitudes toward divorce and gender roles. *J Fam Issues*, **12**, 306-322.
Amato, P.R., & Cheadle, J. (2005). The long reach of divorce: Divorce and child well-Being across three generations. *J Marriage Fam*, **67**, 191-206.
Amato, P.R., & DeBoer, D.D. (2001). The transmission of marital instability across generations: Relationship skills or commitment to marriage? *J Marriage Fam*, **63**, 1038-1051.
Amato, P.R., & Previti, D. (2003). People's reasons for divorcing: Gender, social class, the life course, and adjustment. *J Fam Issues*, **24**, 602-626.
Amato, P.R., & Rogers, S.J. (1997). A longitudinal study of marital problems and subsequent divorce. *J Marriage Fam*, **59**, 612-624.
Anderson, C., Keltner, D., & John, O.P. (2003). Emotional convergence between people over time. *J Pers Soc Psychol*, **84**, 1054-1068.
Anderson, S.A., & Russell, C.S., & Schumm, W.R. (1983). Perceived marital quality and family life-cycle categories: A further analysis. *J Marriage Fam*, **43**, 127-139.
Anon (1970). Effect of sexual activity on beard growth in man. *Nature*, **226**, 869-870.
安藏伸治（2003）離婚とその要因—わが国における離婚に関する要因分析— JGSS研究論文集, **2**, 25-45.
Archer, J. (2000). Sex differences in aggression between heterosexual partners: A meta-analytic review.

Psychol Bull, 126, 651-680.
Archer, J. (2006). Testosterone and human aggression: An evaluation of the challenge hypothesis. *Neurosci Biobehav Rev, 30,* 319-345.
Arellano, C.M., & Markman, H.J. (1995). The Managing Affect and Differences Scale(MADS): A self-report measure assessing conflict management in couples. *J Fam Psychol, 9,* 319-334.
Aseltine, R.H., Jr., & Kessler, R.C. (1993). Marital disruption and depression in a community sample. *J Health Soc Behav, 34,* 237-251.
Athanasiou, R., & Sarkin, R. (1974). Premarital sexual behavior and postmarital adjustment. *Arch Sex Behav, 3,* 207-225.
Atkins, D.C., Baucom, D.H., & Jacobson, N.S. (2001). Understanding infidelity: Correlates in a national random sample. *J Fam Psychol, 15,* 735-749.
Atkins, D.C., Berns, S.B., George, W.H., Doss, B.D., Gattis, K., & Christensen, A. (2005). Prediction of response to treatment in a randomized clinical trial of marital therapy. *J Consult Clin Psychol, 73,* 893-903.
Atkins, D.C., & Kessel, D.E. (2008). Religiousness and infidelity: Attendance, but not faith and prayer, predict marital fidelity. *J Marriage Fam, 70,* 407-418.
Axinn, W.G., & Barber, J.S. (1997). Living arrangements and family formation attitudes in early adulthood. *J Marriage Fam, 59,* 595-611.
Babcock, J.C., Waltz, J., Jacobson, N.S., & Gottman, J.M. (1993). Power and violence: The relation between communication patterns, power discrepancies, and domestic violence. *J Consult Clin Psychol, 61,* 40-50.
Ball, R.E. (1993). Children and marital happiness of black Americans. *J Comp Fam Stud, 26,* 203-218.
Banse, R., & Kowalick, C. (2007). Implicit attitudes towards romantic partners predict well-being in stressful life conditions: Evidence from the antenatal maternity ward. *Int J Psychol, 42,* 149-157.
Barelds, D.P.H., & Barelds-Dijkstra, P. (2007). Love at first sight or friends first? Ties among partner personality trait similarity, relationship onset, relationship quality, and love. *J Soc Pers Relat, 24,* 479-496.
Barling, J., & Macewen, K.E. (1992). Linking work experiences to facets of marital functioning. *J Organ Behav, 13,* 573-583.
Baucom, B.R., Atkins, D.C., Simpson, L.E., & Christensen, A. (2009). Prediction of response to treatment in a randomized clinical trial of couple therapy: A 2-year follow-up. *J Consult Clin Psychol, 77,* 160-173.
Beach, S.R.H., Martin, J.K., Blum, T.C., & Roman, P.M. (1993). Effects of marital and co-worker relationships on negative affect: Testing the central role of marriage. *Am J Fam Ther, 21,* 313-323.
Beatty, C.A. (1996). The stress of managerial and professional women: Is the price too high? *J Organ Behav, 17,* 233-251.
Belsky, J., Lang, M.E., & Rovine, M. (1985). Stability and change in marriage across the transition to parenthood: A second study. *J Marriage Fam, 47,* 855-865.
Belsky, J., Ward, M.J., & Rovine, M. (1986). Prenatal expectations, postnatal experiences, and the transition to parenthood. In R.D. Ashmore & D.M. Brodzinsky(Eds.), *Thinking about the family: Views of parents and children.* Hillsdale, NJ: Lawrence Erlbaum Associates. Pp. 119-145.
Bennett, N.G., Blanc, A.K., & Bloom, D.E. (1988). Commitment and the modern union: Assessing the link between premarital cohabitation and subsequent marital stability. *Am Sociol Rev, 53,* 127-138.
Bentler, P.M., & Newcomb, M.D. (1978). Longitudinal study of marital success and failure. *J Consult Clin Psychol, 46,* 1053-1070.
Berg, S.J., & Wynne-Edwards, K.E. (2001). Changes in testosterone, cortisol, and estradiol levels in men becoming fathers. *Mayo Clin Proc, 76,* 582-892.
Bernard, J.S. (1972). *The future of marriage.* NY: World Publishing.
Berrington, A., & Diamond, I. (1999). Marital dissolution among the 1958 British birth cohort: The role of cohabitation. *Popul Stud (Camb), 53,* 19-38.
Betzig, L. (1989). Causes of conjugal dissolution: A cross-cultural study. *Curr Anthropol, 30,* 654-676.
Birnbaum, G.E. (2007). Attachment orientations, sexual functioning, and relationship satisfaction in a community sample of women. *J Soc Pers Relat, 24,* 21-35.
Birnbaum, G.E., Orr, I., Mikulincer, M., & Florian, V. (1997). When marriage breaks up: Does attachment style contribute to coping and mental health? *J Soc Pers Relat, 14,* 643-654.
Birnbaum, G.E., Reis, H.T., Mikulincer, M., Gillath, O., & Orpaz, A. (2006). When sex is more than just sex: Attachment orientations, sexual experience, and relationship quality. *J Pers Soc Psychol, 91,* 929-943.
Bjerregaard, B. (2000). An empirical study of stalking victimization. *Violence Vict, 15,* 389-406.

Blaauw, E., Winkel, F.W., Arensman, E., Sheridan, L., & Freeve, A. (2002). The toll of stalking: The relationship between features of stalking and psychopathology of victims. *J Interpers Violence*, **17**, 50-63.

Blair, S.L. (1993). Employment, family, and perceptions of marital quality among husbands and wives. *J Fam Issues*, **14**, 189-212.

Blankenship, V., Hnat, S.M., Hess, T.G., & Brown, D.R. (1984). Reciprocal interaction and similarity of personality attributes. *J Soc Pers Relat*, **1**, 415-432.

Blazer, D.G., Kessler, R.C., McGonagle, K.A., & Swartz, M.S. (1994). The prevalence and distribution of major depression in a national community sample: The national comorbidity survey. *Am J Psychiatry*, **151**, 979-986.

Bodenmann, G. (1995). A systemic-transactional conceptualization of stress and coping in couples. *Swiss J Psychol*, **54**, 34-49.

Bodenmann, G. (2000). *Stress and coping bei paaren*. Göttingen, Germany: Hogrefe.

Bodenmann, G. (2005). Dyadic coping and its significance for marital functioning. In T.A. Revenson, K. Kayser, & G. Bodenmann(Eds.), *Couples coping with stress: Emerging perspectives on dyadic coping*. Washington, DC: American Psychological Association. Pp. 33-49.

Bodenmann, G., Charvoz, L., Bradbury, T.N., Bertoni, A., Lafrate, R., Giuliani, C., Banse, R., & Behling, J. (2007). The role of stress in divorce: A three-nation retrospective study. *J Soc Pers Relat*, **24**, 707-728.

Bodenmann, G., & Cina, A. (2005). Stress and coping among stable-satisfied, stable-distressed and separated/divorced Swiss couples: A 5-year prospective longitudinal study. *J Divorce & Remarriage*, **44**(1/2), 71-89.

Bodenmann, G., Ledermann, T., & Bradbury, T.N. (2007). Stress, sex, and satisfaction in marriage. *Pers Relatsh*, **14**, 551-569.

Bodenmann, G., Pihet, S., & Kayser, K. (2006a).The relationship between dyadic coping and marital quality: A 2-year longitudinal study. *J Fam Psychol*, **20**, 485-493.

Bodenmann, G., Pihet, S., Shantinath, S., Cina, A., & Widmer, K. (2006b). Improving dyadic coping in couples with a stress-oriented approach: A 2-year longitudinal study. *Behav Modif*, **30**, 571-597.

Bodenmann, K., Plancherel, B., Beach, S.R., Widmer, K., Gabriel, B., Meuwly, N., Charvoz, L., Hautzinger, M., & Schramm, E. (2008). Effects of coping-oriented couples therapy on depression: A randomized clinical trial. *J Consult Clin Psychol*, **76**, 944-954.

Boesch, R.P., Cerqueira, R., Safer, M.A., & Wright, T.L. (2007). Relationship satisfaction and commitment in long-term male couples: Individual and dyadic effects. *J Soc Pers Relat*, **24**, 837-853.

Bolger, N., DeLongis, A., Kessler, R.C., & Wethington, E. (1989). The contagion of stress across multiple roles. *J Marriage Fam*, **51**, 175-183.

Bonach, K., & Sales, E. (2002). Forgiveness as a mediator between post divorce cognitive processes and coparenting quality. *J Divorce & Remarriage*, **38**(1/2), 17-38.

Bonach, K., Sales, E., & Koeske, G. (2005). Gender differences in perceptions of coparenting quality among expartners. *J Divorce & Remarriage*, **43**(1/2), 1-28.

Booth, A., & Dabbs, J.M., Jr. (1993). Testosterone and men's marriages. *Soc Forces*, **72**, 463-477.

Booth, A., & Edwards, J.N. (1992). Starting over: Why remarriages are more unstable. *J Fam Issues*, **13**, 179-194.

Booth, A., Granger, D.A., Mazur, A., & Kivlighan, K.T. (2006). Testosterone and social behavior. *Soc Forces*, **85**, 167-191.

Booth, A., & Johnson, D.R. (1988). Premarital cohabitation and marital success. *J Fam Issues*, **9**, 255-272.

Booth, A., Johnson, D.R., & Granger, D.A. (2005). Testosterone, marital quality, and role overload. *J Marriage Fam*, **67**, 483-498.

Booth, A., Johnson, D.R., White, L.K., & Edwards, J.N. (1986). Divorce and marital instability over the life course. *J Fam Issues*, **7**, 421-442.

Botwin, M.D., Buss, D.M., & Shackelford, T.K. (1997). Personality and mate preferences: Five factors in mate selection and marital satisfaction. *J Pers*, **65**, 107-136.

Bouchard, G. (2006). Cohabitation versus marriage: The role of dyadic adjustment in relationship dissolution. *J Divorce & Remarriage*, **46**(1/2), 107-117.

Bouchard, G., Lussier, Y., Sabourin, S., Wright, J., & Richer, C. (1998). Predictive validity of coping strategies on marital satisfaction: Cross-sectional and longitudinal evidence. *J Fam Psychol*, **12**, 112-131.

Bowman, M.L. (1990). Coping efforts and marital satisfaction: Measuring marital coping and its correlates. *J Marriage Fam*, **52**, 463-474.

Bradbury, T.N., & Fincham, F.D. (1992). Attributions and behavior in marital interaction. *J Pers Soc Psychol*, **63**, 613-628.
Bradbury, T.N., Fincham, F.D., & Beach, S.R. (2000). Research on the nature and determinants of marital satisfaction: A decade in review. *J Marriage Fam*, **62**, 964-980.
Bradbury, T.N., & Karney, B.R. (2004). Understanding and altering the longitudinal course of marriage. *J Marriage Fam*, **66**, 862-879.
Brainy Quote WWW user survey. (n.d.). Retrieved May 12, 2008, from http://www.brainyquote.com/
Bramlett, M.D., & Mosher, W.D. (2001). First marriage dissolution, divorce, and remarriage: United States. *Advance data*, **323**. Hyattsville, MD: National Center for Health Statistics.
Bramlett, M.D., & Mosher, W.D. (2002). Cohabitation, marriage, divorce, and remarriage in the United States. *Vital and Health Stat*, Series **23**, Number 22. Hyattsville, MD: National Center for Health Statistics.
Braun, M., Lewin-Epstein, N., Stier, H., & Baumgärtner, M.K. (2008). Perceived equity in the gendered division of household labor. *J Marriage Fam*, **70**, 1145-1156.
Braver, S.L., Shapiro, J.R., & Goodman, M.R. (2006). Consequences of divorce for parents. In M.A. Fine & J.H. Harvey(Eds.), *Handbook of divorce and relationship dissolution*. Mahway, NJ: Lawrence Erlbaum Associates. Pp. 313-337.
Braver, S.L., Whitley, M., & Ng, C. (1993). Who divorced whom? Methodological and theoretical issues. *J Divorce & Remarriage*, **20**(1/2), 1-19.
Brennan, K.A., & Shaver, P.R. (1995). Dimensions of adult attachment, affect regulation, and romantic relationship functioning. *Pers Soc Psychol Bull*, **21**, 267-283.
Brines, J., & Joyner, K. (1999). The ties that bind: Principles of cohesion in cohabitation and marriage. *Am Sociol Rev*, **64**, 333-355.
Brock, R.L., & Lawrence, E. (2008). A longitudinal investigation of stress spillover in marriage: Does spousal support adequacy buffer the effects? *J Fam Psychol*, **22**, 11-20.
Broman, C.L. (2002). Thinking of divorce, but staying married: The interplay of race and marital satisfaction. *J Divorce & Remarriage*, **37**(1/2), 151-161.
Broms, U., Silventoinen, K., Lahelma, E., Koskenvuo, M., & Kaprio, J. (2004). Smoking cessation by socioeconomic status and marital status: The contribution of smoking behavior and family background. *Nicotine Tob Res*, **6**, 447-455.
Brown, S.L., & Booth, A. (1996). Cohabitation versus marriage: A comparison of relationship quality. *J Marriage Fam*, **58**, 668-678.
Bruce, M.L. (1998). Divorce and psychopathology. In B.P. Dohrenwend(Ed.), *Adversity, stress, and psychopathology*. New York: Oxford University Press. Pp. 219-232.
Bryant, C.M., & Conger, R.D. (1999). Marital success and domains of social support in long-term relationships: Does the influence of network members ever end? *J Marriage Fam*, **61**, 437-450.
Bryant, C.M., Taylor, R.J., Lincoln, K.D., Chatters, L.M., & Jackson, J.S. (2008). Marital satisfaction among African Americans and Black Caribbeans: Findings from the national survey of American life. *Fam Relat*, **57**, 239-253.
Budd, T., & Mattinson, J. (2000). *Stalking: Findings from the 1998 British crime survey*. Research Findings, 129. London: Research, Development and Statistics Directorate.
Buehler, C.A. (1987). Initiator status and the divorce transition. *Fam Relat*, **36**, 82-86.
Buehler, C.A., Hogan, M.J., Robinson, M.J., & Levy, R.J. (1985). The parental divorce transition: Divorce-related stressors and well-being. *J Divorce*, **9**(2), 61-81.
Buehlman, K.T., Gottman, J.M., & Katz, L.F. (1992). How a couple views their past predicts their future: Predicting divorce from an oral history interview. *J Fam Psychol*, **5**, 295-318.
Bui, K.T., Peplau, L.A., & Hill, C.T. (1996). Testing the Rusbult model of relationship commitment and stability in a 15-year study of heterosexual couples. *Pers Soc Psychol Bull*, **22**, 1244-1257.
Bumpass, L.L., Martin, T.C., & Sweet, J.A. (1991). The impact of family background and early marital factors on marital disruption. *J Fam Issues*, **12**, 22-42.
文化庁（2008）平成19年度「国語に関する世論調査」 独立行政法人国立印刷局
Burman, B., & Margolin, G. (1992). Analysis of the association between marital relationships and health problems: An interactional perspective. *Psychol Bull*, **112**, 39-63.
Burr, W.R. (1970). Satisfaction with various aspects of marriage over the life cycle: A random middle class sample. *J Marriage Fam*, **32**, 29-37.

Busboom, A.L., Collins, D.M., Givertz, M.D., Levin, L.A. (2002). Can we still be friends? Resources and barriers to friendship quality after romantic relationship dissolution. *Pers Relatsh*, **9**, 215-223.
Busby, D.M., & Gardner, B.C. (2008). How do I analyze thee? Let me count the ways: Considering empathy in couple relationships using self and partner ratings. *Fam Process*, **47**, 229-242.
Buss, D.M. (1989). Conflict between the sexes: Strategic interference and the evocation of anger and upset. *J Pers Soc Psychol*, **56**, 735-747.
Buss, D.M. (1994). *The evolution of desire: Strategies of human mating*. New York: Basic Books.
Buss, D.M. (2000). *The dangerous passion: Why jealousy is as necessary as love and sex*. New York: Free Press.
Buss, D.M., Larsen, R.J., Westen, D., & Semmelroth, J. (1992). Sex differences in jealousy: Evolution, physiology, and psychology. *Psychol Sci*, **3**, 251-255.
Buss, D.M., & Schmitt, D.P. (1993). Sexual strategies theory: An evolutionary perspective on human mating. *Psychol Rev*, **100**, 204-232.
Buss, D.M., & Shackelford, T.K. (1997). Susceptibility to infidelity in the first year of marriage. *J Res Pers*, **31**, 193-221.
Buss, D.M., Shackelford, T.K., Kirkpatrick, L.A., Choe, J.C., Lim, H.K., Hasegawa, M., Hasegawa, T., & Bennett, K. (1999). Jealousy and the nature of beliefs about infidelity: Tests of competing hypotheses about sex differences in the United States, Korea, and Japan. *Pers Relat*, **6**, 125-150.
Butzer, B., & Kuiper, N.A. (2008). Humor use in romantic relationships: The effects of relationship satisfaction and pleasant versus conflict situations. *J Psychol*, **142**, 245-260.
Buunk, B.P. (1980). Extramarital sex in the Netherlands: Motivations in social and marital context. *Alternative Lifestyles*, **3**, 11-39.
Buunk, B.P. (1987). Conditions that promote breakup as a consequence of extradyadic involvements. *J Soc Clin Psychol*, **5**, 271-284.
Buunk, B.P., Angleitner, A., Oubaid, V., & Buss, D.M. (1996). Sex differences in jealousy in evolutionary and cultural perspective: Tests from the Netherlands, Germany, and the United States. *Psychol Sci*, **7**, 359-363.
Buunk, B.P., & Bakker, A.B. (1995). Extradyadic sex: The role of descriptive and injunctive norms. *J Sex Res*, **32**, 313-318.
Buunk, B.P., & Bakker, A.B. (1997). Responses to unprotected extradyadic sex by one's partner: Testing predictions from interdependence and equity theory. *J Sex Res*, **34**, 387-397.
Buunk, B.P., & Mutsaers, W. (1999). The nature of the relationship between remarried individuals and former spouses and its impact on marital satisfaction. *J Fam Psychol*, **13**, 165-174.
Byers, E.S. (2005). Relationship satisfaction and sexual satisfaction: A longitudinal study of individuals in long-term relationships. *J Sex Res*, **42**, 113-118.
Byers, E.S., Demmons, S., & Lawrance, K. (1998). Sexual satisfaction within dating relationships: A test of the interpersonal exchange model of sexual satisfaction. *J Soc Pers Relat*, **15**, 257-267.
Byron, K. (2005). A meta-analytic review of work-family conflict and its antecedents. *J Vocat Behav*, **67**, 169-198.
Call, V., Sprecher, S., & Schwartz, P. (1995). The incidence and frequency of marital sex in a national sample. *J Marriage Fam*, **57**, 639-652.
Calvete, E., Corral, S., & Estévez, A. (2007). Factor structure and validity of the revised Conflict Tactics Scale for Spanish women. *Violence Against Women*, **13**, 1072-1087.
Campbell, L., Butzer, B., & Wong, J. (2008). The importance of the organization of partner knowledge in understanding perceptions of relationship quality and conflict resolution behavior in married couples. *Pers Soc Psychol Bull*, **34**, 723-740.
Campbell, L., Simpson, J.A., Boldry, J., & Kashy, D.A. (2005). Perceptions of conflict and support in romantic relationships: The role of attachment anxiety. *J Pers Soc Psychol*, **88**, 510-531.
Cann, A., & Baucom, T.R. (2004). Former partners and new rivals as threats to a relationship: Infidelity type, gender, and commitment as factors related to distress and forgiveness. *Pers Relatsh*, **11**, 305-318.
Cann, A., Mangum, J.L., & Wells, M. (2001). Distress in response to relationship infidelity: The roles of gender and attitudes about relationships. *J Sex Res*, **38**, 185-190.
Cano, A., & Vivian, D. (2003). Are life stressors associated with marital violence? *J Fam Psychol*, **17**, 302-314.
Cantor, C.H., & Slater, P.J. (1995). Marital breakdown, parenthood, and suicide. *J Fam Stud*, **1**, 91-102.
Carrère, S., Buehlman, K.T., Gottman, J.M., Coan, J.A., & Ruckstuhl, L. (2000). Predicting marital stability and

divorce in newlywed couples. *J Fam Psychol*, **14**, 42-58.
Caspi, A., & Herbener, E.S. (1990). Continuity and change: Associative marriage and the consistency of personality in adulthood. *J Pers Soc Psychol*, **58**, 250-258.
Caspi, A., Herbener, E.S., & Ozer, D.J. (1992). Shared experiences and the similarity of personalities: A longitudinal study of married couples. *J Pers Soc Psychol*, **62**, 281-291.
Caughlin, J.P., & Huston, T.L. (2002). A contextual analysis of the association between demand/withdraw and marital satisfaction. *Pers Relatsh*, **9**, 95-119.
Caughlin, J.P., Huston, T.L., & Houts, R.M. (2000). How does personality matter in marriage? An examination of trait anxiety, interpersonal negativity, and marital satisfaction. *J Pers Soc Psychol*, **78**, 326-336.
Chandler, C.R., & Tsai, Y. (1993). Suicide in Japan and in the west: Evidence for Durkheim's theory. *Int J Comp Sociol*, **34**, 244-259.
Chandola, T., Head, J., & Bartley, M. (2004). Socio-demographic predictors of quitting smoking: How important are household factors? *Addiction*, **99**, 770-777.
Charania, M.R., & Ickes, W. (2007). Predicting marital satisfaction: Social absorption and individuation versus attachment anxiety and avoidance. *Pers Relatsh*, **14**, 187-208.
Chatav, Y., & Whisman, M.A. (2007). Marital dissolution and psychiatric disorders: An investigation of risk factors. *J Divorce & Remarriage*, **47**(1/2), 1-13.
Cherlin, A.J. (1977). The effect of children on marital dissolution. *Demography*, **14**, 265-272.
Cherlin, A.J. (1992). *Marriage, divorce, and remarriage.* Cambridge, MA: Harvard University Press.
Chiriboga, D.A., & Cutler, L. (1977). Stress responses among divorcing men and women. *J Divorce*, **1**(2), 95-106.
Cho, H., Khang, Y., Jun, H., & Kawachi, I. (2008). Marital status and smoking in Korea: The influence of gender and age. *Soc Sci Med*, **66**, 609-619.
Choi, K., Catania, J.A., & Dolcini, M.M. (1994). Extramarital sex and HIV risk behavior among US adults: Results from the national AIDS behavioral survey. *Am J Public Health*, **84**, 2003-2007.
Choo, P., Levine, T., & Hatfield, E. (1996). Gender, love schemas, and reactions to romantic break-ups. *J Soc Behav Pers*, **11**, 143-160.
Christensen, A. (1987). Detection of conflict patterns in couples. In K. Hahlweg & M.J. Goldstein(Eds.), *Understanding major mental disorder: The contribution of family interaction research.* New York: Family Process Press. Pp. 250-265.
Christensen, A. (1988). Dysfunctional interaction patterns in couples. In P. Noller & M.A. Fitzpatrick(Eds.), Perspectives on marital interaction. *Monographs in social psychology of language. No. 1.* Clevedon, Philadelphia: Multilingual Matters. Pp.31-52.
Christensen, A., Atkins, D.C., Berns, S., Wheeler, J., Baucom, D.H., & Simpson, L.E. (2004). Traditional versus integrative behavioral couple therapy for significantly and chronically distressed married couples. *J Consult Clin Psychol*, **72**, 176-191.
Christensen, A., Atkins, D.C., Yi, J., Baucom, D.H., & George, W.H. (2006a). Couple and individual adjustment for 2 years following a randomized clinical traial comparing traditional versus integrative behavioral couple therapy. *J Consult Clin Psychol*, **74**, 1180-1191.
Christensen, A., Eldridge, K., Catta-Preta, A.B., Lim, V.R., & Santagata, R. (2006b). Cross-cultural consistency of the demand/withdraw interaction pattern in couples. *J Marriage Fam*, **68**, 1029-1044.
Christensen, A., & Jacobson, N.S. (2000). *Reconcilable differences.* New York: Guilford Press.
Christensen, A., Jacobson, N.S., & Babcock, J.C. (1995). Integrative behavioral couple therapy. In N.S. Jacobson & A.S. Gurman(Eds.), *Clinical handbook of marital therapy*(2nd ed.). New York: Guilford Press. Pp. 31-64.
Christensen, A., & Heavey, C.L. (1990). Gender and social structure in the demand/withdraw pattern of marital conflict. *J Pers Soc Psychol*, **59**, 73-81.
Christensen, A., & Shenk, J.L. (1991). Communication, conflict, and psychological distance in nondistressed, clinical, and divorcing couples. *J Consult Clin Psychol*, **59**, 458-463.
Christensen, A., & Sullaway, M. (1984). *Communication Patterns Questionnaire.* Unpublished questionnaire, University of California, Los Angeles.
Christopher, F.S., Owens, L.A., & Stecker, H.L. (1993). Exploring the dark side of courtship: A test of a model of male premarital sexual aggressiveness. *J Marriage Fam*, **55**, 469-479.
Christopher, F.S., & Sprecher, S. (2000). Sexuality in marriage, dating, and other relationships: A decade review. *J Marriage Fam*, **62**, 999-1017.
Chung, M.C., Farmer, S., Grant, K., Newton, R., Payne, S., Perry, M., Saunders, J., Smith, C., & Stone, N. (2003).

Coping with post-traumatic stress symptoms following relationship dissolution. *Stress Health*, **19**, 27-36.
Cinamon, R.G., & Rich, Y. (2002). Gender differences in the importance of work and family roles: Implications for work–family conflict. *Sex Roles*, **47**, 531-541.
Clarke, S.C. (1995). Advance report of final divorce statistics, 1989 and 1990. *Monthly Vital Statistics Report*, **49**(9). Hyattsville, MD: National Center for Health Statistics.
Clarke, S.C., & Wilson, B.F. (1994). The relative stability of remarriages: A cohort approach using vital statistics. *Fam Relat*, **43**, 305-310.
Clarke-Stewart, K.A., & Bailey, B.L. (1989). Adjusting to divorce: Why do men have it easier? *J Divorce*, **13**(2), 75-94.
Clarke-Stewart, K.A., & Brentano, C. (2006). *Divorce: Causes and consequences*. New Haven, CT: Yale University Press.
Claxton, A., & Perry-Jenkins, M. (2008). No fun anymore: Leisure and marital quality across the transition to parenthood. *J Marriage Fam*, **70**, 28-43.
Cohan, C.L., & Bradbury, T.N. (1994). Assessing responses to recurring problems in marriage: Evaluation of the Marital Coping Inventory. *Psychol Assess*, **6**, 191-200.
Cohan, C.L., & Bradbury, T.N. (1997). Negative life events, marital interaction, and the longitudinal course of newlywed marriage. *J Pers Soc Psychol*, **73**, 114-128.
Cohen, S., Klein, D.N., & O'Leary, K.D. (2007). The role of separation/divorce in relapse into and recovery from major depression. *J Soc Pers Relat*, **24**, 855-873.
Colburn, K., Jr., Lin, P.L., & Moore, M.C. (1992). Gender and the divorce experience. *J Divorce & Remarriage*, **17**(3/4), 87-108.
Coleman, F.L. (1997). Stalking behavior and the cycle of domestic violence. *J Interpers Violence*, **12**, 420-432.
Coleman, M., & Ganong, L.H. (1990). Remarriage and stepfamily research in the 1980s: Increased interest in an old family form. *J Marriage Fam*, **52**, 925-940.
Coleman, M., Ganong, L., & Fine, M. (2000). Reinvestigating remarriage: Another decade of progress. *J Marriage Fam*, **62**, 1288-1307.
Collins, N.L., & Read, S.J. (1990). Adult attachment, working models, and relationship quality in dating couples. *J Pers Soc Psychol*, **58**, 644-663.
Coltrane, S. (2000). Research on household labor: Modeling and measuring the social embeddedness of routine family work. *J Marriage Fam*, **62**, 1208-1233.
Conger, R.D., Cui, M., Elder, G.H., Jr., & Bryant, C.M. (2000). Competence in early adult romantic relationships: A developmental perspective on family influences. *J Pers Soc Psychol*, **79**, 224-237.
Conger, R.D., Rueter, M.A., & Elder, G.H., Jr. (1999). Couple resilience to economic pressure. *J Pers Soc Psychol*, **76**, 54-71.
Cook, D.B., Casillas, A., Robbins, S.B., & Dougherty, L.M. (2005). Goal continuity and the "Big Five" as predictors of older adult marital adjustment. *Pers Individ Dif*, **38**, 519-531.
Cooper, M.L., Shaver, P.R., & Collins, N.L. (1998). Attachment styles, emotion regulation, and adjustment in adolescence. *J Pers Soc Psychol*, **74**, 1380-1397.
Cordova, J.V., Jacobson, N.S., & Christensen, A. (1998). Acceptance versus change interventions in behavioral couple therapy: Impact on couples' in-session communication. *J Marital Fam Ther*, **24**, 437-455.
Cotton, S.R. (1999). Marital status and mental health revisited: Examining the importance of risk factors and resources. *Fam Relat*, **48**, 225-233.
Couch, L.L., Jones, W.H., & Moore, D.S. (1999). Buffering the effects of betrayal: The role of apology, forgiveness, and commitment. In J.M. Adams & W.H. Jones(Eds.), *Handbook of interpersonal commitment and relationship stability: Perspectives on individual differences*. New York: Kluwer Academic. Pp. 451-469.
Cox, M.J., Paley, B., Burchinal, M., & Payne, C.C. (1999). Marital perceptions and interactions across the transition to parenthood. *J Marriage Fam*, **61**, 611-625.
Coyne, J.C., Thompson, R., & Palmer, S.C. (2002). Marital, quality, coping with conflict, marital complaints, and affection in couples with a depressed wife. *J Fam Psychol*, **16**, 26-37.
Cramer, D. (2002). Linking conflict management behaviours and relational satisfaction: The intervening role of conflict outcome satisfaction. *J Soc Pers Relat*, **19**, 425-432.
Cramer, D. (2004). Relationship satisfaction and conflict style in romantic relationships. *J Psychol*, **134**, 337-341.
Crawford, D.W., Houts, R.M., Huston, T.L., & George, L.J. (2002). Compatibility, leisure, and satisfaction in

marital relationships. *J Marriage Fam*, **64**, 433-449.
Crockett, L.J., & Randall, B.A. (2006). Linking adolescent family and peer relationships to the quality of young adult romantic relationships: The mediating role of conflict tactics. *J Soc Pers Relat*, **23**, 761-780.
Crohan, S.E. (1996). Marital quality and conflict across the transition to parenthood in African American and white couples. *J Marriage Fam*, **58**, 933-944.
Cupach, W.R., & Comstock, J. (1990). Satisfaction with sexual communication in marriage: Links to sexual satisfaction and dyadic adjustment. *J Soc Pers Relat*, **8**, 217-242.
Cupach, W.R., & Spitzberg, B.H. (2000). Obsessive relational intrusion: Incidence, perceived severity, and coping. *Violence Vict*, **15**, 357-372.
Cupach, W.R., & Spitzberg, B.H. (2004). *The dark side of relationship pursuit: From attraction to obsession and stalking*. Mahwah, NJ: Lawrence Erlbaum Associates.
Dabbs, J.M., Jr., & Dabbs, M.G. (2000). *Heroes, rogues, and lovers: Testosterone and behavior*. New York: McGraw-Hill.
Dabbs, J.M., Jr., Carr, T.S., Frady, R.L., & Riad, J.K. (1995). Testosterone, crime, and misbehavior among 692 male prison inmates. *Pers Individ Dif*, **18**, 627-633.
Dabbs, J.M., Jr., & Hargrove, M.F. (1997). Age, testosterone, and behavior among female prison inmates. *Psychosom Med*, **59**, 477-480.
Dabbs, J.M., Jr., & Morris, R. (1990). Testosterone, social class, and antisocial behavior in a sample of 4,462 men. *Psychol Sci*, **1**, 209-211.
第一生命経済研究所（2006a） 全国30〜60代の既婚者800名に聞いた「夫婦関係に関するアンケート調査」 第一生命経済研究所
第一生命経済研究所（2006b） 全国30〜60代の既婚者800名に聞いた「結婚生活に関するアンケート調査」 第一生命経済研究所
第一生命経済研究所（2006c） 全国30〜60代の既婚者800名に聞いた「同棲とプロポーズに関するアンケート調査」 第一生命経済研究所
Dainton, M. (2003). Equity and uncertainty in relational maintenance. *West J Commun*, **67**, 164-186.
Davila, J., Karney, B.R., & Bradbury, T.N. (1999). Attachment change processes in the early years of marriage. *J Pers Soc Psychol*, **76**, 783-802.
Davila, J., Karney, B.R., Hall, T.W., & Bradbury, T.N. (2003). Depressive symptoms and marital satisfaction: Within-subject associations and the moderating effects of gender and neuroticism. *J Fam Psychol*, **17**, 557-570.
Davies, L., Avison, W.R., & McAlpine, D.D. (1997). Significant life experiences and depression among single and married mothers. *J Marriage Fam*, **59**, 294-308.
Davies, S., Katz, J., & Jackson, J.L. (1999). Sexual desire discrepancies: Effects on sexual and relationship satisfaction in heterosexual dating couples. *Arch Sex Behav*, **28**, 553-567.
Davis, D., Shaver, P.R., & Vernon, M.L. (2003). Physical, emotional, and behavioral reactions to breaking up: The roles of gender, age, emotional involvement, and attachment style. *Pers Soc Psychol Bull*, **29**, 871-884.
Davis, D., Shaver, P., Widaman, K.F., Vernon, M.L., Follette, W.C., & Beitz, K. (2006). "I can't get no satisfaction": Insecure attachment, inhibited sexual communication, and sexual dissatisfaction. *Pers Relatsh*, **13**, 465-483.
Davis, K.E., Ace, A., & Andra, M. (2000). Stalking perpetrators and psychological maltreatment of partners: Anger-jealousy, attachment insecurity, need for control, and break-up context. *Violence Vict*, **15**, 407-425.
Davis, K.E., Coker, A.L., & Sanderson, M. (2002). Physical and mental effects of being stalking for men and women. *Violence Vict*, **17**, 429-443.
Davis, M.H., & Oathout, H.A. (1987). Maintenance of satisfaction in romantic relationships: Empathy and relational competence. *J Pers Soc Psychol*, **53**, 397-410.
Dekel, R., Enoch, G., & Solomon, Z. (2008). The contribution of captivity and post-traumatic stress disorder to marital adjustment of Israeli couples. *J Soc Pers Relat*, **25**, 497-510.
DeMaris, A. (1984). A comparison of remarriages with first marriages on satisfaction in marriage and its relationship to prior cohabitation. *Fam Relat*, **33**, 443-449.
DeMaris, A. (2000). Till discord do us part: The role of physical and verbal conflict in union disruption. *J Marriage Fam*, **62**, 683-692.
DeMaris, A., & Longmore, M.A. (1996). Ideology, power, and equity: Testing competing explanations for the

perception of fairness in household labor. *Soc Forces*, **74**, 1043-1071.
DeMaris, A., & MacDonald, W. (1993). Premarital cohabitation and marital instability: A test of the unconventionality hypothesis. *J Marriage Fam*, **55**, 399-407.
DeMaris, A., & Rao, V. (1992). Premarital cohabitation and subsequent marital stability in the United States: A reassessment. *J Marriage Fam*, **54**, 178-190.
Demerouti, E., Bakker, A.B., & Schaufeli, W.B. (2005). Spillover and crossover of exhaustion and life satisfaction among dual-earner parents. *J Vocat Behav*, **67**, 266-289.
Demo, D.H., & Acock, A.C. (1996). Singlehood, marriage, and remarriage: The effects of family structure and family relationships on mothers' well-being. *J Fam Issues*, **17**, 388-407.
DeSteno, D., Bartlett, M.Y., Braverman, J., & Salovey, P. (2002). Sex differences in jealousy: Evolutionary mechanism or artifact of measurement? *J Pers Soc Psychol*, **83**, 1103-1116.
DeSteno, D.A., & Salovey, P. (1996). Evolutionary origins of sex differences in jealousy? Questioning the "fitness" of the model. *Psychol Sci*, **7**, 367-372.
Diblasio, F.A. (2000). Decision-based forgiveness training in cases of marital infidelity. *Psychotherapy*, **37**, 149-158.
Diener, E., & Biswas-diener, R. (2002). Will money increase subjective well-being? A literature review and guide to needed research. *Soc Indic Res*, **57**, 119-169.
Dijkstra, P., & Barelds, D.P.H. (2008). Self and partner personality and responses to relationship treats. *J Res Pers*, **42**, 1500-1511.
DIMSDRIVE (2005, June 7).「結婚観」に関するアンケート Retrieved August 23, 2008, from http://www.dims.ne.jp/timelyresearch/2005/050607/index.html
DIMSDRIVE (2006, July 25).「離婚に対する意識」に関するアンケート Retrieved August 23, 2008, from http://www.dims.ne.jp/timelyresearch/2006/060725/index.html
Doherty, E.W., & Doherty, W.J. (1998). Smoke gets in your eyes: Cigarette smoking and divorce in a national sample of American adults. *Fam Syst Health*, **16**, 393-400.
Doherty, W.J., Su, S., & Needle, R. (1989). Marital disruption and psychological well-being. *J Fam Issues*, **10**, 72-85.
Doss, B.D., Thum, Y.M., Sevier, M., Atkins, D.C., & Christensen, A. (2005). Improving relationships: Mechanisms of change in couple therapy. *J Consult Clin Psychol*, **73**, 624-633.
Dozier, B.S., Sollie, D.L., Stack, S.T., & Smith, T.A. (1993). The effects of postdivorce attachment on coparenting relationships. *J Divorce & Remarriage*, **19**(3/4), 109-123.
Drigotas, S.M., & Rusbults, C.E. (1992). Should I stay or should I go? A dependence model of breakups. *J Pers Soc Psychol*, **62**, 62-87.
Drigotas, S.M., Safstrom, C.A., & Gentilia, T. (1999). An investment model prediction of dating infidelity. *J Pers Soc Psychol*, **77**, 509-524.
Driscoll, R., Davis, K.E., & Lipetz, M.E. (1972). Parental interference and romantic love: The Romeo and Juliet effects. *J Pers Soc Psychol*, **24**, 1-10.
Drislane, J., & Bryan, A. (1909). *You taught me how to love you, now teach me how to forget* (sheet music). New York: Haviland Publishing.
Dush, C.M.K., Taylor, M.G., & Kroeger, R.A. (2008). Marital happiness and psychological well-being across the life course. *Fam Relat*, **57**, 211-226.
Dutton, L.B., & Winstead, B.A. (2006). Predicting unwanted pursuit: Attachment, relationship satisfaction, relationship alternatives, and break-up distress. *J Soc Pers Relat*, **23**, 565-586.
Duxbury, L.E., & Higgins, C.A. (1991). Gender differences in work-family conflict. *J Appl Psychol*, **76**, 60-74.
Duxbury, L., Higgins, C., & Lee, C. (1994). Work-family conflict: A comparison by gender, family type, and perceived control. *J Fam Issues*, **15**, 449-466.
Dye, M.L., & Davis, K.E. (2003). Stalking and psychological abuse: Common factors and relationship-specific characteristics. *Violence Vict*, **18**, 163-180.
Easton, J.A., Schipper, L.D., & Shackelford, T.K. (2007). Morbid jealousy from an evolutionary psychological perspective. *Evol Hum Behav*, **28**, 399-402.
Eby, L.T., Casper, W.J., Lockwood, A., Bordeaux, C., & Brinley, A. (2005). Work and family research in IO/OB: Content analysis and review of the literature (1980-2002). *J Vocat Behav*, **66**, 124-197.
エコノミスト編集部（2005）熟年―「年金分割」で加速する離婚2007年40万組― エコノミスト, **83**(64), 18-31.
Edlund, J.E., Heider, J.D., Scherer, C.R., Farc, M., & Sagarin, B.J. (2006). Sex differences in jealousy in response

to actual infidelity. *Evol Psychol*, **4**, 462-470.
Edlund, J.E., & Sagarin, B.J. (2009). Sex differences in jealousy: Misinterpretation of nonsignificant results as refuting the theory. *Pers Relat*, **16**, 67-78.
Eldridge, K.A., & Christensen, A. (2002). Demand-withdraw communication during couple conflict: A review and analysis. In P. Noller & J.A. Feeney(Eds.), *Understanding marriage: Developments in the study of couple interaction*. Cambridge, UK: Cambridge University Press. Pp. 289-322.
Eldridge, K.A., Sevier, M., Jones, J., Atkins, D.C., & Christensen, A. (2007). Demand-withdraw communication in severely distressed, moderately distressed, and nondistressed couples: Rigidity and polarity during relationship and personal problem discussions. *J Fam Psychol*, **21**, 218-226.
Erickson, R.J. (1993). Reconceptualizing family work: The effect of emotion work on perceptions of marital quality. *J Marriage Fam*, **55**, 888-900.
Etcheverry, P.E., & Agnew, C.R. (2004). Subjective norms and the prediction of romantic relationship state and fate. *Pers Relat*, **11**, 409-428.
Eysenck, H.J. (1980). Personality, marital satisfaction, and divorce. *Psychol Rep*, **47**, 1235-1238.
Faulkner, R.A., Davey, M., & Davey, A. (2005). Gender-related predictors of change in marital satisfaction and marital conflict. *Am J Fam Ther*, **33**, 61-83.
Feeney, J.A. (1999). Adult attachment, emotional control, and marital satisfaction. *Pers Relat*, **6**, 169-185.
Feldman, S.S., & Gowen, L.K. (1998). Conflict negotiation tactics in romantic relationships in high school students. *J Youth Adolesc*, **27**, 691-717.
Felmlee, D., Sprecher, S., & Bassin, E. (1990). The dissolution of intimate relationships: A hazard model. *Soc Psychol Q*, **53**, 13-30.
Fergusson, D.M., Horwood, L.J., & Shannon, F.T. (1984). A proportional hazards model of family breakdown. *J Marriage Fam*, **46**, 539-549.
Fernquist, R.M., & Cutright, P. (1998). Societal integration and age-standardized suicide rates in 21 developed countries, 1955-1989. *Soc Sci Res*, **27**, 109-127.
Fincham, F.D., & Beach, S.R.H. (1999). Conflict in marriage: Implications for working with couples. *Annu Rev Psychol*, **50**, 47-77.
Fincham, F.D., & Beach, S.R.H. (2002). Forgiveness in marriage: Implications for psychological aggression and constructive communication. *Pers Relat*, **9**, 239-251.
Fincham, F.D., Beach, S.R.H., & Davila, J. (2004). Forgiveness and conflict resolution in marriage. *J Fam Psychol*, **18**, 72-81.
Fincham, F.D., Beach, S.R.H., & Davila, J. (2007). Longitudinal relations between forgiveness and conflict resolution in marriage. *J Fam Psychol*, **21**, 542-545.
Fincham, F.D., & Bradbury, T.N. (1992). Assessing attributions in marriage: The Relationship Attribution Measure. *J Pers Soc Psychol*, **62**, 457-468.
Fincham, F.D., Bradbury, T.N., Arias, I., Byrne, C.A., & Karney, B.R. (1997). Marital violence, marital distress, and attributions. *J Fam Psychol*, **11**, 367-372.
Fincham, F.D., Hall, J.H., & Beach, S.R.H. (2005). "Til lack of forgiveness doth us part": Forgiveness and marriage. In E.L., Worthington, Jr.(Ed.), *Handbook of forgiveness*. New York: Taylor & Francis Group. Pp. 207-225.
Fincham, F.D., Hall, J.H, & Beach, S.R.H. (2006). Forgiveness in marriage: Current status and future directions. *Fam Relat*, **55**, 415-427.
Fincham, F.D., Harold, G.T., & Gano-Phillips, S. (2000). The longitudinal association between attributions and marital satisfaction: Direction of effects and role of efficacy expectations. *J Fam Psychol*, **14**, 267-285.
Fincham, F.D., & Linfield, K.J. (1997). A new look at marital quality: Can spouses feel positive and negative about their marriage? *J Fam Psychol*, **11**, 489-502.
Fincham, F.D., Paleari, F.G., & Regalia, C. (2002). Forgiveness in marriage: The role of relationship quality, attributions, and empathy. *Pers Relatsh*, **9**, 27-37.
Fischer, T.F.C., de Graaf, P.M., & Kalmijn, M. (2005). Friendly and antagonistic contact between former spouses after divorce. *J Fam Issues*, **26**, 1131-1163.
Fisher, T.D., & McNulty, J.K. (2008). Neuroticism and marital satisfaction: The mediating role played by the sexual relationship. *J Fam Psychol*, **22**, 112-122.
Fleming, A.S., Corter, C., Stallings, J., & Steiner, M. (2002). Testosterone and prolactin are associated with emotional responses to infant cries in new fathers. *Horm Behav*, **42**, 399-413.

Ford, M.T., Heinen, B.A., & Langkamer, K.L. (2007). Work and family satisfaction and conflict: A meta-analysis of cross-domain relations. *J Appl Psychol*, **92**, 57-80.
Forry, N.D., Leslie, L.A., & Letiecq, B.L. (2007). Marital quality in interracial relationships: The role of sex role ideology and perceived fairness. *J Fam Issues*, **28**, 1538-1552.
Forste, R., & Heaton, T.B. (2004), The Divorce generation: Well-being, family attitudes, and socioeconomic consequences of marital disruption. *J Divorce & Remarriage*, **41**(1/2), 95-114.
Forste, R., & Tanfer, K. (1996). Sexual exclusivity among dating, cohabiting, and marriage women. *J Marriage Fam*, **58**, 33-47.
Franklin, K.M., Janoff-Bulman, R., & Roberts, J.E. (1990). Long-term impact of parental divorce on optimism and trust: Change in general assumptions or narrow beliefs? *J Pers Soc Psychol*, **59**, 743-755.
Franzoi, S.L., Davis, M.H., & Young, R.D. (1985). The effects of private self-consciousness and perspective taking on satisfaction in close relationships. *J Pers Soc Psychol*, **48**, 1584-1594.
Frazier, P.A., & Cook, S.W. (1993). Correlates of distress following heterosexual relationship dissolution. *J Soc Pers Relat*, **10**, 55-67.
Fu, H., & Goldman, N. (2000). The association between health-related behaviours and the risk of divorce in the USA. *J Biosoc Sci*, **32**, 63-88.
Fukuda, Y., Nakamura, K., & Takano, T. (2005). Accumulation of health risk behaviours is associated with lower socioeconomic status and women's urban residence: A multilevel analysis in Japan. *BMC Public Health*, **5**, 53.
福丸由佳（2003）父親の仕事と家族の多重役割と抑うつ度―妻の就業の有無による比較― 家族心理学研究, **17**, 97-110.
Furdyna, H.E., Tucker, M.B., & James, A.D. (2008). Relative spousal earnings and marital happiness among African American and white women. *J Marriage Fam*, **70**, 332-344.
Furstenberg, F.F., Jr., & Teitler, J.O. (1994). Reconsidering the effects of marital disruption: What happens to children of divorce in early adulthood? *J Fam Issues*, **15**, 173-190.
Gabardi, L., & Rosén, L.A. (1992). Intimate relationships: College students from divorced and intact families. *J Divorce & Remarriage*, **18**, 25-56.
Gager, C.T., & Sanchez, L. (2003). Two as one? Couples' perceptions of time spent together, marital quality, and the risk of divorce. *J Fam Issues*, **24**, 21-50.
Gallo, L.C., Troxel, W.M., Matthews, K.A., & Kuller, L.H. (2003). Marital status and quality in middle-aged women: Associations with levels and trajectories of cardiovascular risk factors. *Health Psychol*, **22**, 453-463.
Gangestad, S.W., & Thornhill, R. (1997). The evolutionary psychology of extrapair sex: The role of fluctuating asymmetry. *Evol Hum Behav*, **18**, 69-88.
Ganiban, J.M., Spotts, E.L., Lichtenstein, P., Khera, G.S., Reiss, D., & Neiderhiser, J.M. (2007). Can genetic factors explain the spillover of warmth and negativity across family relationships? *Twin Res Hum Genet*, **10**, 299-313.
Ganong, L., Coleman, M., & Hans, J. (2006). Divorce as prelude to stepfamily living and the consequences of redivorce. In M.A. Fine & J.H. Harvey(Eds.), *Handbook of divorce and relationship dissolution*. Mahway, NJ: Lawrence Erlbaum Associates. Pp. 409-434.
Garcia, L., Soria, C., & Hurwitz, E.L. (2007). Homicides and intimate partner violence: A literature review. *Trauma Violence Abuse*, **8**, 370-383.
Garver-Apgar, C.E., Gangestad, S.W., Thornhill, R., Miller, R.D., & Olp, J.J. (2006). Major histocompatibility complex alleles, sexual responsivity, and unfaithfulness in romantic couples. *Psychol Sci*, **17**, 830-835.
Garvin, V., Kalter, N., & Hansell, J. (1993). Divorced women: Individual differences in stressors, mediating factors, and adjustment outcome. *Am J Orthopsychiatry*, **63**, 232-240.
Gattis, K.S., Berns, S., Simpson, L.E., & Christensen, A. (2004). Birds of a feather or strange birds? Ties among personality dimensions, similarity, and marital quality. *J Fam Psychol*, **18**, 564-574.
Geary, D.C., DeSoto, M.C., Hoard, M.K., Sheldon, M.S., & Cooper, M.L. (2001). Estrogens and relationship jealousy. *Hum Nat*, **12**, 299-320.
Geary, D.C., Rumsey, M., Bow-Thomas, C.C., & Hoard, M.K. (1995). Sexual jealousy as a facultative trait: Evidence from the pattern of sex differences in adults from China and the United States. *Ethol Sociobiol*, **16**, 355-383.
Geist, R.L., & Gilbert, D.G. (1996). Correlates of expressed and felt emotion during marital conflict: Satisfaction,

personality, process, and outcomes. *Pers Individ Dif*, **21**, 49-60.
Gentzler, A.L., & Kerns, K.A. (2004). Associations between insecure attachment and sexual experiences. *Pers Relatsh*, **11**, 249-265.
Gerstel, N. (1988a). Divorce and kin ties: The importance of gender. *J Marriage Fam*, **50**, 209-219.
Gerstel, N. (1988b). Divorce, gender, and social integration. *Gend Soc*, **2**, 343-367.
Geratel, N., Kohler, C., & Rosenfield, S. (1985). Explaining the symptomatology of separated and divorced women and men: The role of material conditions and social networks. *Soc Forces*, **64**, 84-101.
Gilford, R., & Bengtson, V. (1979). Measuring marital satisfaction in three generations: Positive and negative dimensions. *J Marriage Fam*, **39**, 387-398.
Gill, D.S., Christensen, A., & Fincham, F.D. (1999). Predicting marital satisfaction from behavior: Do all roads really lead to Rome? *Pers Relatsh*, **6**, 369-387.
Givertz, M., & Segrin, C. (2005). Explaining personal and constraint commitment in close relationships: The role of satisfaction, conflict responses, and relational bond. *J Soc Pers Relat*, **22**, 757-775.
Glass, S.P., & Wright, T.L. (1977). The relationship of extramarital sex, length of marriage, and sex differences on marital satisfaction and romanticism: Athanasiou's data reanalyzed. *J Marriage Fam*, **39**, 691-703.
Glass, S.P., & Wright, T.L. (1985). Sex differences in type of extramarital involvement and marital dissatisfaction. *Sex Roles*, **12**, 1101-1120.
Glass, S.P., & Wright, T.L. (1992). Justification for extramarital relationships: The association between attitudes, behaviors, and gender. *J Sex Res*, **29**, 361-387.
Glenn, N.D. (1998). The course of marital success and failure in five American 10-year marriage cohorts. *J Marriage Fam*, **60**, 569-576.
Glenn, N.D., & McLanahan, S. (1982). Children and marital happiness: A further specification of the relationship. *J Marriage Fam*, **44**, 63-72.
Goldsmith, J. (1980). Relationships between former spouses: Descriptive findings. *J Divorce*, **4**(2), 1-20.
Gonzaga, G.C., Campos, B., & Bradbury, T. (2007). Similarity, Convergence, and relationship satisfaction in dating and married couples. *J Pers Soc Psychol*, **93**, 34-48.
Goodman, C.C. (1993). Divorce after long term marriages: Former spouse relationships. *J Divorce & Remarriage*, **20**(1/2), 43-61.
Goodwin, P.Y. (2003). African American and European American women's marital well-being. *J Marriage Fam*, **65**, 550-560.
Gordon, K.C., & Baucom, D.H. (1998). Understanding betrayals in marriage: A synthesized model of forgiveness. *Fam Process*, **37**, 425-449.
Gordon, K.C., Baucom, D.H., & Snyder, D.K. (2000). The use of forgiveness in marital therapy. In M.E., McCullough, K.I. Pargament, & C.E., Thoresen(Eds.), *Forgiveness: Theory, research, and practice*. New York: The Guilford Press. Pp. 201-227.
Gordon, K.C., Baucom, D.H., & Snyder, D.K. (2005). Forgiveness in couples: Divorce, infidelity, and couple therapy. In E.L., Worthington, Jr.(Ed.), *Handbook of forgiveness*. New York: Taylor & Francis Group. Pp. 407-421.
Gordon, K.C., Hughes, F.M., Tomcik, N.D., Dixon, L.J., & Litzinger, S.C. (2009). Widening spheres of impact: The role of forgiveness in marital and family functioning. *J Fam Psychol*, **23**, 1-13.
Gottman, J.M., & Carrère, S. (1994). Why can't men and women get along? Developmental roots and marital inequities. In D.J. Canary & L. Stafford(Eds.), *Communication and relational maintenance*. San Diego, CA: Academic Press. Pp. 203-229.
Gottman, J.M., Coan, J., Carrere, S., & Swanson, C. (1998). Predicting marital happiness and stability from newlywed interactions. *J Marriage Fam*, **60**, 5-22.
Gottman, J.M., & Driver, J.L. (2005). Dysfunctional marital conflict and everyday marital interaction. *J Divorce & Remarriage*, **43**(3/4), 63-77.
Gottman, J.M., & Krokoff, L.J. (1989). Marital interaction and satisfaction: A longitudinal view. *J Consult Clin Psychol*, **57**, 47-52.
Gottman, J.M., & Levenson, R.W. (1992). Marital processes predictive of later dissolution: Behavior, physiology, and health. *J Pers Soc Psychol*, **63**, 221-233.
Gottman, J.M., & Levenson, R.W. (2000). The timing of divorce: Predicting when a couple will divorce over a 14-year period. *J Marriage Fam*, **62**, 737-745.
Gottman, J.M., & Levenson, R.W. (2002). Generating hypotheses after 14 years of marital followup: Or, how

should speculate? A reply to DeKay, Greeno, and Houck. *Fam Process*, **41**, 105-110.
Gottman, J.M., Levenson, R.W., Gross, J., Frederickson, B.L., McCoy, K., Rosenthal, L., Ruef, A., & Yoshimoto, D. (2003). Correlates of gay and lesbian couples' relationship satisfaction and relationship dissolution. *J Homosex*, **45**(1), 23-43.
Gottman, J.M., & Silver, N. (1999). *The seven principles for making marriage work*. New York: Crown Publishers.
Gove, W.R. (1972). The relationship between sex roles, marital status, and mental illness. *Soc Forces*, **51**, 34-44.
Gove, W.R. (1973). Sex, marital status, and mortality. *Am J Sociol*, **79**, 45-67.
de Graaf, P.M., & Kalmijn, M. (2003). Alternative routes in the remarriage market: Competing-risk analyses of union formation after divorce. *Soc Forces*, **81**, 1459-1498.
de Graaf, P.M., & Kalmijn, M. (2006a). Divorce motives in a period of rising divorce: Evidence from a Dutch life-history survey. *J Fam Issues*, **27**, 483-505.
de Graaf, P.M., & Kalmijn, M. (2006b). Change and stability in the social determinants of divorce: A comparison of marriage cohorts in the Netherlands. *Eur Sociol Rev*, **22**, 561-572.
Gray, J.D., & Silver, R.C. (1990). Opposite sides of the same coin: Former spouses' divergent perspectives in coping with their divorce. *J Pers Soc Psychol*, **59**, 1180-1191.
Gray, P.B., Kahlenberg, S.M., Barrett, E.S., Lipson, S.F., & Ellison, P.T. (2002). Marriage and fatherhood are associated with lower testosterone in males. *Evol Hum Behav*, **23**, 193-201.
Greeley, A. (1994). Marital Infidelity. *Society*, **31**, 9-13.
Greenstein, T.N. (1990). Marital disruption and the employment of married women. *J Marriage Fam*, **52**, 657-676.
Greenstein, T.N. (1995). Gender ideology, marital disruption, and the employment of marital women. *J Marriage Fam*, **57**, 31-42.
Greenstein, T.N. (1996). Gender ideology and perceptions of the fairness of the division of household labor: Effects on marital quality. *Soc Forces*, **74**, 1029-1042.
Grice, J.W., & Seely, E. (2000). The evolution of sex differences in jealousy: Failure to replicate previous results. *J Res Pers*, **34**, 348-356.
Guerrero, L.K., la Valley, A.G., & Farinelli, L. (2008). The experience and expression of anger, guilt, and sadness in marriage: An equity theory explanation. *J Soc Pers Relat*, **25**, 699-724.
Gutek, B.A., Searle, S., & Klepa, L. (1991). Rational versus gender role explanations for work-family conflict. *J Appl Psychol*, **76**, 560-568.
Haavio-Mannila, E., & Kontula, O. (1997). Correlates of increased sexual satisfaction. *Arch Sex Behav*, **26**, 399-419.
博報堂生活総合研究所（2008）Research News 博報堂生活総合研究所
Halford, W.K., & Osgarby, S.M. (1993). Alcohol abuse in clients presenting with marital problems. *J Fam Psychol*, **6**, 245-254.
Hall, D.R., & Zhao, J.Z. (1995). Cohabitation and divorce in Canada: Testing the selectivity hypothesis. *J Marriage Fam*, **57**, 421-427.
Hall, J.H., & Fincham, F.D. (2006). Relationship dissolution following infidelity: The roles of attributions and forgiveness. *J Soc Clin Psychol*, **25**, 508-522.
Hall, J.H., & Fincham, F.D. (2009). Psychological distress: Precursor or consequence of dating infidelity? *Pers Soc Psychol Bull*, **35**, 143-159.
Haltzman, S., Holstein, N., & Moss, S.B. (2007). Men, marriage, and divorce. In J.E. Grant(Ed.), *Textbook of men's mental health*. New York: American Psychiatric Publishing. Pp. 283-305.
Hammond, J.R., & Fletcher, G.J.O. (1991). Attachment styles and relationship satisfaction in the development of close relationships. *NZ J Psychol*, **20**, 56-62.
Hansen, G.L. (1987). Extradyadic relations during courtship. *J Sex Res*, **23**, 382-390.
Hansen, J.E., & Schuldt, W.J. (1984). Marital self-disclosure and marital satisfaction. *J Marriage Fam*, **46**, 923-926.
Harris, C.R. (2000). Psychophysiological responses to imagined infidelity: The specific innate modular view of jealousy reconsidered. *J Pers Soc Psychol*, **78**, 1082-1091.
Harris, C.R. (2002). Sexual and romantic jealousy heterosexual and homosexual adults. *Psychol Sci*, **13**, 7-12.
Harris, C.R. (2003). A review of sex differences in sexual jealousy, including self-report data, psychophysiological responses, interpersonal violence, and morbid jealousy. *Pers Soc Psychol Rev*, **7**, 102-

128.
Harris, C.R. (2005). Male and female jealousy, still more similar than different: Reply to Sagarin (2005). *Pers Soc Psychol Rev*, **9**, 76-86.
Harris, C.R., & Christenfeld, N. (1996). Gender, jealousy, and reason. *Psychol Sci*, **7**, 364-366.
Harthens, F., & Kuipers, H. (2004). Effects of androgenic-anabolic steroids in athletes. *Sports Med*, **34**, 513-554.
Haugen, P.T., Welsh, D.P., & McNulty, J.K. (2008). Empathic accuracy and adolescent romantic relationships. *J Adolesc*, **31**, 709-727.
林　安文・深田博己・児玉真樹子・周　王慧（2003）結婚満足度の及ぼす新密度と葛藤解決方略の影響―台湾における夫婦の場合―　広島大学心理学研究, **3**, 87-96.
Heaton, T.B. (1990). Marital stability throughout the child-rearing years. *Demography*, **27**, 55-63.
Heaton, T.B. (2002). Factor contributing to increasing marital stability in the United States. *J Fam Issues*, **23**, 392-409.
Heaven, P.C.L., Fitzpatrick, J., Craig, F.L., Kelly, P., & Sebar, G. (2000). Five personality factors and sex: preliminary findings. *Pers Individ Dif*, **28**, 1133-1141.
Heavey, C.L., Larson, B.M., & Zumtobel, D.C. (1996). The Communication Patterns Questionnaire: The reliability and validity of a constructive communication subscale. *J Marriage Fam*, **58**, 796-800.
Heavey, C.L., & Layne, C., & Christensen, A. (1993). Gender and conflict structure in marital interaction: A replication and extension. *J Consult Clin Psychol*, **61**, 16-27.
Heckert, D.A., Nowack, T.C., & Snyder, K.A. (1998). The impact of husbands' and wives' relative earnings on marital disruption. *J Marriage Fam*, **60**, 690-703.
Heene, E.L.D., Buysse, A., & van Oost, P. (2005). Indirect pathways between depressive symptoms and marital distress: The role of conflict communication, attributions, and attachment style. *Fam Process*, **44**, 413-440.
Heene, E.L.D., Buysse, A., & van Oost, P. (2007). An Interpersonal perspective on depression: The role of marital adjustment, conflict communication, attributions, and attachment within a clinical sample. *Fam Process*, **46**, 499-514.
Hemström, Ö. (1996). Is marriage dissolution linked to differences in mortality risks for men and women? *J Marriage Fam*, **58**, 366-378.
Henderson-King, D.H., & Veroff, J. (1994). Sexual satisfaction and marital well-being in the first years of marriage. *J Soc Pers Relat*, **11**, 509-534.
Hendrick, C., & Hendrick, S.S. (1989). Research on love: Does it measure up? *J Pers Soc Psychol*, **56**, 784-794.
Herman, J.B. (1977). Working men and women: Inter- and intra-role conflict. *Psychol Women Q*, **1**, 319-333.
Hetherington, E.M. (1993). An overview of the Virginia longitudinal study of divorce and remarriage with a focus on early adolescence. *J Fam Psychol*, **7**, 39-56.
Hetherington, E.M. (2003). Intimate pathways: Changing patterns in close personal relationships across time. *Fam Relat*, **52**, 318-331.
Heyman, R.E., O'Leary, K.D., & Jouriles, E.N. (1995). Alcohol and aggressive personality styles: Potentiators of serious physical aggression against wives? *J Fam Psychol*, **9**, 44-57.
Hiedemann, B., Suhomlinova, O., & O'Rand, A.M. (1998). Economic independence, economic status, and empty nest in midlife marital disruption. *J Marriage Fam*, **60**, 219-231.
Hill, M.S. (1988). Marital stability and spouses' shared time: A multidisciplinary hypothesis. *J Fam Issues*, **9**, 427-451.
Hill, R. (1949). *Families under stress*. New York: Harper.
Hill, R. (1958). Social stresses on the family. *Soc Casework*, **49**, 139-150.
Hobart, C. (1991). Conflict in remarriages. *J Divorce & Remarriage*, **15**(3/4), 69-86.
Hoem, J.M. (1997). Educational gradients in divorce risks in Sweden in recent decades. *Popul Stud (Camb)*, **51**, 19-27.
Hoffman, S.D., & Duncan, G.J. (1995). The effect of incomes, wages, and AFDC benefits on marital disruption. *J Hum Resour*, **30**, 19-41.
Hojjat, M. (2000). Sex differences and perceptions of conflict in romantic relationships. *J Soc Pers Relat*, **17**, 598-617.
Holland, A.S., & Roisman, G.I. (2008). Big Five personality traits and relationship quality: Self-reported, observational, and physiological evidence. *J Soc Pers Relat*, **25**, 811-829.
Holley, P., Yabiku, S., & Benin, M. (2006). The relationship between intelligence and divorce. *J Fam Issues*, **27**, 1723-1748.

Hollist, C.S., & Miller, R.B. (2005). Perceptions of attachment style and marital quality in midlife marriage. *Fam Relat*, **54**, 46-57.
Hollist, C.S., Miller, R.B., Falceto, O.G., & Fernandes, C.C. (2007). Marital satisfaction and depression: A replication of the marital discord model in a Latino sample. *Fam Process*, **46**, 485-498.
Holman, T.B., & Jacquart, M. (1988). Leisure-activity patterns and marital satisfaction: A further test. *J Marriage & Fam*, **50**, 69-77.
Holmes, T.H., & Rahe, R.T. (1967). The Social Readjustment Rating Scale. *J Psychosom Res*, **11**, 213-218.
Holtzworth-Munroe, A., Smutzler, N., & Stuart, G.L. (1998). Demand and withdraw communication among couples experiencing husband violence. *J Consult Clin Psychol*, **66**, 731-743.
Hughes, D., Galinsky, E., & Morris, A. (1992). The effects of job characteristics on marital quality: Specifying linking mechanisms. *J Marriage Fam*, **54**, 31-42.
Humphreys, T.P., Wood, L.M., & Parker, J.D.A. (2008). Alexithymia and satisfaction in intimate relationships. *Pers Individ Dif*, **46**, 43-47.
Hurlbert, D.F., Apt, C., Gasar, S., Wilson, N.E., & Murphy, Y. (1994). Sexual narcissism: A validation study. *J Sex Marital Ther*, **20**, 24-34.
Huston, T.L., & Vangelisti, A.L. (1991). Socioemotional behavior and satisfaction in marital relationships: A longitudinal study. *J Pers Soc Psychol*, **61**, 721-733.
池田政子・伊藤裕子・相良順子（2005）夫婦関係満足度にみるジェンダー差の分析―関係は、なぜ維持されるか― 家族心理学研究, **19**, 116-127.
稲葉昭英（2004）夫婦関係の発達的変化 渡辺秀樹・稲葉昭英・嶋﨑尚子（編）現代家族の構造と変容―全国家族調査（NFRJ98）による計量分析― 東京大学出版会 Pp. 261-276.
伊藤規子・別府 哲・宮本正一（1998）子どもの誕生による夫婦関係の変化に関する研究 岐阜大学教育学部研究報告（人文科学），**47**, 207-214.
伊藤裕子・相良順子・池田政子（2006a）職業生活が中年期の関係満足感と主観的幸福感に及ぼす影響―妻の就業形態別にみたクロスオーバーの検討― 発達心理学研究, **17**, 62-72.
伊藤裕子・相良順子・池田政子（2006b）夫婦のコミュニケーションと関係満足度、心理的健康の関連―子育て期のペア・データの分析― 聖徳大学家族問題相談センター紀要, **4**, 51-61.
伊藤裕子・相良順子・池田政子（2007）夫婦のコミュニケーションが関係満足度に及ぼす影響―自己開示を中心に― 文京学院大学人間学部研究紀要, **9**, 1-15.
岩井紀子（2002）性にまつわる意識 岩井紀子・佐藤博樹（編）日本人の姿JGSSにみる意識と行動 有斐閣 Pp. 222-230.
Jackson, S.E., Zedeck, S., & Summers, E. (1985). Family life disruptions: Effects of job-induced structural and emotional interference. *Acad Manage J*, **28**, 574-586.
Jacobson, N.S., & Christensen, A. (1996). *Integrative couple therapy: Promoting acceptance and change*. New York: Norton.
Jacobson, N.S., & Christensen, A. (1998). *Acceptance and change in couple therapy: A therapist's guide to transforming relationships*. New York: Norton.
Jacobson, N.S., Christensen, A., Prince, S.E., Cordova, J., & Eldridge, K. (2000). Integrative behavioral couple therapy: An acceptance-based, promising new treatment for couple discord. *J Consult Clin Psychol*, **68**, 351-355.
Jacobson, N.S., Gottman, J.M., Gortner, E., Berns, S., & Shortt, J.W. (1996). Psychological factors in the longitudinal course of battering: When do the couples split up? When does the abuse decrease? *Violence Vict*, **11**, 371-392.
Jacobson, N.S., Gottman, J.M., Waltz, J., Rushe, R., Babcock, J., & Holtzworth-Munroe, A. (1994). Affect, verbal content, and psychophysiology in the arguments of couples with a violent husband. *J Consult Clin Psychol*, **62**, 982-988.
Jacquet, S.E., & Surra, C.A. (2001). Parental divorce and premarital couples: Commitment and other relationship characteristics. *J Marriage & Fam*, **63**, 627-638.
Jalovaara, M. (2001). Socio-economic status and divorce in first marriages in Finland 1991-93. *Popul Stud(Camb)*, **55**, 119-133.
Jalovaara, M. (2002). Socioeconomic differentials in divorce risk by duration of marriage. *Demogr Res*, **7**, 537-564.
Janus, S.S., & Janus, C.L. (1993). *The Janus report on sexual behavior*. New York: Wiley.
Jockin, V., McGue, M., & Lykken, D.T. (1996). Personality and divorce: A genetic analysis. *J Pers Soc Psychol*,

71, 288-299.

Johnson, A.J., Wright, K.B., Craig, E.A., Gilchrist, E.S., Lane, L.T., & Haigh, M.M. (2008). A model for predicting stress levels and marital satisfaction for stepmothers utilizing a stress and coping approach. *J Soc Pers Relat*, **25**, 119-142.

Johnson, D.R., Amoloza, T.O., & Booth, A. (1992). Stability and developmental change in marriage quality? A three-wave panel analysis. *J Marriage Fam*, **54**, 582-594.

Johnson, M.D., Cohan, C.L., Davila, R.D., Lawrence, E., Rogge, R.D., Karney, B.R., Sullivan, K.T., & Bradbury, T.N. (2005). Problem-solving skills and affective expressions as predictors of change in marital satisfaction. *J Consult Clin Psychol*, **73**, 15-27.

Johnson, M.P., Caughlin, J.P., & Huston, T.L. (1999). The tripartite nature of marital commitment: Personal, moral, and structural reasons to stay married. *J Marriage & Fam*, **61**, 160-177.

Johnson, M.P., & Leone, J.M. (2005). The differential effects of intimates terrorism and situational couple violence. *J Fam Issues*, **26**, 322-349.

Johnson, R.E. (1970). Some correlates of extramarital coitus. *J Marriage Fam*, **32**, 449-456.

Jones, J.T., & Cunningham, J.D. (1996). Attachment styles and other predictors of relationship satisfaction in dating couples. *Pers Relatsh*, **3**, 387-399.

Joung, I.M.A., van de Mheen, H.D., Stronks, K., van Poppel, F.W.A., & Mackenbach, J.P. (1998). A longitudinal study of health selection in marital transitions. *Soc Sci Med*, **46**, 425-435.

Joung, I.M.A., Stronks, K., van de Mheen, H., van Poppel, F.W.A., van der Meer, J.B.W., & Mackenbach, J.P. (1997). The contribution of intermediary factors to marital status differences in self-reported health. *J Marriage Fam*, **59**, 476-490.

Julian, T., & McKenry, P.C. (1989). Relationship of testosterone to men's family functioning at mid-life: A research note. *Aggress Behav*, **15**, 281-289.

Julien, D., Chartrand, E., Simard, M., Bouthillier, D., & Bégin, J. (2003). Conflict, social support, and relationship quality: An observational study of heterosexual, gay male, and lesbian couples' communication. *J Fam Psychol*, **17**, 419-428.

Julien, D., & Markman, H.J. (1991). Social support and social networks as determinants of individual and marital outcomes. *J Soc Pers Relat*, **8**, 549-568.

Julien, D., Markman, H.J., & Lindahl, K.M. (1989). A comparison of a global and a microanalytic coding system: Implications for future trends in studying interactions. *Behav Assess*, **11**, 81-100.

Kachadourian, L.K., Fincham, F., & Davila, J. (2004). The tendency to forgive in dating and married couples: The role of attachment and relationship satisfaction. *Pers Relatsh*, **11**, 373-393.

Kachadourian, L.K., Fincham, F., & Davila, J. (2005). Attitudinal ambivalence, rumination, and forgiveness of partner transgreeions in marriage. *Pers Soc Psychol Bull*, **31**, 334-342.

Kaffman, M., Elizur, E., Shoham, S., Gilead-Roelofs, N., & Shefatya, L. (1992). Divorce in the kibbutz: Affective responses to separation. *Contemp Fam Ther*, **14**, 51-74.

Kahn, J.R., & London, K.A. (1991). Premarital sex and the risk of divorce. *J Marriage Fam*, **53**, 845-855.

Kalmijn, M. (1999). Father involvement in childrearing and the perceived stability of marriage. *J Marriage Fam*, **61**, 409-421.

Kalmijn, M., de Graaf, P.M., & Poortman, A. (2004). Interactions between cultural and economic determinants of divorce in the Netherlands. *J Marriage Fam*, **66**, 75-89.

Kalmijn, M., Loeve, A., & Manting, A.D. (2007). Income dynamics in couples and the dissolution of marriage and cohabitation. *Demography*, **44**, 159-179.

Kalmijn, M., & Monden, C.W.S. (2006). Are the negative effects of divorce on well-being dependent on marital quality? *J Marriage & Fam*, **68**, 1197-1213.

Kalmijn, M., & Poortman, A. (2006). His or her divorce? The gendered nature of divorce and its determinants. *Eur Sociol Rev*, **22**, 201-214.

Kalmuss, D., Davidson, A., & Cushman, L. (1992). Parenting expectations, experiences, and adjustment to parenthood: A test of the violated expectations framework. *J Marriage Fam*, **54**, 516-526.

釜野さおり (2002) 子どものいることがカップル満足感に与える影響—スウェーデンの場合— 家族社会学研究, **13**(2), 87-102.

Kamo, Y. (1993). Determinants of marital satisfaction: A comparison of the United States and Japan. *J Soc Pers Relat*, **10**, 551-568.

Kammrath, L.K., & Dweck, C. (2006). Voicing conflict: Preferred conflict strategies among increment and entity

theorists. *Pers Soc Psychol Bull*, **32**, 1497-1508.
金政祐司・大坊郁夫（2003）青年期の愛着スタイルが親密な異性関係に及ぼす影響　社会心理学研究, **19**, 59-76.
Kapinus, C.A. (2005). The effect of parental marital quality of young adults' attitudes toward divorce. *Sociol Perspect*, **48**, 319-335.
Karney, B.R., & Bradbury, T.N. (1995). The longitudinal course of marital quality and stability: A review of theory, method, and research. *Psychol Bull*, **118**, 3-34.
Karney, B.R., & Bradbury, T.N. (1997). Neuroticism, marital interaction, and the trajectory of marital satisfaction. *J Pers Soc Psychol*, **72**, 1075-1092.
Karney, B.R., & Bradbury, T.N. (2000). Attributions in marriage: State or trait? A growth curve analysis. *J Pers Soc Psychol*, **78**, 295-309.
Karney, B.R., Bradbury, T.N., Fincham, F.D., & Sullivan, K.T. (1994). The role of negative affectivity in the association between attributions and marital satisfaction. *J Pers Soc Psychol*, **66**, 413-424.
柏木惠子・平山順子（2003）結婚の"現実"と夫婦関係満足感度との関連性―妻はなぜ不満か―　心理学研究, **74**, 122-130.
加藤彰彦（2005a）離婚の要因―家族構造・社会階層・経済成長―　熊谷苑子・大久保孝治（編）コホート比較による戦後日本の家族変動の研究　日本家族社会学会全国家族調査委員会　Pp. 77-90.
加藤　司（2000）大学生用対人ストレスコーピング尺度の作成　教育心理学研究, **48**, 225-234.
加藤　司（2005b）失恋ストレスコーピングと精神的健康との関連性の検証　社会心理学研究, **20**, 171-180.
加藤　司（2005c）ストレス反応の低減に及ぼす対人ストレスコーピングの訓練の効果に関する研究―看護学生を対象に―　心理学研究, **75**, 495-502.
加藤　司（2006）失恋の心理学　齊藤　勇（編）イラストレート恋愛心理学―出会いから親密な関係へ―　誠信書房　Pp. 113-123.
加藤　司（2007a）対人ストレス過程における対人ストレスコーピング　ナカニシヤ出版
加藤　司（2007b）失恋状況における認知的評価とコーピングが失恋後の心理的適応に及ぼす影響　東洋大学社会学部紀要, **45**(1), 123-137.
加藤　司（2007c）大学生における友人関係の親密性と対人ストレス過程との関連性の検証　社会心理学研究, **23**, 152-161.
加藤　司（2008a）対人ストレスコーピングハンドブック―人間関係のストレスにどう立ち向かうか―　ナカニシヤ出版
加藤　司（2008b）対人ストレスコーピングの基本次元の検証―対人ストレスコーピング尺度と失恋ストレスコーピング尺度―　東洋大学人間科学総合研究所紀要, **8**, 171-182.
Katz, J., Arias, I., Beach, S.R.H., Brody, G., & Roman, P. (1995). Excuses, excuses: Accounting for the effects of partner violence on marital satisfaction and stability. *Violence Vict*, **10**, 315-326.
Katz, J., & Myhr, L. (2008). Perceived conflict patterns and relationship quality associated with verbal sexual coercion by male dating partners. *J Interpers Violence*, **23**, 798-814.
Kaufman, G., & Taniguchi, H. (2006). Gender and marital happiness in later life. *J Fam Issues*, **27**, 735-757.
Kaura, S.A., & Lohman, B.J. (2007). Dating violence victimization, relationship satisfaction, mental health problems, and acceptability of violence: A comparison of men and women. *J Fam Violence*, **22**, 367-381.
川島亜紀子・伊藤教子・菅原ますみ・酒井　厚・菅原健介・北村俊則（2008）青年期の子どもを持つ夫婦による夫婦間葛藤に対する原因帰属と対処行動　心理学研究, **79**, 365-371.
Keith, P.M. (1986). Isolation of the unmarried in later life. *Fam Relat*, **35**, 389-395.
Kelley, H.H., & Thibaut, J.W. (1978). *Interpersonal relations: A theory of interdependence*. New York: Wiley.
Kelly, E.L., & Conley, J.J. (1987). Personality and compatibility: A prospective analysis of marital stability and marital satisfaction. *J Pers Soc Psychol*, **52**, 27-40.
Kerig, P.K. (1996). Assessing the links between interparental conflict and child adjustment: The Conflictc and Problem-Solving Scales. *J Fam Psychol*, **10**, 454-473.
Kessler, R.C., Walters, E.E., & Forthofer, M.S. (1998). The social consequences of psychiatric disorders, Ⅲ: Probability of marital stability. *Am J Psychiatry*, **155**, 1092-1096.
Kiecolt-Glaser, J.K., Bane, C., Glaser, R., & Malarkey, W.B. (2003). Love, marriage, and divorce: Newlyweds' stress hormones foreshadow relationship changes. *J Consult Clin Psychol*, **71**, 176-188.
Kiecolt-Glaser, J.K., Kennedy, S., Malkoff, S., Fisher, L., Speicher, C.E., & Glaser, R. (1988). Marital discord and immunity in males. *Psychosom Med*, **50**, 213-229.
Kiecolt-Glaser, J.K. & Newton, T.L. (2001). Marriage and health: His and hers. *Psychol Bull*, **127**, 472-503.
Kiernan, K.E., & Cherlin, A.J. (1999). Parental divorce and partnership dissolution in adulthood: Evidence from

a British cohort study. *Popul Stud(Camb)*, **53**, 39-48.
Kim, H.K., Capaldi, D.M., & Crosby, L. (2007). Generalizability of Gottman and colleagues' affective process models of couples' relationship outcomes. *J Marriage Fam*, **69**, 55-72.
Kim, H.K., & McKenry, P.C. (2002). The relationship between marriage and psychological well-being. *J Fam Issues*, **23**, 885-911.
木村清美（2004）家計内の経済関係と夫婦関係満足度　季刊家計経済研究, **64**, 26-34.
Kincaid, S.B., & Caldwell, R.A. (1995). Marital separation: Causes, coping, and consequences. *J Divorce & Remarriage*, **22**(3/4), 109-128.
近代文藝社（1996）私が離婚した理由　近代文藝社
Kinnaird, K.L., & Gerrard, M. (1986). Premarital sexual behavior and attitudes toward marriage and divorce among young women as a function of their mothers' marital status. *J Marriage Fam*, **48**, 757-765.
木下栄二（2004）結婚満足度を規定するもの　渡辺秀樹・稲葉昭英・嶋﨑尚子（編）現代家族の構造と変容―全国家族調査（NFRJ98）による計量分析―　東京大学出版　Pp. 277-291.
Kirk, A. (2002). The effects of divorce on young adults' relationship competence: The influence of intimate friendships. *J Divorce & Remarriage*, **38**(1/2), 61-89.
Kirkpatrick, L.A., & Davis, K.E. (1994). Attachment style, gender, and relationship stability: A longitudinal analysis. *J Pers Soc Psychol*, **66**, 502-512.
Kisler, T.S., & Christopher, F.S. (2008). Sexual exchanges and relationship satisfaction: Testing the role of sexual satisfaction as a mediator and gender as a moderator. *J Soc Pers Relat*, **25**, 587-602.
Kitson, G.C. (1982). Attachment to the spouse in divorce: A scale and its application. *J Marriage Fam*, **44**, 379-393.
Klinesmith, J., Kasser, T., & McAndrew, F.T. (2006). Guns, testosterone, and aggression: An experimental test of a mediational hypothesis. *Psychol Sci*, **17**, 568-571.
Klinetob, K.A., & Smith, D.A. (1996). Demand-withdraw communication in marital interaction: Tests of interpersonal contingency and gender role hypotheses. *J Marriage Fam*, **58**, 945-957.
Kluwer, E.S., & Johnson, M.D. (2007). Conflict frequency and relationship quality across the transition to parenthood. *J Marriage Fam*, **69**, 1089-1106.
Knee, C.R., Lonsbary, C., Patrick, H., & Canevello, A. (2005). Self-determination and conflict in romantic relationships. *J Pers Soc Psychol*, **89**, 997-1009.
Knoester, C., & Booth, A. (2000). Barriers to divorce: When are they effective? When are they not? *J Fam Issues*, **21**, 78-99.
Knox, D., & Zusman, M.E. (2001). Marrying a man with "baggage" implication for second wives. *J Divorce & Remarriage*, **35**(3/4), 67-79.
小泉智恵・菅原ますみ・前川暁子・北村俊則（2003）働く母親における仕事から家庭へのネガティブ・スピルオーバーが抑うつ傾向に及ぼす影響　発達心理学研究, **14**, 272-283.
国立社会保障・人口問題研究所（2006a）第13回出生動向基本調査―結婚と出産に関する全国調査（独身者調査の結果概要）　国立社会保障・人口問題研究所
国立社会保障・人口問題研究所（2006b）第13回出生動向基本調査―結婚と出産に関する全国調査（夫婦調査の結果概要）　国立社会保障・人口問題研究所
国立社会保障・人口問題研究所（2006c）第3回全国家庭動向調査結果の概要　国立社会保障・人口問題研究所
国立社会保障・人口問題研究所（2008）人口統計資料集2008　国立社会保障・人口問題研究所
de Koning, E., & Weiss, R.L. (2002). The Relational Humor Inventory: Functions of humor in close relationships. *Am J Fam Ther*, **30**, 1-18.
Kosek, R.B. (1996). The quest for a perfect spouse: Spousal ratings and marital satisfaction. *Psychol Rep*, **79**, 731-735.
Kossek, E.E., & Ozeki, C. (1998). Work-family conflict, policies, and the job-life satisfaction relationship: A review and directions for organizational behavior-human resources research. *J Appl Psychol*, **83**, 139-149.
厚生労働省大臣官房統計情報部（2002）人口動態統計特殊報告―「出生に関する統計」の概況―　厚生労働省
厚生労働省大臣官房統計情報部（2007）人口動態統計特殊報告―平成18年度「婚姻に関する統計」の概況―　厚生労働省
厚生労働省大臣官房統計情報部（2008）平成19年人口動態統計の年間推計　厚生労働省
Kposowa, A.J. (1998). The impact of race on divorce in the United States. *J Comp Fam Stud*, **29**, 529-548.
Kposowa, A.J. (2000). Marital status and suicide in the national longitudinal mortality study. *J Epidemiol Community Health*, **54**, 254-261.

Kposowa, A.J., Breault, K.D., & Singh, G.K. (1995). White male suicide in the United States: A multivariate individual-level analysis. *Soc Forces*, **74**, 315-323.
Krishnan, V. (1998). Premarital cohabitation and marital disruption. *J Divorce & Remarriage*, **28**(3/4), 157-170.
Krokoff, L.J., Gottman, J.M., & Hass, S.D. (1989). Validation of a global Rapid Couples Interaction Scoring System. *Behav Assess*, **11**, 65-79.
Krokoff, L.J., Gottman, J.M., & Roy, A.K. (1988). Blue-collar and white-collar marital interaction and communication orientation. *J Soc Pers Relat*, **5**, 201-221.
Krumrei, E., Coit, C., Martin, S., Fogo, W., & Mahoney, A. (2007). Post-divorce adjustment and social relationships: A meta-analytic review. *J Divorce & Remarriage*, **46**(3/4), 145-166.
Kulik, L., & Rayyan, F. (2006). Relationships between dual-earner spouses, strategies for coping with home-work demands and emotional well-being: Jewish and Arab-Muslim women in Israel. *Community Work Fam*, **9**, 457-477.
久野能弘（1993）行動療法―医行動学講義ノート― ミネルヴァ書房
Kunz, J. (2000). The intergenerational transmission of divorce: A nine generation study. *J Divorce & Remarriage*, **34**(1/2), 169-175.
Kurdek, L.A. (1991). Predictors of increases in marital distress in newlywed couples: A 3-year prospective longitudinal study. *Dev Psychol*, **27**, 627-636.
Kurdek, L.A. (1992). Predicting the timing of separation and marital satisfaction: An eight-year prospective longitudinal study. *J Marriage Fam*, **64**, 163-179.
Kurdek, L.A. (1993). Predicting marital dissolution: A 5-year prospective longitudinal study of newlywed couples. *J Pers Soc Psychol*, **64**, 221-242.
Kurdek, L.A. (1994). Conflict resolution styles in gay, lesbian, heterosexual nonparent, and heterosexual parent couples. *J Marriage Fam*, **56**, 705-722.
Kurdek, L.A. (1995). Predicting change in marital satisfaction from husbands' and wives' conflict resolution styles. *J Marriage Fam*, **57**, 153-164.
Kurdek, L.A. (1998). The nature and predictors of the trajectory of change in marital quality over the first 4 years of marriage for first-married husbands and wives. *J Fam Psychol*, **12**, 494-510.
Kurdek, L.A. (1999). The nature and predictors of the trajectory of change in marital quality for husbands and wives over the wives over the first 10 years of marriage. *Dev Psychol*, **35**, 1283-1296.
Kurdek, L.A. (2005). Gender and marital satisfaction early in marriage: A growth curve approach. *J Marriage Fam*, **67**, 68-84.
Kurdek, L.A. (2006). The nature and correlates of deterrents to leaving a relationship. *Pers Relat*, **13**, 521-535.
Kurdek, L.A. (2008). Differences between partners from Black and White heterosexual dating couples in a path model of relationship commitment. *J Soc Pers Relat*, **25**, 51-70.
Kwon, H., Rueter, M.A., Koh, S., & Ok, S.W. (2003). Marital relationships following the Korean economic crisis: Applying the family stress model. *J Marriage & Family*, **65**, 316-325.
Lampard, L., & Peggs, K. (1991). Repartnering: The relevance of parenthood and gender to cohabitation and remarriage among the formerly married. *Br J Soc*, **50**, 443-465.
Langhinrichsen-Rohling, J., Palarea, R.E., Cohen, J., & Rohling, M.L. (2000). Breaking up is hard to do: Unwanted pursuit behaviors following the dissolution of a romantic relationship. *Violence Vict*, **15**, 73-90.
van Laningham, J., Johnson, D.R., & Amato, P. (2001). Marital happiness, marital duration, and the U-shaped curve: Evidence from a five-wave panel study. *Soc Forces*, **78**, 1313-1341.
Laumann, E.O., Gagnon, J.H., Michael, R.T., & Michaels, S. (1994). *The social organization of sexuality: Sexual practices in the United States*. Chicago, IL: The University of Chicago Press.
Laurent, H.K., Kim, H.K., & Capaldi, D.M. (2008). Interaction and relationship development in stable young couples: Effects of positive engagement, psychological aggression, and withdrawal. *J Adolesc*, **31**, 815-835.
Lavee, Y., & Ben-Ari, A. (2004). Emotional expressiveness and neuroticism: Do they predict marital quality? *J Fam Psychol*, **18**, 620-627.
Lavee, Y., & Ben-Ari, A. (2007). Relationship of dyadic closeness with work-related stress: A daily diary study. *J Marriage Fam*, **69**, 1021-1035.
Lavee, Y., & Katz, R. (2002). Divison of labor, perceived fairness, and marital quality: The effect of gender ideology. *J Marriage & Family*, **64**, 27-39.
Lawrence, E., & Bradbury, T.N. (2001). Physical aggression and marital dysfunction: A longitudinal analysis. *J Fam Psychol*, **15**, 135-154.

Lawrence, E., & Bradbury, T.N. (2007). Trajectories of change in physical aggression and marital satisfaction. *J Fam Psychol*, **21**, 236-247.
Lawrence, E., Nylen, K., & Cobb, R.J. (2007). Prenatal expectations and marital satisfaction over the transition to parenthood. *J Fam Psychol*, **21**, 155-164.
Lawrence, E., Ro, E., Barry, R., & Bunde, M. (2006). Mechanisms of distress and dissolution in physically aggressive romantic relationships. In M.A. Fine & J.H. Harvey(Eds.), *Handbook of divorce and relationship dissolution*. Mahway, NJ: Lawrence Erlbaum Associates. Pp. 263-286.
Lawrence, E., Rothman, A.D., Cobb, R.J., Rothman, M.T., & Bradbury, T.N. (2008). Marital satisfaction across the transition to parenthood. *J Fam Psychol*, **22**, 41-50.
LeBeau, L.S., & Buckingham, J.T. (2008). Relationship social comparison tendencies, insecurity, and perceived relationship quality. *J Soc Pers Relat*, **25**, 71-86.
Ledermann, T., Bodenmann, G., & Cina, A. (2007). The efficacy of the couples coping enhancement training (CCET) in improving relationship quality. *J Soc Clin Psychol*, **26**, 940-959.
李　基平（2008）夫の家事参加と妻の夫婦関係満足度—妻の夫への家事参加期待とその充足度に注目して—　家族社会学研究, **20**, 70-80.
Legkauskas, V., & Stankevičienė, D. (2009). Premarital sex and marital satisfaction of middle aged men and women: A study of married Lithuanian couples. *Sex Roles*, **60**, 21-32.
Lehmiller, J.J., & Agnew, C.R. (2007). Perceived marginalization and the prediction of romantic relationship stability. *J Marriage Fam*, **69**, 1036-1049.
Lennon, M.C., & Rosenfield, S. (1994). Relative fairness and the division of housework: The importance of options. *Am J Sociol*, **100**, 506-531.
Lester, D. (1996). The impact of unemployment on marriage and divorce. *J Divorce & Remarriage*, **25**(3/4), 151-153.
Lester, D. (1999). Regional differences in divorce rates: A preliminary study. *J Divorce & Remarriage*, **30**(3/4), 121-124.
Levinger, G. (1965). Marital cohesiveness and dissolution: An integrative review. *J Marriage Fam*, **27**, 19-28.
Levinger, G. (1979). A social psychological perspective on marital dissolution. In G. Levinger & C.M. Oliver(Eds.), *Divorce and separation: Context, causes, and consequences*. New York: Basic Books. Pp. 37-60.
Lillard, L.A., Brien, M.J., & Waite, L.J. (1995). Premarital cohabitation and subsequent marital dissolution: A matter of self-selection? *Demography*, **32**, 437-457.
Lillard, L.A., & Waite, L.J. (1993). A joint model of marital childbearing and marital disruption. *Demography*, **30**, 653-981.
Lindström, M., Hanson, B.S., Östergren, P., & Berglund, G. (2000). Socioeconomic differences in smoking cessation: The role of social participation. *Scand J Public Health*, **28**, 200-208.
Liu, C. (2000). A theory of marital sexual life. *J Marriage Fam*, **62**, 363-374.
Loerch, K.J., Russell, J.E.A., & Rush, M.C. (1989). The relationships among family domain variables and work-family conflict for men and women. *J Vocat Behav*, **35**, 288-308.
Logan, T., Leukefeld, C., & Walker, B. (2000). Stalking as a variant of intimate violence: Implications from a young adult sample. *Violence Vict*, **15**, 91-111.
Long, E.C.J., Cate, R.M., Fehsenfeld, D.A., & Williams, K.M. (1996). A longitudinal assessment of a measure of premarital sexual conflict. *Fam Confl*, **45**, 302-308.
Lorenz, F.O., Hraba, J., & Pechacova, Z. (2001). Effects of spouse support and hostility on trajectories of Czech couples' marital satisfaction and instability. *J Marriage Fam*, **63**, 1068-1082.
Lorenz, F.O., Simons, R.L., Conger, R.D., Elder, G.H., Jr., Johnson, C., & Chao, W. (1997). Married and recently divorced mothers' stressful events and distress: Tracing change across time. *J Marriage Fam*, **59**, 219-232.
Loving, T.J. (2006). Predicting dating relationship fate with insiders' and outsiders' perspectives: Who and what is asked matters. *Pers Relat*, **13**, 349-362.
Loving, T.J., Heffner, K.L., Kiecolt-Glaser, J.K., Glaser, R., & Malarkey, W.B. (2004). Stress hormone changes and marital conflict: Spouses' relative power makes a difference. *J Marriage & Fam*, **66**, 595-612.
Lueptow, L.B., Guss, M.B., & Hyden, C. (1989). Sex role ideology, marital status, and happiness. *J Fam Issues*, **10**, 383-400.
Luo, S., & Klohnen, E.C. (2005). Assortative mating and marital quality in newlyweds: A couple-centered

approach. *J Pers Soc Psycholy,* **88**, 304-326.
Lussier, Y., Sabourin, S., & Turgeon, C. (1997). Coping strategies as moderators of the relationship between attachment and marital adjustment. *J Soc Pers Relat,* **14**, 777-791.
Maccoby, E.E., Depner, C.E., & Mnookin, R.H. (1990). Coparenting in the second year after divorce. *J Marriage Fam,* **52**, 141-155.
MacDermid, S.M., Huston, T.L., & McHale, S.M. (1990). Changes in marriage associated with the transition to parenthood: Individual differences as a function of sex-role attitudes and changes in the division of household labor. *J Marriage Fam,* **52**, 475-486.
MacEwen, K.E., & Barling, J. (1994). Daily consequences of work interference with family and family interference with work. *Work Stress,* **8**, 244-254.
Madden-Derdich, D.A., Leonard, S.A., & Christopher, F.S. (1999). Boundary ambiguity and coparental conflict after divorce: An empirical test of a family systems model of the divorce process. *J Marriage Fam,* **61**, 588-598.
Major, B. (1993). Gender, entitlement, and the distribution of family labor. *J Soc Issues,* **49**, 141-159.
Marchand, J.F., & Hock, E. (2000). Avoidance and attacking conflict-resolution strategies among married couples: Relations to depressive symptoms and marital satisfaction. *Fam Relat,* **49**, 201-206.
Marchand-Reilly, J.F., & Reese-Weber, M. (2005). Husbands' and wives' attachment orientations and depressive symptoms: Predictors of positive and negative conflict behaviors in the marriage. *J Adult Dev,* **12**, 85-89.
Marks, N.F. (1996). Flying solo at midlife: Gender, marital status, and psychological well-being. *J Marriage Fam,* **58**, 917-932.
Marks, N.F., & Lambert, J.D. (1998). Marital status continuity and change among young and midlife adults: Longitudinal effects on psychological well-being. *J Fam Issues,* **19**, 652-686.
Martikainen, P., Martelin, T., Nihtilä, E., Majamaa, K., & Koskinen, S. (2005). Differences in mortality by marital status in Finland from 1976 to 2000: Analyses of changes in marital-status distributions, sociodemographic and household composition, and cause of death. *Popul Stud (Camb),* **59**, 99-115.
Martin, R.A., & Lefcourt, H.M. (1983). Sense of humor as a moderator of the relation between stressors and moods. *J Pers Soc Psychol,* **45**, 1313-1324.
Masheter, C. (1991). Postdivorce relationships between ex-spouses: The roles of attachment and interpersonal conflict. *J Marriage Fam,* **53**, 103-110.
Masheter, C. (1997). Health and unhealthy friendship and hostility between ex-spouses. *J Marriage Fam,* **59**, 463-475.
Mastekaasa, A. (1994a). Psychological well-being and marital dissolution: Selection effects? *J Fam Issues,* **15**, 208-228.
Mastekaasa, A. (1994b). Marital status, distress, and well-being: An international comparison. *J Comp Fam Stud,* **25**, 183-205.
Mastekaasa, A. (1997). Marital dissolution as a stressor: Some evidence on psychological, physical, and behavioral changes in the pre-separation period. *J Divorce & Remarriage,* **26**(3/4), 155-183.
Matthews, K.A., & Gump, B.B. (2002). Chronic work stress and marital dissolution increase risk of posttrial mortality in men from the multiple risk factor intervention trial. *Arch Int Med,* **162**, 309-315.
Matthews, L.S., Conger, R.D., & Wickrama, K.A.S. (1996a). Work-family conflict and marital quality: Mediating processes. *Soc Psychol Q,* **59**, 62-79.
Matthews, L.S., Wickrama, K.A.S., & Conger, R.D. (1996b). Predicting marital instability from spouse and observer reports of marital interaction. *J Marriage Fam,* **58**, 641-655.
Mazor, A., Batiste-Harel, P., & Gampel, Y. (1998). Divorcing spouses' coping patterns, attachment bonding and forgiveness processes in the post-divorce experience. *J Divorce & Remarriage,* **29**(3/4), 65-81.
Mazur, A., & Booth, A. (1998). Testosterone and dominance in men. *Behav Brain Sci,* **21**, 353-397.
Mazur, A., & Hichalek, J. (1998). Marriage, divorce, and male testosterone. *Soc Forces,* **77**, 315-330.
McCarthy, B. (2004). Rekindling sexual desire. *Paper presented at the Annual Conference of the Coalition for Marriage, Family and Couples Education.* Dallas, TX.
McCubbin, H.I., & Patterson, J.M. (1982). Family adaptation to crises. In E.I. McCubbin, A.E. Cauble, & J.M. Patterson(Eds.), *Family stress, coping, and social support.* Springfield, Illinois: Charless C Thomas Publisher. Pp. 26-47.
McCullough, M.E., Worthington, E.L., Jr., & Rachal, K.C. (1997). Interpersonal forgiving in close relationships. *J Pers Soc Psychol,* **73**, 321-336.

McFarlane, J., Campbell, J.C., & Watson, K. (2002). Intimate partner stalking and femicide: Urgent implications for women's safety. *Behav Sci Law*, **20**, 51-68.
McGonagle, K.A., Kessler, R.C., & Schilling, E.A. (1992). The frequency and determinants of marital disagreements in a community sample. *J Soc Pers Relat*, **9**, 507-524.
McGue, M., & Lykken, D.T. (1992). Genetic influence on risk of divorce. *Psychol Sci*, **3**, 368-373.
McNulty, J.K. (2008). Forgiveness in marriage: Putting the benefits into context. *J Fam Psychol*, **22**, 171-175.
Mearns, J. (1991). Coping with a breakup: Negative mood regulation expectancies and depression following the end of a romantic relationship. *J Pers Soc Psychol*, **60**, 327-334.
Mechanic, M.B., Weaver, T.L., & Resick, P.A. (2000). Intimate partner violence and stalking behavior: Exploration of patterns and correlates in a sample of acutely battered women. *Violence Vict*, **15**, 55-72.
Mederer, H.J. (1993). Division of labor in two-earner homes: Task accomplishment versus household management as critical variables in perceptions about family work. *J Marriage Fam*, **55**, 133-145.
Meijer, A.M., & van den Wittenboer, G.L.H. (2007). Contribution of infants' sleep and crying to marital relationship of first-time parent couples in the 1st year after childbirth. *J Fam Psychol*, **21**, 49-57.
明治安田生活福祉研究所（2005a）「結婚・出産に関するアンケート調査」の結果概要—首都圏の20～39歳を対象に独身者と既婚者の結婚・出産観を比較—　明治安田生活福祉研究所
明治安田生活福祉研究所（2005b）「将来の生活に関する意識調査」の結果概要—全国の満20～59歳を対象に、将来の生活設計にかかわる事柄を幅広く質問—　明治安田生活福祉研究所
明治安田生活福祉研究所（2006a）「20・30歳代の生活に関する意識調査」の結果概要　明治安田生活福祉研究所
明治安田生活福祉研究所（2006b）第2回「結婚・出産に関するアンケート調査」の結果概要—首都圏20代～30代独身者・既婚者—　明治安田生活福祉研究所
明治安田生活福祉研究所（2007）「30・40歳代既婚者の生活設計に関する意識調査」結果概要　明治安田生活福祉研究所
明治安田生活福祉研究所（2008）「熟年夫婦の生活に関する意識調査」結果概要　明治安田生活福祉研究所
Melton, H.C. (2007). Predicting the occurrence of stalking in relationships characterized by domestic violence. *J Interpers Violence*, **22**, 3-25.
Menaghan, E.G., & Lieberman, M.A. (1986). Changes in depression following divorce: A panel study. *J Marriage Fam*, **48**, 319-328.
Messner, S.F., Bjarnason, T., Raffalovich, L.E., & Robinson, B.K. (2006). Nonmarital fertility and the effects of divorce rates on youth suicide rates. *J Marriage Fam*, **68**, 1105-1111.
Metz, M.E., Rosser, B.R.S., & Strapko, N. (1994). Differences in conflict-resolution styles among heterosexual, gay, and lesbian couples. *J Sex Res*, **31**, 293-308.
Miller, B.C. (1976). A multivariate developmental model of marital satisfaction. *J Marriage Fam*, **38**, 643-657.
Miller, G.E., & Bradbury, T.N. (1995). Refining the association between attributions and behavior in marital interaction. *J Fam Psychol*, **9**, 196-208.
Miller, S.L., & Maner, J.K. (2008). Coping with romantic betrayal: Sex differences in responses to partner infidelity. *Evol Psychol*, **6**, 413-426.
Miller, S.L., & Maner, J.K. (2009). Sex differences in response to sexual versus emotional infidelity: The moderating role of individual differences. *Pers Individ Dif*, **46**, 287-291.
Mirowsky, J. (1985). Depression and marital power: An equity model. *Am J Soc*, **91**, 557-592.
Monnier, J., Cameron, R.P., Hobfoll, S.E., & Gribble, J.R. (2000). Direct and crossover effects of prosocial and antisocial coping behaviors. *J Fam Psychol*, **14**, 570-584.
Moore, K.A., & Waite, L.J. (1981). Marital dissolution, early motherhood and early marriage. *Soc Forces*, **60**, 20-40.
森木美恵（2008）女性の就労観と夫婦間の性交渉の頻度について　中央調査報, **606**.
Morse, B.J. (1995). Beyond the Conflict Tactics Scale: Assessing gender differences in partner violence. *Violence Vict*, **10**, 251-272.
Mudar, P., Leonard, K.E., & Soltysinski, K. (2001). Discrepant substance use marital functioning in newlywed couples. *J Consult Clin Psychol*, **69**, 130-134.
Mullen, P.E., Pathé, M., Purcell, R., & Stuart, G.W. (1999). Study of stalkers. *Am J Psychiatry*, **156**, 1244-1249.
Murphy, S.M., Vallacher, R.R., Shackelford, T.K., Bjorklund, D.F., & Yunger, J.L. (2006). Relationship experience as a predictor of romantic jealousy. *Pers Individ Dif*, **40**, 761-769.
Murry, V.M., Harrell, A.W., Brody, G.H., Chen, Y., Simons, R.L., Black, A.R., Cutrona, C.E., & Gibbons, F.X. (2008).

Long-term effects of stressors on relationship well-being and parenting among rural African American women. *Fam Relat*, **57**, 117-127.
Nagata, C., Takatsuka, N., & Shimizu, H. (2003). The impact of changes in marital status on the mortality of elderly Japanese. *Annu Epidemiol*, **13**, 218-222.
永井暁子（2005）結婚生活の経過による妻の夫婦関係満足感度の変化　季刊家計経済研究, **66**, 76-81.
内閣府男女共同参画局（2006）「男女間における暴力に関する調査」報告書　内閣府男女共同参画局
内閣府男女共同参画局（2007）配偶者からの暴力の被害者の自立支援等に関する調査結果　内閣府男女共同参画局
内閣府経済社会総合研究所（2004）スウェーデン家庭生活調査　内閣府経済社会総合研究所
Nannini, D.K., & Meyers, L.S. (2000). Jealousy in sexual and emotional infidelity: An alternative to the evolutionary explanation. *J Sex Res*, **37**, 117-122.
夏目　誠・古我貴史・浅尾博一・杉本寛治・中村彰夫・松原和幸・村田　弘・白石純三・藤井久和（1987）勤労者におけるストレス評価法について（第1報）—自己評価に基づくストレス指数の作成—　大阪府立公衆衛生研究所報告（精神衛生編）, **25**, 79-89.
Neff, L.A., & Karnry, B.R. (2007). Stress crossover in newlywed marriage: A longitudinal and dyadic perspective. *J Marriage Fam*, **69**, 594-607.
Nelson, G. (1982). Coping with the loss of father: Family reaction to death or divorce. *J Fam Issues*, **3**, 41-60.
Nemechek, S., & Olson, K.R. (1999). Five-factor personality similarity and marital adjustment. *Soc Behav Pers*, **27**, 309-318.
Newmark, C.S., Woody, G., & Ziff, D. (1977). Understanding and similarity in relation to marital satisfaction. *J Clin Psychol*, **33**, 83-86
Newton, T.L., & Kiecolt-Glaser, J.K. (1995). Hostility and erosion of marital quality during early marriage. *J Behav Med*, **18**, 601-619.
Nock, S.L. (1995). A comparison of marriages and cohabiting relationships. *J Fam Issues*, **16**, 53-76.
Noller, P., & White, A. (1990). The validity of the Communication Patterns Questionnaire. *Psychol Assess*, **2**, 478-482.
North, R.J., Holahan, C.J., Moos, R.H., & Cronkite, R.C. (2008). Family support, family income, and happiness: A 10-year perspective. *J Fam Psychol*, **22**, 475-483.
Nystedt, P. (2006). Marital life course events and smoking behaviour in Sweden 1980-2000. *Soc Sci Med*, **62**, 1427-1442.
O'Connor, T.G., Pickering, K., Dunn, J., & Golding, J. (1999). Frequency and predictors of relationship dissolution in a community sample in England. *J Fam Psychol*, **13**, 436-449.
O'Farrell, T.J., & Birchler, G.R. (1987). Marital relationships of alcoholic, conflicted, and nonconflicted couples. *J Marital Fam Ther*, **13**, 259-274.
O'Leary, K.D., Barling, J., Arias, I., Rosenbaum, A., Malone, J., & Tyree, A. (1989). Prevalence and stability of physical aggression between spouses: A longitudinal analysis. *J Consult Clin Psychol*, **57**, 263-268.
Ono, H. (1998). Husbands' and wives' resources and marital dissolution. *J Marriage Fam*, **60**, 674-689.
小野寺敦子（2005）親になることにともなう夫婦関係の変化　発達心理学研究, **16**, 15-25.
Orbuch, T.L., House, J.S., Mero, R.P., & Webster, P.S. (1996). Marital quality over the life course. *Soc Psychol Q*, **59**, 162-171.
Orbuch, T.L., Veroff, J., Hassan, H., & Horrocks, J. (2002). Who will divorce: A 14-year longitudinal study of black couples and white couples. *J Soc Pers Relat*, **19**, 179-202.
Oropesa, R.S., & Landale, N.S. (2005). Equal access to income and union dissolution among Mainland Puerto Ricans. *J Marriage Fam*, **67**, 173-190.
Paleari, F.G., Regalia, C., & Fincham, F. (2005). Marital quality, forgiveness, empathy, and rumination: A longitudinal analysis. *Pers Soc Psychol Bull*, **31**, 368-378.
Panayiotou, G. (2005). Love, commitment, and response to conflict among Cypriot dating couples: Two models, one relationship. *Int J Psychol*, **40**, 108-117.
Pancer, S.M., Pratt, M., Hunsberger, B., & Gallant, M. (2000). Thinking ahead: Complexity of expectations and the transition to parenthood. *J Pers*, **68**, 253-280.
Papp, L.M., Cummings, E.M., & Goeke-Morey, M.C. (2009). For richer, for poorer: Money as a topic of marital conflict in the home. *Fam Relat*, **58**, 91-103.
Parasuraman, S., Greenhaus, J.H., & Granrose, C.S. (1992). Role stressors, social support, and well-being among two-career couples. *J Organ Behav*, **13**, 339-356.

Parks, M.R., & Adelman, M.B. (1983). Communication networks and the development of romantic relationships: An uncertainty reduction theory. *Hum Commun Res*, **10**, 55-79.

Pasch, L.A., & Bradbury, T.N. (1998). Social support, conflict, and the development of marital dysfunction. *J Consult Clin Psychol*, **66**, 219-230.

Paul, E.L., & Galloway, J. (1994). Sexual jealousy: Gender differences in response to partner and rival. *Aggress Behav*, **20**, 203-211.

Paul, E.L., McManus, B., & Hayes, A. (2000). "Hookups": Characteristics and correlates of college students' spontaneous and anonymous sexual experiences. *J Sex Res*, **37**, 76-88.

Pavalko, E.K., & Elder, G.H., Jr. (1990). World war Ⅱ and divorce: A life-course perspective. *Am J Sociol*, **95**, 1213-1234.

Penke, L., & Asendorpf, J.B. (2008). Evidence for conditional sex differences in emotional but not in sexual jealousy at the automatic level of cognitive processing. *Eur J Soc Psychol*, **22**, 3-30.

Perilloux, C., & Buss, D.M. (2008). Breaking up romantic relationships: Costs experienced and coping strategies deployed. *Evol Psychol*, **6**, 164-181.

Perren, S., von Wyl, A., Bürgin, D., Simoni, H., & von Klitzing, K. (2005). Intergenerational transmission of marital quality across the transition to parenthood. *Fam Process*, **44**, 441-459.

Perrone, K.M., & Worthington, E.L., Jr., (2001). Factor influencing ratings of marital quality by individuals within dual-career marriages: A conceptual model. *J Couns Psychol*, **48**, 3-9.

Pettit, E.L., & Bloom, B.L. (1984). Whose decision was it? The effects of initiator status on adjustment ton marital disruption. *J Marriage Fam*, **46**, 587-595.

Piña, D.L., & Bengtson, V.L. (1993). The division of household labor and wives' happiness: Ideology, employment, and perceptions of support. *J Marriage Fam*, **55**, 901-912.

Platek, S.M., & Thomson, J.W. (2007). Facial resemblance exaggerates sex-specific jealousy-based decisions. *Evol Psychol*, **5**, 223-231.

Pleck, J.H. (1977). The work-family role system. *Soc Probl*, **24**, 417-427.

Poortman, A., & Kalmijn, M. (2002). Women's labour market position and divorce in the Netherlands: Evaluating economic interpretations of the work effect. *Eur J Popul*, **18**, 175-202.

Proulx, C., Helms, H.M., & Buehler, C. (2007). Marital quality and personal well-being: A meta-analysis. *J Marriage Fam*, **69**, 576-593.

Proulx, C.M., Helms, H.M., & Payne, C. (2004). Wives' domain-specific "marriage work" with friends and spouses: Links to marital quality. *Fam Relat*, **53**, 393-404.

Presser, H.B. (2000). Nonstandard work schedules and marital instability. *J Marriage Fam*, **62**, 93-110.

Previti, D., & Amato, P.R. (2004). Is infidelity a cause or a consequence of poor marital quality? *J Soc Pers Relat*, **21**, 217-230.

Prins, K.S., Buunk, B.P., & van Yperen, N.W. (1993). Equity, normative disapproval and extramarital relationships. *J Soc Pers Relat*, **10**, 39-53.

Quigley, B.M., & Leonard, K.E. (1996). Desistance of husband aggression in the early years of marriage. *Violence Vict*, **11**, 355-370.

Raley, R.K., & Bumpass, L. (2003). The topography of the divorce plateau: Levels and trends in union stability in the United States after 1980. *Demogr Res*, **8**, 245-259.

Rands, M., Levinger, G., & Mellinger, G.D. (1981). Patterns of conflict resolution and marital satisfaction. *J Fam Issues*, **2**, 297-321.

Rao, K.V., & Demaris, A. (1995). Coital frequency among married and cohabiting couples in the United States. *J Biosoc Sci*, **27**, 135-150.

Raymo, J.M.・岩澤美帆・Bumpass, L. (2005) 日本における離婚の現状―結婚コーホート別の趨勢と教育水準別格差― 人口問題研究, **61**(3), 50-67.

Rehman, U.S., Gollan, J., & Mortimer, A.R. (2008). The marital context of depression: Research, limitations, and new directions. *Clin Psychol Rev*, **28**, 179-198.

Rehman, U.S., & Holtzworth-Munroe, A. (2007). A cross-cultural examination of the relation of marital communication behavior to marital satisfaction. *J Fam Psychol*, **21**, 759-763.

Renaud, C., Byers, E.S., & Pan, S. (1997). Sexual and relationship satisfaction in mainland China. *J Sex Res*, **34**, 399-410.

Richards, M., Hardy, R., & Wadsworth, M. (1997). The effects of divorce and separation on mental health in a national UK birth cohort. *Psychol Med*, **27**, 1121-1128.

Richmond, L.S., & Christensen, D.H. (2000). Coping strategies and postdivorce health outcomes. *J Divorce & Remarriage*, **34**(1/2), 41-59.
Ripley, J.S., & Worthington, E.L., Jr. (2002). Hope-focused and forgiveness-based group interventions to promote marital enrichment. *J Couns Dev*, **80**, 452-463.
Roberts, L.J. (2000). Fire and ice in marital communication: Hostile and distancing behaviors as predictors of marital distress. *J Marriage Fam*, **62**, 693-707.
Roberts, L.J., & Krokoff, L.J. (1990). A time-series analysis of withdrawal, hostility, and displeasure in satisfied and dissatisfied marriage. *J Marriage Fam*, **52**, 95-105.
Rodgers, S.H.B., & Power, C. (1999). Marital status transitions and psychological distress: Longitudinal evidence from a national population. *Psychol Med*, **29**, 381-389.
Rodrigues, A.E., Hall, J.H., & Fincham, F.D. (2006). What predicts divorce and relationship dissolution? In M.A. Fine & J.H. Harvey(Eds.), *Handbook of divorce and relationship dissolution*. Mahway, NJ: Lawrence Erlbaum Associates. Pp. 85-112.
Rogers, R.G. (1995). Marriage, sex, and mortality. *J Marriage Fam*, **57**, 515-526.
Rogers, S.J. (2004). Dollars, dependency, and divorce: Four perspectives on the role of wives' income. *J Marriage Fam*, **66**, 59-74.
Rogers, S.J., & May, D.C. (2003). Spillover between marital quality and job satisfaction: Long-term patterns and gender differences. *J Marriage Fam*, **65**, 482-495.
Rogers, S.J., & White, L.K. (1998). Satisfaction with parenting: The role of marital happiness, family structure, and parents' gender. *J Marriage Fam*, **60**, 293-308.
Rogge, R.D., & Bradbury, T.N. (1999). Till violence does us part: The differing roles of communication and aggression in predicting adverse marital outcomes. *J Consult Clin Psychol*, **67**, 340-351.
Rogge, R.D., Bradbury, T.N., Hahlweg, K. Engl, J., & Thurmaier, F. (2006). Predicting marital distress and dissolution: Refining the two-factor hypothesis. *J Fam Psychol*, **20**, 156-159.
Rollins, B.C., & Cannon, K.L. (1974). Marital satisfaction over the family life cycle: A reevaluation. *J Marriage Fam*, **36**, 271-282.
Rollins, B.C., & Feldman, H. (1970). Marital satisfaction over the family life cycle. *J Marriage Fam*, **32**, 20-28.
de Rose, A. (1992). Socio-economic factors and family size as determinants of marital dissolution in Italy. *Eur Sociol Rev*, **8**, 71-91.
Ross, C.E. (1995). Reconceptualizing marital status as a continuum of social attachment. *J Marriage Fam*, **57**, 129-140.
Ross, C.E., & Mirowsky, J. (1999). Parental divorce, life-course disruption, and adult depression. *J Marriage Fam*, **61**, 1034-1045.
Rossow, I. (1993). Suicide, alcohol, and divorce: Aspects of gender and family integration. *Addiction*, **88**, 1659-1665.
Rothbard, N.P. (2001). Enriching or depleting? The dynamics of engagement in work and family roles. *Adm Sci Q*, **46**, 655-684.
Rusbult, C.E. (1980). Commitment and satisfaction in romantic associations: A test of the investment model. *J Exp Soc Psychol*, **16**, 172-186.
Rusbult, C.E. (1983). A longitudinal test of the investment model: The development (and deterioration) of satisfaction and commitment in heterosexual involvements. *J Pers Soc Psychol*, **45**, 101-117.
Rusbult, C.E., Hannon, P.A., Stocker, S.L., & Finkel, E.J. (2005). Forgiveness and relational repair. In E.L., Worthington, Jr. (Ed.), *Handbook of forgiveness*. New York: Taylor & Francis Group. Pp. 185-205.
Rusbult, C.E., Johnson, D.J., & Morrow, G.D. (1986). Determinants and consequences of exit, voice, loyalty, and neglect: Responses to dissatisfaction in adult romantic involvements. *Hum Relat*, **39**, 45-63.
Rusbult, C.E., Kumashiro, M., Finkel, E.J., & Wildschut, T. (2002). The war of the roses: An interdependence analysis of betrayal and forgiveness. In P. Noller & J.A. Feeney(Eds.), *Understanding marriage: Developments in the study of couple interaction*. Cambridge, UK: Cambridge University Press. Pp. 199-239.
Rusbult, C.E., Martz, J.M., & Agnew, C.R. (1998). The Investment Model Scale: Measuring commitment level, satisfaction level, quality of alternatives, and investment size. *Pers Relat*, **5**, 357-391.
Rusbult, C.E., Zembrodt, I.M., & Gunn, L.K. (1982). Exit, voice, loyalty, and neglect: Responses to dissatisfaction in romantic involvements. *J Pers Soc Psychol*, **43**, 1230-1242.
Russell, R.J.H., & Wells, P.A. (1991). Personality similarity and quality of marriage. *Pers Individ Dif*, **12**, 407-

412.
Russell, R.J.H., & Wells, P.A. (1994). Personality and quality of marriage. *Br J Psychol*, **85**, 161-168.
Ryckman, R.M., Thornton, B., Gold, J.A., & Burckle, M.A. (2002). Romantic relationships of hypercompetitive individuals. *J Soc Clin Psychol*, **21**, 517-530.
Rye, M.S., Folck, C.D., Heim, T.A., Olszewski, B.T., & Traina, E. (2004). Forgiveness of an ex-spouse: How does it relate to mental health following a divorce? *J Divorce & Remarriage*, **41**(3/4), 31-51.
Rye, M.S., & Pargament, K.I. (2002). Forgiveness and romantic relationships in college: Can it heal the wounded heart ? *J Clin Psychol*, **58**, 419-441.
Sabini, J., & Green, M.C. (2004). Emotional responses to sexual and emotional infidelity: Constants and differences across genders, samples, and methods. *Pers Soc Psychol Bull*, **30**, 1375-1388.
Sagarin, B.J., Becker, D.V., Guadagno, R.E., Nicastle, L.D., & Millevoi, A. (2003). Sex differences (and similarities) in jealousy: The moderating influence of infidelity experience and sexual orientation of the infidelity. *Evol Hum Behav*, **24**, 17-23.
Sagarin, B.J., & Guadagno, R.E. (2004). Sex differences in the contexts of extreme jealousy. *Pers Relatsh*, **11**, 319-328.
Sagrestano, L.M., Heavey, C.L., & Christensen, A. (1999). Perceived power and physical violence in marital conflict. *J Soc Issues*, **55**, 65-79.
Sanchez, L., & Gager, C.T. (2000). Hard living, perceived entitlement to a great marriage, and marital dissolution. *J Marriage Fam*, **62**, 708-722.
Sanders, M.R., Halford, W.K., & Behrens, B.C. (1999). Parental Divorce and premarital couple communication. *J Fam Psychol*, **13**, 60-74.
Sanford, K. (2003). Expectancies and communication behavior in marriage: Distinguishing proximal-level effects from distal-level effects. *J Soc Pers Relat*, **20**, 391-402.
Sanford, K. (2007). Hard and soft emotion during conflict: Investigating married couples and other relationships. *Pers Relatsh*, **14**, 65-90.
Sayer, L.C., & Bianchi, S.M. (2000). Women's economic independence and the probability of divorce. *J Fam Issues*, **21**, 906-943.
Schneider, C.S., & Kenny, D.A. (2000). Cross-sex friends who were once romantic partners: Are they platonic friends now? *J Soc Pers Relat*, **17**, 451-466.
Schoen, R. (2002). Union disruption in the United States. *Int J Sociol*, **32**, 36-50.
Schoen, R., Astone, N.M., Rothert, K., Standish, N.J., & Kim, Y.J. (2002). Women's employment, marital happiness, and divorce. *Soc Forces*, **81**, 643-662.
Schoen, R., Rogers, S.J., & Amato, P.R. (2006). Wives' employment and spouses' marital happiness: Assessing the direction of influence using longitudinal couple data. *J Fam Issues*, **27**, 506-528.
Schudlich, T.D.D.R., Papp, L.M., & Cummings, E.M. (2004). Relations of husbands' and wives' dysphoria to marital conflict resolution strategies. *J Fam Psychol*, **18**, 171-183.
Schulz, M.S., Cowan, P.A., Cowan, C.P., & Brennan, R.T. (2004). Coming home upset: Gender, marital satisfaction, and the daily spillover of workday experience into couple interactions. *J Fam Psychol*, **18**, 250-263.
Schumacher, J.A., & Leonard, K.E. (2005). Husbands' and wives' marital adjustment, verbal aggression, and physical aggression as longitudinal predictors of physical aggression in early marriage. *J Consult Clin Psychol*, **73**, 28-37.
Schützwohl, A. (2004). Which infidelity type makes you more jealous? Decision strategies in a forced-choice between sexual and emotional infidelity. *Evol Psychol*, **2**, 121-128.
Schützwohl, A. (2005). Sex differences in jealousy: The processing of cues to infidelity. *Evol Hum Behav*, **26**, 288-299.
Schützwohl, A. (2006). Sex differences in jealousy: Information search and cognitive preoccupation. *Pers Individ Dif*, **40**, 285-292.
Schützwohl, A. (2007). Decision strategies in continuous rating of jealousy feeling elicited by sexual and emotional infidelity. *Evol Psychol*, **5**, 815-828.
Schützwohl, A. (2008a). The intentional object of romantic jealousy. *Evol Hum Behav*, **29**, 92-99.
Schützwohl, A. (2008b). The crux of cognitive load: Constraining deliberate and effortful decision processes in romantic jealousy. *Evol Hum Behav*, **29**, 127-132.
Schützwohl, A. (2008c). The disengagement of attentive resources from task-irrelevant cues to sexual and

emotional infidelity. *Pers Individ Dif*, **44**, 633-644.
Schützwohl, A., & Koch, S. (2004). Sex differences in jealousy: The recall of cues to sexual and emotional infidelity in personally more and less threatening context conditions. *Evol Hum Behav*, **25**, 249-257.
Schwarzwald, J., Koslowsky, M., & Izhak-Nir, E.B. (2008). Gender role ideology as a moderator of the relationship between social power tactics and marital satisfaction. *Sex Roles*, **59**, 657-669.
Segrin, C., & Taylor, M. (2006). A social cognitive analysis of the effects of parental divorce on premarital couples' communication skills. *J Divorce & Remarriage*, **46**(1/2), 57-83.
セイエンタプライズの「Sei さんのお店」(2001-2003) 浮気に関するアンケート　Retrieved May, 3, 2009, from http://www.hapima.com/sh/sei/ank12/#03
Sevier, M., Eldridge, K., Jones, J., Doss, B.D., & Christensen, A. (2008). Observed communication and associations with satisfaction during traditional and integrative behavioral couple therapy. *Behav Ther*, **39**, 137-150.
Shackelford, T.K., & Buss, D.M. (2000). Marital satisfaction and spousal cost-influence. *Pers Individ Dif*, **28**, 917-928.
Shackelford, T.K., Buss, D.M., & Bennett, K. (2002). Forgiveness or breakup: Sex differences in responses to a partner's infidelity. *Cogn Emot*, **16**, 299-307.
Shackelford, T.K., LeBlanc, G.J., & Drass, E. (2000). Emotional reactions to infidelity. *Cogn Emot*, **14**, 643-659.
Shapiro, A.F., Gottman, J.M., & Carrère, S. (2000). The baby and the marriage: Identifying factors that buffer against decline in marital satisfaction after the first baby arrives. *J Fam Psychol*, **14**, 59-70.
Shaver, P.R., & Brennan, K.A. (1992). Attachment styles and the "big five" personality traits: Their connections with each other and with romantic relationship outcomes. *Pers Soc Psychol Bull*, **18**, 536-545.
Sheets, V.L., & Wolfe, M.D. (2001). Sexual jealousy in heterosexuals, lesbians, and gays. *Sex Roles*, **44**, 255-276.
Shelton, B.A., & John, D. (1996). The division of household labor. *Annu Rev Sociol*, **22**, 299-322.
Shi, L. (2003). The association between adult attachment styles and conflict resolution in romantic relationships. *Am J Fam Ther*, **31**, 143-157.
施　利平 (1999) 国際結婚夫婦の婚姻満足度を規定する諸要因　家族研究年報, **24**, 33-46.
施　利平 (2000) 国際結婚夫婦におけるコミュニケーションと婚姻満足度　ソシオロジ, **44**(3), 57-73.
Simon, R.W., & Marcussen, K. (1999). Marital transitions, marital beliefs, and mental health. *J Health Soc Behav*, **40**, 111-125.
Simon, V.A., Kobielski, S.J., & Martin, S. (2008). Conflict beliefs, goals, and behavior in romantic relationships during late adolescence. *J Youth Adolesc*, **37**, 324-335.
Simpson, J.A. (1987). The dissolution of romantic relationships: Factors involved in relationship stability and emotional distress. *J Pers Soc Psychol*, **53**, 683-692.
Simpson, L.E., & Christensen, A. (2005). Spousal agreement regarding relationship aggression on the Conflict Tactics Scale-2. *Psychol Assess*, **17**, 423-432.
Smart, M.S., & Smart, R.C. (1975). Recalled, present, and predicted satisfaction in stages of family life cycle in New Zealand. *J Marriage Fam*, **35**, 408-415.
Smith, D.A., Vivian, D., & O'Leary, K.D. (1990). Longitudinal prediction of marital discord from premarital expression of affect. *J Consult Clin Psychol*, **58**, 790-798.
Smith, H.S., & Cohen, L.H. (1993). Self-complexity and reactions to a relationship breakup. *J Soc Clin Psychol*, **12**, 367-384.
Smith, L., Ciarrochi, J., & Heaven, P.C.L. (2008a). The stability and change of trait emotional intelligence, conflict communication patterns, and relationship satisfaction: A one-year longitudinal study. *Pers Individ Dif*, **45**, 738-743.
Smith, L., Heaven, P.C.L., & Ciarrochi, J. (2008b). Trait emotional intelligence, conflict communication patterns, and relationship satisfaction. *Pers Individ Dif*, **44**, 1314-1325.
Smith, T.W. (1994). Attitudes toward sexual permissiveness: Trends, correlates, and behavioral connections. In A.S. Rossi(Ed.), *Sexuality across the life course.* Chicago, IL: The University of Chicago Press. Pp. 63-97.
Smock, P.J. (2000). Cohabitation in the United States: An appraisal of research themes, findings, and implications. *Annu Rev Sociol*, **26**, 1-20.
Smock, P.J., Manning, W.D., & Gupta, S. (1999). The effect of marriage and divorce on women's economic well-being. *Am Sociol Rev*, **64**, 794-812.
Soler, H., Vinayak, P., & Quadagno, D. (2000). Biosocial aspects of domestic violence. *Psychoneuroendocrinology*,

25, 721-739.
Sorenson, K.A., Russell, S.M., Harkness, D.J., & Harvey, J.H. (1993). Account-making, confiding, and coping with the ending of a close relationship. *J Soc Behav Pers*, **8**, 73-86.
South, S.C., & Krueger, R.F. (2008). Marital quality moderates genetic and environmental influences on the internalizing spectrum. *J Abnorm Psychol*, **117**, 826-837.
South, S.J. (2001). Time-dependent effects of wives' employment on marital dissolution. *Am Sociol Rev*, **66**, 226-245.
South, S.J., & Lloyd, K.M. (1995). Spousal alternatives and marital dissolution. *Am Sociol Rev*, **60**, 21-35.
South, S.J., Trent, K., & Shen, Y. (2001). Changing partners: Toward a macrostructural-opportunity theory of marital dissolution. *J Marriage Fam*, **63**, 743-754.
Spanier, G.B., Lewis, R.A., & Cole, C.L. (1975). Marital adjustment over the family life cycle: The issues of curvilinearity. *J Marriage Fam*, **37**, 263-275.
Spitze, G., & South, S.J. (1985). Women's employment, time expenditure, and divorce. *J Fam Issues*, **6**, 307-329.
Spotts, E.L., Lichtenstein, P., Pedersen, N., Neiderhiser, J.M., Hansson, K., Cederblad, M., & Reiss, D. (2005a). Personality and marital satisfaction: A behavioural genetic analysis. *Eur J Soc Psychol*, **19**, 205-227.
Spotts, E.L., Neiderhiser, J.M., Ganiban, J., Reiss, D., Lichtenstein, P., Hansson, K., Cederblad, M., & Pedersen, N.L. (2004a). Accounting for depressive symptoms in women: a twin study of associations with interpersonal relationships. *J Affect Disord*, **82**, 101-111.
Spotts, E.L., Neiderhiser, J.M., Towers, H., Hansson, K., Lichtenstein, P., Cederblad, M., Pedersen, N.L., & Reiss, D. (2004b). Genetic and environmental influences on marital relationships. *J Fam Psychol*, **18**, 107-119.
Spotts, E.L., Pedersen, N.L., Neiderhiser, J.M., Reiss, D., Lichtenstein, P., Hansson, K., & Cederblad, M. (2005b). Genetic effects on women's positive mental health: Do marital relationships and social support matter? *J Fam Psychol*, **19**, 339-349.
Spotts, E.L. Prescott, C., & Kendler, K. (2006). Examining the origins of gender differences in marital quality: A behavior genetic analysis. *J Fam Psychol*, **20**, 605-613.
Sprecher, S. (2001). Equity and social exchange in dating couples: Associations with satisfaction, commitment, and stability. *J Marriage Fam*, **63**, 599-613.
Sprecher, S. (2002). Sexual satisfaction in premarital relationships: Associations with satisfaction, love, commitment, and stability. *J Sex Res*, **39**, 190-196.
Sprecher, S., & Felmlee, D. (1992). The influence of parents and friends on the quality and stability of romantic relationships: A three-wave longitudinal investigation. *J Marriage Fam*, **54**, 888-900.
Sprecher, S., Felmlee, D., Metts, S., Fehr, B., & Vanni, D. (1998). Factors associated with distress following the breakup of a close relationship. *J Soc Pers Relat*, **15**, 791-809.
Sprecher, S., Felmlee, D., Schmeeckle, M., & Shu, X. (2006). No breakup occurs on an island: Social networks and relationship dissolution. In M.A. Fine & J.H. Harvey(Eds.), *Handbook of divorce and relationship dissolution*. Mahway, NJ: Lawrence Erlbaum Associates. Pp. 457-478.
Stack, S. (1992). The effect of divorce on suicide in Japan: A time series analysis, 1950-1980. *J Marriage Fam*, **54**, 327-334.
Stack, S., & Eshleman, J.R. (1998). Marital status and happiness: A 17-national study. *J Marriage Fam*, **60**, 527-536.
Staines, G.L., Pottick, K.J., & Fudge, D.A. (1986). Wives' employment and husbands' attitudes toward work and life. *J Appl Psychol*, **71**, 118-128.
Stanley, S.M., Amato, P.R., Johnson, C.A., & Markman, H.J. (2006). Premarital education, marital quality, and marital stability: Findings from a large, random household survey. *J Fam Psychol*, **20**, 117-126.
Stanley, S.M., Markman, H.J., & Whitton, S.W. (2002). Communication, conflict, and commitment: Insights on the foundations of relationship success from a national survey. *Fam Process*, **41**, 659-675.
Stevens, D., Kiger, G., & Riley, P.J. (2001). Working hard and hardly working: Domestic labor and marital satisfaction among dual-earner couples. *J Marriage Fam*, **63**, 514-526.
Stockard, J., & O'Brien, R.M. (2002). Cohort variations and changes in age-specific suicide rates over time: Explaining variations in youth suicide. *Soc Forces*, **81**, 605-642.
Storey, A.E., Walsh, C.J., Quinton, R.L., & Wynne-Edwards, K.E. (2000). Hormonal correlates of paternal responsiveness in new and expectant fathers. *Evol Hum Behav*, **21**, 79-95.
Story, L.B., Karney, B.R., Lawrence, E., & Bradbury, T.N. (2004). Interpersonal mediators in the intergenerational transmission of marital dysfunction. *J Fam Psychol*, **18**, 519-529.

Story, L.B., & Repetti, R. (2006). Daily occupational stressors and marital behavior. *J Fam Psychol*, **20**, 690-700.
Straus, M.A. (1979). Measuring intrafamily conflict and violence: The Conflict Tactics (CT) Scales. *J Marriage Fam*, **41**, 75-88.
Straus, M.A. (1999). The controversy over domestic violence by women: A methodological, theoretical, and sociology of science analysis. In X.B. Arriaga(Ed.), *Violence in intimate relationships*. Thousand Oaks, CA: Sage Publications. Pp. 17-44.
Straus, M.A., Hamby, S.L., Boney-McCoy, S., & Sugarman, D.B. (1996). The Revised Conflict Tactics Scales(CTS2). *J Fam Issues*, **17**, 283-316.
Strout, S.L., Laird, J.D., Shafer, A., & Thompson, N.S. (2005). The effect of vividness of experience on sex differences in jealousy. *Evol Psychol*, **3**, 263-274.
末盛　慶 (1999) 夫の家事遂行および情緒的サポートと妻の夫婦関係満足感　家族社会学研究, **11**, 71-82.
菅　睦夫・北村邦夫 (2007) 第3回男女の生活と意識に関する調査―性行動と避妊に関する意識と実態について―　武田雄二 (編) 全国的実態調査に基づいた人工妊娠中絶の減少に向けた包括的研究―平成18年度総括研究報告―　厚生労働省厚生労働科学研究費補助金 (子ども家庭総合研究事業) Pp. 23-98.
Suitor, J.J., & Pillemer, K. (1994). Family caregiving and marital satisfaction: Findings from a 1-year panel study of women caring for parents with dementia. *J Marriage Fam*, **56**, 681-690.
鈴木富美子 (2007) 妻からみた夫婦関係・夫からみた夫婦関係―「夫からの情緒的サポート」と「妻の苛立ち」による夫婦類型の計量的分析―　家族社会学研究, **19**, 58-70.
Sweeney, M.M., & Horwitz, A.V. (2001). Infidelity, initiation, and the emotional climate of divorce: Are there implications for mental health? *J Health Soc Behav*, **42**, 295-309.
Swensen, C.H., & Trahaug, G. (1985). Commitment and the long-term marriage relationship. *J Marriage Fam*, **47**, 939-945.
Teachman, J.D. (2002). Stability across cohorts in divorce risk factors. *Demography*, **39**, 331-351.
Teachman, J.D. (2003). Premarital sex, premarital cohabitation, and the risk of subsequent marital dissolution among women. *J Marriage Fam*, **65**, 444-455.
Teachman, J.D., & Polonko, K.A. (1990). Cohabitation and marital stability in the United States. *Soc Forces*, **69**, 207-220.
Teachman, J.D., & Tedrow, L. (2008). Divorce, race, and military service: More than equal pay and equal opportunity. *J Marriage Fam*, **70**, 1030-1044.
Teachman, J.D., Tedrow, L., & Hall, M. (2006). The demographic future of divorce and dissolution. In M.A. Fine & J.H. Harvey(Eds.), *Handbook of divorce and relationship dissolution*. Mahway, NJ: Lawrence Erlbaum Associates. Pp. 59-82.
Thibaut, J.W., & Kelley, H.H. (1959). *The social psychology of groups*. New York: Wiley.
Thiriot, T.L., & Buckner, E.T. (1991). Multiple predictors of satisfactory post-divorce adjustment of single custodial parents. *J Divorce & Remarriage*, **17**(1/2), 27-48.
Thompson, A.P. (1984). Emotional and sexual components of extramarital relations. *J Marriage Fam*, **46**, 35-42.
Thomson, E., & Colella, U. (1992). Cohabitation and marital stability: Quality or commitment? *J Marriage Fam*, **54**, 259-267.
Thornton, A., & Rodgers, W.L. (1987). The influence of individual and historical time on marital dissolution. *Demography*, **24**, 1-22.
Thornton, A., & Young-DeMarco, L. (2001). Four decades of trends in attitudes toward family issues in the United States: The 1960s through the 1990s. *J Marriage Fam*, **63**, 1009-1037.
Thurnher, M., Fenn, C.B., Melichar, J., & Chiriboga, D.A. (1983). Sociodemographic perspectives on reasons for divorce. *J Divorce*, **6**(4), 25-35.
Timmer, S.G., & Veroff, J. (2000). Family ties and the discontinuity of divorce in black and white newlywed couples. *J Marriage Fam*, **62**, 349-361.
Tjaden, P., & Thoennes, N. (2000). The role of stalking in domestic violence crime reports generated by the Colorado Springs Department. *Violence Vict*, **15**, 427-441.
Tjaden, P., Thoennes, N., & Allison, C.J. (2000). Comparing stalking victimization from legal and victim perspectives. *Violence Vict*, **15**, 7-22.
Torquati, J.C., & Vazsonyi, A.T. (1999). Attachment as an organizational construct for affect, appraisal, and coping of late adolescent females. *J Youth Adolesc*, **28**, 545-562.
Treas, J., & Giesen, D. (2000). Sexual infidelity among marriage and cohabiting Americans. *J Marriage Fam*, **62**, 48-60.

Trovato, F. (1987). A longitudinal analysis of divorce and suicide in Canada. *J Marriage Fam*, **49**, 193-203.
Træen, B., & Stigum, H. (1998). Parallel sexual relationships in the Norwegian context. *J Community Appl Soc Psychol*, **8**, 41-56.
Tsuchikura, R. (2006). Educational status and income: Correlations with subjective evaluation of marital quality: Differences by gender and age-cohort. 西野理子・稲葉昭英・嶋﨑尚子（編）夫婦、世帯、ライフコース―第2回家族についての全国調査（NFRJ03）2-1― 日本家族社会学会全国家族調査委員会 Pp. 117-123.
Tucker, J.S., Kressin, N.R., Spiro, A., Ⅲ., & Ruscio, J. (1998). Intrapersonal characteristics and the timing of divorce: A prospective investigation. *J Soc Pers Relat*, **15**, 211-225.
Twenge, J.M., Campbell, W.K., & Foster, C.A. (2003). Parenthood and marital satisfaction: A meta-analytic review. *J Marriage Fam*, **65**, 574-583.
Umberson, D., Chen, M.D., House, J.S., Hopkins, K., & Slaten, E. (1996). The effect of social relationships on psychological well-being: Are men and women really so different? *Am Sociol Rev*, **61**, 837-857.
Umberson, D., & Williams, C.L. (1993). Divorced fathers: Parental role strain and psychological distress. *J Fam Issues*, **14**, 378-400.
Umberson, D., Williams, K., Powers, D.A., Liu, H., & Needham, B. (2005). Stress in childhood and adulthood: Effects on marital quality over time. *J Marriage Fam*, **67**, 1332-1347.
U.S. Bureau of the Census.(2005).*Table F-22. Married couple families with wives' earnings greater than husbands' earnings: 1981 to 2003(selected years)*. Historical income tables: Families. Retrieved June, 14, 2006, from http://www.census.gov/hhes/www/income/histinc/f22.html
Vaillant, C.O., & Vaillant, G.E. (1993). Is the U-curve of marital satisfaction an illusion? A 40-year study of marriage. *J Marriage Fam*, **55**, 230-239.
de Vaus, D. (2002). Marriage and mental health. *Fam Matters*, **62**, 26-32.
Veroff, J., Sutherland, L., Chadiha, L.A., & Ortega, R.M. (1993). Predicting marital quality with narrative assessments of marital experience. *J Marriage Fam*, **55**, 326-337.
Vogel, D.L., Wester, S.R., & Heesacker, M. (1999). Dating relationships and the demand/withdraw patterns of communication. *Sex Roles*, **41**, 297-306.
Voracek, M. (2001). Marital status as a candidate moderator variable of male-female differences in sexual jealousy: The need for representative population samples. *Psychol Rep*, **88**, 553-566.
Voydanoff, P. (2005). Social integration, work-family conflict and facilitation, and job and marital quality. *J Marriage Fam*, **67**, 666-679.
和田 実（2000）大学生の失恋関係崩壊時の対処行動と感情および関係崩壊後の行動的反応―性差と失恋関係進展度からの検討― 実験社会心理学研究, **40**, 38-49.
Wade, T.J., & Cairney, J. (2000). Major depressive disorder and marital transition among mothers: Results from a national panel study. *J Nerv Ment Dis*, **188**, 741-750.
Waite, L.J., & Joyner, K. (2001). Emotional satisfaction and physical pleasure in sexual unions: Time horizon, sexual behavior, and sexual exclusivity. *J Marriage Fam*, **63**, 247-264.
Waite, L.J., & Lillard, L.A. (1991). Children and marital disruption. *Am J Sociol*, **96**, 930-953.
Wallerstein, J.S. (1986). Women after divorce: Preliminary report from a ten-year follow-up. *Am J Orthopsychiatry*, **56**, 65-77.
Walrond-Skinner, S. (1998). The function and role of forgiveness in working with couples and families: Clearing the ground. *Am Fam Ther*, **20**, 3-19.
Walum, H., Westberg, S., Neiderhiser, J.M., Reiss, D., Igl, W., Ganiban, J.M., Spotts, E.L., Pedersen, N.L., & Lichtenstein, P. (2008). Genetic variation in the vasopressin receptor 1a gene (AVPR1A) associates with pair-bonding behavior in humans. *PNAS*, **105**, 14153-14156.
Wamboldt, F.S., & Reiss, D. (1989). Defining a family heritage and a new relationship identity: Two central tasks in the making of a marriage. *Fam Process*, **28**, 317-335.
Wang, H., & Amato, P.R. (2000). Predictors of divorce adjustment: Stressors, resources, and definitions. *J Marriage Fam*, **62**, 655-668.
Watson, D., Hubbard, B., & Wiese, D. (2000). General traits of personality and affectivity as predictors: Evidence from self- and partner-ratings. *J Pers*, **68**, 413-449.
de Weerth, C., & Kalma, A.P. (1993). Female aggression as a response to sexual jealousy: A sex role reversal? *Aggress Behav*, **19**, 265-279.
Weiss, R.L., & Tolman, A.O. (1990). The Marital Interaction Coding System-Global (MICS-G): A global

companion to the MICS. *Behav Assess*, **12**, 271-294.
Weiss, Y., & Willis, R.J. (1997). Match quality, new information, and marital dissolution. *J Labor Econ*, **15**, S293-S329.
Westman, M., & Etzion, D. (1995). Crossover of stress, strain and resources from one spouse to another. *J Organ Behav*, **16**, 169-181.
Weston, R. (2008). Insecure attachment mediates effects of partners' emotional abuse and violence on women's relationship quality. *J Fam Violence*, **23**, 483-493.
Wheaton, B. (1990). Life transitions, role histories, and mental health. *Am Sociol Rev*, **55**, 209-223.
Whisman, M.A. (2001). The association between depression and marital dissatisfaction. In S. Beach(Ed.), *Marital and family processes in depression: A scientific approach*. Washington, DC: American Psychological Association. Pp. 3-24.
Whisman, M.A., Gordon, K.C., & Chatav, Y. (2007). Predicting sexual infidelity in a population-based sample of married individuals. *J Fam Psychol*, **21**, 320-324.
Whisman, M.A., & Jacobson, N.S. (1990). Power, marital satisfaction, and response to marital therapy. *J Fam Psychol*, **4**, 202-212.
Whisman, M.A., & Snyder, D.K. (2007). Sexual infidelity in a national survey of American women: Differences in prevalence and correlates as a function of method of assessment. *J Fam Psychol*, **21**, 147-154.
Whisman, M.A., & Wagers, T.P. (2005). Assessing relationship betrayals. *J Clin Psychol*, **61**, 1383-1391.
White, J.M. (1992). Marital status and well-being in Canada: An analysis of age group variations. *J Fam Issues*, **13**, 390-409.
White, L.K., Booth, A., & Edwards, J.N. (1986). Children and marital happiness: Why the negative correlation? *J Fam Issues*, **7**, 131-147.
White, L.K., & Keith, B. (1990). The effect of shift work on the quality and stability of marital relations. *J Marriage Fam*, **52**, 453-462.
Whitton, S.W., Olmos-Gallo, P.A., Stanley, S.M., Prado, L.M., Kline, G.H., Peters, M., & Markman, H.J. (2007). Depressive symptoms in early marriage: Predictions from relationship confidence and negative marital interaction. *J Fam Psychol*, **21**, 297-306.
Whitton, S.W., Rhoades, G.K., Stanley, S.M., & Markman, H.J. (2008). Effects of parental divorce on marital commitment and confidence. *J Fam Psychol*, **22**, 789-793.
Widmer, K., Cina, A., Charvoz, L., Shantinath, S., & Bodenmann, G. (2005). A model dyadic-coping intervention. In T.A. Revenson, K. Kayser, & G. Bodenmann(Eds.), *Couples coping with stress: Emerging perspectives on dyadic coping*. Washington, DC: American Psychological Association. Pp. 159-174.
Wiederman, M.W. (1997). Extramarital sex: Prevalence and correlates in a national survey. *J Sex Res*, **34**, 167-174.
Wiederman, M.W., & Hurd, C. (1999). Extradyadic involvement during dating. *J Soc Pers Relat*, **16**, 265-274.
Wiederman, M.W., & Kendall, E. (1999). Evolution, sex, and jealousy: Investigation with a sample from Sweden. *Evol Hum Behav*, **20**, 121-128.
Wigman, S.A., & Graham-Kevan, N., & Archer, J. (2008). Investigating sub-groups of harassers: The roles of attachment, dependency, jealousy and aggression. *J Fam Violence*, **23**, 557-568.
Wilcox, W.B., & Nock, S.L. (2006). What's love got to do with it? Equality, equity, commitment and women's marital quality. *Soc Forces*, **84**, 1321-1345.
Wilkie, J.R., Ferree, M.M., & Ratcliff, K.S. (1998). Gender and fairness: Marital satisfaction in two-earner couples. *J Marriage Fam*, **60**, 577-594.
Williams, K.J., & Alliger, G.M. (1994). Role stressors, mood spillover, and perceptions of work-family conflict in employed parents. *Acad Manage J*, **37**, 837-868.
Williams, K.J., & Dunne-Bryant, A. (2006). Divorce and adult psychological well-being: Clarifying the role of gender and child age. *J Marriage Fam*, **68**, 1178-1196.
Wineberg, H. (1994). Marital reconciliation in the United States: Which couples are successful? *J Marriage Fam*, **56**, 80-88.
Wingfield, J.C., Hegner, R.E., Dufty, A.M., Jr., & Ball, G.F. (1990). The "challenge hypothesis": Theoretical implications for patterns of testosterone secretion, mating systems, and breeding strategies. *Am Nat*, **136**, 829-846.
Wolfinger, N.H. (1999). Trends in the intergenerational transmission of divorce. *Demography*, **36**, 415-420.
Wolfinger, N.H. (2003). Parental divorce and offspring marriage: Early or late? *Soc Forces*, **82**, 337-353.

Wu, Z., & Penning, M.J. (1997). Marital instability after midlife. *J Fam Issues*, **18**, 459-478.
Wunderer, E., & Schneewind, A.K.A. (2008). The relationship between marital standards, dyadic coping and marital satisfaction. *Eur J Soc Psychol*, **38**, 462-476.
山口一男（2006）夫婦関係満足感とワーク・ライフ・バランス―少子化対策の欠かせない視点― *RIETI Discussion Paper*, 06-J-054　経済産業研究所
山口一男（2007）夫婦関係満足感とワークライフバランス―少子化対策の欠かせない視点― *Research Digest*, **6**, 1-4.
大和礼子（2001）夫の家事参加は妻の結婚生活満足感を高めるのか？―妻の世帯収入貢献度による比較― ソシオロジ, **46**, 3-20.
大和礼子（2006）夫の家事・育児参加は妻の夫婦関係満足感を高めるか？―雇用不安定時代における家事・育児分担のゆくえ―　西野理子・稲葉昭英・嶋崎尚子（編）夫婦、世帯、ライフコース―第2回家族についての全国調査（NFRJ03）2-1―　日本家族社会学会全国家族調査委員会　Pp. 17-33.
Yang, B. (1992). The economy and suicide: A time-series study of the U.S.A. *Am J Econ Sociol*, **51**, 87-99.
Yeh, H., Lorenz, F.O., Wickrama, K.A.S., Conger, R.D., & Elder, G.H., Jr. (2006). Relationships among sexual satisfaction, marital quality, and marital instability at midlife. *J Fam Psychol*, **20**, 339-343.
Yeung, W.J., & Hofferth, S.L. (1998). Family adaptations to income and job loss in the U.S. *J Fam Econ Issues*, **19**, 255-283.
吉田　潮（2006）幸せな離婚　生活文化出版
van Yperen, N.W., & Buunk, B.P. (1991). Sex-role attitudes, social comparison, and satisfaction with relationships. *Soc Psychol Q*, **54**, 169-180.
Yu, T., & Adler-Baeder, F. (2007). The intergenerational transmission of relationship quality: The effects of parental remarriage quality on young adults' relationships. *J Divorce & Remarriage*, **47**(3/4), 87-102.
Zabriskie, R.B., & McCormick, B.P. (2003). Parent and child perspectives of family leisure involvement and satisfaction with family life. *J Leisure Res*, **35**, 163-189.
財団法人21世紀職業財団（2003）「管理職者のキャリア形成についてのアンケート」結果概要　財団法人21世紀職業財団
Zeiss, A.M., Zeiss, R.A., & Johnson, S.M. (1980). Sex differences in initiation of and adjustment to divorce. *J Divorce*, **4**(2), 21-33.
Zhang, Y., & van Hook, J. (2009). Marital dissolution among interracial couples. *J Marriage Fam*, **71**, 95-107.
Zick, C.D., & Smith, K.R. (1991). Marital transitions, poverty, and gender differences in mortality. *J Marriage Fam*, **53**, 327-336.
Zietlow, P.H., & Sillars, A.L. (1988). Life-stage differences in communication during marital conflicts. *J Soc Pers Relat*, **5**, 223-245.
Zvonkovic, A.M., Schmiege, C.J., & Hall, L.D. (1994). Influence strategies used when couples make work-family decisions and their importance for marital satisfaction. *Fam Relat*, **43**, 182-188.

事項索引

あ
愛情伝達コーピング　163, 202
アクセプタンス　212
アタッチメントスタイル　135
アタッチメント理論　134
アルギニン・バソプレシン　101
安定型　135
安定性　166
アンビバレント型　→　不安型
意図性　167
浮気　100, 103, 169, 191, 213
ABCX モデル　139
LCU 得点　14
横断的研究　7, 31
思いやり　39, 53

か
解決先送りコーピング　203, 221
解決先送りコーピング訓練　205
外向性　37
外在性次元　166
回避型　135
かかあ天下　87
家族ストレス　138
カップル・コーピング向上訓練　173
関係解消コーピング　162
感情伝染　52
危機理論　138
気晴らしコーピング　164
教育水準　40, 97
共感的コーピング　162
拒絶コーピング　159
金曜効果　115
経験への開放性　38, 109
結婚コーホート　6
結婚生活を成功させる7つの原則　180
結婚満足感に関するU字仮説　30
原因帰属　166
建設的話し合いコーピング　153
高速カップル相互作用得点化システム　175

行動遺伝学　97, 98
行動的夫婦療法
行動療法　210
衡平理論　133
コーピング　142, 147, 151
コーピング資源　142, 146
コーピング理論　142
コーホート　6
コスト　129
ゴットマンの夫婦療法　183
子はかすがい　64
コペアレント　25
コミットメント　53, 131
コミュニケーション　50
婚前交渉　45

さ
再婚　224
再婚適齢期　226
サポート希求　220
サムボ制度　229
自己開示　52
自己主張コーピング　163
自己弁解コーピング　161
仕事-家庭葛藤　81
自殺　16
自責コーピング　166
失恋ストレスコーピング　216
社会的交換理論　129
謝罪コーピング　208
縦断的研究　7, 31
修復作業　179
主要組織適合遺伝子複合体　113
衝動性　169
進化心理学　108, 120
神経質　34
親密なパートナーからの暴力　41, 54, 96, 100, 157, 184
ストーカー　137, 190, 221
ストレス　14, 80, 138, 142

ストレス・クロスオーバー　81
ストレス・スピルオーバー　81
ストレス日誌　205
ストレス発生モデル　142
ストレス反応　138, 144, 148
ストレッサー　138, 144
ストレンジ・シチュエーション法　135
成果　129
性格の不一致　42
誠実性　37, 109
精神的浮気　118, 194
性生活　36, 69, 70, 100, 112
性的浮気　118, 194
性的虐待　111
性役割　82, 133
責任帰属　167
セックスレス　71
選択比較水準　131
全般性　167
相互依存理論　130
ソーシャルサポート　20, 58

た
ダイアディック・コーピング　171
第三世代の行動療法　211
対人ストレスモデル　146
代替関係の質　132
男性にとっての結婚と女性にとっての結婚　29
知能指数　41
調和性　38
つうかあの仲　55
亭主関白　87
できちゃった婚　45
テストステロン　98, 115
撤退コーピング　153
伝統的な行動的夫婦療法　211
伝統的な性役割観　83
統合された行動的夫婦療法　211
投資　131
投資モデル　131
同棲　48, 110, 229
逃避・回避コーピング　153, 221
特定感情得点化システム　175
独立仮説　76, 132

な
ナルシスト　109
二重ABCXモデル　139
日常いら立ち事　145
妊娠　113
認知行動療法　210
認知的評価　143
ノックス大学拳銃実験　116

は
パートナー登録制　229
比較水準　131
非離性　169
不安型　135
夫婦喧嘩　149, 161, 208
夫婦療法　183, 208
普通離婚率　3, 8
不平等感　86, 88
報酬　129
暴力的コーピング　183
ホメオスタシス　145

ま
魔法の5時間　183
未練　217

や
役割葛藤　69
有配偶離婚率　4
ユーモアコーピング　164, 202
許し　193
許しコーピング　208, 218
要求−撤退コーピング　154
4つの危険要因　179

ら
ライフイベント　14, 144
離婚遺伝子　100
離婚ストレスコーピング　216
離婚の主導権　20
離婚ホルモン　98
レジャー活動　60
ロミオとジュリエット効果　59

人名索引

あ
アダムス（J. S. Adams）　133

か
加藤　司　146, 201, 204
クリステンセン（A. Christensen）　212
ケリー（H. H. Kelley）　130
ゴットマン（J. M. Gottman）　175, 179, 181, 184

さ
ジェーコブソン（N. S. Jacobson）　212
ストラウス（M. A. Straus）　185
セリッグマン（M. P. Seligman）　167

た
ダーウィン（C. R. Darwin）　108
ダブス（J. M. Dabbs, Jr.）　99
ティボー（J. W. Thibaut）　130
ドリスコル（R. Driscoll）　60

は
バーナード（J. Bernard）　29
バス（D. M. Buss）　119
ヒル（R. Hill）　139
フィッシャー（H. E. Fisher）　9
フィンカム（F. D. Fincham）　167
ブース（A. Booth）　99
ボーデンマン（G. Bodenmann）　172

ま
マカビン（H. I. McCubbin）　140

ら
ラザルス（R. S. Lazarus）　142
ルスブルト（C. E. Rusbult）　131
レヴィンガー（G. Levinger）　130

わ
ワイナー（B. Weiner）　167

著者紹介

加藤　司（かとう　つかさ）
関西学院大学文学研究科心理学専攻 2002 年修了
（心理学）博士
現在，東洋大学社会学部社会心理学科教授

離婚の心理学
パートナーを失う原因とその対処
2009 年 9 月 20 日　　初版第 1 刷発行
2018 年 11 月 10 日　　初版第 6 刷発行

著　者	加藤　司
発行者	中西　良
発行所	株式会社ナカニシヤ出版

〒606-8161　京都市左京区一乗寺木ノ本町 15 番地
　　　　　　　Telephone　075-723-0111
　　　　　　　Facsimile　075-723-0095
　　　　Website　http://www.nakanishiya.co.jp/
　　　　Email　　iihon-ippai@nakanishiya.co.jp
　　　　　　　郵便振替　01030-0-13128

装幀＝岩本なお／印刷・製本＝ファインワークス
Copyright © 2009 by T. Kato
Printed in Japan.
ISBN978-4-7795-0384-9

本書のコピー，スキャン，デジタル化等の無断複製は著作権法上での例外を除き禁じられています。本書を代行業者等の第三者に依頼してスキャンやデジタル化することはたとえ個人や家庭内の利用であっても著作権法上認められておりません。

対人ストレスコーピング ハンドブック
人間関係のストレスにどう立ち向かうか

加藤 司 [著]

良好な人間関係も精神的健康も維持する方法

ストレスがつきものの人間関係において、良好な関係も精神的健康も維持するためにもっとも有効なストレス解消方法（コーピング）とは何か？　科学的な実証研究をもとに、ストレスの専門家でさえ知らないであろう現象をも取りあげながら、初学者にもわかりやすく解説。

■本書の内容■

第1章　対人ストレスコーピングとは
第1節　ストレスに関する基本的な考え方
1　ストレッサーとストレス反応
2　ストレス反応の個人差
3　ストレス発生過程におけるコーピングの役割

第2節　対人ストレスとは
1　ライフイベントとしての対人ストレッサー
2　日常苛立ち事としての対人ストレッサー
3　対人ストレッサーの性質

第3節　対人ストレスコーピング
1　対人ストレスコーピングの3つの方略
2　主な対人ストレスコーピング研究の流れ1
3　対人ストレスコーピング研究の確立

第4節　ストレス研究以外の領域での対人ストレスコーピング研究
1　対人葛藤方略
2　コミュニケーション研究8
3　社会的スキル
4　社会的問題解決
5　自己制御および感情制御
6　特殊な対人ストレスコーピング方略

第2章　効果的な対人ストレスコーピングを探る
第1節　対人ストレスコーピングと精神的健康
1　コーピングと精神的健康
2　対人ストレスコーピングと精神的健康

第2節　対人ストレスコーピングと人間関係の改善
1　問題の解決
2　当事者の満足感

第3節　他者への影響
1　コーピング受動者の感情
2　コーピング受動者の行動

第4節　対人ストレス過程に影響を及ぼす要因
1　対人ストレッサー
2　性　差

3　目　標
4　当事者間の関係性
5　コーピング行使者の発達段階
6　認知的評価

第5節　なぜ、解決先送りコーピングが効果的なのか
1　対人ストレスコーピングの性質
2　時間的猶予仮説
3　社会的相互作用モデル
4　アクセプタンス・コミットメント・セラピー
5　解決先送りコーピングのトレーニング

第3章　さまざまな領域における対人ストレスコーピング研究
第1節　親密な関係で生じるストレス
1　夫婦・恋愛関係
2　離　婚
3　失　恋
4　配偶者の病

第2節　子どもの対人ストレス
1　友人関係
2　天才児
3　親子関係
4　両親の葛藤や離婚
5　児童虐待
6　子どもの報告

第3節　職場での人間関係
1　職場での人間関係に対するコーピング
2　セクハラ

第4節　特殊な対人ストレッサー
1　家庭内暴力や性的暴力
2　差　別
3　死　別

終　章　対人ストレスコーピング研究の問題点
1　対人ストレスコーピング研究の現状
2　対人ストレスコーピング研究の留意点

■著者紹介■

加藤　司（かとう・つかさ）
関西学院大学文学研究科心理学専攻
2002年修了。（心理学）博士。
東洋大学社会学部社会心理学科准教授。

書名	対人ストレスコーピング ハンドブック 人間関係のストレスにどう立ち向かうか
著者	加藤　司
定価	2100円（税込）
ISBN	978-4-7795-0222-4 C3011
A5判	226頁　　並製

TEL 075-723-0111 / FAX 075-723-0095
〒606-8161　京都市左京区一乗寺木ノ本町15

ナカニシヤ出版
www.nakanishiya.co.jp